华 南 国 际 知 识 产 权 研 究 文 丛

粤港澳大湾区
知识产权研究报告

（2017—2018）

常廷彬／主编

知识产权出版社

全国百佳图书出版单位

—北京—

图书在版编目（CIP）数据

粤港澳大湾区知识产权研究报告.2017－2018/常廷彬主编. —北京：知识产权出版社，2019.10

ISBN 978－7－5130－6500－9

Ⅰ.①粤… Ⅱ.①常… Ⅲ.①知识产权—研究报告—广东、香港、澳门—2017－2018

Ⅳ.①D923.404

中国版本图书馆 CIP 数据核字（2019）第 214319 号

内容提要

本书定位于粤港澳大湾区成为全球创新中心的发展机遇，在对比粤港澳大湾区 11 座城市知识产权发展状况的基础上，从宏观层面上对粤港澳大湾区创新发展中面临的问题与解决思路进行研究，探讨并回答了如何能促进湾区内知识产权的协同合作，实现大湾区的创新发展建设。

责任编辑：王玉茂   责任校对：潘凤越

封面设计：张　冀   责任印制：刘译文

粤港澳大湾区知识产权研究报告（2017—2018）

常廷彬　主编

出版发行：知识产权出版社有限责任公司	网　　址：http://www.ipph.cn
社　　址：北京市海淀区气象路 50 号院	邮　　编：100081
责编电话：010－82000860 转 8541	责编邮箱：wangyumao@ cnipr. com
发行电话：010－82000860 转 8101/8102	发行传真：010－82000893/82005070/82000270
印　　刷：北京嘉恒彩色印刷有限责任公司	经　　销：各大网上书店、新华书店及相关专业书店
开　　本：720mm×1000mm　1/16	印　　张：23.25
版　　次：2019 年 10 月第 1 版	印　　次：2019 年 10 月第 1 次印刷
字　　数：370 千字	定　　价：90.00 元

ISBN 978-7-5130-6500-9

华南国际知识产权研究文丛

总　序

党的十九大报告明确指出："创新是引领发展的第一动力，是建设现代化经济体系的战略支撑。"知识产权制度通过合理确定人们对于知识及其他信息的权利，调整人们在创造、运用知识和信息过程中产生的利益关系，激励创新，推动经济发展和社会进步。随着知识经济和经济全球化深入发展，知识产权日益成为推动世界各国发展的战略性资源，成为增强各国国际竞争力的核心要素，成为建设创新型国家的重要支撑和掌握发展主动权的关键。

广东外语外贸大学作为一所具有鲜明国际化特色的广东省属重点大学，是华南地区国际化人才培养和外国语言文化、对外经济贸易、国际战略研究的重要基地。为了更好地服务于创新驱动发展战略和"一带一路"倡议的实施和科技创新强省的建设，广东外语外贸大学和广东省知识产权局于2017年3月共同成立了省级科研机构——华南国际知识产权研究院。研究院本着"国际视野、服务实践"的理念，整合运用广东外语外贸大学在法学、经贸、外语等领域中的人才和资源，以全方位视角致力于涉外及涉港澳台地区知识产权领域重大理论和实践问题的综合研究，力争建设成为一个国际化、专业化和高水平的知识产权研究基地和国际知识产权智库。

为了增强研究能力，更好地服务于营造法治化、国际化营商环境和粤港澳大湾区的建设，我们决定组织编写"华南国际知识产权文丛"。该文丛以广东省以及粤港澳大湾区这一特定区域内的知识产权情况为研究对象，对区域内具有涉外以及涉港澳台因素的知识产权创造、保护和运营等情况进行深入研究，为提升广东、粤港澳大湾区乃至全国知识产权创造、保护和运用水平，促进社会经济文化的创新发展，提供智力支持。

该文丛是内容相对集中的开放式书库，包括但不限于以下三个系列：

《广东涉外知识产权年度报告》系列丛书。其以广东省涉外知识产权的司法和行政保护以及广东省企业在国外进行知识产权创造和运用等情况作为研究对象，立足广东，从国内和国际两个市场，从整体上研究我国知识产权的创造、保护和运用情况，为进一步完善我国的知识产权法律制度，提高行政机构的知识产权管理和服务能力，提升知识产权的司法和行政保护水平，增强企业在国内和国外两个市场进行知识产权创造、应用和防范、应对知识产权风险的能力，进而为推动我国"一带一路"倡议、"走出去"等国家政策的实施，提供智力支持。

《粤港澳大湾区知识产权研究报告》系列丛书。其以粤港澳大湾区内的香港、澳门、广州、深圳等11个城市的知识产权情况为研究对象，全面和深入研究各地的知识产权制度以及知识产权创造、保护和运用等情况，力求推动大湾区内部的知识产权交流与合作，增强和提升大湾区知识产权创造、保护和运用的能力和水平。

《广东涉外知识产权诉讼典型案例解析》系列丛书。其以研究院每年评选出的"广东十大涉外知识产权诉讼典型案例"为研究对象，深入解读典型案例所确立的裁判规则，分析涉外知识产权司法保护中的经验和不足，以推动我国知识产权司法保护工作的发展，增强我国企业、个人防范和应对知识产权诉讼的能力。

我们期望并且相信，经过各方的共同努力，该文丛必将成为知识产权研究的特色、精品佳作，为知识产权创造、运用、保护、管理提供高质量的智力指导。

是为序。

石佑启

2019 年 7 月 10 日

前　言

粤港澳大湾区建设是习近平总书记亲自谋划、亲自部署、亲自推动的国家战略，是新时代推动形成全面开放新格局的新举措，也是推动"一国两制"事业发展的新实践。《粤港澳大湾区发展规划纲要》进一步指出："深化粤港澳创新合作，构建开放型融合发展的区域协同创新共同体，集聚国际创新资源，优化创新制度和政策环境，建设全球科技创新高地。"为服务粤港澳大湾区的建设，推动粤港澳大湾区知识产权创新与发展，华南国际知识产权研究院组织编写"粤港澳大湾区知识产权研究报告"，并形成一个开放性的系列研究报告。该系列研究报告针对大湾区成为国际科技创新中心的发展定位，在对比粤港澳大湾区 11 座城市知识产权不同发展状况的基础上，就大湾区知识产权创新发展中面临的问题提出了促进湾区知识产权协同合作的路径与建议。本书是系列研究报告的开篇之作，以 2017 年 7 月至 2018 年 6 月粤港澳大湾区 11 座城市知识产权发展状况为主要内容，从以下三个方面依次介绍了 11 座城市知识产权发展状况：

第一部分为粤港澳大湾区 11 座城市出台的知识产权政策以及配套制度。其中，《广州市知识产权事业第十三个五年规划（2017）》指出，要"严格保护，优化创新发展法治环境""构建多元化保护机制，建立相互衔接、相互支撑的知识产权保护网络"等；2017 年，深圳市政府办公厅印发《深圳市知识产权综合管理改革试点工作方案》，提出深化知识产权体制机制改革、依法实施最严格的知识产权保护、提升知识产权运用和服务水平等三个方面 19 项试点任务。

第二部分为粤港澳大湾区 11 座城市的知识产权发展现状。其中，2018 年，江门市中级人民法院被广东省委政法委指定为"在营造共建共治共享社会治理格局上走在全国前列广东首批实践创新项目"知识产权司法保护试点单位，成为除广州知识产权法院、深圳市中级人民法院之外的 3 家试点法院之一；2017 年，中国东莞（家具）知识产权快速维权援助中心快速授权通道备案企业 68 家，共受理专利侵权案件 104 起，包括展会案件 49 起，电商案件 8 起；受理家具专利预审申请 710 件，已获得授权 710 件，提供专利维权咨询和答疑共 600 多起。

第三部分为建议与展望。例如在专利资助政策方面，仅仅对高质量的专利提供资助，重点资助 PCT 申请和发明专利，专利资助逐渐转变"事先资助"为"事中资助"和"事后奖励"；加强知识产权成果转化，构建完善的转化运用体系，开展知识产权成果转化的各项活动，贯彻落实知识产权成果转化制度和政策；利用深圳市所具有的特区身份优势，通过特区立法来构建完善的知识产权保护法规体系。

目 录

第1章 粤港澳大湾区创新发展与知识产权建设

一、粤港澳大湾区创新发展的基础和现状

粤港澳大湾区涵盖广东省 9 座城市和香港特别行政区、澳门特别行政区，是中国开放与改革升级的重要支点。从区域定位、经济规模、创新实力、外向程度等方面看，粤港澳大湾区城市群已具备建成国际一流湾区和国际科技创新中心的基本条件。

(一) 粤港澳大湾区与三大世界级湾区的创新发展现状对比

粤港澳大湾区是继美国纽约湾区、美国旧金山湾区、日本东京湾区之后又一世界级湾区，是中国参与全球竞争，建设世界级城市群的重要载体。与三大世界级湾区相比，粤港澳大湾区的创新发展拥有一定的优势与潜力。

1. 区域定位对比

纽约湾区是世界金融湾区，湾区内拥有美国第一大城市和第一大港口城市。纽约湾区由纽约州、康涅狄格州、新泽西州等 31 个州市组成，总面积大约 3.35 万平方公里，总人口约 1983 万人。在纽约湾区的制造业外移后，第三产业特别是生产性服务业迅速崛起，金融商务服务业集群在曼哈顿逐渐形成，摩根士丹利、高盛、摩根大通、花旗等世界金融"巨头"见证了纽约金融圈的发展和成熟。从产业结构上看，纽约湾区第三产业比重达到 89%，以服务业与信息产业为主导，完成了由工业经济向服务经济和创新经济的过渡。

　　旧金山湾区是世界科技湾区，湾区内共有9个县、100多个城镇，总面积大约1.8万平方公里，总人口约760万人。旧金山湾区是美国加利福尼亚州北部的大都会区，主要有三个大城市：旧金山、奥克兰和圣荷西。旧金山湾区南端是硅谷中心地带，世界知名大型高科技公司以及著名大学云集于此。以硅谷为中心，旧金山湾区曾经是军事电子产品的生产基地，随着半导体、微处理器和基因技术的出现，现在湾区的高新技术产业主要是信息技术和生物技术产业，包括计算机和电子产品、通信、多媒体、生物科技、环境技术，以及银行金融业和服务业。从产业结构上看，旧金山湾区以高新技术产业为主，第三产业比重达到80%以上。

　　东京湾区是世界产业湾区，总面积约1.36万平方公里。总人口约3800万人。东京湾区的重要城市有东京、横滨、川崎，西有横须贺市，东边有千叶市，南部由三浦（西）和博索（东）两半岛环绕。著名的港口横滨港、东京港、千叶港、川崎港、横须贺港和木更津港均处于东京湾之内。在港口群的带动下，东京湾区逐步形成京滨、京叶两大以制造业、重化工业为主的工业带。从产业结构上看，湾区内钢铁、石油化工、现代物流、装备制造和高新技术等产业十分发达，第三产业比重达到80%以上。三菱、丰田、索尼等一大批世界五百强企业总部都位于此。东京湾区的优势在于其庞大的产业集群。在东京湾区港口5亿吨吞吐量的带动下，日本政府通过产业引导，鼓励钢铁、石油化工、装备制造等产业择址湾区，使得湾区内的产业集中度较高。

　　粤港澳大湾区的定位是成为世界创新湾区，粤港澳大湾区总面积为5.65万平方公里，总人口约6800万人，香港、广州、深圳是粤港澳大湾区的经济核心城市。在产业结构上，粤港澳大湾区以先进制造业和现代服务业为主，港澳地区服务业总值占GDP比重均在90%左右，但第三产业在整个湾区的比重只有55.6%。珠三角九市制造业基础雄厚，已形成先进制造业和现代服务业双轮驱动的产业体系，珠三角九市的产业带主要分为：东岸知识密集型产业带、西岸技术密集型产业带、沿海生态环保型重化产业带（见表1-1）。

表1-1　世界四大湾区产业结构与区域定位对比

港区名称	产业构成 （第三产业占比）	代表产业	起家	发展方向
粤港澳大湾区	55.6%	金融、航运、电子和互联网	对外贸易	全球创新发展高地
纽约湾区	89%	金融、航运和计算机	港口贸易	世界金融中心
旧金山湾区	80%以上	电子、互联网和生物	贸易、科技创新	全球高新科技研发中心
东京湾区	80%以上	装备制造、钢铁、化工和物流	制造业创新	日本核心临港工业带

2. 经济实力对比

从面积、人口、GDP 总量指标对三大世界级湾区进行对比分析可以看出，粤港澳大湾区已可等量齐观，具备世界级湾区的潜质。由表 1-2 所示，在 GDP 总量方面，2016 年粤港澳大湾区为 1.4 万亿美元，已超过纽约湾区的 1.35 万亿美元和旧金山湾区的 0.78 万亿美元，仅次于东京湾区的 1.98 万亿美元。从经济总量及增速来看，粤港澳大湾区的经济总量居四大湾区第二位，其 GDP 增速达 7.9%，高于纽约湾区、东京湾区和旧金山湾区，发展潜力巨大。然而，由于粤港澳大湾区占地面积远超过东京湾区与纽约湾区的面积之和，人口总和也超过其他三大湾区的总人口之和，若从人均 GDP 的角度看，旧金山湾区已超过 10 万美元，纽约湾区和东京湾区则均超过 5 万美元，而粤港澳大湾区的人均 GDP 只有 2.06 万美元。

表1-2　世界四大湾区占地面积、人口和 GDP 指标对比

港区名称	GDP 总量 （亿美元）	人口 （万人）	占地面积 （万平方公里）	人均 GDP （美元）	主要特征
粤港澳大湾区	14027	6800	5.6	20627.9	"一国两制"大湾区
纽约湾区	13584	1983	3.4	68502.3	世界金融中心
旧金山湾区	7855	760	1.8	103355.3	硅谷发源地
东京湾区	19876	3800	1.4	52305.3	港口群

3. 创新能力对比

创新已成为湾区经济发展的核心驱动力。在教育资源方面，据《泰晤士报高等教育》（THE）最新公布的2016～2017年世界大学排名显示，排名前100的高校中有3所分布在旧金山湾区，5所位于纽约湾区，这8所高校排名均在前50位，日本湾区仅有东京大学入围。而粤港澳大湾区共有3所大学上榜，均位于香港。在汇集国际创新高端要素方面，《财富》杂志最新发布的2017年世界500强企业榜单中，纽约、旧金山、东京三大湾区分别达到22家、28家和60家，粤港澳大湾区的上榜企业数为17家，仍存在差距。

发明专利也是衡量一个国家或地区科技创新能力的重要指标。根据广州日报数据和数字化研究院发布的《粤港澳大湾区协同创新发展报告（2018）》提供的统计数据，在发明专利、PCT专利总量方面，粤港澳大湾区已超越旧金山湾区，成为全球创新能力强的热点湾区。图1-1的数据显示，2013～2017年，粤港澳大湾区发明专利总量呈现逐年稳步递增趋势，增幅分别达15.01%、45.85%、49.67%、24.92%和33.19%。据图1-2的数据对比发现，近5年粤港澳大湾区的发明专利数量已超越旧金山湾区，且优势有扩大趋势。2013年粤港澳大湾区的发明专利总量与旧金山湾区的发明专利总量差距不大，到2015年差距逐步明显。2017年，粤港澳大湾区发明专利总量达25.80万件，旧金山湾区仅有5.44万件，粤港澳大湾区的发明专利总量为旧金山湾区的4.7倍。

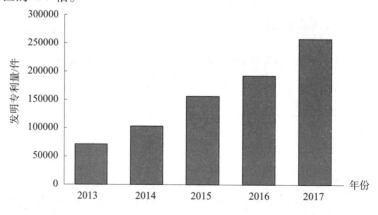

图1-1 粤港澳大湾区近5年发明专利量趋势

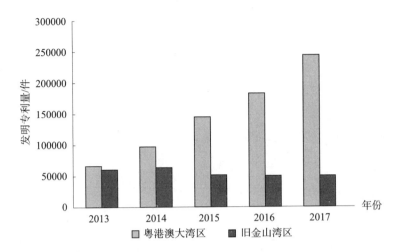

图1-2 粤港澳大湾区与旧金山湾区近5年发明专利量对比

施引数量反映了专利的质量，被引次数高的专利往往代表专利质量高。从图1-3的数据看，2013~2017年粤港澳大湾区的发明专利施引数量均低于旧金山湾区。图1-4的数据显示，2013年粤港澳大湾区的发明专利施引数为旧金山湾区的22.82%，2015年差距有所缩小，为39.52%，但2016年又降至22.81%，2017年则达到历年最好水平，为43.61%。

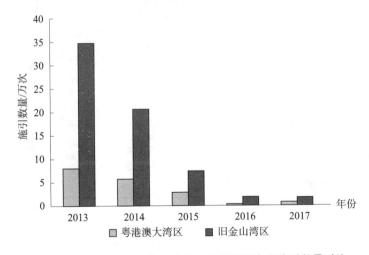

图1-3 粤港澳大湾区与旧金山湾区的发明专利施引数量对比

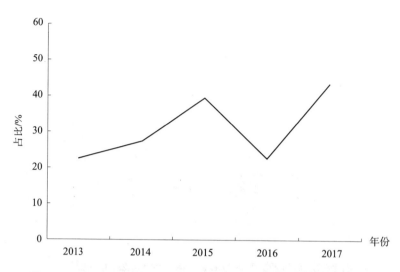

图1-4 粤港澳大湾区与旧金山湾区的发明专利施引数量占比变化

从图1-5显示的专利行业分布看，按照国际专利分类（IPC）的原则，粤港澳大湾区主要以H类（电学）为主，占比为32.33%，其次是G类（物理）；旧金山湾区则以G类（物理）为主，占比为39.72%，其次是H类。两大湾区的D类、E类专利占比均很小，尤其是D类（纺织、造纸）占比不到1%。可以发现，粤港澳大湾区与旧金山湾区在行业分布上各有优势。

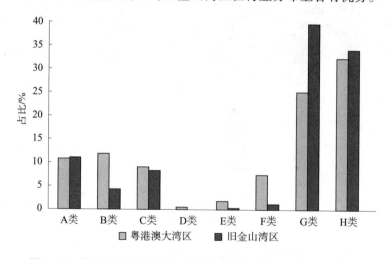

图1-5 粤港澳大湾区与旧金山湾区发明专利行业IPC分类占比

4. 开放程度对比

国际一流的湾区都具备开放性，开放性是湾区的活力源泉。世界三大湾区在萌芽时期均是依港而兴，围绕海岸线分布而形成的港口群和城镇群共同衍生出"湾区经济"。东京湾区和旧金山湾区尤为典型。东京湾因拥有东京港、横滨港、千叶港、川崎港等众多大港口成为日本对外贸易迅速发展的桥头堡，而旧金山港在 20 世纪 80 年代初时已基本垄断了太平洋海岸与美国内陆的海上贸易，涵盖了 99% 的太平洋沿岸进口货物和 83% 的出口货物。随着港口的发展和对外交流的扩大，湾区城市普遍建立了现代化的综合交通网络。旧金山湾区得益于铁路城市的建设热潮，纽约湾区得益于多式联运法等诸多法案，东京湾区则离不开日本高铁的飞速发展。

粤港澳大湾区拥有发达的空港群和基础交通设施。粤港澳大湾区 2016 年航空客运量达 1.85 亿人次，货运量 736 万吨，在全球湾区中居于领先地位。当前，广东省正加紧建设以广州、深圳为核心的珠三角世界级机场群，加上已拥有国际航空中心地位的香港机场，粤港澳大湾区有望形成多枢纽的世界级机场群。从 2016 年外商直接投资金额来看，粤港澳大湾区 11 城共获外商投资总额 11147.05 亿元，其中，香港占比近 7 成，达到 7508.74 亿元，对外开放强度最大；紧随其后的是深圳、澳门和广州。在粤港澳城市群内部，随着横跨珠江口的港珠澳大桥、广深港高铁、深中通道、虎门二桥等重大基础设施的加快推进，以及"一地两检"等通关制度的优化，将进一步构建起粤港澳"1 小时生活圈"，实现基础设施的互联互通，从而推动区域内创新要素双向流动。

（二）粤港澳大湾区创新发展的基础

从粤港澳大湾区与三大世界级湾区的对比分析可知，粤港澳大湾区的经济总量已经超过旧金山湾区和东京湾区，接近纽约湾区水平，同时保持高速增长态势。经过改革开放 40 年的合作发展，粤港澳大湾区城市群已经成为中国开放程度最高、经济活力最强的区域之一。粤港澳大湾区已具备建成国际一流湾区和全球科技创新中心的良好基础。

1. 经济实力雄厚

粤港澳大湾区的生产总值、区域对外贸易总额、使用外资总额、港口集装箱年吞吐量、机场旅客年吞吐量等已跻身国际一流湾区行列。区域产业结构正向中高级迈进，港澳地区服务业高度发达，珠三角九市已形成先进制造业和现代服务业双轮驱动的产业体系。粤港澳大湾区率先开展科技体制改革，不断健全科技创新市场导向机制，不断强化企业技术创新主体地位，建立了科技与经济结合的体制机制。

2. 创新能力突出

粤港澳大湾区地区研发（R&D）经费支出占地区生产总值（GDP）的比重超过创新型地区水平。PCT 专利申请量连续多年居全国首位。大湾区内拥有华为、中兴、腾讯、比亚迪等一批具有国际竞争力的高新技术企业，科技进步贡献率在 60% 以上，科技支撑经济社会发展的作用日渐凸显。大湾区内科技创新政策体系不断完善，创新创业生态持续优化，其中，香港拥有 4 所世界百强大学，国际高端创新要素聚集能力较强。大湾区内拥有多家国家重点实验室、国家工程研究中心、新型研发机构、科技企业孵化器、集中布局国家超级计算广州中心等重大科技基础设施。

3. 国际化水平领先

粤港澳大湾区是我国对外贸易的重要门户，也是我国国际化水平最高和全球投资最活跃的区域之一。香港作为国家金融、贸易和航运中心，连续 22 年获评全球最自由经济体。澳门正在建设世界旅游休闲中心和中国与葡语系国家商贸合作服务平台。广州、深圳等珠三角城市是内地外向型经济发展的重要代表城市。

4. 区域优势明显

粤港澳大湾区涵盖香港、澳门两个特别行政区，拥有"一国两制"制度优势。在《内地与香港关于建立更紧密经贸关系的安排》《内地与澳门关于建立更紧密经贸关系的安排》及有关补充协议（CEPA）和粤港、粤澳合作框架协议下，粤港澳三地已经形成多层次、全方位的合作格局。《珠江三角洲地区改革发展规划纲要（2008—2020年）》实施以来，珠三角地区一体化水平不断提升。港澳与珠三角九市文化同源、人缘相亲、民俗相近，人文交流密切，区域认同感较强。

二、粤港澳大湾区创新发展面临的挑战

尽管粤港澳大湾区的建设迎来重要发展机遇，然而，粤港澳大湾区在产业结构、知识产权运营与服务等方面与三大世界级湾区相比还存在一定的差距。特别是，由于粤港澳大湾区属于"一国两制三个关税区"的格局，在知识产权法律体系上存在一定的差异，这导致创新要素在一定程度上难以实现完全的自由流动。

（一）粤港澳大湾区区际知识产权确权制度存在差异

粤港澳大湾区珠三角九市与香港特别行政区、澳门特别行政区在知识产权的权利授予条件、授予程序等确权制度上存在一定的差异。尽管有相应的延伸保护机制，然而由于知识产权保护具有地域性特点，这些制度差异仍会导致在某一地区可以获得知识产权的智力成果，在另一地区却无法获得相应的知识产权。

以专利权的确权制度为例，我国内地受保护的专利类型包括发明、实用新型和外观设计，由国家知识产权局审查核准后授权。而香港特区的专利法律体系主要由《专利条例》和《注册外观设计条例》组成，《专利条例》所保护的专利类型包括标准专利和短期专利。其中，标准专利相当于我国内地的发明专利，其保护期可达20年，但申请人不能直接在香港提出专利申请，而是需要首先在香港知识产权署所认可的3个指定专利局（中国内地、英国、欧盟）中的至少一个提起专利申请。一旦该专利申请获得上述指定专利局的授权，相关申请人在香港只需要履行必要的登记程序之后即可取得香港本地的标准专利。标准专利一旦被授予，其便成为一项独立的香港专利，该专利在指定专利局即便被宣告无效也不会影响标准专利在香港特区的效力。与标

准专利不同，短期专利可以直接在香港提出申请，其保护期最长可达 8 年，但是香港对于短期专利申请不进行任何实质审查，一旦申请材料在形式上符合要求，申请人便可立即取得短期专利。在澳门特区，依据工业产权法律体系，受保护的专利类型分为发明、实用专利和外观设计。申请澳门特区的专利权有两种途径：申请人可以直接向澳门经济局提交申请，也可以基于国家知识产权局授予的专利权延伸至澳门特区。根据《国家知识产权局与澳门特别行政区经济局关于在知识产权领域合作的协议》，直接递交申请的专利实体审查工作由国家知识产权局依据 PCT 设定的标准进行，具体的审批程序在澳门经济局完成。国家知识产权局授予专利权的延伸则经过澳门经济局的审批获得授权。需要注意的是，不同于中国内地的实用新型专利，澳门特区的实用专利需要经过实质审查程序才可以授权。

（二）粤港澳大湾区区际知识产权保护对接有待加强

粤港澳大湾区珠三角九市与港澳地区的知识产权保护途径不尽相同，使大湾区的知识产权保护对接存在障碍。以专利权保护为例。我国内地实行知识产权司法保护和行政保护双轨制，专利权侵权纠纷可以通过司法途径解决，而当侵犯专利权的行为严重危害公共利益时，专利行政执法部门可以介入纠纷进行行政执法，从而维护公平的竞争市场秩序。而香港特区的专利权侵权一般通过司法途径，以禁令、损害赔偿等方式获得救济。如有专利被侵犯的情况，专利权人可就专利权受侵犯而进行民事诉讼，并可根据《专利条例》获得强制令、法院命令（命令被告将该专利权被侵犯的任何专利产品或将该产品属其不可分拆的组成部分的任何物品交出或销毁）、损害赔偿、交出所得利润等救济措施。澳门特区的专利侵权救济途径虽也包括行政保护与司法保护，但澳门在知识产权方面所采取的行政保护是一种相对的保护，行政执法部门的职能主要为预防、打击及遏制侵权行为。专利权人可通过澳门海关及其他有权限的实体机构采取相应行动来保护其权利。司法保护仍是获得专利侵权救济的主要途径，专利权人可通过司法机关的审判程序解决专利权的纷争，防止专利权受侵害。

（三）粤港澳大湾区区际知识产权管理体制各不相同

粤港澳大湾区中，港澳地区对专利、商标、版权主要知识产权类型实行集中统一的综合管理，香港特区的知识产权管理机构为香港知识产权署，澳门特区的知识产权管理机构为澳门经济局。而内地珠三角九市多实行不同部门的分散管理。尽管内地的知识产权综合管理改革正在进行，但目前内地珠三角地区条块分割的分散管理体制，不利于打通知识产权创造、保护、运用、管理、服务等全链条，削弱了知识产权对创新发展支撑作用，也不利于粤港澳三地的知识产权合作。

（四）粤港澳大湾区内知识产权发展水平参差不齐

粤港澳大湾区的发明专利、PCT 专利数量均超越旧金山湾区，但粤港澳大湾区的专利质量与旧金山湾区相比仍有一定差距，粤港澳大湾区打造科技创新湾区依然任重道远。从大湾区内部分析，粤港澳大湾区专利申请量大，其中，广东省九城市专利申请量占全省总量的 90% 以上，但知识产权发展水平参差不齐，专利分布不均，深圳、广州、东莞、佛山等专利申请量占大湾区专利申请总量的近 80%，城市间专利申请量相差悬殊。粤港澳大湾区东岸在发明专利、PCT 专利和施引专利数量上总体高于西岸。在创新机构行业方面，粤港澳大湾区西岸的教育科研实力雄厚，东岸高端先进制造业优势明显，香港和澳门在教育、科研和高端服务业上优势较大。尽管粤港澳大湾区的传统制造业和高端先进制造业并驾齐驱，已具备建设世界顶级湾区的制造业基础和实力，但不同区域、不同城市的科技创新能力仍差异较大，有待进一步平衡发展。

（五）粤港澳大湾区的知识产权运营服务水平有待提高

粤港澳大湾区拥有企业、高校、科研机构等诸多创新主体，截至 2017 年10 月，粤港澳大湾区专利产出累计 237 万件，有效专利 98.3 万件，知识产权产出量较大，在知识产权运营合作方面存在巨大潜力。然而，粤港澳大湾区的知识产权运营水平仍处于发展阶段，虽具有广州知识产权保护中心、珠海横琴国际知识产权交易中心、中国（南方）知识产权运营中心等一系列运营平台，但这些平台远不能满足现有的知识产权产量。在知识产权服务方面，广东、香港、澳门大力发展知识产权服务业，打造了多个知识产权信息平台及运营中心，粤港澳大湾区集聚了较为丰富的知识产权服务以及信息数据资源，但缺乏统一的服务信息配置平台，在数据资源共享方面具有较大合作空间。尽管粤港澳三地对知识产权的咨询服务、代理服务等行业作出一定的互利开放，但在实践中这种服务的互通性尚待提高。此外，粤港澳大湾区知识产权服务机构分布不均，知识产权服务业水平参差不齐，服务机构集中在广州、深圳等地市，高端知识产权服务机构相对比较欠缺，知识产权公共服务网络需要完善。

综上，借助粤港澳大湾区的地缘优势，依托粤港、粤澳及泛珠三角区域知识产权合作机制，粤港澳大湾区的建设近年来取得了较大成效，但是鉴于粤港澳大湾区地利以及制度的特殊性，仍存在一些制约大湾区发展的问题和障碍，亟待进一步探讨解决，进而营造有利于创新合作的知识产权营商环境。

三、粤港澳大湾区创新发展的基本定位

为贯彻落实党的十九大精神和习近平总书记对广东作出的重要批示精神，深入实施国家创新驱动发展战略和知识产权战略，发挥粤港澳地区的综合创新优势，粤港澳大湾区的创新发展需明确其基本定位。

（一）指导思想

粤港澳大湾区的创新发展要全面贯彻党的十九大精神和习近平总书记对广东作出的"三个定位、两个率先"及"四个坚持、三个支撑、两个走在前列"的重要批示精神，深入实施创新驱动发展战略和知识产权战略，在"一国两制"框架下，推动粤港澳携手打造全球最具发展空间和增长潜力的国际一流湾区和世界科技创新中心，为港澳地区发展注入新动能，为构建开放型经济新体制提供支撑。

（二）基本原则

粤港澳大湾区要实现创新联动和协调发展，需要遵循以下 4 个基本原则。一是创新驱动，集聚发展。粤港澳大湾区通过构建开放型经济体系，打造高层次开放平台，共同培育国际经济合作竞争新优势，创新全面深化合作的体制机制，共建区域协同创新体系。二是优势互补，合作共赢。粤港澳大湾区通过充分发挥粤港澳大湾区城市的比较优势，以优化区域分工和产业布局为重点，推动区域经济社会持续协同发展，使合作成果惠及各方。三是市场主导，政府引导。粤港澳大湾区应遵循城市群演进的客观规律和市场规律，充分发挥市场在创新资源配置中的决定性作用，促进创新要素合理流动和高效配置。加快政府职能向创造良好发展环境、提供优质公共服务转变，营造湾区内公平公正、开放透明的知识产权法治环境和市场环境。四是开放引领，协同合作。粤港澳大湾区应聚焦全球科技变革最前沿和产业发展新趋势，大力推进产业、企业和创新要素的国际化，进一步融入全球创新网络，坚持区域协同发展，健全区域新体系，提升大湾区创新一体化程度。

（三）发展目标

粤港澳大湾区的创新发展目标是充分发挥粤港澳地区的综合优势，提升大湾区在国家经济发展和对外开放中的支撑和引领作用，将粤港澳大湾区建设成为高水平参与国际经济合作的新经济区域。首先，将粤港澳大湾区建成全球最具活力经济区。通过努力建设公平正义的法治环境、透明高效的政务环境、竞争有序的市场环境、和谐稳定的社会环境和合作共赢的开放环境，形成法治化、国际化、便利化营商环境，成为"一国两制"的合作发展示范区；其次，将粤港澳大湾区建成世界经济增长重要引擎。通过集聚全球高端要素，培育若干千亿级产业集群，建设全球重要的先进制造业和现代服务业基地，打造世界级的金融中心、贸易中心、航运中心，提升在国际经贸体系中的影响力和话语权；最后，将粤港澳大湾区建成全球科技产业创新中心。通过营造良好的创新生态，瞄准世界科技前沿，全面增强自主创新能力，在关键核心技术领域取得重大突破，在推进科技创新、实施创新驱动发展战略方面走在世界前列。

四、粤港澳大湾区创新发展的知识产权建设任务

应对粤港澳大湾区创新发展中知识产权挑战的核心在于通过构建卓有成效的知识产权措施，消除"一国两制"下区际知识产权冲突带来的创新要素流动障碍，促进大湾区知识产权能力的协同发展，增强大湾区知识产权的转化实施。

（一）打造粤港澳大湾区知识产权合作样板区

粤港澳大湾区知识产权建设的首要任务是推动粤港澳大湾区知识产权政策互认，构建粤港澳大湾区建立知识产权合作新机制，打造粤港澳大湾区知识产权合作样板区。

在知识产权政策互认方面，应研究如何在大湾区内构建知识产权政策协调试点，在国家知识产权局指导下，研究探讨三地专利、商标申请注册费用减免机制，探索如何将中国（广东）知识产权保护中心各项服务扩展到港澳地区。在知识产权合作方面，在粤港、粤澳、泛珠三角地区的合作基础上，粤港澳大湾区应建立知识产权合作新机制。在深化珠三角地区知识产权综合管理体制改革的前提下，深化三地的知识产权管理合作，同时研究如何进行深度跨境执法协作，共同营造法治化营商环境和创新生态，打造具有国际影响的知识产权保护高地。

（二）建设粤港澳大湾区知识产权服务资源共享区

粤港澳大湾区的知识产权建设需要通过提升粤港澳大湾区专利代理服务质量、共建粤港澳大湾区知识产权交易资源共享机制、优化知识产权信息服务和拓展专利代办服务功能，建设粤港澳大湾区知识产权服务资源共享区。

在专利代理服务方面，粤港澳大湾区应促进专利代理机构完善管理制度，规范服务流程，提升服务质量。同时探索粤港澳大湾区专利代理服务人才、产品等资源共享，建立三地专利代理服务水平提升联动机制。引导大湾区内的专利代理行业向规范化、专业化、国际化发展，培育一批能服务粤港澳大

湾区并具有社会影响力的品牌专利代理机构；在共享知识产权资源方面，粤港澳三地应发挥各自的区位和功能优势，建设大湾区知识产权服务资源共享平台。探索如何汇集粤港澳优质知识产权交易机构，建设国家级粤港澳知识产权运营平台和知识产权商用化联盟，提升三地间科研成果转化水平和效率，打造全球性的知识产权交易中心。在优化知识产权服务信息方面，重点研究如何完善知识产权综合信息资源及知识产权商用服务系统平台，搭建知识产权大数据体系，探索粤港澳大湾区小微企业专利信息推送服务模式和实现路径。在拓展专利代办服务方面，应加强知识产权公共服务窗口建设，研究如何拓展和优化专利代办服务功能，为创新主体提供快速授权、快速确权、快速维权绿色通道，在有条件的产业聚集区建立专利代办服务站。

（三）构建粤港澳大湾区知识产权贸易中心区

粤港澳大湾区的知识产权建设还需要通过打造粤港澳大湾区知识产权贸易中心，以及促进粤港澳大湾区知识产权金融创新，来构建粤港澳大湾区知识产权贸易中心。

在知识产权贸易中心的建设方面，应强化粤港澳三地的知识产权海外协作，探索推动粤港澳大湾区以知识产权进出口为特征的国际贸易发展。通过构建各类海外知识产权维权援助平台，实施知识产权海外维权专项，加快建设企业知识产权海外维权和涉外应对服务机制，共同推进粤港澳大湾区知识产权贸易中心建设；在知识产权金融创新方面，应充分发挥国家知识产权运营横琴金融与国际特色试点平台优势，探索建立粤港澳知识产权金融合作平台。研究如何引导知识产权服务机构、金融机构、保险机构与创新主体联合开展知识产权金融模式创新、保险险种开发与推广，促进资本与创新成果深度融合。同时要完善粤港澳大湾区知识产权的金融服务体系建设，加强知识产权运营工作绩效评估与统计监测。借助香港金融中心优势，探索开展知识产权证券化试点。

（四）打造粤港澳大湾区专利支撑经济发展示范区

粤港澳大湾区的知识产权建设的另一重点在于通过培育粤港澳大湾区高价值专利和构建专利导航，打造粤港澳大湾区专利支撑经济发展示范区。

在培育高价值专利方面，粤港澳大湾区应重视专利导航创新发展质量评价，研究如何通过组建产学研高价值专利育成中心，促进三地共同培育高质量专利；通过支持各类创新中心创造高质量专利，申请建设专利导航项目研究与推广（产业）中心。同时，探索高价值专利技术对接国家知识产权运营平台体系，推动三地知识产权资源与科技创新和产业发展相匹配，促进粤港澳大湾区创新质量稳步提升；在构建专利导航方面，研究如何完善区域、产业和企业 3 类专利导航项目实施体系，加强政策引导和资源支持。同时，探索围绕重点产业，实施一批省级层面产业规划类专利导航项目，构建若干产业知识产权联盟，组建一批产业需求导向的专利池。

五、粤港澳大湾区创新发展的知识产权协同机制

粤港澳大湾区作为全球最具经济活力的城市群之一，湾区内 11 个城市各有优势。借鉴世界三大湾区的发展路径和经验，结合粤港澳大湾区创新能力的发展现状与基本定位，未来粤港澳大湾区须加大协同力度，进一步突破障碍，打造新型合作平台，整合金融、科创、产业、人才和交通等资源，建设世界一流湾区。

（一）政策协同：建立湾区知识产权政策协调机制

粤港澳大湾区 11 个城市分属不同关税区，拥有不同的法律体系、贸易制度安排以及不同的行政体系。这就要求在粤港、粤澳、泛珠三角洲的合作基础上，建立粤港澳大湾区知识产权合作领导机制和工作机制，推动湾区知识产权政策协调，实现三地知识产权合作联动、优势互补、协调发展。

为加强粤港的多方合作，广东省与香港特别行政区于 1998 年成立了粤港联席会议制度，每年由广东省与香港特区政府高层人员组成专员召开会议，就改善两地贸易、经济、基建发展、水陆空运输、道路、海关旅客等事务作出协调。粤港澳大湾区可以沿袭联席会议制度，在原有粤港联席会议制度上增加区域，共同编制湾区的合作规划，就粤港澳大湾区发展的核心问题和具体事项进行研究，落实大湾区推进步骤，统筹合作进程。

（二）执法协同：构建跨区域知识产权执法协作机制

粤海关与香港海关、澳门海关长期保持密切的知识产权保护合作关系，三方常态化开展情报交流、信息通报和联合执法行动，有效遏制粤港、粤澳两地进出口侵权违法活动。在此基础上，应进一步强化粤港澳知识产权跨区域执法协作，推动三地相关部门开展知识产权跨区域人员交流、信息交换、案件协查合作。支持三地知识产权服务组织开展知识产权仲裁、纠纷调解深度合作，充分发挥知识产权保护中心和知识产权快速维权中心的作用，针对粤港澳大湾区重点产业、重点区域、专业镇建立知识产权多元化纠纷解决机制，探索为权利人提供更多更有效的争议解决途径，促进知识产权纠纷调解工作的开展。

（三）产业协同：推动湾区知识产权产业化合作

产业竞争力是湾区的竞争优势所在。粤港澳大湾区是全球制造业最发达区域，应通过利用大湾区城市产业优势互补，实施创新驱动推进产业转型升级提升区域竞争力。其一，通过专利合理布局，加快培育一批具有战略性、前瞻性、产业引领性及国际竞争力的高价值发明专利。通过开展大湾区专利导航创新发展质量评价，三地共同培育高质量专利。组建产学研高价值专利育成中心，支持各类创新中心创造高质量专利，申请建设专利导航项目研究与推广（产业）中心。其二，推动三地围绕专利密集的重点产业、重点企业、重大项目，联合开展专利导航和分析评议合作，为大湾区企业创新提供决策咨询。围绕新一代信息技术、高端装备制造、绿色低碳、生物医药、数字经济、新材料、海洋经济等战略性新兴产业和重点产业，实施一批省级层面产业规划类专利导航项目，构建若干产业知识产权联盟，组建一批产业需求导向的专利池。支持生产型国家专利运营试点企业实施一批企业运营类专利导航项目，推动产学研高价值专利育成中心建设。研究制定培育发展专利密集型产业的政策文件，编制专利密集型产业目录，开展专利密集型产业对经济贡献度试点，促进专利密集型产业加快发展。其三，支持三地创新主体与知识产权专业机构建立合作对接机制，快速提升综合运用知识产权的能力。

（四）服务协同：建设知识产权服务和资源共享机制

知识产权服务是知识产权事业发展不可或缺的重要一环。粤港澳大湾区应通过进一步完善知识产权的基础服务与增值服务，鼓励三地知识产权代理、法律、评估等服务机构建立资源合作共享机制，打造基于提升知识产权运用的国家级知识产权资源集聚与服务平台。

在资源共享方面，粤港澳应合力发挥三地区位和功能优势，建设大湾区知识产权服务资源共享平台；汇聚粤港澳创新资源，打造具有国际影响力的知识产权展会。在信息服务方面，应完善知识产权综合信息资源及知识产权商用服务系统平台，搭建知识产权大数据体系；构筑新一批产业专利信息专题库，深入开展小微企业专利信息推送服务；选择有条件的高校建立知识产权信息服务中心，继续开展高校图书馆专利信息服务提升计划；探索粤港澳大湾区小微企业专利信息推送服务模式和实现路径。在代理服务方面，加快推进专利代理行业服务规范化建设，建立常态化的专利代理人实务技能培训、评价制度，推广《专利代理机构服务规范》，促进专利代理机构完善管理制度，规范服务流程，提升服务质量；探索粤港澳大湾区专利代理服务人才、产品等资源共享，建立三地专利代理服务水平提升联动机制，支持港澳地区的青年参加广东举办的专利代理人考前培训课程；引导广东专利代理行业向规范化、专业化、国际化发展，培育一批服务粤港澳大湾区并具有社会影响力的品牌专利代理机构。在增值服务方面，探索建立湾区知识产权金融合作机制，引导三地知识产权服务机构、金融机构、保险机构联合开展知识产权金融模式创新。

（五）运营协同：促进湾区知识产权运营交易合作

完善的科创协同机制和知识产权运营平台，有助于实现科研成果向现实生产力的高效转化。数据显示，粤港澳大湾区的创新机构中，广州、香港和澳门三地高等院校分别占比为 24%、20% 和 20%，排名城市创新机构前三，显示这三大城市高等院校的科研创新能力强劲。在创新机构方面，广州在"科学研究和技术服务业"行业占比达 16%，综合高等院校的数据（24%）

彰显了广州科研机构的雄厚实力。深圳拥有较多的国际知名企业科研机构和国内外知名高校设立的研究机构，具备很强的创新能力。同时，粤港澳大湾区还拥有全球最成熟的产业集群，具备完备的产业链和快速响应的制造能力。粤港澳大湾区应充分利用湾区 11 个城市的创新动能和珠三角地区的制造能力，构建以"广深港"为主轴的湾区国际科技创新带，提升三地间科研成果转化水平和效率，打造全球性的知识产权交易中心。同时，粤港澳应共建国家级粤港澳知识产权运营平台和知识产权商用化联盟，推动以知识产权进出口为特征的国际贸易。以举办广东知识产权交易博览会、亚洲营商论坛等活动为重点，打造大湾区知识产权交易运营平台。

（六）人才协同：加快大湾区知识产权人才交流和培育

创新发展的核心在于人才。世界一流的湾区，都聚集着一批世界知名的大学，为湾区发展提供源源不断的智力支持。粤港澳大湾区可以借鉴旧金山湾区的经验，出台高端知识产权人才政策，创新知识产权人才合作培养机制，打造大湾区"创新人才高地"。其一，做好知识产权基础人才培养工作。加大对大湾区内高等院校、科研机构的知识产权教育和科研投入力度，建设世界一流大学和科研机构。依托不同高校的知识产权人才培养特色，推动粤港澳三地高校、服务机构联合培养知识产权高端人才，畅通人才流动渠道，打造湾区知识产权人才培育品牌。其二，做好知识产权高端人才的培养工作。通过构建湾区国际化知识产权高端智库，开展重大知识产权问题研究，共同举办大湾区知识产权交流研讨活动，发挥专家的"传、帮、带"作用，多形式培养人才。其三，做好青少年知识产权意识的培育工作。通过举办大湾区知识产权夏令营，组织粤港澳三地的青少年走访参观知识产权及创新相关部门，提升青少年对大湾区知识产权与创新的认识。

六、粤港澳大湾区知识产权建设的保障措施

（一）加强统筹协调

设立粤港澳大湾区知识产权发展规划领导小组办公室，负责领导小组决

策和重大事项的具体执行和落实。明确责任分工，制定任务的分解落实方案和实施办法。建立知识产权发展规划实施评估指标体系，切实加强实施情况的监督指导。加强粤港澳三地政府知识产权管理体制的协同与对接。

（二）加大资金投入

各级财政整合知识产权工作相关资金，对专利导航、知识产权信息大数据公共服务平台建设、企业维权援助等工作提供专项支持。深化多级资本市场，支持建立银行为主，保险、证券、信托、融资等金融机构及服务机构广泛参与的多元化、市场化知识产权金融体系。加强财政资金使用的监督管理和绩效评价，确保财政资金发挥效能。

（三）推动社会参与

支持珠三角九市与港澳智库加强合作，借助相关研究机构研究和解决发展规划实施过程中出现的新问题和新要求。支持粤港澳工商专业组织建立联系机制、设立行业协会合作平台、推动统一行业服务标准及资格认定。支持粤港澳工商企业界、专业服务界、学术界等社会各界加强交流与合作，支持粤港澳行业协会开展知识产权人员培训，专利商标代理人资格互认等工作，共同制定区域行业规则。

（撰稿人：卢纯昕）

第2章　香港特区知识产权发展报告

一、香港特区知识产权制度和政策

（一）知识产权制度

香港是中国境内唯一的普通法司法管辖区，有其独特的立法、法律保护和执法制度。知识产权法与合约法、公司、财务及竞争法构成商业法及财产法体系。知识产权法律涵盖了知识产权领域的各个方面，包括商标、专利、外观设计、版权及集成电路的布图设计（拓扑图）。❶ 广义而言，知识产权还包括商业秘密和工业知识；当应用于商业范畴时，也包括域名。

根据《中华人民共和国香港特别行政区基本法》第 2 条❷、第 8 条❸、第 139 条❹和第 140 条❺，香港特别行政区可以制订有关知识产权的法律。同时，香港又是许多国际知识产权条约或者与知识产权有关的国际组织的成员，如世界贸易组织。从法律关系上讲，香港遵守、适用这些国际条约；同时香港根据本地区的情况，制定最能促进本地区发展的法律并保证执行，促进知识

---

❶　参见香港知识产权法［EB/OL］．［2018 - 12 - 20］．https：//www. ipd. gov. hk/chi/intellectual_property/ip_laws. htm。

❷　全国人民代表大会授权香港特别行政区依照本法的规定实行高度自治，享有行政管理权、立法权、独立的司法权和终审权。

❸　香港原有法律，即普通法、衡平法、条例、附属立法和习惯法，除同本法相抵触或经香港特别行政区的立法机关作出修改者外，予以保留。

❹　香港特别行政区政府自行制定科学技术政策，以法律保护科学技术的研究成果、专利和发明创造。香港特别行政区政府自行确定适用于香港的各类科学、技术标准和规格。

❺　香港特别行政区政府自行制定文化政策，以法律保护作者在文学艺术创作中所获得的成果和合法权益。

产权法律本地化。

适用于香港的有关专利方面的国际公约主要有《保护工业产权巴黎公约》《专利合作条约》以及《与贸易有关的知识产权协议》。这些国际公约适用到香港，成为香港专利法的一部分。此外，保护文学艺术作品的《伯尔尼公约》《世界版权公约》《保护录音制品制作者禁止未经许可复制其录音制品公约》《建立世界知识产权组织公约》等也在香港适用。

香港知识产权法律既遵守国际公约，又在发展中形成了自己的特色。为营造知识产权保护的良好环境以吸引海外高新科技投资者，香港在 1994 年制订了《集成电路的布图设计（拓扑图）条例》。专利方面主要适用《专利条例》（香港法例第 514 章）。1997 年，香港专利法开始本地化，实行 3 种形式的保护：标准专利，保护期为 20 年；短期专利，保护期为 4 年，可续展 1 次，共 8 年；外观设计，保护期为 5 年，可续展 4 次，共 25 年。香港的标准专利实行注册指定国家专利的制度，被指定的专利局有中国国家知识产权局专利局、英国知识产权局和欧洲专利局。从 2019 年起香港开始实行原授专利制度。

2003 年香港修订了商标法，允许创新型商标的注册，并简化了注册程序。随着科技的发展，现在味道、声音可被注册为商标。以前一个类别的申请需要一张申请表，如需要申请多个类别则十分不便。现在商标有 70 多个类别，可以通过一个申请表同时申请多个类别，及时给予商标保护。香港预计 2019 年开始施行《马德里议定书》。

版权方面，❶ 由于数字技术对版权的冲击，世界知识产权组织于 1996 年12 月通过《国际互联网公约》。仅仅过了 6 个月，香港便通过了新的《版权条例》，《国际互联网公约》的大部分内容都包含在香港的《版权条例》里面。《版权条例》分别于 2001 年、2004 年、2007 年、2009 年进行了一系列修订，如放宽对平行进口版权作品的使用限制，为教育界、阅读残障人士及公共机构引入新的版权豁免等。

除了立法层面的创新，香港也致力于发展多元化的争端解决机制，以期

---

❶ 香港现使用"版权"一词，其意义等同于著作权。因此在下文有关香港法律部分，均以"版权"指代著作权。

给当事人更多选择。在香港，知识产权争议可以诉诸法院。除了法院，香港国际仲裁中心提供相对经济且快捷可靠的争议解决服务，包括调解、仲裁及审裁。不少仲裁机构也在香港设立分支机构，包括中国国际经济贸易仲裁委员会香港仲裁中心、中国海事仲裁委员会、国际商会国际仲裁院秘书处亚洲分处。香港国际仲裁中心每年收到的域名争议案件持续增长。2015 年处理了227 起此类案件，与 2014 年相比，增加了 13%。该仲裁中心于 2016 年推出《知识产权争议仲裁员名册》，进一步加强了香港国际仲裁中心处理知识产权争议的能力，并扩大了其处理知识产权案件的范围。

1. 版权

与版权相关的法律包括《版权条例》（香港法例第 528 章）和《防止盗用版权条例》（香港法例第 544 章）。最近的一次修订草案为《2014 年版权（修订）条例草案》（简称《条例草案》）旨在更新香港的版权制度，确保制度与时俱进，紧跟科技发展。主要立法建议如下：

（一）订定科技中立的专有权利，让版权拥有人可通过任何电子传送模式传播其作品，以助版权拥有人在数字环境中，利用其作品和促进开发数字内容；

（二）为平衡版权保护和合理使用版权作品，及保障使用者的表达自由，扩大现行法例下的版权豁免范围，在适当情况下，为下列目的提供刑事和民事豁免：

（i）戏仿、讽刺、营造滑稽或模仿；

（ii）评论时事；

（iii）引用；

（iv）联线服务提供者暂时复制版权作品，以配合技术上的需要，使数字传送过程顺畅；

（v）声音记录的媒体转换；和

（vi）教学（特别是远程学习）以及方便图书馆、档案室和博物馆的日常运作；

（三）就未获授权向公众传播版权作品的行为，订明相关的刑事制裁。为释除对建议会影响网络资讯自由的担忧和提高法律的明确性，法例会澄清对版权拥有人造成损害的刑事责任，订明法庭会考虑个案的整体情况，特别在经济损害方面，顾及侵权物品有否取代原作品；

（四）订立法定"安全港"制度，订明联线服务提供者如符合若干条件，包括在得悉其服务平台上出现侵权活动后采取合理措施遏制或停止有关活动，便只需对其服务平台上的侵权行为承担有限的法律责任，此举旨在帮助联线服务提供者处理侵权指控，平衡版权拥有人和使用者的权益；和

（五）就确立侵权的民事个案，加订法庭审裁赔偿额时要考虑的因素。

《条例草案》一方面可在数字环境中加强保护版权，打击大规模的盗版活动。另一方面，建议新增的多项版权豁免，会照顾到现时许多在互联网上常见的活动，如戏仿作品，充分保障使用者的表达自由。

《条例草案》尚未通过立法会审议。

除《条例草案》外，政府尚有多项与版权有关的其他事宜正待处理，例如更新《版权（图书馆）规例》及处理孤儿作品。此外，政府须考虑《视听表演北京条约》及《关于为盲人、视力障碍者或其他印刷品阅读障碍者获得已出版作品提供便利的马拉喀什条约》是否适用于香港的事宜。❶

2. 专利

关于专利的主要法律是《专利条例》（香港法例第 514 章）。特区政府于 2013 年 2 月公布决定，在香港设立"原授专利"制度及优化现时的短期专利制度，以及设立全面的制度以规管专利代理服务作为长远目标，并分阶段实施，其间采取暂行措施（统称为"新专利制度"）。2016 年 6 月通过了《2016 年专利（修订）条例》，主要修订条文包括：

---

❶ 立法会 CB（1）604/17 - 18（05）号文件［EB/OL］.［2018 - 12 - 20］. https：//www. ipd. gov. hk/chi/intellectual_property/copyright/Legislative_Council_Panel_on_Commerce_and_Industry. pdf。

（a）就标准专利的批予订定"原授专利"制度；

（b）就短期专利批予后的实质审查订定条文，并作出其他技术性修订，藉此优化现有的短期专利制度；

（c）禁止在提供专利代理服务时使用某些名衔及描述，以作为暂行规管措施；及

（d）提出修订，清楚说明根据政策原意，涉及第二或进一步医药用途的发明可视为具备新颖性，因而可享专利，以及处理其他技术性、过渡性及杂项事宜。

"原授专利"制度预计在 2019 年正式推出。该制度推出后，申请人可直接在香港申请专利并获得保护。这对广大申请人，尤其是香港的中小企业和大学及研究机构来说，在申请研发成果的保护上，将更加省时和节省资金。同时，该制度对未来大湾区的科技创新成果的保护也将发挥重要作用。经参考《国际专利分类表》（IPC 分类）及其他专利当局的意见，"原授专利"制度中的专利申请所涉及的技术主题涵盖化学、电学及机械工程 3 个主要领域。"原授专利"制度能使今后香港政府与其他国家/地区的专利局磋商设立"专利审查高速公路"时处于更有利的位置，如加快审查程序，便于申请人在其他司法管辖区寻求专利保护，藉以提高新专利制度的吸引力。

3. 商标

有关商标的主要法律法规是《商标条例》（香港法例第 559 章）（于 2003 年 4 月 4 日实施）和《商标规则》（香港法例第 559A 章）（于 2003 年 4 月 4 日实施）。香港知识产权署于 2014 年 11 月就《商标国际注册马德里协定有关议定书》（简称《马德里议定书》）适用于香港的建议进行了为期 3 个月的咨询，修订《商标条例》（香港法例第 559 章）及《商标规则》（香港法例第 559A 章），建立专用的资讯科技系统，制定处理国际申请及注册的工作手册等。香港最早将于 2019 年实施《马德里议定书》，以提供更具效率的一站式商标注册及管理制度。❶

---

❶ 立法会工商事务委员会《商标国际注册马德里协议有关议定书》适用于香港特别行政区的建议：最新情况及建议的实施安排。立法会 CB（1）555/16－17（05）号文件。

根据香港特区政府知识产权署的建议，香港商标注册处将作为原属局，直接向世界知识产权组织提交国际申请，并与世界知识产权组织联络跟进有关事宜。❶ 但有关国际申请必须基于申请人在香港商标注册处的本地申请或注册而提出。同样地，香港商标注册处亦将作为指定商标局，直接接收世界知识产权组织就指定"中国香港"领土延伸保护的国际注册请求，并审查该等请求，把是否授予商标保护的决定通知世界知识产权组织。

如果申请人符合下列条件，可根据其在香港商标注册处的本地申请或注册，经香港商标注册处提出国际申请：①属中国籍人士（无论申请人居于何处）；②在香港拥有真实有效的工业或商业营业场所的自然人或法律实体；或③以香港为其居住地的人士。❷ 中国籍人士可选择经香港的商标注册处或中国内地的国家知识产权局商标局作为原属局提交国际申请。因此，申请人有权经二者中任何一个商标局提出国际申请。

由于知识产权保护的地域性限制，若香港实施《马德里议定书》，以香港为其居住地的中国籍人士或法律实体经香港商标注册处提出的国际申请，不能指定申请延伸中国内地；而以中国内地为其居住地的中国籍人士或法律实体经国家知识产权局商标局提出的国际申请，亦不得申请延伸指定香港。换言之，以香港或中国内地为其居住地的中国籍人士或法律实体，必须分别在两地提出申请，才能获得商标保护。国际申请人可根据其业务需要，指定在香港及/或中国内地寻求领土延伸保护。

知识产权行政管理方面，香港知识产权署是香港的知识产权统管部门，既属于行政管理机构，也具有服务职能。香港的知识产权执法职责由香港海关履行，香港海关专门设立了版权及商标调查科，负责对侵犯版权及商标的犯罪行为予以刑事制裁，主管侦查及打击进出口、制造、批发及分销层面的

---

❶ 知识产权贸易工作小组报告［EB/OL］.（2015－03－23）［2018－12－20］. https：//www.cedb.gov.hk/citb/tc/Councils_Boards_Committees/Working_Group_on_Intellectual_Property_Trading.html；最终报告见 https：//www.cedb.gov.hk/citb/doc/sc/Councils_Boards_Committees/Final_Report_Chin.pdf，本文信息引自第22页。

❷ 商务及经济发展局，知识产权署.《商标国际注册马德里协定有关议定书》建议适用于香港特别行政区咨询文件［EB/OL］.［2018－12－20］. https：//www.gov.hk/sc/residents/government/publication/consultation/docs/2015/madrid_protocol.pdf.

盗版活动，并调查与互联网有关的侵权行为。❶ 海关直接监管口岸的人流和物流，有利于打击跨境知识产权违法。香港特区政府知识产权署和海关直接隶属于香港商务及经济发展局。

香港特区政府知识产权署负责向香港商务及经济发展局局长提供有关知识产权方面的意见，协助制定香港的知识产权保护政策及法例，并负责香港特区的商标注册、专利注册、外观设计注册及版权特许机构注册，同时通过教育及举办各种活动，加强公众人士保护知识产权的意识，并参与发展和实施政策以推广国际知识产权贸易。❷ 香港知识产权署有其独特的历史发展渊源。早在 1874 年，香港就成立了商标注册处。最初，香港的知识产权职权分属不同的行政部门，律政司负责非注册知识产权，如版权事宜；注册总署负责商标注册及专利注册事务。1990 年 7 月 2 日，港英政府成立了知识产权署，统一负责香港的商标注册、专利注册等工作，并负责向商务及经济发展局局长提供有关知识产权策略及技术方面的意见，协助制定香港的知识产权保护政策及法例。

（二）促进政策

1. 政府层面

香港和澳门在发展上都面临挑战。香港经济增长缺乏持续稳固支撑，澳门经济结构相对单一、发展资源有限，珠三角九市市场经济体制有待完善。区域发展空间面临瓶颈制约，资源、能源约束趋紧，生态环境压力日益增大，人口红利逐步减退。为此，2019 年中央政府发布《粤港澳大湾区发展规划纲要》，对香港的定位是强化其全球离岸人民币业务枢纽地位，巩固提升香港国际金融、航运、贸易中心地位。推进"广州－深圳－香港－澳门"科技创新走廊建设，探索有利于人才、资本、信息、技术等创新要素跨境流动和区域融通

---

❶ 香港特别行政区政府香港海关［EB/OL］．［2018－12－20］．https：//www. customs. gov. hk/ sc/enforcement/ipr_protection/index. html.

❷ 暨南大学知识产权学院课题组. 粤港知识产权专业支持服务调查研究报告（摘要本）［EB/ OL］．（2004－12－01）［2018－12－18］．http：//www. ipd. gov. hk/chi/pub pes/publicaons/Guanglong find repore. pdf.

的政策举措，共建粤港澳大湾区大数据中心和国际化创新平台。

与香港有关的具体举措包括：打造高水平科技创新载体和平台，加快推进大湾区重大科技基础设施、交叉研究平台和前沿学科建设，着力提升基础研究水平。支持港深创新及科技园等重大创新载体建设。支持香港物流及供应链管理应用技术、纺织及成衣、资讯及通信技术、汽车零部件、纳米及先进材料等五大研发中心以及香港科学园、香港数字港建设。推进国家重点实验室香港伙伴实验室建设。

优化区域创新环境。允许香港符合条件的高校、科研机构申请内地科技项目，并按规定在内地及港澳使用相关资金。支持粤港澳设立联合创新专项资金，就重大科研项目开展合作，允许相关资金在大湾区跨境使用。香港、澳门在广东设立的研发机构按照与内地研发机构同等待遇原则，享受国家和广东省各项支持创新的政策，鼓励和支持其参与广东科技计划。开展知识产权证券化试点。

促进科技成果转化。创新机制、完善环境，将粤港澳大湾区建设成为具有国际竞争力的科技成果转化基地。支持粤港澳在创业孵化、科技金融、成果转化、国际技术转让、科技服务业等领域开展深度合作，共建国家级科技成果孵化基地和粤港澳青年创业就业基地等成果转化平台。

强化大湾区知识产权保护和运用。依托粤港、粤澳及泛珠三角区域知识产权合作机制，全面加强粤港澳大湾区在知识产权保护、专业人才培养等领域的合作。强化知识产权行政执法和司法保护，加强电子商务、进出口等重点领域和环节的知识产权执法。加强在知识产权创造、运用、保护和贸易方面的国际合作，建立完善知识产权案件跨境协作机制。依托现有交易场所，开展知识产权交易，促进知识产权的合理有效流通。开展知识产权保护规范化市场培育和"正版正货"承诺活动。发挥知识产权服务业集聚发展区的辐射作用，促进高端知识产权服务与区域产业融合发展，推动通过非诉讼争议解决方式（包括仲裁、调解、协商等）处理知识产权纠纷。充分发挥香港在知识产权保护及相关专业服务等方面的优势，支持香港成为区域知识产权贸易中心。不断丰富、发展和完善有利于激励创新的知识产权保护制度。建立大湾区知识产权信息交换机制和信息共享平台。

香港特区政府对香港在知识产权贸易中的角色持多元化的定位：作为知

识产权贸易中间人；提供采购平台和中介服务；提供量身定做的争议执行方法❶。根据 2015 年发布的《知识产权贸易工作小组报告》，与知识产权管理相关的政府机构包括香港创新及科技局和香港渔农自然护理署等。为鼓励技术创新，推动本地公司及发明者申请专利以保障其智慧成果，并把成果转化为其资产，香港创新及科技局实施专利申请资助计划，用于资助功能性专利品和发明申请，每项获批申请的最高资助额可达 10 万元港币或专利申请费用总额的 90%；植物新品种的知识产权注册则由香港渔农自然护理署负责。1967年成立的香港生产力促进局是获得政府资助的主要工业支持机构之一，香港生产力促进局向香港企业提供综合支持来提升生产力，每年为超过 3000 家的中小企业提供符合市场和产业化需求方向的优质服务。

香港特区政府从 2003 年开始提供知识产权电子服务。❷ 政府提供免费的电子检索服务，当事人也可以在网上提交专利、商标、外观设计的申请。当事人不需要寄送资料，中间不需要人手，可以自行在网上系统修改个人信息和续期。现在香港 40% 商标申请和超过 20% 的专利、外观设计申请是通过电子互动服务实现的。香港特区知识产权署设定了快速优质办理注册的服务目标，70% 的商标注册申请所需审查时间在 60 天内，处理 70% 的标准专利、短期专利或外观设计注册申请所需时间均在 15 天内。

2013 年香港特区政府成立知识产权贸易工作小组，就推广香港作为知识产权贸易中心的整体策略提供意见；以及探索可行的政策及其他支援措施，以推动香港的知识产权贸易。❸ 在工作小组的建议下，政府与各社会团体、研究机构合作，推出了一系列旨在培训知识产权管理型人才的项目。比如，香港特区知识产权署在香港律师会的支援下，为香港中小型企业提供一对一的免费知识产权咨询服务，藉此协助香港中小企业加深对知识产权的认识，以及制订有效的知识产权管理及商品化策略，以应对在竞争环境下可能出现的种种挑战。香港律师会的执业律师会提供 30 分钟的咨询面谈服务。咨询范围

---

❶ 《知识产权贸易工作小组报告》第 12 页。

❷ 香港特别行政区知识产权署［EB/OL］.［2018 - 12 - 20］. https：//www.ipd. gov. hk/sc/electronic_services. htm.

❸ 《知识产权贸易工作小组报告》第 4 页。

涵盖知识产权注册、知识产权管理、知识产权授权及知识产权尽职调查。❶ 政府同时推出免费的知识产权管理人员培训计划，提倡企业委任一名管理阶层的员工担任内部"知识产权管理人员"，由该人员负责监督知识产权资产的规范、管理、使用及商品化情况，❷ 并提供价格低廉的培训课程。❸ 培训的目标在于促使中小企业增强意识，明白知识产权是业务资产，应更妥善地予以保护、管理和使用，以带动业务增长。协助中小企业系统地识别和了解本身所拥有的知识产权，向业务伙伴和融资机构传达有关知识产权价值的信息，并有效使用具有潜力的知识产权资产。最终协助中小企业采用适当的知识产权管理及商品化策略，通过知识产权贸易活动提升业务表现。

创新及科技局2014年推出创新及科技基金改善措施，以推动私营机构进行研发和把研发成果商品化，以及鼓励把研发成果应用于公营机构。❹ 主要措施包括：（a）设立企业支援计划，以取代基金下的小型企业研究资助计划，藉此加强对私营机构研发工作的支援；（b）扩大基金的资助范围，涵盖下游研发和商品化活动，发挥本地工业技术优势；（c）设立大学科技初创企业资助计划，向大学提供资助，鼓励大学的师生创立科技企业，把研发成果商品化；（d）对于由政府部门或法定机构提出的创新及科技支援计划平台项目，豁免其须取得业界赞助的规定，并放宽赞助要求；（e）把公营机构试用计划对基金所资助的原来研发项目的资助上限，提高至最多为项目实际开支的100%，以鼓励把研发成果应用于公营机构；以及（f）把专利申请资助计划的资助上限及基金所资助的研发项目专利申请预算，由15万元提高至25万元。

近年，创意产业已成为推动经济增长的新动力。授权和特许经营是促进使用版权及商标等知识产权的重要方法。根据香港贸易发展局最近在亚洲10

---

❶ ［EB/OL］．［2018 - 12 - 20］．https：//www. ip. gov. hk/sc/resources/free - consultation - service. html.

❷ ［EB/OL］．［2018 -12 -20］．https：//www. ip. gov. hk/sc/resources/ip - manager - scheme. html.

❸ 一般参与者费用为港币200元；参与"知识产权管理人员计划"的企业代表费用为港币100元［EB/OL］．［2018 - 12 - 20］．https：//www. ip. gov. hk/sc/resources/ip - manager - training - programme. html.

❹ 立法会 CB（1）916/16 - 17（04）号文件［EB/OL］．［2018 - 12 - 20］．https：//www. legco. gov. hk/yr16 -17/chinese/panels/ci/papers/ci20170516cb1 -916 -4 - c. pdf.

个国家/地区进行的调查，受访公司对香港的授权业务环境、优秀人才供应及商业网络评价甚高。再者，90%的受访公司认同香港是拓展中国内地授权业务的重要据点。因此，政府与业界组织广泛合作，如中国许可贸易工作者协会香港分会、亚洲授权业协会、香港特许经营发展协进会、香港工业总会合作，就知识产权的保护、贸易、授权、特许经营和市场推广提供免费的基本咨询服务，并积极举办各种活动。香港贸易发展局每年举办香港国际授权展和亚洲授权业会议，以及在香港国际影视展、香港时装节春夏和秋冬系列等不同贸易展设置知识产权营商区。为协助香港的新创业公司把握特许经营的商机，香港贸易发展局把国际中小企业博览内的"特许经营馆"发展成独立活动，加强推广。香港政府每年12月举办亚洲知识产权营商论坛，参展商超过90家，包括世界知识产权组织、国际大型科技公司、顶尖科研中心、大学及知识产权服务供应商等，为参加者带来更多交流及营商机会。

在国际和区域合作方面，香港特区知识产权署一直致力建立和加强与国际及中国内地知识产权机构的合作，以推广知识产权贸易。在国际层面，香港为WTO正式成员。香港特区知识产权署派有代表，积极参与与贸易有关的知识产权理事会商议有关事宜。香港特区知识产权署署长亦参加中国代表团，出席世界知识产权组织每年举办的成员国大会会议。此外，香港特区知识产权署一直借助亚太经济合作组织（APEC）知识产权专家小组论坛，促进和推广香港在知识产权及相关事宜上的利益。香港特区知识产权署在2014年与国际商标协会签订有关知识产权合作的一般协定。2015年初，分别与韩国知识产权局及墨西哥工业产权局签订了谅解备忘录，加强合作和推广知识产权商品化。与中国内地知识产权机构合作方面，香港特区知识产权署在2011年与国家知识产权局签订有关知识产权合作的一般协定，并与国家知识产权局及其他通过泛珠三角区域合作及粤港保护知识产权合作专责小组的知识产权机构携手合作，推动区内知识产权贸易的发展。

2. 税务层面

税务优惠可鼓励工业及研发产业、创意产业及知识产权使用者参与知识产权贸易活动；而知识产权贸易发达，又可以促进知识产权的创造和采用。因此，税收政策是知识产权贸易中一个重要的激励因素。

根据香港的税制，企业的营运性开支一般在计算所得税时可获扣税。凡企业因使用知识产权而产生的营运性开支（例如特许权使用费、特许权费，以及属营运性质的其他固定付款），均可在厘定所得税税款时获得扣税。企业如在通常业务运作时自行开发知识产权，当中所产生的营运性开支，例如租金、薪酬及宣传费用，可以作为获得扣税的正常业务开支。

一直以来，政府的税务政策及原则都是不就资本性收入征税，并相应地不就资本性开支提供扣税。然而，《税务条例》（香港法例第112章）规定若干资本性开支可获扣税的例外情况。目前，根据该条例的特定条文，与订明知识产权有关的下列资本性开支可获扣税：（a）专利、设计及商标在注册方面的开支（第16（1）（g）条）；（b）资本性质的研究和开发的开支（第16B条）；以及（c）购买专利权和工业知识的权利（第16E条）及版权、注册商标和注册外观设计（第16EA条）的开支。

《2011年税务（修订）（第3号）条例》把计算所得税时可获扣税的安排扩展至购买3类常用的知识产权（即版权、注册外观设计及注册商标）所产生的资本性开支，以鼓励本地企业更广泛地采用知识产权，并推动香港创意产业发展。《2018年税务（修订）条例》进一步扩大购买知识产权所涉及的资本开支的扣税安排，扩展至8项，以鼓励企业投入发展知识产权贸易相关业务。

同时，授权业务是知识产权贸易一个重要且发展迅速的范畴。全面性协定对降低授权业务的成本格外重要，有助于提高在香港进行与知识产权有关的授权业务的吸引力。因此，香港政府致力于扩大香港与其主要贸易及投资伙伴签订全面性协定的网络，提供包括股息、利息及特许授权使用费的双重课税豁免。截至2018年3月，我国香港已和39个国家/地区订立全面性避免双重课税协定，包括中国内地、日本、韩国、瑞士和英国，同时正与另外12个司法管辖区磋商。

二、香港特区知识产权发展状况

（一）研发机构和优势企业

根据世界知识产权组织所发布的2018年全球创新指数，香港列全球最创新经济体系第 14 位。根据 QS（Quacquarelli Symonds）发布的 2018 年全球大学排行榜，香港的 4 所大学，即香港大学、香港科技大学、香港中文大学和香港城市大学，一直名列世界前 100 所大学之中。根据 QS 发布的 2018 年亚洲大学排行榜，香港特区共有 7 所高校上榜，其中 4 所高校进入前十位，分别是香港科技大学（第 3 名）、香港大学（第 5 名）、香港城市大学（第 8 名）和香港中文大学（第 10 名）。澳门特区有两所高校入围前 400 位，分别是澳门大学和澳门科技大学。

香港各研究机构不但备有最新式和先进的化验室及研究设备，而且有世界顶尖科学家协助，在创新科研上得到支援。不少研究机构亦与世界知名的大学和研究所合作。香港的检测和认证业亦备受重视。不少化验室、检验和认证机构为各行业提供检测和认证服务，确保出口货品符合规定的标准。香港的科研中心包括汽车零部件研究及发展中心、香港应用科技研究院、香港物流及供应链管理应用技术研发中心、香港科技园公司科技支援及实验室服务纳米及先进材料研发院、数字港科技中心、香港纺织及成衣研发中心。

香港科技园公司为创业者提供全面的支持服务，以助他们克服创业初期的不同挑战。创业培育计划提供三种不同年期，分别是为期一年半的"网动科技创业培育计划"、三年期的"科技创业培育计划"及四年期的"生物科技创业培育计划"。创业培育计划针对新成立公司于不同发展阶段的需要，提供适合行业需要的支援服务，其中包括推广及宣传、培训及人才发展、诱导计划、顾问服务、联系天使投资者及风险投资基金的配对活动、科研专用的办公室租金优惠，以及研发津贴及资助等等。科技创业公司更可使用先进实验室及测试中心，并由一支专业工程师团队提供电子、资讯科技及电讯、精密工程、生物科技及绿色科技等五大科技范畴的研发支持。香港科技园公司致力于通过提供先进基建设施及支持服务推动香港创新科技的发展。

数字港为资讯与通信科技行业的创业公司提供培育计划，汇聚创新及创业，以至知识产权创造、保护及投资的项目。香港设计中心亦为设计与创意产业的创业公司提供设计创业培育计划。这些中心营办的计划，为培育公司提供重要的培育和支援，协助他们实践科技及创业方面的目标。

香港的优势企业主要集中在银行、金融、保险和地产等产业。[1] 传统企业也致力于转型使用数字技术和网络平台开拓新业务，吸引新的消费群体。如兰桂坊[2]就推出 LKF Labs，旨在为亚洲市场及其他地区提供开创性的数字策略，利用游戏、虚拟现实以及数据分析等前瞻性技术，帮助兰桂坊集团更好地跨行业发展，向更多领域布局。LKF Xcite 则首次将兰桂坊市场营销战略精髓呈现给市场，为重视创意数字营销战略的品牌，提供全方位的数字营销方案。LKFtv 是一个集合了香港音乐、时尚、体育和文化方面最新动态的综合平台，通过各种节目以及独家幕后故事和视频，深入展示了香港的生活方式。在这个全新的数字娱乐平台上，节目专注于餐饮和娱乐行业的精英，以及为兰桂坊常客提供的独特视角和见解。

基于国际形势和资本市场瞬息万变的挑战，香港知识产权交易所率先与各大知识产权研究机构合作，与专家、学者等多方深度探讨，从多层次和多维度对上市公司的知识产权价值进行评估，联合全球品牌基金会、国际商标协会、美中商业协会、美中区块链研究院、华港文化基金会等合作伙伴及机构共同发起，并覆盖全球主流交易所，包括但不限于：纽约证券交易所、纳斯达克、上海证券交易所、深圳证券交易所、香港联合交易所、台湾证券交易所、法兰克福证券交易所、伦敦证券交易所、泛欧证券交易所、澳大利亚证券交易所等独家发布《2018 年中国上市公司知识产权新价值排行榜》。未来以民营上市公司为代表的主力军逐步重视知识产权价值，将进一步推动企业从传统的银行贷款方式转向以知识产权质押融资，并进一步推动各金融投资机构从传统的投资方式逐渐转向以知识产权等无形资产为核心竞争力的企业，长远来看，知识产权支撑中国经济创新发展的推动作用将不可估量。

其中，香港入选的企业如下：澳优（1717 日常消费类）、腾讯控股（0700 咨询技术类）、远大医药（0512 医疗保健类）、中国燃气（0384 公用事业类）、北京控股（0392 公用事业类）、中广核电力（1816 公用事业类）。评

---

[1] 2012～2017 年度"港股 100 强"名单［EB/OL］.［2018 – 12 – 20］. http://www.top100hk.com/.

[2] ［EB/OL］.［2018 – 12 – 20］. https://www.lkfgroup.com/lkf – business/tc.

估数据源于全球各大知识产权机构，包括世界知识产权组织（World Intellectual Property Organization）、美国专利商标局（United States Patent and Trademark Office，USPTO）、欧洲专利局（European Patent Office，EPO）、中国香港特区知识产权署（Hong Kong Intellectual Property Department）、中国国家知识产权局专利检索及分析系统、WIND 上市公司 2012 ~ 2017 年年报和各大交易所官网等。

（二）知识产权的取得

在以下的统计数据中，"中国"指中国内地。数据获取时间截至 2018 年 11 月。柱形图数据包括中国香港、中国澳门、中国内地，和除此以外的在香港申请量或获得授权量前三名的国家。

近年，香港知识产权申请及注册的总量呈稳定增长态势。在香港作为来源地的知识产权注册中，2017 年申请商标占 38.6%，申请短期专利占 61%，申请注册外观设计占 46%，申请标准专利占 1%（见图 2 - 1 ~ 图 2 - 8）。

1. 申请分析

（1）商标。

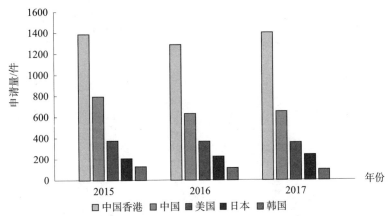

图 2 - 1　2015 ~ 2017 年中国、美国、日本、韩国在香港及香港本地商标申请量

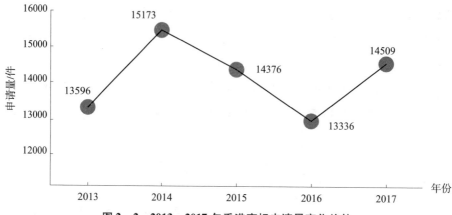

图 2 - 2　2013 ~ 2017 年香港商标申请量变化趋势

（2）标准专利。

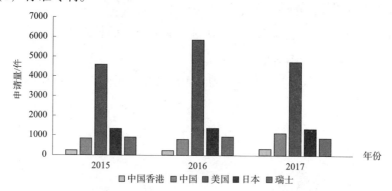

图 2 - 3　2015 ~ 2017 年中国、美国、日本、
瑞士在香港及香港本地标准专利申请量对比

（3）外观设计。

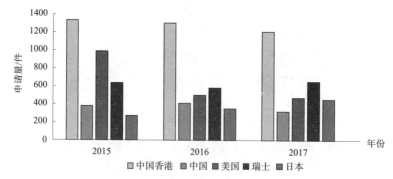

图 2 - 4　2015 ~ 2017 年中国、美国、瑞士、
日本在香港及香港本地外观设计申请对比

2. 授权分析

（1）商标。

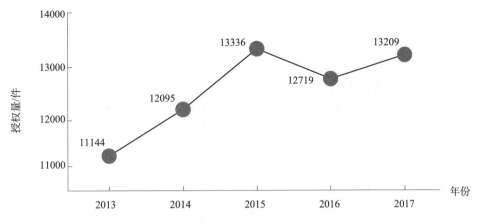

图 2 - 5　2013～2017 年香港授权商标总量变化趋势

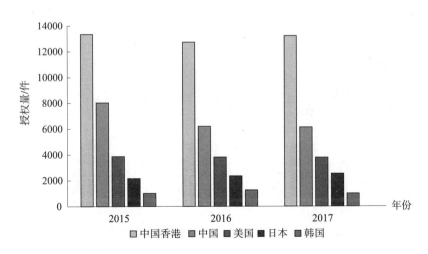

图 2 - 6　2015～2017 年中国、美国、日本、
韩国在香港及香港本地商标授权量对比

（2）标准专利。

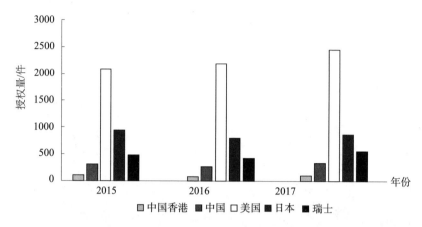

图2-7 2015~2017年中国、美国、日本、

瑞士在香港及香港本地标准专利授权量对比

（3）外观设计。

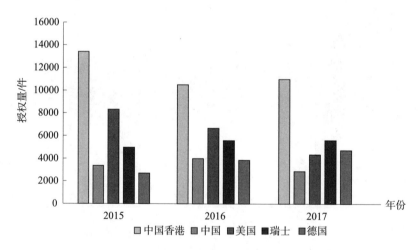

图2-8 2015~2017年中国、美国、瑞士、

德国在香港及香港本地外观设计授权量对比

　　在香港，短期专利的申请和授权数都非常小。2017年香港申请量483件，占总申请量70%。授权量为369件，占总授权量63.4%。因此不专门作统计。

(三) 知识产权的保护

1. 行政保护

香港特区政府辖下的香港海关负责执行一切有关侵犯知识产权的刑事工作。海关负责调查有关涉嫌侵犯商标和版权及涉嫌作出虚假商品说明的投诉，对侵犯版权及商标活动作出刑事制裁，主管侦查及打击进出口、制造、批发及分销层面的盗版活动，并协助调查与互联网有关的侵权活动。该部门具有广泛的搜查和扣押权力，并与海外执法机关及商标和版权拥有人合作，协力打击侵犯知识产权权利的行为。自香港海关成立特遣队专责打击盗版光碟零售黑点后，香港盗版光碟售卖地点的数目大幅减少。为此，香港海关在第十届世界版权验证及打击冒牌货活动会议上获颁 "Global Anticounterfeiting Award" 奖项。香港特区政府也因打击非法使用软件的出色工作而获得设在美国的商业软件联盟颁发的 "Cyber Champion Award" 奖项。据香港海关提供的数字，2015～2017 年，与版权有关的案件分别为 118 件、124 件和 115 件。虽然案件数量变化不大，但涉案金额大幅增加，分别为 400 万港元、300 万港元和 1100 万港元。❶

2. 会展保护

香港对展会中知识产权保护问题没有订立特别的条约，但各知识产权条例分别在商标条例、注册外观设计、专利以及版权方面，对展会中知识产权保护提供了法律基础。《商标条例》第 18 条规定："在营商过程或业务运作中"，就他人注册商标所涵盖的货品或服务，使用与注册商标相同或相类似的标志，即属侵权。其中"使用"包括但不限于：将标志应用于货品或其包装上；将标志下要约售卖货品或为售卖而展示货品；在标志下积存货品以作要约售卖或为售卖而展示的用途；在标志下输入或输出货品；在商用纸张上或广告宣传中使用标志。

---

❶ [EB/OL]. [2018-12-20]. https://www.customs.gov.hk/filemanager/common/pdf/statistics/enforcement_cases_tc.pdf.

在注册外观设计方面，《注册外观设计条例》（香港法例第 522 章）第 31条给予拥有人的专有权利包括但不限：将相关物品输入香港以作贸易或业务目的；在香港要约出售或出租或为将该物品出售或出租而将其展示。若未经拥有人同意而在香港作出上述行为即属侵权。

在专利方面，香港专利给予专利所有人的专有权利包括但不限于：①进口相关产品或将产品推出市场；②囤积相关产品，不论是为该产品推出（在香港或其他地方的）市场的目的或为其他目的。若未经专利所有人同意而在香港作出上述行为即属侵权。

在版权方面，不需要对版权进行注册。所有国家/地区居住或成立的法人所享有的版权，在香港都受到保护。对于不同的版权作品享有不同的专有权利，其中包括：直接侵权，包括但不限于复制版权作品；间接侵权，任何版权拥有人的许可，将该作品的复制品输入或输出香港，而他知道或有理由相信该物品是侵犯版权的复制品，而且他输入或输出该复制品并非供自己私人和家居使用，即属侵犯该作品的版权。侵权行为包括但不限于：为任何贸易或业务目的或在任何贸易或业务的过程中，管有该复制品；将该复制品出售、出租、要约出售或出租，或为出售或出租而展示该复制品；为任何贸易或业务目的或在任何贸易或业务的过程中，公开陈列或分发该复制品。

具有"国际会展之都"之称的香港，有频繁的商贸活动，难免会出现知识产权的纠纷。香港贸易发展局作为促进香港对外贸易的法定机构，对展会现场侵权投诉有一套完整的处理程序，聘请驻场法律顾问，从速解决纠纷。除此之外，香港举办展览会的参展规则第 36 项有关于参展商权利与责任的条款中，详细列明参展商在展会必须遵守的规则和处理投诉的程序，并且依照《版权条例》（香港法例第 528 章）及《商品说明条例》（香港法例第 362章），对有关知识产权刑事罪行进行处罚。

香港国际展会中针对知识产权保护的常见方法有：向香港法院提出民事诉讼；针对商标和版权侵权，可向香港海关提出刑事检控；如果展会主办机构制定了"参展商守则"和设立处理知识产权侵权的办事处，在遭遇侵权时可直接要求展会主办机构对该问题进行处理，及时获得救济。无论采取哪种保护方式，投诉人都应当准备好投诉的材料，包括相关权利的注册证正本或核证本，以及被投诉人的侵权证据。

3. 司法保护

如有证据证实知识产权权利已被侵犯，香港法院可颁布：①禁制令，要求侵权者终止侵犯知识产权。②损害赔偿，要求侵权者就其侵权行为作出经济赔偿。③交出所得利润，要求侵权者支付就该项侵权行为而获得的所有利润。侵权者须支付所得利润的金额，可能较法院判给的损害赔偿的金额为高。④其他执行的方式。

除起诉到法院，当事人也可采用替代性诉讼纠纷解决的机制，如仲裁和调解。与诉讼程序比较，仲裁和调解能够更快解决争议，同时确保受争议的事宜及其结果保密。香港法院也支持采用替代解决争议方法，并在 2009 年实施民事司法制度改革，以鼓励市民更广泛采用该等方法。❶仲裁庭（由一个仲裁员或仲裁员小组构成）作出的仲裁裁决可在香港法院登记，裁决作出之后可在香港予以执行。2017 年仲裁（修订）条例对（《仲裁条例》（香港法例第609 章）作出修订，修订包括澄清所有知识产权争议均可通过仲裁解决，以及澄清强制执行涉及知识产权的仲裁裁决，并不违反香港公共政策。以上有关知识产权仲裁的新订条文已于 2018 年 1 月 1 日开始生效（新订第 103J 条除外；该条将于 2019 年专利（修订）条例第 123 条生效当日起生效）。仲裁各方亦可同意将其适用于 2018 年 1 月 1 日前展开的仲裁及其相关程序。

知识产权调解则由各方委聘调解员以助商定各方均同意的解决争议的方案。调解过程中既无需委聘审裁员，亦无需提交证据，而且代表律师亦可在场或不在场。总体而言，调解员负责协助各方寻求解决争议的方案。调解程序属自愿安排，未必会得出结果，但高度专业的调解员往往能协助各方解决纠纷，并把解决方案记录在具有法律约束力的合约内。

就版权纠纷而言，香港的版权审裁处是一个独立的类似司法机关的机构，1997 年 12 月 1 日根据《版权条例》（香港法例第 528 章）第 169 条成立。版权审裁处的前身是依据 1956 年版权法例成立的播演权审裁处。版权审裁处的主要职能是审决有关特批机构发出的特批，或其所实施的特批计划下的版权及相关争议。任何人如认为在特批计划下不合理地被拒发特批，或认为获发

---

❶ ［EB/OL］.［2018 - 12 - 20］. https：//www. doj. gov. hk/chi/public/alternative. html.

特批的条款不合理，都可把个案转介审裁处。审裁处也可审决其他不涉及集体特许机构的事宜，例如在相关权利拥有人的身份或下落未能确定时，审裁处可代某项表演的复制权拥有人给予同意，或代表演者的租赁权拥有人给予同意。审裁处有权就案件的事实作出定论，并根据事实作出合理的决定。审裁处的聆讯通常公开进行。当事人只可就法律论点对审裁处的决定向原讼法庭提出上诉。在审裁处席前进行的法律程序受《版权审裁处规则》（香港法例第528D章）管辖。该规则于2017年5月1日起生效。迄今尚未有任何版权审裁处作出的裁决。❶

版权审裁处有权进行聆讯和作出裁定的案件种类，于《版权条例》第173条和第233条释明。

（1）特许计划（《版权条例》第154～160条）；

审裁处可就关于由特许机构营办并包括多于一名作者的作品的特许计划的事宜，进行聆讯和作出裁定，但该等事宜须关乎以下项目的特许：

（a）复制该作品；

（b）租赁该作品（例如计算机程序、声音纪录、影片等）的复制品予公众；

（c）公开表演、播放或放映该作品；

（d）广播该作品或将该作品包含在有线传播节目服务内；

（e）向公众发放或提供该作品的复制品；

（f）制作该作品的改编本；或

（g）任何其他受该作品的版权所限制的作为。

（2）特许机构批出的特许（《版权条例》第162～166条）；

（3）裁定雇员在其作品以不能合理地预料的方式被利用时可得的偿金（《版权条例》第14条）；

（4）获取审裁处代表演者的复制权拥有人或代表演者的租赁权拥有人给予的同意（《版权条例》第213条和第213A条）；

（5）其他申请。

经过司法机关裁决的有关知识产权争议的案件数量，根据对数据库

---

❶ 截至2018年12月20日。

"Westlaw Asia"用英文进行搜索，以"案件"（cases）和"香港"（Hong Kong）为限定条件，使用以下各关键词搜索，结果如下："侵权"＋"版权"（infringement AND copyright），案件总量为 541 件，其中从 1990 年至今 447件。"侵权"＋"商标"（infringement AND trade mark），总量为 354 件，其中从 1990 年至今 289 件。"侵权"＋"专利"（infringement AND patent），总量为 272，其中从 1990 年至今 201 件。可见版权和商标侵权案件较多。因香港判决基本以英文作出，用中文关键词搜索的结果数量显著少于英文，故此次搜索以英文进行。

（四）中介服务和行业协会

进行知识产权贸易的各方所需的中介服务包括：知识产权估值、知识产权融资、知识产权保险、知识产权仲裁及调解、知识产权尽职审查及知识产权配对服务。

为登载各类可供交易的知识产权而设的网上平台及资料库日趋普遍，方便各方寻找有意交易的知识产权。以香港贸易发展局为例，该局已推出一个免费的网上知识产权平台和资料库，名为亚洲知识产权交易平台，❶ 以促进国际知识产权贸易，并方便全球知识产权参与者联系。目前，该交易平台已与逾 30 个本地及海外的策略伙伴结盟，涵盖逾 27000 项来自全球有关生物科技、纳米科技、医学、电子、纺织、电影、出版及其他领域中可供交易的知识产权项目（包括版权、专利、注册设计及商标）。2014～2015 年，香港贸易发展局在本地及海外逾 30 个重要的知识产权活动中设置宣传展位，例如美国大学技术经理人协会年会（the Association of University Technology Managers Annual Meeting）、许可贸易工作者协会年会（Licensing Executives Society Annual Meeting）及知识产权商业代表大会（IP Business Congress）。香港贸易发展局将与香港公司及本地研发中心合办更多联系交流、全年推广、本地访问及外访科技发达的国家等活动，以推动把本地发展的技术商品化。香港贸易发展局亦会借助交易平台海外伙伴的庞大网络，开拓商机和增加业务配对

❶ ［EB/OL］．［2018－12－20］．https：//www.asiaipex.com/Home/Index_SC.

的机会。

代理机构是知识产权专业支援服务的主体，直接向服务需求者提供有关知识产权的信息咨询、价值评估、战略策划、侵权调查、权利追索、注册代理、诉讼代理等中介服务，多以律师行或事务所的形式出现。香港知识产权代理机构的业务主要是在香港的各项知识产权注册或诉讼以及外国客户及香港客户在内地的注册或诉讼。须予特别一提的是，在香港执业的本地法律专业人员都至少精通中英双语，同时有很多外地注册律师在香港执业。在业务结构上，综合性律师事务所其知识产权业务量通常约占总业务量15%。在客户结构上，大的综合性事务所（有数百位职员）主要服务大客户，小的事务所则以中小企业为主要服务对象。不少代理机构在内地设立了办事处，或与内地同行建立了合作伙伴关系。《内地与香港关于建立更紧密经贸关系的安排》实施后，随着内地服务业开放的进一步深化，绝大多数代理机构都表示会加强与内地的合作。目前香港知识产权代理机构在内地的合作发展主要集中在北京和上海，广州将是下一步分布的选择。

概括来说，支援知识产权贸易的中介服务协会包括知识产权服务提供者的协会，如律师协会、商标师公会、专利代理人协会等；知识产权服务需求者的协会，如厂商联合会；以及起仲裁作用的中间组织。其中，知识产权专业性较强、影响较大的行业协会主要有亚洲专利代理人协会❶香港分会；现香港拥有许多知识产权从业员及其他专才，为科技及知识产权相关行业提供各类中介支援服务。其他专业人士，包括会计师、估价师、顾问、经纪及融资人，也为本地科技及知识产权相关行业提供中介支援服务。有关专业服务的名录可在亚洲知识产权交易平台上查阅。

（五）人才培养

香港知识产权教育培训机构在基础教育阶段，主要以讲座和参加社会活动的形式对中小学生灌输知识产权观念。在学位教育方面，香港大学、香港城市大学等开设了知识产权的相关法律课程，旨在培养学生的知识产权专业

---

❶ ［EB/OL］．［2018－12－20］．http：//apaa.hk/．

素养，为香港知识产权专业支援服务输送合格的人力资源。短期培训和社会宣传主要由行业协会和政府机构举办。

当前，香港知识产权专业支援服务面临的新挑战主要来自科技发展、区域角色变迁和人力资源 3 个方面。数字技术和网络技术发展，使得数字资料的复制成本可以忽略不计而权利追索更加困难。随着内地的进一步开放，香港的桥梁作用发生内涵更新，面临从单纯的中介角色到直接参与内地业务的转换。在人力资源方面，随着"原授专利"制度的推出，高素质的专利代理人供给不足，许多代理机构表示这样的人才非常紧缺。

2013 年 12 月，香港特区知识产权署与国家知识产权局订立合作协议，同意就新专利制度下的专利申请实质审查及人员培训工作提供技术协助和支援。❶ 继设立新专利制度后，政府计划在中长期以分阶段的方式，循序渐进地建立其自行在本地进行实质审查的能力。目前，香港特区知识产权署正举办有关知识产权管理及商品化的培训计划，以助企业建立其相关人力资源；除此之外，香港城市大学和香港大学亦提供专利相关课程。关于规管专利从业员，《香港专利制度检讨咨询委员会报告》建议从长远而言，为与日后的"原授专利"制度相辅相成，应以设立全面的制度规管本地专利代理服务（包括服务规管及职衔使用限制）为最终目标，并分阶段达到该目标，及制订适当的暂行措施。

就培养本地知识产权管理人员而言，政府通过鼓励中小企业在企业内部委任知识产权管理人员，并为它们提供知识产权管理的相关培训及资源，支援中小企业建立知识产权管理及商品化方面的人力资源。这项培训计划鼓励企业委任一名管理层的员工担任内部知识产权管理人员，由其负责监督知识产权资产的规范、管理、使用及商品化。为确保知识产权管理人员具备有关职务所需的知识，获委任者会接受由知识产权专业人士筹办的培训；凡参与培训课程者，均可在完成培训后获发修习证书。❷ 知识产权管理人员计划旨在：（a）提高中小企业对知识产权的认识，并通过内部倡导工作，着手建立

❶ 立法会 CB（1）311/16 - 17（04）号文件［EB/OL］.［2018 - 12 - 20］. https：//www. legco. gov. hk/yr16 - 17/chinese/panels/ci/papers/ci20161220cb1 - 311 - 4 - c. pdf.

❷ ［EB/OL］.［2018 - 12 - 20］. https：//www. ip. gov. hk/sc/resources/ip - manager - scheme. html.

相关文化；（b）支援中小企业以至社会建立人力资源，采用良好的知识产权管理、商品化及贸易做法；把知识产权资产纳入整体业务策略，以及向业务伙伴和融资机构传达有关知识产权价值的信息；（c）通过提供基本的知识产权管理培训，降低知识产权管理的成本；以及（d）通过培育知识产权活动的专才，提升人力资本。香港特区知识产权署与律师协会还编制了《知识产权管理人员实务指南（摘要）》供从业人员参考❶。

就培养熟悉知识产权贸易融资的专业人士而言，政府正在促成香港商业估值协会着手为香港制定一套知识产权估值汇报准则。这一套共同准则可包括：客户详情；估值的目的、项目及基础；知识产权资产的描述；估值师所作的假设，以及所依据资料的性质和来源；所采用估值方法的说明；用以得出估值结论的分析过程及经验数据等。如建议的估值汇报准则最终得以建立和采用，政府计划推动把有关的准则适当地纳入本地与测量相关的本科生及研究生课程中，以帮助培育熟悉知识产权商业估值的本地人才，这对香港估值专业的长远发展而言将大有裨益。

促进知识产权融资的另一项重要工作就是知识产权尽职审查。这项工作基本上是一个"审核"过程，目的是确定、查核和分析有关目标实体的知识产权组合，以便就有关知识产权资产的优势、涵盖范围及可执行性提出意见，以及评估收购价值。知识产权尽职审查适用于合并和收购、合资经营及其他授权安排、创业资金融资及知识产权资产证券化。知识产权署与律师协会联合编制和发布了《知识产权审核及尽职审查》，已于2017年发布，供专业人士参考❷。

2017年，经教育部批准，澳门科技大学与复旦大学、中国海洋大学、中南财经政法大学、广州中医药大学4所内地著名高校共建伙伴基地和联合实验室，进一步推动学科建设、人才培养及学术研究。2018年4月16日，内地高校4家教育部人文社科重点研究基地、重点实验室在澳门科技大学设立伙伴基地和联合实验室正式揭牌，中南财经政法大学知识产权中心位列其中。

---

❶ ［EB/OL］．［2018 – 12 – 20］．https：//www. ipd. gov. hk/sc/pub_press/publications/Practical_Guide_to_IP_Managers_（Chi）_Final. pdf.

❷ ［EB/OL］．［2018 – 12 – 20］．https：//www. ipd. gov. hk/chi/pub_press/publications/IPD – A5 BookletTC – 2017_100d. pdf.

知识产权学科在澳门科大尚属空白，此次合作可以借助粤港澳大湾区发展，背靠内地，为大湾区发展培养知识产权高端人才。

三、展望和建议

（一）继续优化知识产权制度

在香港，专利方面，继续推进"原授专利"制度落地，培养能够胜任专利实质审查工作的本地人才，并参照国际发展（如"专利审查高速公路"），以探讨与其他专利当局合作的可行性。版权方面，定期检视并更新版权法例，以确保法例与时俱进，紧贴科技和国际发展，贴合香港的经济需要。商标方面，继续推进《马德里议定书》在香港的实施，以提供更具效率的一站式商标注册及管理制度。

（二）支援知识产权的创造和使用

政府可继续为中小企业提供免费的知识产权咨询，加强支持中小企业。加强对研发活动、技术转移、研发成果的应用及商品化的支持。香港作为文化创意之都，政府可一方面加强通过各专责机构，持续支持创意产业参与授权和特许经营的安排；另一方面继续扩大香港与其主要贸易及投资伙伴签订全面性协定的网络，在提供双重课税宽免的同时，提升香港作为国际商业和金融中心的地位。

（三）促进知识产权中介服务和提升人力资源

知识产权商业化的一大难题是融资。因此，香港可尽快制订《知识产权估值汇报准则》并率先在香港使用，以助于厘清知识产权估值时所须考虑和汇报有关知识产权的法律、功能和经济特点。人力资源和交易平台方面，加强和推广使用香港贸易发展局所推出的交易平台，例如促进知识产权交易、授权及其他贸易活动。继续资助和推广知识产权相关课题的培训课程，促进专业人士发展知识产权相关的服务和培育专才。长远而言，设立专利从业员的规管制度，与以后的"原授专利"制度相辅相成，以及研究与"原授专利"制度一同推出的暂行规管措施。

争端解决机制方面，继续推广香港成为国际知识产权仲裁及调解中心，发展和推动使用调解方式，作为在香港解决知识产权争议的方法，以及探讨除促进式调解外，可否使用评估式调解，解决这类争议。与本地仲裁和调解团体合作，以提升知识产权仲裁和调解服务。在发展和推广香港成为国际替代解决争议中心时，强调知识产权这个范畴作为模范重点。

此外，通过教育及宣传工作，着力使金融服务界和商界了解及加深对知识产权是一种资产的认识，并进一步研究探讨知识产权融资和保险事宜的先决条件。

（四）推广、教育和对外合作的工作

两地政府可推出与知识产权贸易有关的专题网站，提供一站式的资讯发布平台。在本地及国际推广及公众教育运动，以提升知识产权贸易中心的形象。继续积极举办各种论坛活动，加强对外交流。研究如何在教育制度的不同范畴培育和加强学生对知识产权的认识，以及推广知识产权对经济发展的重要性。积极争取机会与中国内地、海外及国际知识产权机构及组织合作。

*数据来源

香港现有的知识产权统计数据包括香港特区知识产权署所编制的知识产权申请及注册统计资料，以及政府统计处在进行经济调查期间所收集到的关于知识产权贸易的统计数据，例如使用专利、版权、商标及特许经营权的使用费收入及支出。

（撰稿人：王佳）

第3章　澳门特区知识产权发展报告

一、澳门特区知识产权制度和政策

（一）知识产权制度

由于澳门曾经适用的是葡萄牙的法律，或者以葡萄牙法律为立法基础或蓝本，深受葡萄牙法律的影响，而葡萄牙法律又是属于典型的大陆法系，所以澳门法律以成文法和编纂法典形式为特点。澳门回归后，《中华人民共和国澳门特别行政区基本法》第18条第（1）款规定："在澳门特别行政区实行的法律为本法以及本法第八条规定的澳门原有法律和澳门特别行政区立法机关制定的法律。"根据基本法的规定，澳门特别行政区现行法律是由澳门基本法、被采用为特别行政区法律的澳门原有法律，及特别行政区自行制定的法律三大部分构成。

在澳门特区生效的关于知识产权的国际公约包括《保护工业产权巴黎公约》《保护文学和艺术作品伯尔尼公约》《世界知识产权组织版权公约》《世界知识产权组织表演和录音制品条约》《建立世界知识产权组织公约》《世界版权公约》《关于商标注册用商品和服务国际分类尼斯协定》等。[1] 以下两个重要的国际条约不在澳门特区生效：《专利合作条约》（PCT），故无法在澳门提出申请后，在申请中指定欲取得专利保护的国家；《商标国际注册马德里协定》，故无法以澳门为基础注册，在马德里联盟成员国间进行国际商标注册。

---

[1] 参见澳门特别行政区政府印务局网站［EB/OL］．［2018－12－20］．https：//www.io.gov.mo/cn/legis/rec/9121301.

1. 著作权

澳门原与著作权有关的法规的大部分内容均源自 20 世纪 50 年代。虽然为了应对科技发展带来的挑战，填补新类型作品造成的法律漏洞，澳门颁布了第 4/85/M 号法律（防止录音及录影制品非法翻版的保障）及第 17/98/M 号法令（防止电脑程序、录音制品及录像制品之非法复制，并防止非法制造之复制品之销售）。然而，随着社会发展，这些新颁布法律不足以应对技术带来的挑战。为了应对挑战，并必须实施 WTO 及 TRIPS 的规定，同时执行《保护文学艺术作品伯尔尼公约》，并配合《保护表演者、录音制品制作者和广播组织罗马公约》的义务，澳门于 1999 年通过第 43/99/M 号法令《著作权及有关权利之制度》，旨在保护文学、科学或艺术领域内的原始智力创作。

1999 年 10 月 1 日，《著作权及有关权利之制度》正式生效，对文学、戏剧、音乐、艺术工作、电影、电视广播以及所有的原创作品提供较为全面的保护。其中，与科技发展相关的条文体现在第 1 章第 2 条中对"原创作品"的界定，和对计算机程序（第 166～169 条）、录音制品及录像制品之制作人（第 183～188 条）、无线电广播机构（第 189～191 条）等提供的保护。澳门的著作权属自动产生的权利，自产生即自动拥有，不必为取得法律保护而进行著作权登记。《著作权及有关权利之制度》共有 6 编 223 条，分别对著作权的内容、归属、著作权中的财产权的保护期、国际之保护范围、使用等作出了详细规定，同时对侵犯著作权行为的法律责任作出了明确规定，如第 209～214 条中，对僭越受保护作品、侵犯未发表之作品、假造受保护作品、非法复制品之交易、使保护装置失去效用、删除或更改资料等定为犯罪行为，并给予相应的刑事处罚；第 215～219 条则对侵犯著作权的行政违法行为需受到的行政处罚作出了规定。对于著作权的"失效"，澳门著作权法第 188 条与第 192 条规定：录音制品及录像制品之制作人，其权利于进行固定后满 50 年失效。无线电广播机构之权利，于广播后满 20 年失效。

2. 工业产权

在 1999 年《工业产权法律制度》颁布前，在澳门生效之工业产权法律框架内只存在有关商标保护的独立制度，即 11 月 6 日第 56/95/M 号法令所建立的规范商标保护。澳门在回归后建立了相对比较完善的知识产权法律体系。2001 年，WTO 对澳门特区进行了六年一次的贸易审议并肯定了澳门所作的努力，2002 年美国也将澳门特区从 301 条款中除名。

1999 年，澳门通过第 97/99/M 号法令颁布了《工业产权法律制度》，共有 314 条，奠定了澳门工业产权制度的基础，建立了完整的保护体系，将专利、药品及植物药剂产品、半导体产品拓扑图、设计及新型、商标、营业场所名称及标志、原产地名称及地理标志、嘉奖等统统纳入工业产权法律的保护范围。此外还有以下配套之法律法规：

（1）国家知识产权局与澳门特别行政区经济局关于在知识产权领域合作的协议——第 7/2004 号行政长官公告；

（2）国家知识产权局作为具有资格的指定实体，为澳门特别行政区的专利注册申请制作发明的审查报告书，以及核准使用于申请由所述实体授予的专利或专利申请延伸至澳门特别行政区的印件格式——第 59/2004 号行政长官批示；

（3）《工业产权法律制度》所规定的行为而应缴纳的费用——第 57/2005 号行政长官批示；

（4）规范 8 月 16 日第 43/99/M 号法令第 195 条至第 200 条——第 43/2000 号行政长官批示《商标注册用商品和服务国际分类》（尼斯分类）第 9 版——第 10/2009 号行政长官公告。

《工业产权法律制度》对工业产权的登记、侵权责任和救济措施包括刑事制裁、民事赔偿及行政处罚等法律责任作出了规定。第五编第二章对工作产权的刑事违法行为作了规定，其中第一节第 289~294 条对侵犯专利权或半导体产品拓扑图、侵犯设计或新型之专属权、假造、模仿及违法使用商标，将产品或物品出售、流通或隐藏，侵犯及违法使用原产地名称或地理标记、恶意取得之工业产权证书等刑事违法行为的种类进行了规定；第三章第一节第 299~304 条分别对工业产权的行政违法行为进行了规定。

同时，《民法典》中也包含有关知识产权制度的规定。由第 39/99/M 号法令通过的《民法典》中，将工业产权列入产权类并为工业产权专辟一项范畴，目的是包括工业产权及著作权法（第 1227 条）。根据该条规定：①商业企业、著作权及工业产权由特别法例规范；②然而，如本法典之规定与商业企业、著作权及工业产权之性质相合，且与为商业企业及该等权利而制定之特别制度无抵触，则本法典之规定亦补充适用于商业企业、著作权及工业产权。此外，在商业企业的情况下，还按照商法典的有关规定，增加了有关条文（第95条）。

在澳门专利法的框架下，专利分为发明专利和实用专利，均由申请人直接向澳门特区经济局知识产权厅提出，可享《巴黎公约》优先权；专利的实质审查由澳门特区经济局委托中国国家知识产权局完成。其中，发明专利的保护期为20年，申请人在7年内提出实质审查请求。申请人也可将中国发明专利延伸到澳门，而该申请须在中国专利授权公告3个月内提出。实用专利保护期为6年，延展2次最长10年，申请人在4年内提出实质审查请求。外观设计的保护期为25年，申请人直接向澳门特区经济局知识产权厅提出，可享《巴黎公约》优先权，只进行形式审查，须在申请日起12个月刊登申请，在公告30个月内提出审查请求，符合规范、无异议或异议不成立，则可刊登授权公告。

澳门专利保护的特色制度是经申请，由经济局授予药品及植物药剂产品保护补充证明书。这是一项旨在补偿药品及植物药剂产品的专利权人在寻求投放市场的行政许可中损失的专利保护期而实施的延长保护制度。❶ 药品及植物药剂产品保护补充证明书是应在澳门特区受保护的并具备投放本地市场许可的药品及植物药剂产品的专利权人请求，就有关药品及植物药剂产品的补充保护所签发的证明书，相应申请应该在客户专利的注册有效期届满前内提出。❷ 如果经济局发出该证书，那么该药品专利延长保护7年。证书保护的范围与客户注册的专利所保护的范围相同。

关于商标，第10/2009号行政长官公告确立商标注册适用《商标注册用商品和服务国际分类》（尼斯分类）第9版。商标制度的特色是没有行政复议程序，如果商标申请被驳回，申请人应直接向法院提起诉讼。

知识产权行政管理方面，澳门经济局知识产权厅的主要职能是协助制定

---

❶ 参见澳门凯旋知识产权代理有限公司［EB/OL］．［2018 - 12 - 20］．http：//www. macautm. com/？c = articles&a = show&id = 151.

❷ 参见澳门特别行政区经济局［EB/OL］．［2018 - 12 - 20］．https：//www. economia. gov. mo/zh _CN/web/public/pg_es_ae_qe_medicine？_refresh = true.

保护知识产权的政策，促进完善知识产权法例；促进与内地的同类实体的协作及合作关系，并参与管理知识产权的国际法文书的会议及活动；执行关于工业产权事宜的现行法律规定，并编制及更新经认可的权利的注册资料；对著作权及相关权利的集体管理机构进行登记，并进行有关监督工作。

（二）促进政策

澳门的优势企业集中在娱乐、旅游和博彩业。澳门特区政府贸易投资促进局、经济局及中国国际贸易促进委员会驻香港、澳门代表处每年都联合主办研讨会，旨在通过培训和交流，令澳门企业增强知识产权保护意识，把握《内地与澳门关于建立更紧密经贸关系的安排》机遇，利用澳门知识产权优势，加深与内地市场的联系。

2015 年 3 月，国家发展改革委员会、外交部、商务部联合发布了《推动共建丝绸之路经济带和 21 世纪海上丝绸之路的愿景与行动》，旨在实现中国与沿线经济体共商、共建和共享。香港和澳门的自由港经济功能和产业特征与"一带一路"建设所致力构筑的国际区域经济合作网络、共同打造通道经济和平台经济的目标具有天然的一致性。"一带一路"建设中，香港和澳门可以发挥自身优势，扮演新的角色。其中对澳门融入"一带一路"作出了明确部署：即"深化与港澳台合作，打造粤港澳大湾区""发挥海外侨胞以及香港、澳门特别行政区独特优势作用，积极参与和助力'一带一路'建设"等，加强中国澳门与其他地区和国家的交流与合作。

澳门特区行政长官崔世安在 2016 年度施政报告中提出了"支持中小微企业成长，鼓励各界创新创业"的目标。为此，澳门特区政府经济财政司辖下的各部门，应中小企业需求，通过举办论坛、培训等，提供相关顾问、中介服务，为其拓展业务给予支持和帮助。政府也开始积极举办研讨会等活动，促进知识产权发展。为履行《中国国际贸易促进委员会与澳门贸易投资促进局合作协议》，共同协助加快澳门建设"中国与葡语国家商贸合作服务平台"，2017 年澳门特区贸易投资促进局、经济局及中国国际贸易促进委员会驻香港、澳门代表处，合办了"澳门及葡语国家企业如何在中国内地取得知识产权保护研讨会"，获得了澳门律师公会支持，吸引了超过 60 位企业家及代表出席。

2018 年，澳门特区贸易投资促进局、澳门商标协会主办的第二届澳门国际知识产权研讨会，吸引了大量知识产权专家和业界人士参加。

2019 年中央政府发布的《粤港澳大湾区发展规划纲要》提出，推进"广州－深圳－香港－澳门"科技创新走廊建设，探索有利于人才、资本、信息、技术等创新要素跨境流动和区域融通的政策举措，共建粤港澳大湾区大数据中心和国际化创新平台。支持横琴粤澳合作中医药科技产业园等重大创新载体建设；支持澳门中医药科技产业发展平台建设；推进香港、澳门国家重点实验室伙伴实验室建设。

二、澳门特区知识产权发展状况

（一）知识产权的取得

在以下的统计数据中，"中国"指中国内地地区。数据获取时间截至 2018 年 11 月，数据包括中国香港/澳门特区、中国内地和内地以外的申请量或获得授权量前三名的国家。关于澳门的数据，由于澳门特区经济局知识产权厅网站只公布了知识产权申请的数据，没有授权或注册的信息，因此本文关于澳门部分的数据以申请量为基准，除非有其他信息来源提供注册量数据。

根据澳门特别行政区政府经济局的统计数字，❶ 在 2016 年，来自中国内地的商标申请量占据全年申请总量的榜首位置，其次是中国澳门、美国、中国香港、日本、英属维尔京斯岛、韩国、法国、开曼群岛和中国台湾，这 10 个国家/地区的申请量共占 2016 年全年申请量的 80.34%。截至 2016 年 12 月 31 日，澳门商标注册的累计申请总量为 134354 件，其中，产品商标 93157 件，服务商标 41197 件，各占申请总量的 69.34% 和 30.66%。其中 2016 年全年受理的商标注册申请中，产品商标的申请量为 7412 件，服务商标的申请量为 4095 件，商标申请总量为 11507 件。

截至 2017 年，发明专利注册申请量为 68 件，比 2016 年少 33%；发明专利

---

❶ [EB/OL]. [2018 – 12 – 20]. https：//www. economia. gov. mo/zh_CN/web/public/pg_ip_sd? _ refresh = true.

延伸申请量为 441 件，比 2016 年少 2.43%。申请实用专利 18 件，比 2016 年增加 20%，设计/新型注册申请量 193 件，比 2016 年下降 11%（见图 3 - 1）。❶

图 3 - 1　2014～2018 年澳门商标申请量变化趋势

注：统计数据来自澳门经济局知识产权厅公布的数据。

（二）知识产权的保护

1. 行政保护

根据第 11/2001 号法律，澳门海关作为保护知识产权的执法部门，在保护知识产权范围内，监察在澳门特别行政区制造的产品生产程序、工业活动和工商业场所，根据保护知识产权的法例，科处处罚。❷ 知识产权厅是澳门海关保护知识产权的专职执法部门，在保护知识产权方面，预防、遏止及打击不法行为，依法监管有关知识产权的商业和工业的活动，打击伪造活动以扶持和鼓励正当竞争。除此之外，澳门海关知识产权厅还会与其他公共实体或机关合作，旨在促进和完善知识产权法例的工作，协力执行保护知识产权的相关政策；落实澳门特别行政区在保护知识产权方面于国际上所作的有关承诺；专门对所有违反知识产权制度的犯罪行为依法进行记录（笔录）；履行作为刑事警察机关的权责，并辅助司法当局进行调查工作；并就有关行政处罚程序进行调查。根据第 21/2001 号行政法规《海关的组织与运作》，及后在

---

❶　[EB/OL]. [2018 - 12 - 20]. https：//www. economia. gov. mo/zh_CN/web/public/pg_ip_sd? _ refresh = true.

❷　[EB/OL]. [2018 - 12 - 20]. https：//www. customs. gov. mo/gb/ipr. html#ipr1.

2008 年第 25/2008 号行政法规《修改海关的组织及运作》所订立，知识产权厅作为澳门海关附属单位，按照法律的制定来保护澳门的知识产权。❶

监检处的职权是在保护知识产权方面，进行预防、打击及遏止不法行为所需的活动，尤其为加强正当竞争及打击伪造的活动；与其他公共机关或实体合作，执行保护知识产权的专门政策，包括保护工业产权的专有权利、著作权及相关权利的政策；促进旨在完善知识产权法例的工作；落实澳门特别行政区在保护知识产权方面于国际上所作的承诺；对违反知识产权制度的行为做笔录；将知识产权方面的重要情报知会行动管理厅。技术及诉讼处的职权是与其他公共机关或实体合作，研究及厘定保护知识产权的专门政策，包括保护工业产权的专有权利、著作权及相关权利的政策；综合处理为订出关于预防、打击及遏止违反知识产权制度的行为的措施所必需的资料；就申请许可经营涉及电脑程序、录音制品或录影制品的母本及复制品的商业及复制工业的活动，依法组成有关卷宗；根据澳门关检处、海岛关检处及监检处对违反有关对外贸易及知识产权的法例的行为所做的笔录，就提起程序组成有关卷宗；要求作出补充措施及建议采取为进行有关程序所需的措施；将知识产权方面的重要情报知会行动管理厅。❷

2. 司法保护

"横琴国际知识产权保护联盟"新吸收来自澳门的机构 16 家。澳门连锁加盟商会签订《琴澳两地商标知识产权跨境保护与服务合作协议》，建立商标知识产权跨境保护与服务合作机制。

3. 会展保护

澳门开展的大型国际会展活动众多，其中有 3 个国际展会取得了国际展览业协会（UFI）的认证，分别是"澳门国际贸易投资展览会（MIF）""澳门国际环保合作发展论坛及展览（MIECF）"，以及"亚洲国际博彩娱乐展

---

❶❷ 郑健聪，许浩贤. 浅谈澳门海关知识产权厅行政改革［EB/OL］.［2018 - 12 - 20］. https：//www. um. edu. mo/fss/pa/7th_conference/document/Panel_2_5_1_Cheng_Kin_Chong_Hoi_Hou_In. pdf.

（G2E Asia）"。❶ 澳门在展会中常见的问题是某些展会的展览名称、主题及内容有雷同，对参展商和观众造成混淆，形成恶性竞争；在展位设计方面，一些设计公司为快速赚取丰厚回报，对设计稍作修改，授予多个参展商；展品侵权问题是最常见的会展业侵权问题，侵权的行为主要分为专利和商标两种。不法商人借助展会的机会，售卖冒牌和虚假商品。❷ 澳门特区经济局和澳门海关也积极开展，妥善完成知识产权业相关的工作。

（三）中介服务和行业协会

澳门与知识产权相关的协会和组织包括澳门知识产权协会❸、知识产权保护商会❹和澳门商标协会❺。其中澳门商标协会较为活跃，组织并参与了多项研讨会等与知识产权相关的社会活动。该协会是由中国澳门、中国香港、中国内地及其他国家/地区的一些商标代理机构和企业发起，经澳门社团主管机关澳门身份证明局批准注册的非营利性行业组织。❻ 澳门商标协会的宗旨是依法维护会员的商标权益，增强会员的商标意识，协助会员正确运用商标战略和策略开拓市场，倡导并协助会员提高商标信誉，创立著名商标、驰名商标。

（四）人才培养

2017 年，经教育部批准，澳门科技大学与复旦大学、中国海洋大学、中南财经政法大学、广州中医药大学 4 所内地著名高校共建伙伴基地和联合实验室，进一步推动学科建设、人才培养及学术研究。2018 年 4 月 16 日，内地高校 4 家教育部人文社科重点研究基地、重点实验室在澳门科技大学设立伙伴基地和联合实验室正式揭牌，中南财经政法大学知识产权中心位列其中。知识产权学科在澳门科大尚属空白，此次合作可以借助粤港澳大湾区发展，

---

❶ 澳门贸易投资促进局. 亚洲贸易展览会研究报告评澳门会展业发展正面［EB/OL］.［2018 – 12 – 20］. https：//www. gov. mo/zh – hant/news/253088/.

❷ 必知的会展知识产权［EB/OL］.［2018 – 12 – 20］. http：//www. mice. gov. mo/tc/news _ detail. aspx? a_id＝664.

❸ ［EB/OL］.［2018 – 12 – 20］. https：//www. io. gov. mo/cn/entities/priv/rec/1215.

❹ ［EB/OL］.［2018 – 12 – 20］. https：//www. io. gov. mo/cn/entities/priv/rec/8758.

❺❻ ［EB/OL］.［2018 – 12 – 20］. http：//www. macaota. org/cn/.

为大湾区发展培养知识产权高端人才。

三、展望和建议

（一）继续优化知识产权制度

在澳门，由于现工业产权法律制度中没有规定商标复审的制度（《工业产权制度》第275~277条），如果商标申请被拒，申请人只能在经济局拒绝批给后的1个月内，向初级法院提起诉讼。然而，在澳门进行诉讼，强制要求由律师代理（利益值5万元以下的除外），而昂贵的律师费常使申请人不得不放弃行使这一权利，故司法救济制度形同虚设。❶有澳门资深执业律师建议，商标注册申请经商标主管机关审查驳回后，申请人对其驳回理由和法律依据不服，应有权首先向特定机关申请对原案的复查审议。❷审查工作的质量直接影响商标注册的质量，也直接关系到商标申请人的利益。为了确保审查质量，保障商标注册申请人的利益，应该设置驳回复审的救济程序。

澳门的专利审查制度也有改进空间。在现有的专利法框架下，专利分为实用专利和发明专利。❸实用专利是指对物品的形状、构造或者其结合所提出的实用性技术方案，从而增加该物品的实用性或改善该物品的利用所授予的专利。❹实用专利即常说的小发明，具有一定创新性，但技术水平还比较低。若能用简便的程序、较短的期限和较少的费用对小发明给予保护，则可鼓励广大群众以及中小企业进行发明创造的积极性。然而在澳门，申请实用专利需经过实质审查，而实审系委托国家知识产权局进行，所需审查时间与审查发明专利申请无异，❺达不到保护小发明的目的。澳门的实用专利，自提出申请日起计已满18个月（或在属主张某项优先权的情况下自主张日起计已满18

---

❶ 王爱民. 澳门知识产权代理制度 [J]. 中华商标，2012：74.

❷ 王爱民. 澳门知识产权代理制度 [J]. 中华商标，2012：74-75.

❸ [EB/OL]. [2018-12-20]. http://www.ip-prd.net/db_patents_s_c03.htm.

❹ [EB/OL]. [2018-12-20]. https://www.economia.gov.mo/public/data/apg/level2/attach/
33f84147466e6248ce57a22de3ef350e/sc/DSE4003A.pdf.

❺ 王爱民. 澳门知识产权代理制度 [J]. 中华商标，2012：76.

个月后；申请人亦可申请提前公布），有关申请公告将于"澳门特别行政区公报"内刊登，公告后申请人必须向经济局递交实质审查申请，否则有关的注册申请将被驳回。考虑到澳门人力资源和经济总量有限，像香港一样进行实质审查本土化并不现实。因此，若澳门特区经济局知识产权厅继续委托国家知识产权局进行实质审查，最好能够规定一个审查期限，给申请人更多的确定性。另一个可能的办法是取消对实用专利的实质审查。然而，取消实质审查是否会进一步降低实用专利的"含金量"尚不确定，有待于进一步调研。综上，通过修改法律法规限制审查期限更为可行。

在知识产权海关保护方面，欠缺详细规范海关有关保护制度的法律制度。海关作为澳门的知识产权执法主体，由于没有明确的法律规定其执法过程中的具体权力及守则，前线人员在执法时不具备有效的执法权力，未能为保护知识产权提供根本的保障。更甚是澳门海关并未有属于自己的海关法，只单靠第 21/2001 号行政法规《海关的组织与运作》所赋予的职权，与内地及香港的知识产权法律制度相比，澳门有关知识产权海关保护的法律明显不足。澳门海关知识产权厅是澳门执法的行政实体，在执法过程中依赖法律的支持，如受到法律条文的不足所限，执法上存在根本的难处，在过程中可能出现的是"无法可依，无法可执"的情况。❶ 澳门海关因此应借鉴中国内地的《中华人民共和国知识产权海关保护条例及其实施办法》，以及中国香港的《进出口条例》《商品说明条例》，对知识产权的进出口、知识产权海关保护的具体措施作立法规范，使澳门海关在执法上更能做到"有法可依"，大大加强知识产权厅执法上的成效。

（二）支援知识产权的创造和使用

澳门政府可推动为中小企业提供免费的知识产权咨询，支持中小企业发展。政府可加强对研发活动、技术转移、研发成果的应用及商品化的支援。同时，利用与葡语系国家语言与文化上具有天然联系的独特优势，加强与葡语系国家的对接，起到葡语系国家企业进入中国内地市场的桥梁作用。政府

---

❶ 郑健聪，许浩贤. 浅谈澳门海关知识产权厅行政改革［EB/OL］.［2018 - 12 - 20］. https：//www. um. edu. mo/fss/pa/7th_conference/document/Panel_2_5_1_Cheng_Kin_Chong_Hoi_Hou_In. pdf.

可加强与律师公会和与知识产权相关的协会和团体的合作，为相关产业提供服务和支援，如建立网上知识产权贸易平台，为中小企业提供咨询和培训，以及为专业人士（律师、估值人员等）发布指引，提升执业素质。

（三）推广、教育和对外合作的工作

政府可推出与知识产权贸易有关的专题网站，提供一站式的资讯发布平台。在本地及国际推广公众教育运动，以提升知识产权贸易中心的形象。继续积极举办各种论坛活动，加强对外交流。研究如何在教育制度的不同范畴培育和加强学生对知识产权的认识，以及推广知识产权对经济发展的重要性。积极争取机会与中国内地、海外及国际知识产权机构及组织合作。

（撰稿人：王佳）

第4章 广州市知识产权报告

一、广州市知识产权制度和政策

（一）广州市知识产权规划

广州是广东省的省会，国家中心城市，国家历史文化名城，是我国南部的政治、军事、经济、文化和科教中心。在国家实施建设知识产权强国的战略下，广东省人民政府明确提出要将广州建设成"具有国际影响力的国家创新中心、知识产权枢纽城市、国际科技创新枢纽"，并规划了建设路径。

为实现这一目标，广州市人民政府发布了一系列规范性文件，贯彻落实国家创新驱动发展战略、鼓励自主创新。《广州市知识产权事业发展第十三个五年规划》（以下简称《规划》），作为全面规划广州市在"十三五"期间知识产权发展的纲领性文件，坚持市场主导、政策激励和创新驱动、创用结合以及改革推进、严格保护的基本原则。着力提升知识产权创造数量和质量、知识产权运用水平、知识产权保护、知识产权管理效能，夯实知识产权服务业发展根基、推动文化建设与人才培养，突出广州知识产权枢纽城市、国际创新城市建设，将广州建设成为知识产权强市和具有集聚、引领、辐射作用的知识产权枢纽城市。《广州市创建国家知识产权强市行动计划（2017—2020年)》（以下简称《强市计划》），对《规划》的目标和任务进行细化分工，统筹协调全市各有关单位和部门参与创建知识产权强市工作。提出到2020年底，按"对标国际、领跑全国、支撑区域"的知识产权强市建设总要求，围绕创建严格高效的知识产权综合管理体系、知识产权保护法规制度和工作体系、知识产权产业发展体系、知识产权服务体系的建设目标制定具体措施，并对知识产权创造数量和质量、知识产权运用水平、知识产权保护、知识产权管理效能、知识产权服务体系建设、文化建设与人才培养、国际交流与合作等方面进行了具体规划。《广州市人民政府关于加强专利创造工作的意见》提出全面增强知识产权战略意识，建立健全政府引导、市场主导、企业为主体的专利创造体系，有效整合各级各类创新资源，将专利创造和运用作为自主创新成效的重要落脚点，加强政策激励和投入力度，加快提高专利创造主体的创新能力与产出水平。

2017年，广州市获国家知识产权局批准，成功申报国家知识产权强市创建市。2018年，广州市继续加快建设知识产权强市，制定和修订了多部与知识产权工作相关的法规、规章和规范性文件。根据《广州市知识产权局关于2017年工作总结和2018年工作计划的报告》，广州市知识产权局计划完成"十三五"规划的中期评估，并研究起草《广州市促进专利规定》，力争列入2019年广州市地方性法规立法正式项目的"审议项目"。

（二）广州市知识产权促进政策

1. 对知识产权的资金支持和奖励

（1）广州市知识产权的资金支持。

根据《广州市科技创新促进条例》（以下简称《条例》），广州市财政预算应当保障科技创新发展的需求，建立以政府投入为引导、企业投入为主体、社会资金参与的科技经费投入体系，提高全社会研究开发经费总体水平。市、区两级人民政府应当将财政科技经费纳入本级财政预算，逐步提高财政科技经费投入的总体水平，并完善财政科技经费投入机制，对符合条件的基础性、公益性研究和重大共性关键技术研究、开发、集成等公共研发项目以及其他重要研发项目，应当采取资金资助等方式给予重点支持。市、区科技行政主管部门发挥财政科技研究与开发经费的引导、示范作用，通过采取资助或者补助、科技贷款贴息、贷款风险担保、资本金注入、创业投资、奖励等多种方式，引导社会资金投向科技创新和高新技术产业。《条例》提出，本市设立科学研究专项资金、产学研专项资金和知识产权专项资金。科学研究专项资金用于支持高等学校、科研机构等开展原始创新，进行符合科技创新发展需要的应用性基础研究和科学前沿探索；支持在本市设立国家实验室、国家重点实验室及其分支机构以及创建国家级重点学科；支持建设具有本市优势和特色的科学研究创新基地。产学研专项资金用于支持企业、高等学校和科研机构建立产学研合作联盟，合作开展产业关键共性技术攻关，实现创新成果产业化。知识产权专项资金用于引导企业加大知识产权投入，促进重点产业和核心技术发明专利等自主知识产权的创造、运用，资助企业、高等学校、科研机构的科技人才申请国内、国外专利，实施知识产权试点示范工程，支持企业开展知识产权质押融资，资助企业、高等学校、科研机构开展专利实施许可方面的国际合作，奖励知识产权创造、运用、保护和管理过程中作出突出贡献的单位和个人。

为规范和加强广州市科技创新发展专项资金的管理，提高科技经费使用效益，广州市科技创新委员会和广州市财政局制定了《广州市科技创新发展专项资金管理办法》（以下简称《办法》），《办法》明确指出专项资金由广州市级财政安排，市科技创新委员会管理，用于实施市级科技创新发展专项项目。包括用于组织实施各类市科技计划项目的经费和其他用于科技创新发展的经费。专项资金主要采取事前资助方式、后补助方式、科技金融方式和其他支持方式。对基础研究、原始创新和公益性科技事业以及需长期投入的重大关键技术研究项目以事前资助为主，对其中以科技成果工程化、产业化为目标任务，具有量化考核指标的研究开发类项目，原则上采用后补助。对企业技术创新和产业化项目，原则上采取科技金融资助或后补助。

根据《广州市专利工作专项资金管理办法》，广州市财政预算安排专利工作专项资金，用于促进广州市专利创造、运用、保护、管理和公共服务事业全面、协调、可持续发展，推进知识产权战略实施，专项资金包括专利资助资金和专项发展资金。专利资助资金主要用于资助获得国内专利权或国外发明专利权的广州市行政区域内的单位和个人以及为其提供代理服务的中介服务机构。专项发展资金应用于资助注册地址在广州市行政区域内的企事业单位、社会团体及其他组织在专利运用、专利保护、专利管理和知识产权公共服务方面的工作。

为进一步鼓励发明创造，激励自主创新，广州市辖各区人民政府均设立了区知识产权专项资金或其他科技经费，用于配套资助区内企事业单位和个人开展知识产权创造、运用、保护、管理和服务等工作。

① 在资助专利申请方面，对区内企事业单位和个人每年新增专利申请给予资助，奖励专利大户和优秀代理机构，实施专利"灭零倍增"培育资助计划，鼓励申报上级专利奖。

② 在推进专利运用方面，配套资助国家、省、市专利技术产业化项目，资助符合产业发展方向、具有良好市场前景的区内专利项目，促进高新技术企业发展，奖励本区的国家高新技术企业，支持科技企业孵化器、科技园区孵化培育和引入高新技术企业。支持自主创新平台建设，资金扶持产学研合作平台建设，补贴投资建设面向本区重点产业领域的公共科技创新服务平台建设，支持和认定企业、高校和科研机构合作建立产学研技术创新联盟。资助研发机构建设和重大科技项目实施。促进科技与金融创新融合，通过信贷风险补偿、融资补助补贴、股权投资、引导基金等科技与金融结合的方式予以资助。

③ 在提高专利管理水平方面，补贴知识产权"贯标"企业，奖励专利联盟，资助区内知识产权优势企业。

④ 在引进人才方面，为优秀人才提供经费资助、住房保障、落户待遇、医疗保健、子女入学等多方面的政策奖励。

⑤ 在专利保护方面，资助专利维权机构和专利维权的诉讼费用。

⑥ 在优化知识产权服务方面，对新设立或新引进的经国家知识产权局批准设立并注册在本区的知识产权代理机构进行补贴，建设知识产权产业园区。大力发展创新型企业，提高全社会研发投入强度，包括扶持高新技术企业、奖励区内创新型企业和区科技创新创业大赛的获奖者。

需要强调的是，为了提升专利质量，2018 年国家知识产权局对全国各省专利申请相关政策调整进行了专项督查，按照"授权在先、部分资助"的要求，调整和完善专利一般资助政策。对于专利申请的资助范围应仅限于获得授权的专利申请。对于未授权的国内专利申请，不应给予任何形式的财政扶持。2018 年 12 月 12 日，广州市根据《国家知识产权局〈关于开展专利申请相关政策专项督查的通知〉》（国知办发管字〔2018〕27 号）的要求，为引导专利高质量发展，深入实施专利质量提升工程，进一步优化专利资助政策，对《广州市专利工作专项资金管理办法》进行了修订，从即日起，暂停执行有关专利资助的条款。

在专利运用方面，广州市制定了《广州市知识产权质押融资风险补偿基金管理办法》，目的是鼓励和引导银行业金融机构加大对科技型中小微企业的信贷支持力度，缓解企业融资困难。知识产权质押融资风险补偿基金的设立，有力推动了银行业开展科技型中小微企业专利质押融资工作规模化和常态化，有效缓解了创新型中小企业融资难问题。

在重点产业领域，《广州市重点产业知识产权运营基金管理办法》提出设立重点产业知识产权运营基金，即由政府财政资金为引导，吸纳产业龙头企业、科研机构等社会资金和其他相关基金加入，多家机构共同组建成立的有限合伙制运营基金。运营基金重点投向广州市信息技术、生物与健康、新材料与高端制造、新能源与节能环保等战略性新兴产业及"广州制造2025"战略规划重点领域。

（2）广州市知识产权的奖励。

为鼓励发明创造，激励自主创新，广州市人民政府出台了《广州市专利奖励办法》，该办法规定市政府财政预算安排市专利奖经费，设立广州市专利奖，每两年评审一次。奖项包括广州市专利金奖、广州市专利优秀奖、广州市专利创造贡献奖和广州市专利实施效益奖。

2014年4月，广州市人民政府对《广州市科学技术奖励办法》进行了修订，规定市人民政府设立市科学技术奖，每年颁发一次。市科学技术奖包括科学技术市长奖和科学技术进步奖两类，奖励在广州市行政区域内进行科学技术的研究开发、科学技术成果转化，以及为本市科学技术进步与自主创新作出突出贡献的个人、组织，以调动科学技术工作者的积极性和创造性，推动科学技术进步，提高自主创新能力。办法还鼓励社会力量开展科学技术奖励。

2016年，广州市知识产权局与市财政局制定《广州市保护知识产权市长奖专项资金管理办法》。规定由市财政安排奖励经费，设立保护知识产权市长奖专项资金，用于奖励在广州市保护知识产权市长奖评选中获奖的企事业单位、社会组织及执法主体，根据申报单位的性质及申报内容，市长奖设立创造保护类、社会维权类、执法保护类 3 个奖项类别。

2. 知识产权的运用和转化

广州市大力支持专利技术产业化，促进知识产权交易和投融资，着力开展国家、省、市部署的专利运用专项工作。

（1）推进重点产业专利技术产业化。

广州市加大财政引导资金投入，充分利用社会资金，围绕构建高端、高质、高新现代产业新体系，在新一代信息技术、新能源汽车、生物医药与健康、新材料与精细化工、轨道交通、新能源及环保等领域，重点培育和扶持一批优秀核心专利技术的转化实施。

依据《广州市重点产业知识产权运营基金管理办法》，广州市设立广州市重点产业知识产权运营基金，以政府财政资金为引导，吸纳产业龙头企业、科研机构等社会资金和其他相关基金加入，共同组建成立的有限合伙制运营基金。运营基金用于专利组合运营为主的市场短期运营方面，重点投向广州市信息技术、生物与健康、新材料与高端制造、新能源与节能环保等战略性新兴产业及"广州制造 2025"战略规划重点领域。

《关于加强重点企业和重点市场知识产权行政保护的措施》对重点企业入库的基本条件进行规范，要求属于国家、省、市确定的重点发展产业企业，初期重点在新一代信息技术、新能源汽车、生物医药与健康、新材料与精细化工、轨道交通、能源及环保等领域推选，远期随着产业的发展变化而调整。吸纳创新标杆企业、高新技术企业、科技创新小巨人企业、专利技术产业化企业等优先选拔入库。

天河区设立天河区战略性新兴产业创业投资引导基金，在科技产业项目，重点支持以移动互联网、云计算、大数据、物联网等为主的新一代信息技术，以及人工智能、生物医药与健康服务、新能源及节能环保、新材料和高端制造等战略性新兴产业发展。以项目形式支持重点产业企业实施技术研发及成果转化，支持医疗卫生机构开展民生科技研究；对重点产业企业以及为其提供专业服务的机构给予租金补贴。

（2）产业技术研究与开发。

广州市实施创新型企业示范工程，建立创新型企业研发投入补助制度，按照企业研发投入占销售总收入的比例、对地方经济社会发展的贡献、企业盈利状况和拥有知识产权的质量、数量状况等标准，对拥有独立研发机构的创新型企业予以研发投入补助，补助经费用于企业加大创新投入、开展产学研合作、培养创新人才等。

设立科技型中小企业技术创新资金，以扶持科技型中小企业开展技术创新活动，引导中小企业与行业龙头企业建立创新战略合作关系。以企业为主体，联合高等学校、科研机构申报本市具有明确市场应用前景的科技计划项目的，科技行政主管部门应当优先立项。

支持科技产业园区、战略性新兴产业基地、高新技术产业化基地建设，发展区域特色和优势产业，发挥集聚效应，促进知识产权创造，推动产业转型升级。推进民营科技园发展，优化民营科技园区区域布局，引导社会资金投入民营科技园区建设，重点扶持产业特色鲜明、创新能力强、发展潜力大和示范效应突出的民营科技园区。引导多元化投资主体投资建设各类科技企业孵化器，优先安排孵化器新建或者扩建项目的用地计划指标，广州市设立科技企业孵化器发展专项资金，用于支持建设孵化器、资助孵化器公共创新平台建设、完善创业孵化功能环境和支持在孵企业自主创新活动等。

设立产学研专项资金，用于支持企业、高等学校和科研机构建立产学研合作联盟，合作开展产业关键共性技术攻关，实现创新成果产业化。利用财政资金设立的科研机构，应当开展产业关键共性和核心技术研发、公益性科研、成果推广与转化等科技创新活动，并定期向科技行政主管部门报告科技创新活动情况。

以制定优惠政策、给予资金补助等方式支持和鼓励企业、高等学校和科研机构通过建设科技合作园区、公共创新平台、合作开展重大科技项目。开展国际和港澳台科技合作，通过举办国际性科技创新展会等形式开展国际科技合作交流和国际技术转移工作。建立科技成果展会补助制度，对本市科技企业、高等学校、科研机构参加国内外具有影响力的科技成果展会给予补助。

（3）知识产权运用和转化政策。

重点科技专项。根据各区经济和社会发展重大需求及科技发展优先领域，组织实施包括区政府批准的重大专项、创新园区及孵化器发展专项、科技金融专项、上级项目配套专项等若干目标明确、示范性强的重点专项。促进高新技术企业发展，奖励本区的国家高新技术企业，支持科技企业孵化器、科技园区孵化培育和引入高新技术企业。

企业创新能力建设。强化企业创新主体地位，增强企业自主创新能力，包括科技型中小企业技术创新资金、创新型企业和企业研发机构建设、企业研究开发经费后补助等方面。

科技创新环境建设。通过支持产学研合作、建设科技服务体系、加强知识产权创造保护、引进和培养创新创业人才等方面发展，为技术创新营造良好的创新条件和环境。对区辖内高校、科研院所科技成果项目本地转化进行支持，每年具体支持项目指标按各高校、科研院所上一年度发明专利申请量确定，资助有关政府部门认定的重点实验室、工程中心、技术中心、科技创新中心等创新平台，区政府每年安排科技专项资金，采取科技金融、前期资助、后补助、配套支持、补贴支持和奖励等多种财政投入支持方式，引导和鼓励企事业单位加大科技投入。支持新型研发机构引入和建设。

其他科技支撑计划。包括民生科技、科技计划项目管理费用以及其他与科技发展相关的科技计划类别。

（4）建立和完善知识产权投融资和运营体系。

广州市积极探索建立市场化的知识产权投融资服务体系，设立知识产权质押融资风险补偿基金，支持知识产权入股，培育多元化的知识产权金融服务市场。根据《广州市知识产权质押融资风险补偿基金管理办法》，贴息扶持知识产权质押贷款项目，支持银行、证券、保险等机构广泛参与知识产权金融服务；支持保险公司增加保险品种，完善专利保险服务体系。支持和鼓励企业申请国外专利，推进海外专利布局，增强企业海外投资、股权融资、技术出口的主动权，加快提升参与国际竞争的综合实力。积极扶持推进中小微企业的专利产业化工作，努力在融资创新、专利权质押、技术风险投资等方面取得新的突破，鼓励中介服务机构为中小微企业开展专利代理和专利托管等服务，提高中小微企业自主创新水平和市场抗风险能力。

各区的知识产权投融资政策主要有：奖励后备企业上市；科技信贷支持，区政府安排财政金设立科技信贷风险资金池，与有关银行合作共担风险，降低科技型中小企业贷款门槛。贷款贴息补助，对取得商业银行机构贷款的科技型中小企业给予贴息补助。

3. 知识产权的管理

（1）广州市全面推进企事业单位知识产权"贯标"。

支持广州市企事业单位贯彻实施知识产权管理规范国家标准，全面推进企业贯标，适时启动事业单位贯标。加强人才培养，壮大企事业单位知识产权管理队伍，提升管理水平，培育知识产权贯标服务机构，全面提升企事业单位知识产权标准化管理水平。

（2）深入开展知识产权优势示范工作。

深入推进知识产权示范城市建设，支持各区开展"国家知识产权强县（区）工程"试点示范创建工作。推进企业知识产权优势示范工作，加强对试点示范单位的培育、指导和跟踪服务。支持行业协会建立知识产权工作部，开展行业协会知识产权试点示范培育。建立健全行业协会知识产权管理制度，加强行业知识产权管理培训，推动建立行业知识产权联盟、行业知识产权纠纷调解机制。

（3）积极推行重大科技经济活动知识产权评议。

加快制定出台市重大科技经济活动知识产权评议指南，引导、规范重大科技经济活动知识产权评议行为。支持建立广州市知识产权评议专家库，培育一批知识产权评议机构。引导、支持企事业单位自主开展对重大科技经济活动的知识产权评议。加强对政府财政资金支持的重大科技专项、重大产业化、重大技术改造、重大企业并购、重要人才引进等项目开展知识产权评议。

各区在知识产权管理上，加强示范引导。每年认定一批区知识产权优势和示范企业并给予资助。补贴知识产权"贯标"企业。对于当年参与知识产权"贯标"评审并验收合格的企业给予补贴，用于支持企业建立一套完整的知识产权管理制度和工作体系，规范企业生产经营过程中的各项知识产权活动。奖励专利联盟，每年评选并奖励一批企事业单位、专利联盟的优秀知识产权管理团队或个人。积极引进和培养一批能推动区知识产权服务业加快发展的高端人才，其中凡经区评审认定为区高层次人才的，可依规享受经费资助、住房保障、落户待遇、医疗保健、子女入学等多方面的政策奖励。

4. 知识产权的保护

广州市加强对知识产权的保护，健全知识产权行政执法体系，支持建立以行业协会为主导的知识产权联盟和维权援助机制，协助企业、高等学校和科研机构等单位维护合法权益。专业市场、展会或行业协会为维护知识产权权利人权益作出突出成绩，被国家、省、市专利管理部门认定为知识产权保护试点、示范单位；或者，专利权人赢得国内外专利维权行动或投保专利保险，可以申请广州市专利发展资金。另外，加强专利行政执法队伍建设，依法积极主动开展知识产权执法工作，及时调处知识产权纠纷，严厉打击侵权假冒行为，加强专利代理市场的管理，不断提高办案水平与效率。建立和完善知识产权维权援助网络和涉外维权预警机制，鼓励企业、行业建立专利保护联盟和维权诉讼联盟，加强对重大项目、招商引资和外资兼并的维权工作，切实维护和保障企业和权利人的合法权益。加强行政、司法、仲裁维权联动，积极开展跨部门、跨地区联合执法和协作，加快维权保护长效机制建设。

各区都提供专利维权补贴，对本区内企业的合法专利权受到侵害，导致发生调查费用、诉讼费用进行资助。建立知识产权维权援助中心，组织协调有关知识产权职能部门、中介机构、研究机构、社会团体与专家，开展知识产权维权援助工作。白云区不仅对企事业单位提供维权补贴，还资助个人开展知识产权维权，但要求企事业单位和个人积极维权并获得成功的，才对其维权实际支付的维权费用给予补贴。南沙区还对区内经国家、省、市批准挂牌的专利维权援助运营机构，每年给予维权援助服务费用资助。

5. 知识产权服务

（1）完善知识产权公共信息管理。

广州市规范本市专利行政管理部门采集、管理、公开和使用被征信人（包括公民、法人以及其他组织）专利公共信用信息活动，推进社会诚信体系建设，保障公民、法人和其他组织依法获取相关信用信息。

（2）建设服务平台。

以各级各类科技创新平台为重要载体，依托国家专利技术（广州）展示交易中心，实行政策倾斜扶持，加强专利产出、交易和应用转化功能，拓展区域二级展示交易平台建设。充分利用中新广州知识城"知识产权服务中心"功能，为企业专利技术孵化、评估、交易和融资提供综合性服务。重视知识产权信息工作，加强市知识产权信息中心建设，在体制定位、人才引进和信息化建设等方面给予支持，充分发挥专利信息、技术预警、风险规避在政府、行业、企业决策中的重要作用，全面提高运用知识产权制度的能力和水平。

（3）加强知识产权文化建设。

大力培育"尊重知识、崇尚创造、诚信守法"的知识产权文化。以宣传普及知识产权意识和知识产权政策法规为基础，采取措施加强宣传普及力度，提高广州市知识产权工作水平和提升知识产权工作层次。在人才培养、继续教育、人才引进和招考、干部选拔等方面，强化推广知识产权战略意识和知识产权文化，提高社会各界对知识产权文化的认知度。

各区知识产权服务政策主要有以下几个方面：

① 资助入驻的知识产权服务机构。对新设立或新引进的经国家知识产权局批准设立并注册在我区的知识产权代理机构，经备案，给予房租补贴，对专利代理机构代理申请国家发明专利成功受理的给予奖励，对代理本区申请发明专利投保的，给予代理机构保费补贴。

优化政务服务平台。加大服务力度，优化办事程序、政策指导等，为企业提供法律、工商、会计、税收、知识产权、信息、立项、用地、报建、工商登记、租赁合同备案等业务的一站式政务服务。

② 加强知识产权服务平台建设。建立健全专利技术转化交易平台和知识产权数据库，开展专利统计、分析、许可、转让等服务；支持重点龙头企业建立相关技术专利数据库，围绕竞争对手开展专利态势分析。

③ 健全科技培训平台。发动全区职能部门和企业的积极性和主动性，创新培训形式，丰富培训内容，通过集中培训、分类培训、专题培训、参观考察等形式，为企业提供政策解读、经营管理、技术革新、人才培育与引进等方面的培训。

④ 开展科技宣传。利用互联网、多媒体手段，借助科创产品展示、科技进社区、科技下乡、科技交流会、国际科技合作等开展各类主题宣传，提高机关、企事业单位、群众对科技工作的认知度与参与度，在全区营造良好的科技创新氛围。

6. 人才引进与培养

《广州市加强知识产权运用和保护促进创新驱动发展的实施方案》提出加快"广州知识产权人才基地"建设，支持知识产权高端人才培养和引进，加强各行各业各类知识产权人才培育，对开展知识产权教育培训、宣传推广、人才培养、文化培育及软课题研究等人文基础建设进行资助。

在人才引进和培训的资助方面，根据《广州市留学人员来穗工作资助管理办法》，规范留学人员来穗工作资助资金的使用，鼓励留学人员来穗工作，发挥留学人员的专长和对外联系的作用，建设人才强市。来穗工作资助资金，包括留学人员政府资助资金和海外专利资助资金。留学人员政府资助资金主要包括安家补助费、留学人员短期活动资助两部分。留学人员短期活动资助是指对留学人员短期来穗服务、讲学、技术支持、成果推荐、国际学术交流与合作等活动给予的资助资金。海外专利资助的申请按照广州市专利资助有关规定执行。

各区注重积极引进和培养一批能推动区知识产权服务业发展的高端人才，凡经区认定为区高层次人才的，可依规享受经费资助、住房保障、落户待遇、医疗保健、子女入学等多方面的政策奖励。高端人才包括高端领军人才（即诺贝尔奖获得者、国家最高科学技术奖获得者、中国两院院士及发达国家院士、国家"千人计划"专家、省（市）创新创业领军人才）、高级管理人才、能够促进相关产业及企业项目在自主创新、技术升级等领域取得重大成果的人才。

二、广州市知识产权发展状况

（一）广州市知识产权发展取得的成绩

建设知识产权强市，作为广东省省会的广州市具有得天独厚的优势。2017～2018年广州知识产权工作聚焦创新、直面挑战、破解难题、奋发有为，知识产权发展取得了显著成就。知识产权示范、优势企业发展迅猛，知识产权的申请授权数量稳步增长,知识产权中介机构竞争优势明显提升。

1. 知识产权示范、优势企业发展状况

(1) 取得国家知识产权示范企业、优势企业状况。

2017 年广州市新增科技创新企业 40000 家,总数达到 16.9 万家;新增高新技术企业超过 4000 家,增量居全国第二位,总数达到 8700 家。❶ 自 2013 年启动国家示范、优势企业认定以来,广州市已有 13 家企业被认定为国家知识产权示范企业,39 家企业被认定为国家知识产权优势企业。

其中,2017 年新增广州广电运通金融电子股份有限公司、广州汽车集团股份有限公司、广州酷狗计算机科技有限公司、广州白云山和记黄埔中药有限公司 4 家国家知识产权示范企业,新增广州万孚生物技术股份有限公司、冠昊生物科技股份有限公司、广州市珠江灯光科技有限公司、广州白云山陈李济药厂有限公司 4 家企业被认定为国家知识产权优势企业。2018 年新增广州达意隆包装机械股份有限公司、广州视源电子科技股份有限公司和广州白云山医药集团股份有限公司白云山制药总厂 3 家国家知识产权示范企业,新增益善生物科技股份有限公司、广州迈普再生医学科技等 13 家企业为国家知识产权优势企业。❷ 广州市新增国家知识产权示范企业和新增国家知识产权优势企业分别如表 4 - 1 和表 4 - 2 所示。

表 4 - 1　2017 ~ 2018 年广州市新增国家知识产权示范企业　　　单位:件

序号	企业名称	外观设计	发明专利	实用新型	备注	年度
1	广州达意隆包装机械股份有限公司	2	342	488	深交所中小板 A 股	
2	广州视源电子科技股份有限公司	737	1960	1268	深交所中小板 A 股	2018
3	广州白云山医药集团股份有限公司白云山制药总厂	5	20	1	深交所中小板 A 股	

❶ 广州蓝皮书:广州创新型城市发展报告 (2018)〔EB/OL〕.〔2018 - 11 - 20〕. http://www.thnet.gov.cn/thxxw/tzdt/201807/0ba89a81962f4b6b9b96f096aefc26cf.shtml.

❷ 国家知识产权局〔EB/OL〕.〔2018 - 11 - 16〕. http://www.sipo.gov.cn/gztz/1131081.htm.

续表

序号	企业名称	外观设计	发明专利	实用新型	备注	年度
4	广州广电运通金融电子股份有限公司	373	448	217	深交所中小板 A 股	2017
5	广州汽车集团股份有限公司	866	754	1103	上交所主板 A 股	
6	广州酷狗计算机科技有限公司	396	519	16	—	
7	广州白云山和记黄埔中药有限公司	38	72	4	台港澳与境内合资	

表 4－2 2017～2018 年广州市新增国家知识产权优势企业

序号	企业名称	备注	年度
1	益善生物科技股份有限公司	全国中小企业股份转让系统（新三板）	2018
2	广州迈普再生医学科技有限公司	—	
3	广州市昊志机电股份有限公司	深交所创业板 A 股	
4	广州视睿电子科技有限公司	—	
5	广州市高士实业有限公司		
6	广州阳普医疗科技股份有限公司	深交所创业板 A 股	
7	广州王老吉药业股份有限公司		
8	广州润虹医药科技股份有限公司	全国中小企业股份转让系统（新三板）	
9	广州嘉德乐生化科技有限公司		
10	广东天普生化医药股份有限公司	中外合资	
11	广东丸美生物技术股份有限公司	中外合资	
12	广州赛莱拉干细胞科技股份有限公司	全国中小企业股份转让系统（新三板）	
13	广州大华德盛热管理科技股份有限公司	—	
14	广州万孚生物技术股份有限公司	深交所创业板 A 股	2017
15	冠昊生物科技股份有限公司	深交所创业板 A 股	
16	广州市珠江灯光科技有限公司	外商投资企业投资	
17	广州白云山陈李济药厂有限公司	—	

广州达意隆包装机械股份有限公司在 2017～2018 年新公布获得的发明专利有 64 件（占该公司所有发明专利比重为 18.7%），实用新型 96 件（占比 19.7%）；广州视源电子科技股份有限公司在 2017～2018 年新公布获得的发明专利有 1504 件（占比 76.7%），实用新型 1015 件（占比 80%）；广州广电运通金融电子股份有限公司在 2017～2018 年新公布获得的外观设计有 116 件（占比 31.1%）；广州汽车集团股份有限公司在 2017～2018 年新公布获得的外观设计有 343 件（占比 39.6%），发明专利 334 件（占比 44.3%），实用新型 435 件（占比 39.4%）。❶

广州市在 2017～2018 年获评国家知识产权示范企业、优势企业的企业中，高新技术企业占到绝对多数（高达 80%）。其中，4 家企业在深交所中小板上市，4 家在深交所创业板上市，另有 1 家上交所主板上市企业和 3 家新三板上市企业。

（2）取得广东省知识产权示范企业、优势企业状况。

广州市知识产权局与广州市科创委联合出台《关于加强高新技术企业专利工作的实施意见》，联合市国资委印发《关于新形势下进一步加强市属国有企业专利工作的若干意见》，推动《企业知识产权管理规范》的贯彻实施，加强知识产权示范企业、优势企业的培育。截至 2018 年，广州市累计培育省级知识产权示范企业 46 家，优势企业 117 家。

其中，2017 年新增广州酷狗计算机科技有限公司、广州汽车集团股份有限公司、广州广电计量检测股份有限公司和广东天普生化医药股份有限公司等 6 家广东省知识产权示范企业，新增中船黄埔文冲船舶有限公司、广东隽诺环保科技股份有限公司和广州市久邦数字科技有限公司等 11 家企业为广东省知识产权优势企业；2018 年新增广州视睿电子科技有限公司、广州市昊志机电股份有限公司、中国能源建设集团广东省电力设计研究院有限公司等 4 家广东省知识产权示范企业，新增京信通信系统（中国）有限公司、广州润虹医药科技股份有限公司、广东隽诺环保科技股份有限公司等 8 家企业为广

❶ 广东省知识产权公共信息综合服务平台［EB/OL］.［2018－11－17］. http：//search. guang-dongip. gov. cn/page/indexnew.

东省知识产权优势企业。❶

广州视睿电子科技有限公司在 2017～2018 年公布获得的外观设计专利有 297 件（占比 88.7%），发明专利有 544 件（占比 65.3%），实用新型专利有 500 件（占比 76%）；广州市昊志机电股份有限公司在 2017～2018 年公布获得的发明专利 91 件（占比 57.2%），实用新型专利有 84 件（占比 22.64%）；中国能源建设集团广东省电力设计研究院有限公司在 2017～2018 年公布获得的发明专利 118 件（占比 35.2%），实用新型专利 87 件（占比 31%）；广州酷狗计算机科技有限公司在 2017～2018 年公布获得的外观设计专利有 253 件（占比 63.9%），发明专利 305 件（占比 58.8%）；广州广电计量检测股份有限公司在 2017～2018 年公布获得的发明专利 45 件（占比 45%），实用新型专利有 43 件（占比 33.3%）。❷ 新增广东省知识产权示范企业和新增广东省知识产权优势企业如表 4-3 和表 4-4 所示。

广州市在 2017～2018 年获评广东省知识产权示范企业、优势企业的企业中，高新技术企业、中小微企业占到绝对多数，其中，1 家在深交所创业板上市企业，1 家在上交所主板上市企业，3 家在新三板上市企业，1 家在美国纳斯达克上市企业。

表 4-3　2017～2018 年新增广东省知识产权示范企业　　　单位：件

序号	企业名称	外观设计	发明专利	实用新型	备注	年度
1	广州视睿电子科技有限公司	335	833	658		
2	广州市昊志机电股份有限公司	12	159	371	深交所创业板 A 股	2018
3	中国能源建设集团广东省电力设计研究院有限公司	7	335	281		
4	广州酷狗计算机科技有限公司	396	519	16		2017
5	广州汽车集团股份有限公司	866	754	1103	上交所主板 A 股	

---

❶ 广东知识产权保护协会［EB/OL］.［2018 - 11 - 17］. http：//www. gdippa. com/news/ detail. aspx？ ChannelId = 020202&ID = 150566.

❷ 广东省知识产权公共信息综合服务平台［EB/OL］.［2018 - 11 - 17］. http：//search. guang-dongip. gov. cn/page/indexnew.

序号	企业名称	外观设计	发明专利	实用新型	备注	年度
6	广州广电计量检测股份有限公司	8	100	129	全国中小企业股份转让系统（新三板）	2017
7	广州金升阳科技有限公司	117	355	181		
8	广东天普生化医药股份有限公司	0	76	6	中外合资	

表4-4 2017~2018年新增广东省知识产权优势企业

序号	企业名称	备注	年度
1	京信通信系统（中国）有限公司	台港澳法人独资	2018
2	广州灵动创想文化科技有限公司	—	
3	广州润虹医药科技股份有限公司	全国中小企业股份转让系统（新三板）	
4	广东芬尼克兹节能设备有限公司	—	
5	广州地铁设计研究院有限公司	—	
6	广州迈普再生医学科技股份有限公司	—	
7	广州极飞科技有限公司	中外合资	
8	广州中智融通金融科技有限公司	—	
9	中船黄埔文冲船舶有限公司	—	2017
10	广东隽诺环保科技股份有限公司	全国中小企业股份转让系统（新三板）	
11	广东标美硅氟新材料有限公司	—	
12	广州日滨科技发展有限公司	外商投资企业投资	
13	广州市远能物流自动化设备科技有限公司	—	
14	广州多益网络股份有限公司	—	
15	广州标旗电子科技有限公司	—	
16	广州寰宇计时科技有限公司	—	
17	广州沧恒自动控制科技有限公司	—	
18	广州云系信息科技有限公司	—	
19	广州市久邦数字科技有限公司	美国纳斯达克	

2. 知识产权取得状况

2017 年，广州市专利申请量为 118332 件，同比增长 33.3%，其中，发明专利申请量为 36941 件，同比增长 29.5%，比全国平均水平（14.2%）高 15.3 个百分点；专利授权量为 60201 件，同比增长 23.5%，其中发明专利授权量 9345 件，同比增长 20.9%，比全国平均水平（8.2%）高 12.7 个百分点；PCT 专利申请 2441 件，同比增长 48.7%，比全国平均水平（12.5%）高 36.2 个百分点。发明专利申请量、授权量和 PCT 专利申请量三者增速均远高于全国平均水平，专利创造提质增量继续保持良好发展势头。在全国 19 个副省级及以上城市中，专利申请量列北京、上海、深圳之后排名第四位，发明专利申请量排名第六位，较 2016 年同期分别上升 1 位，实现了"增速领先、排名进位"的目标；PCT 国际专利申请量连续第二年列第三位，并加大了对上海（1760 件）的领先优势。全市获评中国专利奖 44 项，省专利奖 16 项。❶

如图 4 - 1 和图 4 - 2 所示，2018 年 1 ~ 10 月，广州市收到专利申请量为 148463 件，同比增长 55.3%，其中发明专利申请量为 43156 件，同比增长 45.67%；实用新型申请量为 68343 件，同比增长 58.53%。专利授权量 71404 件，同比增长 48.94%，其中发明专利授权量为 9231 件，同比增长 21.27%；实用新型授权量为 40390 件，同比增长 56.71%。❷

3. 知识产权保护状况

（1）知识产权的行政保护。

① 知识产权专利工作专项资金。

为贯彻落实国家知识产权战略，建设知识产权强市，根据《广州市人民政府关于加强专利创造工作的意见》（穗府〔2014〕11 号）《中共广州市委广州市人民政府关于加快实施创新驱动发展战略的决定》（穗字〔2015〕4 号）以及《广州市人民政府关于印发广州市加强知识产权运用和保护促进创新驱

---

❶ 广州市知识产权局关于 2017 年工作总结和 2018 年工作计划的报告［EB/OL］.［2018 - 11 - 17］. http：//www.gzipo.gov.cn/gzzscq/content/news.jsp? contentId = 10777.

❷ 广州市专利申请、授权状况年表［EB/OL］.［2018 - 11 - 17］. http：//www.gzipo.gov.cn/gzzscq/list/news.jsp? categoryId = 167.

动发展实施方案的通知》（穗府〔2017〕4 号）的要求，结合广州市实际设立了专项工作资金，并于 2017 年 11 月 22 日出台了《广州市专利工作专项资金管理办法》以推动和规范知识产权专利工作专项资金的申报、审批、监督管理等工作。广州市专利工作专项资金包括资助资金与发展资金两部分。

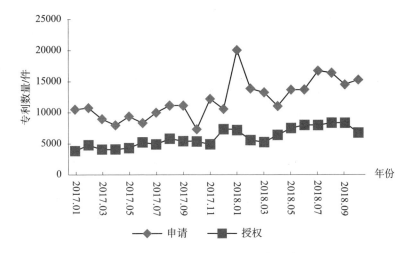

图 4-1　2017～2018 年广州市专利申请授权量变化趋势

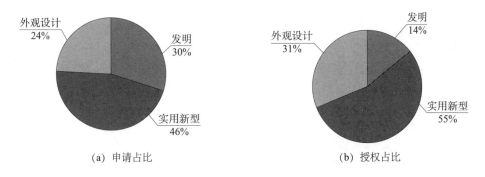

(a) 申请占比　　　　　　　　　(b) 授权占比

图 4-2　2017～2018 年广州市专利申请和授权状况

资助资金主要用于资助广州市行政区域内获得国内外发明专利权和 PCT 专利申请的单位和个人（简称"专利权人"）以及为其提供代理服务的专利代理机构。2017～2018 年广州市专利工作专项资助资金分 6 批发放（每年 3 批），2017 年和 2018 年符合资助标准的专利量分别达到 32700 件和 11028 件。

发展资金适用范围包括专利运用、专利保护、专利管理和知识产权服

务。2017～2018 年广州市专利工作专项发展资金分 8 批发放（每年 4
批），范围涵盖知识产权金融项目、贯彻知识产权管理规范项目、专利技
术产业化项目、知识产权示范单位项目、专利维权及维权服务项目等，累
计发放 17250 万元专项发展资金，惠及逾千家单位。❶

② 知识产权专利执法。

根据广州市知识产权局网站公布的信息，2017 年广东省全省知识产权部
门受理专利纠纷案件 3586 件，查处假冒专利行为立案 2179 件；广州市知识
产权局专利行政执法办案总量 2480 件，其中专利侵权纠纷 1058 件，查处假
冒专利行为 1422 件，结案率 100%。❷ 广东省全省知识产权部门受理专利纠纷
案件 3918 件，其中专利侵权纠纷 2630 件，查处假冒专利行为 1149 件❸。
据不完全统计，广州市 2018 年 1～10 月受理专利纠纷案件 1567 件。

③ 知识产权快速维权。

中国广州花都（皮革皮具）知识产权快速维权中心成立于 2015 年 9 月，
在 2017 年累计完成"专利快速授权通道"备案企业 80 家；受理申请 1070
件，已授权专利 1067 件；完成快速维权案件 115 件，一次性专利授权率
为 99.81%。❹

国家知识产权局专利局广州代办处于 2016 年 6 月开展试点业务，在 2017
年外观设计前置服务共备案 79 家，预审外观设计专利申请 374 件；已授权
361 件。❺

（2）知识产权的会展保护。

广州市会展业高度发达，做好知识产权的会展保护一直是广州知识产权
保护工作的重要内容和抓手。2017 年广州市仅在琶洲地区展会上处理的专利
侵权投诉已超过 1300 件。根据《广州市知识产权事业第十三个五年规划
（2017）》中指出要"严格保护，优化创新发展法治环境""构建多元化保护

---

❶ 广州市知识产权局. 广州市专利工作专项资金 ［EB/OL］. ［2018 - 11 - 17］. http：//
www. gzipo. gov. cn/gzzscq/search. jsp.

❷❺ 广东省知识产权局 ［EB/OL］. ［2018 - 12 - 18］. http：//home. gdipo. gov. cn/gdipo/zlbh/
201806/82c836c5e9e0416684dd0d5aabe0fe38. shtml.

❸ 国家知识产权局. 执法统计与分析 ［EB/OL］. ［2018 - 12 - 18］. http：//www. sipo. gov. cn/
zfwq/zftjyfx/index. htm.

❹ 2017 年广东省专利统计数据，第 37 页.

机制，建立相互衔接、相互支撑的知识产权保护网络"，2017～2018 年广州市知识产权相关部门进一步强化知识产权会展保护机制和措施，为广州市打造全国知识产权中心提供了有力支持。

① 广州琶洲会展知识产权保护中心。

2018 年 4 月 26 日，在第 18 个"世界知识产权日"到来之际，经广州市海珠区知识产权管理部门多次协调沟通，广东省首个会展知识产权保护部门——广州琶洲会展知识产权保护中心正式揭牌成立，旨在实现琶洲会展区除广交会之外展会的知识产权保护工作的全覆盖。其正常运作后，将进一步满足琶洲地区展会知识产权保护的需求，引导展会主办方和广大参展商自觉增强知识产权保护意识，以促进展会经济发展、营造良好营商环境为出发点，在广州知识产权保护领域全面形成良好的辐射带动作用。保护中心将与广州市知识产权局、海珠区知识产权局、各会展企业逐步建立完善以"知识产权管理部门＋主办方＋专家/律师"为主体的快速维权保护机制，开展知识产权信用度评估，严格准入标准。在广州市商务委员会、广州市和海珠区知识产权管理部门指导下，密切配合会展主办方做好参展商、参展品、参展合同全方位信息审查，有效保护展会知识产权，确保侵权投诉快速受理。

② 第 47 届中国（广州）国际美博会设立知识产权纠纷投诉接待站。

2017 年 9 月 3 日至 5 日，第 47 届中国（广州）国际美博会在广州市琶洲广交会展馆举办，作为该展会有史以来规模最大的一届，共有来自海内外 26 个国家/地区的 3800 个参展品牌参加，面积超过 30 万平方米，超过 91 万观展人次，展会四大主题（日化线、专业线、供应线及跨界）全产业链覆盖，国际品牌企业多达 500 家。广东省知识产权局执法处与广东省知识产权维权援助中心共同进驻展会，在大会组委会设立的知识产权纠纷投诉接待站开展美博会知识产权保护服务工作。展会期间，投诉接待站共受理专利举报投诉案件 45 件，其中认定涉嫌侵权案件 36 件，现场巡查发现并查处假冒专利案件 6 件，现场责令整改专利标识不规范行为 8 起。驻会工作人员联合组委会人员按照展会知识产权纠纷处理程序积极快速处理投诉案件，赢得投诉人、参展商和参会人员的充分肯定。

③ 中国进出口商品交易会设立知识产权、产品质量和贸易纠纷接待站。

中国进出口商品交易会（广交会）历经 61 年发展，是中国企业开拓国际市场的优质平台，作为中国目前历史最长、层次最高、规模最大、商品种类最全、到会采购商最多且分布国别/地区最广、成交效果最好的综合性国际贸易盛会，每届广交会展览规模达 118.5 万平方米，境内外参展企业近 2.5 万家，210 多个国家/地区的约 20 万名境外采购商与会。❶

为妥善处理广交会期间在广交会展馆范围内发生的有关知识产权、合同纠纷等投诉案件，维护广交会的良好形象和信誉，广交会专门设立了知识产权、产品质量和贸易纠纷接待站负责受理参加广交会的境外采购商和国内参展商的投诉。当届当期广交会展出展品有关的知识产权方面的投诉都在受理范围内，该投诉接待站受广交会业务办直接领导。

④ 广东知识产权交易博览会设立维权窗口。

广东知识产权交易博览会已分别于 2017 年、2018 年由广东省知识产权局联合广州市政府举办了两届。2017 年首届广东知识产权交易博览会以"创新发展与知识产权"为主题，累计展示知识产权项目 9143 个，参展产品 8223 个，涉及专利 18855 件，促成知识产权交易 7.2 亿元，成功举行了"知识产权珠江论坛"主论坛及 6 个分论坛，举办"知识产权拍卖会""新品发布会"等多场会议或专题活动，并启动了南粤知识产权创新创业大赛；2018 年广东知识产权交易博览会涉及专利 31.17 万件，涉及商标 78.81 万件，促成知识产权投资意向 90 亿元，知识产权交易金额 10.42 亿元，拍卖项目成交率达 62.5%，专利拍卖溢价率最高达 166%，商标拍卖平均溢价率为 25%。广东知识产权交易博览会设有展会维权窗口，提供专门的维权服务。❷

（3）知识产权的司法保护。

广州知识产权法院是审理知识产权纠纷的专门机关，在"司法主导、严格保护、分类施策、比例协调"的知识产权司法保护政策指导下，该院于实践中积极发挥司法保护知识产权主导作用，依法履行审判职能，公正高效地审理各类知识产权案件，不断加大知识产权司法保护力度，深入推进知识产权审判体制机制改革创新。在 2017～2018 年广州知识产权法院新收和审结各

---

❶ 中国进出口商品交易会（广交会）概况 [EB/OL]. [2018 - 11 - 19]. http：//www. cantonfair. org. cn/html/cantonfair/cn/about/2012 - 09/119. shtml.

❷ 广东知识产权交易博览会 [EB/OL]. [2018 - 11 - 19]. http：//www. gdipexpo. com/ContactUs/Contact.

类知识产权案件数量持续大幅增长的态势十分明显。

①依法履行审判职责。

广州市两级法院在 2017 年审结知识产权民事案件 12825 件，2018 年广州市两级法院受理知识产权民事案件 19782 件❶，较上年增长 54.24%。其中，著作权权属、侵权纠纷 17072 件，商标权权属、侵权纠纷 1886 件，知识产权合同纠纷 742 件。

2017 年，广州知识产权法院新收各类案件 9214 件，同比增长 93.9%，其中，民事案件 8851 件，行政案件 4 件，财产保全执行案件 359 件。在民事案件中，专利权纠纷案件 4421 件，著作权纠纷案件 3784 件，商标及不正当竞争纠纷案件 480 件，技术合同纠纷案件 19 件，特许经营合同纠纷案件 103 件，其他案由案件 44 件。广州知识产权法院办结各类案件 7805 件，同比增长 59.1%，其中一审结案 3533 件，二审结案 3902 件，民事申请再审审查案件结案 9 件，非诉证据保全案件结案 1 件，财产保全执行案件结案 360 件。❷

根据广州知识产权法院网站公布的信息，2018 年 1～9 月广州知识产权法院新收各类案件 7271 件，同比增长 7.96%，其中民事案件 7053 件，行政案件 16 件，执行案件 174 件，2018 年新收案件标的总额达到了 10.77 亿元；办结各类案件 7192 件，同比增长 7.01%。2018 年以来，广州知识产权法院审结的专利案件中，全额支持诉请金额的案件有 26 件，判赔额在 10 万～100 万元的有 1878 件，100 万～1000 万元的有 111 件，1000 万元以上的有 10 件。❸

②深化司法体制配套改革。

广州知识产权法院大力推进现代诉讼服务机制建设，推动诉讼服务中心

---

❶ 广州审判网. 广州法院司法数据公众服务中心 [EB/OL]. [2018－12－18]. http://ssfw.gzcourt.gov.cn：8081/wwfx/webapp/index.jsp.

❷ 广州知识产权法院. 广州知识产权法院工作报告 [EB/OL]. [2018－11－18]. http://www.gipc.gov.cn/front/channel.action? id =4f74cc88d7744e32b735b37c6e58ce46.

❸ 广州知识产权法院. 广州知识产权法院成立四年结案逾 23000 件 [EB/OL]. [2018－12－18]. https：//mp.weixin.qq.com/s? __biz = MzIyOTc3MjY5Mg = = &mid = 2247485409&idx = 3&sn = 2914f869dff873e34af953578f de598c&chksm = e8bcdb1 adfcb520cf2dbf9289efa1328fcefadfef1e62258b1cbb68bd 0001c7f08ae1a579c83&mpshare = 1&scene = 1&srcid = 1220gSmBIktYH6vMlQaEaieh#rd.

功能转化升级，融入掌上法院和智慧法院系统，实现诉讼服务中心从"一站式"到"一键式"提升。健全诉讼服务设施，完善诉讼服务机制，确保做到来访有人接、材料有人收、疑问有人答、参观有人领。加强对律师参与诉讼工作的支持力度，建成全新的律师工作室，为律师到法院参加诉讼提供固定工作、休息场地及配套设施。打造律师特邀调解工作机制，安排36名律师轮流驻院调解。全面推进网上立案工作，2018年全院网上立案率已经达到96%，在全国法院处于领先地位。

为进一步深入推进司法体制配套改革，广州知识产权法院努力向改革要质量要效率，以改革促进发展提升，积极展开知识产权审判领域的探索创新。譬如积极探索知识产权案件繁简分流，该院于2017年10月起在立案庭、专利庭分别设立了专门的速裁团队，集中审理事实清楚、证据充分、法律关系明确的简单案件，实行简化庭审程序和裁判文书写作，并快审快结，除特殊情况外，都应在收案30日内结案，此举显著提高了办案效率；再如健全技术调查官配套制度，该院聘请国家知识产权局专利局专利审查协作广东中心的22名审查员作为技术顾问，有关高等院校、科研机构的29名资深专家作为技术专家咨询委员会成员，形成了以院技术调查官团队为核心、以技术顾问与咨询专家为辅助的多元化技术调查体系，为各项审判活动的开展提供了全方位的技术支撑，在2017年技术调查官及有关顾问、专家参与审理案件有186件，2018年1~11月共有448件案件有技术调查官参与审理，其中专利案件有347件，占受理专利案件数的6.3%。❶

此外，该院实施的办案绩效管理机制、发改案件复查制度、专业法官会议制度等创新为加强知识产权审判领域改革创新、满足科技创新对知识产权专门化审判的司法需求均做出了积极有效的探索，在有力推动全院工作创新发展的同时，对于科技创新法治环境进一步优化也起到一定程度上的促进作用。

---

❶ 广州知识产权法院［EB/OL］.［2018 - 11 - 19］. https：//mp. weixin. qq. com/s? __biz = Mz-IyOTc3MjY5Mg = = &mid = 2247485373&idx = 3&sn = 854b6287bdd37b4a0417c4579af87867&chksm = e8bcdb46dfcb525059e4c3 cb0bd393813dd8beabad0d9694b011dc937f28a43ff74c14c723f8&mpshare = 1&scene = 1&srcid = 1217H8JIcNlYspd9E63Nm AfE#rd.

（4）知识产权中介机构发展状况。

知识产权代理服务是自主创新成果知识产权化的桥梁和纽带，它促进创新成果知识产权化的转化实施，帮助市场主体维护自身合法权益、制定营销策略谋求更好发展，知识产权代理服务业主要包括专利代理和商标代理，此外还有著作权、软件登记，集成电路、条码申请、域名申请以及海关备案等代理申请授权服务。

截至 2018 年 10 月底，广州市共有专利代理机构（不含分支机构）64 家，其中有 17 家是 2017 年新成立的。在 2017 年 1 月至 2018 年 10 月底，广州市的专利代理机构共获得发明授权专利 31641 件、外观设计专利 50691 件、发明专利 88553 件、实用新型专利 97742 件（见表 4 - 5）。

表 4 - 5　广州市专利代理机构及 2017 年 1 月至

2018 年 10 月专利代理数量统计　　　　　　单位：件

序号	代码	名称	发明授权	外观设计	发明专利	实用新型
1	44001	广州科粤专利商标代理有限公司	865	1244	1566	1446
2	44100	广州新诺专利商标事务所有限公司	838	1436	2258	2640
3	44102	广州粤高专利商标代理有限公司	3362	6020	11479	13333
4	44104	广州知友专利商标代理有限公司	538	497	808	944
5	44202	广州三环专利商标代理有限公司	5890	6704	14038	11650
6	44205	广州嘉权专利商标事务所有限公司	2889	7671	12266	16294
7	44210	广州华创源专利事务所有限公司	0	0	0	0
8	44214	广州红荔专利代理有限公司	0	0	0	0
9	44216	广东世纪专利事务所	181	396	271	258
10	44220	广州市一新专利商标事务所有限公司	312	1140	894	2274
11	44224	广州华进联合专利商标代理有限公司	7239	5209	14698	11223
12	44227	广州三辰专利事务所（普通合伙）	36	733	187	806
13	44228	广州市南锋专利事务所有限公司	789	1978	3050	3173
14	44229	广州市深研专利事务所	172	794	616	1700
15	44236	广州弘邦专利商标事务所有限公司	39	152	148	179
16	44239	广州中瀚专利商标事务所	121	451	538	310
17	44244	广州市天河庐阳专利事务所	98	4	218	65

续表

序号	代码	名称	发明授权	外观设计	发明专利	实用新型
18	44245	广州市华学知识产权代理有限公司	3219	2139	9704	6758
19	44253	广州致信伟盛知识产权代理有限公司	264	268	546	570
20	44254	广州中浚雄杰知识产权代理有限责任公司	232	1118	274	1180
21	44259	广州凯东知识产权代理有限公司	249	906	906	2550
22	44261	广州广信知识产权代理有限公司	118	240	205	211
23	44288	广州市越秀区哲力专利商标事务所（普通合伙）	1058	4122	3590	5816
24	44294	广州天河互易知识产权代理事务所（普通合伙）	9	65	91	57
25	44294	广州市越秀区海心联合专利代理事务所（普通合伙）	504	420	1583	1855
26	44299	广州天河恒华智信专利代理事务所（普通合伙）	75	284	207	611
27	44302	广州圣理华知识产权代理有限公司	227	434	673	815
28	44317	广东安国律师事务所	3	92	12	47
29	44318	广东祁增颢律师事务所	0	0	0	0
30	44326	广州番禺容大专利代理事务所（普通合伙）	137	316	626	820
31	44329	广东广信君达律师事务所	316	569	1497	776
32	44348	广州市天河区倪律专利代理事务所（普通合伙）	44	42	142	26
33	44365	广州广典知识产权代理事务所（普通合伙）	7	120	125	223
34	44369	广州一锐专利代理有限公司	30	342	579	2340
35	44376	广州高炬知识产权代理有限公司	138	1150	326	918
36	44381	广州德科知识产权代理有限公司	75	45	715	155
37	44386	广州海藻专利代理事务所（普通合伙）	61	62	49	320
38	44390	广州微斗专利代理有限公司	3	41	179	124
39	44397	广州容大益信专利代理事务所（普通合伙）	4	57	151	75
40	44401	广州知顺知识产权代理事务所（普通合伙）	8	150	241	631

续表

序号	代码	名称	发明授权	外观设计	发明专利	实用新型
41	44406	广州京远智库知识产权代理有限公司	0	422	7	56
42	44407	广州京诺知识产权代理有限公司	28	256	362	576
43	44413	广东金桥百信律师事务所	0	19	11	18
44	44416	广州胜沃园专利代理有限公司	184	43	711	495
45	44417	广州虚谷纳智知识产权代理事务所（特殊普通合伙）	0	468	6	60
46	44418	广州天河万研知识产权代理事务所（普通合伙）	959	4	159	943
47	44420	广东品安律师事务所	0	1	2	2
48	44421	广州市合本知识产权代理事务所（普通合伙）	5	259	102	212
49	44425	广州骏思知识产权代理有限公司	239	713	850	871
50	44430	广州天河泽睿专利代理事务所（普通合伙）	4	27	18	11
51	44433	广州慧宇中诚知识产权代理事务所（普通合伙）	1	13	44	114
52	44436	广州德伟专利代理事务所（普通合伙）	2	119	41	317
53	44437	广州君咨知识产权代理有限公司	16	83	181	178
54	44438	广州市时代知识产权代理事务所（普通合伙）	5	26	38	35
55	44441	广州云亿专利代理事务所（普通合伙）	0	27	44	46
56	44442	广东翰锐律师事务所	23	133	96	82
57	44445	广州科峻专利代理事务所（普通合伙）	6	48	28	55
58	44446	广州润禾知识产权代理事务所（普通合伙）	1	169	93	31
59	44448	广州维智林专利代理事务所（普通合伙）	13	188	33	73
60	44452	广州蓝晟专利代理事务所（普通合伙）	1	41	43	47
61	44456	广州市专注鱼专利代理有限公司	2	107	37	134
62	44464	广州予文知识产权代理事务所（普通合伙）	0	0	4	0
63	44467	广州市科丰知识产权代理事务所（普通合伙）	2	114	187	213
64	44469	广州市文智专利代理事务所（特殊普通合伙）	0	0	0	0

广州市专利代理机构（不含分支机构）共有专利代理人 784 名，在广东省专利代理人数中占比 35%。其中，广州三环专利商标代理有限公司拥有的专利代理人数量最多，为 116 人，在 2017～2018 年代理发明授权专利 5890 件、外观设计专利 6704 件、发明专利 14038 件实用新型专利 11650 件，是广州市专利代理机构中的佼佼者。拥有专利代理人数量超过 30 人的专利代理机构有 7 家，这 7 家机构在 2017～2018 年代理的专利数量占到广州市所有专利代理机构代理数量的 74%，可见广州市专利代理行业这 7 家领头机构的竞争优势较为集中。

根据知识产权产业媒体 IPRdaily 联合 incoPat 创新指数研究中心发布的 2018 年全国专利代理机构发明授权排行榜 TOP100，其中广州市有广州三环专利商标代理有限责任公司（第 7 名）、广州华进联合专利商标代理有限公司（第 11 名）、广州粤高专利商标代理有限公司（第 38 名）、广州市华学知识产权代理有限公司（第 40 名）、广州嘉权专利商标事务所有限公司（第 45 名）5 家机构上榜。这 5 家上榜机构拥有专利代理人 364 人，占广州市专利代理人数的比重为 46.4%；5 家上榜机构在 2017～2018 年代理的专利数量占到广州市所有专利代理机构代理数量的 65.2%。❶

（5）知识产权人才培养和引进情况。

① 知识产权人才培养。

根据国家知识产权局发布的《知识产权人才"十二五"规划（2011—2015 年)》的解读，知识产权在狭义上主要是指从事知识产权保护、运用、管理等相关理论与实务工作的专门人才。

广州市政府高度重视知识产权人才培养。据不完全统计，2017～2018 年仅以广州市知识产权局为主办单位的知识产权专项培训班就有 37 个，内容涵盖知识产权政策、特定行业专利挖掘与布局、专利资助申报、专利信息检索以及专利代理实务等多个方面；广州市律师协会专利法律业务专业委员会每年会同广东知识产权保护协会组织召开广东知识产权保护协会知识产权典型案例报告会，分享总结上一年度知识产权典型案例，供大家交流学习；广州知识产权法院在 2017 年 12 月 16 日组织召开第一届广东知识产权司法保护论

---

❶ 专利代理管理系统［EB/OL］.［2018－11－21］. http：//dlgl. sipo. gov. cn/txnqueryAgent. do.

坛，围绕"司法保护与创新驱动""反不正当竞争法中的知识产权保护司法实践"等主题展开深入研讨，分享经验，凝聚共识，共同探索新形势下知识产权司法保护新路径。❶

为进一步提高广州市专利代理人才的实务技能，提升专利代理水平和服务质量，广州市知识产权局每年联合相关机构组织广州市专利代理实务（考前）培训班，以加强人才培养、帮助各企事业单位更好地通过专利制度保护发明创造成果，建立知识产权专业职称评定体系，组织完成知识产权专业职称评定工作。

2017～2018 年，广州市知识产权局联同华南理工大学、广东技术师范学院主办了第二、第三届广州市大学生知识产权知识竞赛，以知识竞赛形式加强政策宣传、普及知识产权知识，引导大学生积极弘扬"尊重知识、崇尚创新、诚信守法"的精神。除知识产权竞赛外，作为广东知识产权交易博览会的重磅活动，旨在以知识产权引导创新、产业上下游更精准对接，促进知识产权与产业、市场、金融深度融合的第三届汇桔杯南粤知识产权创新创业大赛在广州成功举办，总决赛十强队伍精英对决、创投领域专家云集，评委们从技术创新、市场前景、商业模式、未来战略规划和资本化可能性等多个维度进行现场分析点评，经评比后，ACF 人工软骨鞋垫项目、废旧节能灯再智造项目与足步机器人项目摘得前三甲。该赛事从开幕到总决赛历时 6 个月，吸引了海内外创投圈的广泛关注，对于加速项目与资本、市场与技术的合作对接，共同推动知商生态体系建设意义非凡。

2017 年 3 月 16 日，华南国际知识产权研究院在广东外语外贸大学揭牌成立，该研究院重点聚焦"一带一路"发展中的知识产权法律问题，将建设成为国际化、专业化和高水平的知识产权研究高地和国际知识产权智库。基于《广东省知识产权局广东外语外贸大学关于共同开展海外知识产权工作框架协议》及该研究院的实际情况，该研究院制定了 8 项发展规划：聚集人才；编制海外知识产权工作指引；探索开展广东省战略性新兴产业和智能制造业在

---

❶ 广州市知识产权局网站［EB/OL］.［2018－11－21］. http：//www.gzipo.gov.cn/gzzscq/list/news.jsp? categoryId＝658.；广东知识产权保护协会网站［EB/OL］.［2018－11－21］. http：//www.gdippa.com/news/index.aspx? ChannelId＝020202.

海上丝绸之路沿线国家及欧美国家中的竞争动态分析；开展国际知识产权制度和发展动态的研究工作；协助企业和行业协会开展海外布局；申报国家和省部级国际知识产权研究项目；创建国际知识产权人才培养基地；加强对外学术交流。作为华南地区第一个关于国际知识产权的省级研究机构，该研究院将编制海外知识产权工作指引，翻译"海上丝绸之路"沿岸主要国家的知识产权法规。同时，针对省内重点新兴产业在国际领域知识产权的竞争状况，该研究院将进行动态分析，提出相应策略，并在每年发布广东涉外知识产权年度报告。2017 年 6 月 12 日，华南国际知识产权研究院、广东省法学会涉外法律研究服务中心、广东省律师协会知识产权专业委员会在广东外语外贸大学共同举办了"广东省首届十大涉外知识产权案例"新闻发布会，发布了广东省十大涉外知识产权案例。

2018 年 3 月 31 日，广州知识产权人才基地揭牌暨奠基仪式在暨南大学番禺校区举行，该基地在全国率先设立知识产权大楼，将集知识产权高端教育、高端研究、高端培训、社会服务和孵化于一体，培养和培训全科型、复合型、高端型知识产权人才；同时集成专利、商标和著作权创造、运营、管理、保护的全面知识体系，为企业和社会提供全方位、多层次、一站式知识产权研发、应用、社会服务，为国家和政府提供知识产权智库的理论研究和政策支持。

2018 年 5 月 11 日，广州市黄埔区广州开发区管委会与北京大学法学院签署知识产权战略合作协议，将依托北京大学法学院师资和研究力量成立北京大学粤港澳大湾区知识产权发展研究院，在中新知识城共建知识产权学院，围绕知识产权智力支持、人才培养、举办高端知识产权论坛、深化国际合作、建设知识产权平台等方面开展深入合作，为区域科技创新、产业升级和经济发展提供强力支撑，为粤港澳大湾区和知识产权强国建设"贡献北大智慧，提供黄埔方案"。

② 知识产权人才引进。

2017 年，广州市专业技术人才共有 167.5 万人，较 2016 年增长 5.7%。[1]

---

[1] 广州市 2017 年统计年鉴 [EB/OL]. [2018 – 11 – 21]. http://210.72.4.52/gzStat1/chaxun/njsj.jsp.

截至 2018 年 10 月底，广州市专利代理机构（不含分支机构）共有专利代理人 784 名，在广东省专利代理人数（2235 名）中占比 35%。2018 年全国专利代理人资格考试广州考点共有 5429 名考生取得考试资格，同比 2017 年的 4026 人增长 34.84%，其中，港澳台考生 33 人。❶

为了吸引、留住高层次创新人才，广州市在 2017 年再出人才新政——《广州市高层次人才认定方案》《广州市高层次人才服务保障方案》和《广州市高层次人才培养资助方案》，广州市政府计划在 5 年内投入约 15 亿元主要用于为高层次人才提供住房保障、医疗保障、子女入学、创新创业、资助补贴等方面。在强有力的人才政策推动下，2017 年广州市引进创业领军团队 11 个、创新领军团队 10 个、创新创业服务领军人才 9 人、杰出产业人才 29 人。累计发放人才绿卡 3300 张。在第十四批国家"千人计划"拟入选人员公示名单中，广州地区入选"千人计划"青年项目 41 人、创业人才项目 5 人（全国共 41 人、广东省 7 人）。截至 2017 年底，在广州工作的诺贝尔奖获得者已有 6 人，两院院士 50 人、国家"千人计划"专家 281 人、"万人计划"专家 95 人。从区域分布情况来看，广州开发区和天河区是广州高层次创新人才资源最为密集的地区。❷

以广州开发区为例，2017 年 5 月开发区管委会专门出台了《广州市黄埔区广州开发区加强知识产权运用和保护促进办法》（穗开管办〔2017〕24号），明确对新设立于本辖区且当年年度主营业务收入达到 1000 万元、5000 万元、1 亿元以上的知识产权服务机构经认定后分别给予 100 万元、500 万元和 1000 万元一次性奖励，以吸引知识产权服务机构及知识产权服务人才落户广州开发区。

（二）广州市知识产权发展面临的挑战

广州市知识产权发展虽然取得了很大成绩，但也面临着前有标兵、后有

❶ 广东省知识产权局［EB/OL］.［2018 - 11 - 21］. http：//home. gdipo. gov. cn/gdipo/gdipodt/201808/a488da62d5374bb5bb7730a5dc9fa9ed. shtml.
❷ 2017 年广州科技形势分析与 2018 年展望［EB/OL］.［2018 - 11 - 22］. https：//www. pishu. com. cn/skwx_ps/initDatabaseDetail? siteId = 14&contentId = 9978345&contentType = literature.

追兵、外有压力、内有阻力等诸多新挑战。尽管知识产权拥有量已连续多年位居国内各城市前列，但知识产权的整体质量、运用效益、保护水平和管理效能等还存在较大的改善空间，尚无法满足我国创新驱动发展战略实施和经济发展方式转变的需要。广州知识产权发展必须紧紧抓住机遇、化解矛盾、积极作为、砥砺前行，着力应对以下几方面的挑战：

（1）要破解知识产权领域深化改革与知识产权政策体系完善的问题，改变行政管理部门间知识产权政策配套不足、知识产权综合管理改革推进较慢的状况。

（2）要破解知识产权创造潜力未能充分发挥与创造质量不高的问题，改变广州市企业创造活力未能充分释放、缺少创新创造龙头企业、高价值知识产权明显不足的状况。

（3）要突破全面提升知识产权运用能力的关键瓶颈问题，改变广州市知识产权综合运用成效低、存量知识产权闲置率高、知识产权的商业价值难以实现等状况。

（4）要有效解决制约知识产权全面从严保护的短板问题，改变侵权假冒行为的违法成本低、对侵犯知识产权行为的打击力度偏弱、新业态及新领域侵权假冒行为多发的状况。

（5）要切实解决知识产权服务能力不足与管理效能不高问题，改变广州市知识产权服务业发展规模较小、高端服务能力不足以及知识产权价值评估难的状况，改变广州市规模以上工业科技型企业、高新技术企业知识产权管理能力较弱的状况。

此外，在文化建设、人才培养方面，需要解决好知识产权文化建设投入偏低、高质量宣传作品不多、知识产权培训的针对性不强以及知识产权应用型人才、复合型人才数量较少的问题。

三、展望和建议

综上，知识产权不仅是驱动发展的战略资源、提升发展竞争力的核心要素，而且是增强自主创新的重要支撑、掌握发展主动权的关键因素。目前，世界经济处在深度调整、曲折复苏中，新一轮科技革命和产业变革孕育突破，在国际知识产权贸易壁垒设置逐年增加的大环境下，知识产权领域的竞争愈加激烈。广州市要实现成为具有国际影响力的国家创新中心、知识产权枢纽城市、国际科技创新枢纽的目标，应全面贯彻党的十九大精神和习近平新时代中国特色社会主义思想，深入贯彻习近平总书记对广东工作"四个坚持、三个支撑、两个走在前列"的重要批示精神，按照"严格保护、激励创新、富企强市、引领未来"的指导方针，把广州建设成为创新活力足、运用效益好、保护环境优、可持续发展能力强的知识产权强市。对于广州市知识产权事业的发展，具体建议如下：

（一）实施知识产权管理能力提升工程

1. 推进知识产权管理体制机制改革

按照国家和广东省有关文件精神，探索推进知识产权综合管理改革，建立权界清晰、分工合理、权责一致、运转高效的综合行政管理机制。进一步健全广州市知识产权工作领导小组工作机制，发挥其统筹协调作用，落实部门职责，实行单位领导负责制，全面推进知识产权战略实施；继续推进原国家工商行政管理总局商标审查协作广州中心、商标局驻广州办事处的运行和发展，开展商标注册审查业务，指导企业实施商标品牌战略；加快推进中新广州知识城国家知识产权运用和保护综合改革试验，在广州开发区形成知识产权局统一管理专利、商标、著作权的管理模式，为建立集中高效的知识产权综合管理体系探索经验；支持行业协会建立知识产权工作部，开展行业协会知识产权试点示范培育；建立健全行业协会知识产权管理制度，加强行业知识产权管理培训，推动建立行业知识产权联盟、行业知识产权纠纷调解机制。

2. 建立以专利引导产业布局的创新决策机制

开展国家知识产权区域布局试点工作，摸清广州市专利创造环境和专利产出家底，厘清专利资源与科技、产业和社会领域的匹配关系，编制专利区域布局导向目录，建立以专利为核心的创新资源配置机制；通过专利区域布局促进创新链、产业链、资金链、政策链深度融合，逐步建立以专利引导产业布局的创新决策机制，提高创新的宏观管理能力和资源配置效率。

3. 建立知识产权促进创新创业服务机制

建立知识产权对接各种交易、展览、大赛等活动的服务机制；打造知识产权特色集聚区域，加强专利导航、专利挖掘、专利投融资等实务培训，推广利用专利信息分析成果；支持依法依规开展互联网知识产权众创、众筹项目；支持科技园区、孵化器、众创空间建立知识产权服务平台，打造专利创业孵化链，支持科技中介服务机构发展和科技创新平台建设，完善科技金融服务体系，促进知识产权运营服务新业态发展。

4. 完善知识产权公共服务和政策体系

全面推进"互联网＋知识产权"实施计划，完善广州市知识产权信息中心服务功能，逐步搭建起知识产权创造、运用、保护、管理和服务一体的广州市知识产权大数据应用服务平台；加强知识产权行政管理部门间的协作，加大推进专利、商标、著作权、标准化战略实施的投入力度，出台配套实施方案，完善知识产权制度体系；充分发挥广州开发区、南沙自贸试验区在推进实施知识产权战略方面的先行先试作用；支持现代服务业发展，打造具有广州特色的高端服务产业集群，鼓励和支持市场化知识产权服务机构发展；开发建设和完善一批具有广州特色的重点产业专利数据库，积极推进专利数据与经济、科技、产业等数据的关联分析和融合利用，面向社会免费提供基础数据，面向小微企业开展精准化的知识产权信息推送服务；重点推动广州战略性新兴产业、创新型企业、科技园区、高校、科研院所、"双创"载体贯彻实施知识产权战略；强化广州市各知识产权信息平台间的信息共享协作，探索建设专利、商标、著作权、标准、科技文献等知识产权信息的大数据融合应用服务系统。

（二）实施知识产权保护工程

1. 完善知识产权执法维权机制

建立高效的市、区知识产权行政执法体系，探索开展知识产权综合行政执法；发挥最高人民法院知识产权司法保护与市场价值（广东）基地的作用，健全审判权运行机制和技术专家咨询机制，为创新主体尤其是中小微企业提供便利化服务；加强知识产权仲裁院与相关知识产权管理部门、行业协会的联系与合作，探索知识产权领域网络仲裁快速维权机制；进一步完善广州展会知识产权、电商知识产权、涉外知识产权保护机制，不断提升新业态、新领域的知识产权保护水平；加大对产品制造集中地、商品集散地及其他侵权案件高发地的知识产权执法监管和巡查力度；强化对高端制造、生物医药等行业和展会、专业市场、电子商务、跨境电商、旅游购物等领域的行政执法，重点查办跨地区（国境）、职业化、团伙化、规模化和社会反映强烈的侵权假冒违法案件；加强海外知识产权维权援助，支持企业开展知识产权海外布局和维权，引导行业协会、中介组织等第三方机构参与解决海外知识产权纠纷，建立涉外知识产权争端联合应对机制；强化全市知识产权行政执法信息的分类与综合统计分析，定期发布行政执法典型案例；加强全市专利、商标、著作权等行政执法机构间的组织协调，积极开展联合执法、专项执法，不断提高执法效能；建立集防范、监控、预警与打击惩处为一体的监管长效机制，加强工商行政执法与刑事司法的衔接配合，构建运转畅通的知识产权保护联动协作机制；深化知识产权保护的国际合作和区域协作，特别是加强与"一带一路"沿线国家/地区间的知识产权保护合作。

2. 拓宽知识产权纠纷多元解决渠道

建立相互衔接、相互支撑的知识产权保护网络，进一步构建知识产权多元化保护机制；加强广州知识产权法院建设，健全行政执法和刑事司法相衔接及跨部门、跨地区知识产权保护协作机制，完善案情通报、信息共享、案件移送制度，发挥知识产权司法保护、行政保护的主渠道作用；重点建立和完善覆盖广州支柱产业、战略性新兴产业以及新业态的知识产权保护体系；支持加强知识产权纠纷行政调解、人民调解，畅通行政调解、人民调解获得司法确认的渠道；不断完善仲裁保护、海关保护、行业协会调解保护等多渠道保护机制，倡导运用仲裁方式保护知识产权，在南沙自贸试验区内开展知识产权调解与仲裁服务；支持广州知识产权仲裁院规范、有效运作，积极开展电商纠纷网络仲裁、自贸区涉外知识产权纠纷仲裁。

3. 建立知识产权保护社会监督网络

推进知识产权公共信用体系建设，公开企事业单位侵权假冒违法信息，依法将行政处罚案件相关信息以及不配合调查取证行为、不执行行政决定行为等纳入诚信体系，推动建立知识产权失信主体联合惩戒机制；加强事中事后监管和信用监管，将知识产权信用信息纳入市场信用体系建设，逐步建立和完善知识产权与市场主体信息相关联的数据库，及时公示市场主体侵权假冒等违法行为信息，记入市场主体的社会信用记录；建设知识产权大数据监管网络平台，实现网络巡查、线上举报和投诉办案一体化；建立广州市网络经营主体数据库和网络交易商品定向监测常态化机制；加强对全市电商平台、跨境电商以及电子商务领域大数据等新业态知识产权保护的研究，探索破解管辖、取证、侵权认定等保护难题，建立健全保护机制。

4. 提升知识产权保护能力

加强重点产业和重点市场知识产权保护；加强知识产权保护规范化市场培育，提升市场主办方的知识产权保护能力；完善跨区域、跨部门知识产权执法协作机制；充实一线行政执法力量，统一执法标准，完善执法程序，提高执法专业化、信息化、规范化水平和执法效率；努力提高查处假冒专利案件结案率；加大知识产权边境保护力度，加强缴扣侵权货物管理，严厉打击进出口环节的知识产权侵权行为。

（三）实施知识产权运用促进工程

1. 提升知识产权产业化运用水平

贯彻落实国家、省、市促进知识产权转化运用的政策，逐步建立促进知识产权运用的利益分配、风险承担、人才流动制度，建立健全知识产权转化运用的政策体系，完善企业主体、市场导向、产学研结合的知识产权产业化运用机制。支持组建产业知识产权联盟，推动知识产权产业化，打造产业核心竞争力。支持高校、科研院所知识产权转化机构建设，鼓励广州市高校和科研院所的知识产权成果就地实施转化。

2. 继续完善专利导航产业发展工作体系

实施专利技术产业化项目，重点支持一批核心关键技术、创新领先技术、高价值专利的产业化项目实施；引导扶持传统优势制造业专利技术的引进和转化，推动产业转型升级；大力推进广州开发区国家专利导航产业发展实验区建设，对卫星通信（北斗）导航、智能装备、生物医药等区域优势产业进行专利导航分析，为重点企业提供专利导航、分析、挖掘、预警服务；大力推进自主创新技术与标准结合，研究专利与标准融合，加强具有高附加值和高技术含量、可形成产业集群或增强产业竞争力的标准的研制与实施，形成具有自主知识产权的先进标准体系，加速知识产权成果转化；结合广州市产业特点，培育知识产权密集型产业，带动产业结构升级。

3. 构建知识产权运营服务体系

积极开展国家重点产业知识产权运营服务试点工作，发挥财政资金引导作用，带动社会资本共同设立重点产业知识产权运营基金；支持建立多层次的知识产权交易市场，重点推动广州知识产权交易中心等服务机构开展知识产权运营服务，建立南沙自贸试验区和中新广州知识城知识产权运营集聚服务中心；支持广州知识产权交易中心、汇桔网、高航网等市场化、网络化知识产权运营服务机构发展，引导民间资本进入知识产权运营市场，加快知识产权成果的转化运用；培育若干产业特色突出、运营模式领先的知识产权运营机构，鼓励建立知识产权联盟；推动高等院校、科研院所建立知识产权运营服务机构，促进技术创新与市场需求有效对接；加大专利技术产业化扶持力度，支持企业、服务机构引进国内外高价值知识产权在广州市转化实施；加强军民融合专利技术转化应用；推广建立商标品牌指导站，充分发挥专业商标代理和法律服务机构作用，为企业提供从注册、运用、管理、保护到培育的全方位商标品牌服务，加快构建知识产权运营服务体系和建设知识产权国际运营平台。

4. 完善知识产权投融资服务体系

探索建立市场化的知识产权投融资服务体系；大力发展产业金融新业态，推动广州科技型中小微企业知识产权金融服务快速发展；鼓励金融机构创新知识产权金融产品，引导企业积极通过市场机制解决融资需求；发挥知识产权质押融资风险补偿基金作用，支持银行、评估、保险等机构广泛参与知识产权金融服务，促进知识产权质押融资工作实现规模化、常态化发展；与广州打造"一城三区多点"金融产业空间布局相结合，加强对知识产权质押融资的引导和服务，支持开展知识产权证券化交易试点；加快培育和规范专利保险市场，着力推广专利申请险、侵权险、维权险以及代理人责任险等险种；在广州开发区和增城开发区加快推进国家知识产权投融资试点工作，探索投贷联动、投保联动、投债联动新模式；积极引导国内外风险投资基金采取投资持股、并购等形式促进知识产权成果转化。

（四）实施知识产权质量提升工程

1. 促进知识产权创造提质增量

优化专利资助政策，秉持价值引领、数量布局、质量取胜的原则，全面推动企业知识产权增量、提质，充分发挥企业的主体作用，全面提高优质专利、驰名商标、精品著作权的产出与供给；明确质量导向，进一步提高全市发明专利、国际专利拥有量；重点支持高新技术企业、科技创新小巨人企业的专利创造工作，开展"专利灭零倍增"和大户培育工作；加大全市社会研发投入强度，进一步完善科技创新工作考核体系，强化知识产权指标考核比重，加大知识产权要素在各类科技项目中的权重；高度重视知识产权培优工作，进一步增强全市知识产权优势、示范企业的创造能力，在支柱产业、战略性新兴产业培育一批创新水平高、市场价值大的专利、商标和著作权；贯彻落实《中国制造2025》战略部署，以推进工业化和信息化融合为载体，将知识产权要素纳入技术改造项目和重大工业项目验收评价指标体系中，强化工业基础，提升制造业核心竞争力，注重"互联网＋"应用，促进制造业转型升级，持续提升广州制造水平。

2. 培育知识产权强企和示范单位

支持企事业单位贯彻实施知识产权管理规范国家标准；支持广电运通、广药集团、广汽集团等一批国家、省知识产权优势（示范）企业建设知识产权强企；鼓励企业在关键技术、核心领域、新兴产业方面进行专利布局，以知识产权优势增强国内外市场竞争力；对于广州市经济发展之重要力量的国有企业，要着力提升市属国有企业的知识产权创造数量和质量；支持有条件的企业探索推进知识产权跨国并购。

3. 培育知识产权密集型产业

支持新一代信息技术、人工智能、生物与健康、新材料与高端装备制造、新能源与节能环保等战略性新兴产业的专利创造和运用，形成一批核心专利和高价值专利，打造专利密集型产业，形成产业竞争新优势；加强制造业、文化产业、农业商标品牌建设，培育一批驰名商标、地理标志和集体商标，以产业优质品牌运营支撑产业价值提升；鼓励企事业单位加强专利与标准的融合，形成一批具有自主知识产权的技术标准，发挥龙头制造业企业、科研院所及行业组织在标准制定中的作用，积极参与国家和行业标准的制定和修订；强化技术性贸易壁垒应对。

4. 推动知识产权集聚核心区的建设

鼓励和支持全市重点科技园区逐步建成知识产权创造核心区、知识产权产出特色区；重点支持广州高新区、中新广州知识城、科学城、民营科技园、智慧城、琶洲互联网创新集聚区、生物岛、大学城、国际创新城、南沙明珠科技城、番禺节能科技园等科技园区建设知识产权创造、运用、服务集聚核心区，推进国家商标品牌创新创业（广州）基地建设，发挥知识产权创造运用的集聚辐射效应，打造广州园区知识产权创造长廊。

（五）完善知识产权发展环境建设工程

1. 健全知识产权人才支撑体系

加大知识产权人才培养与引进力度，与全市高层次人才引进、使用政策相衔接，支持企业、科技园区积极引进高层次复合型知识产权专业人才；开展知识产权专业技术资格评审，实施专利实务人才培训计划，培养知识产权运营型、管理型人才；加强党政领导干部知识产权培训，把知识产权法律法规和基础知识纳入党政领导干部培训内容，全面提升党政领导干部的知识产权意识；支持广州知识产权人才基地和华南国际知识产权研究院的建设发展，支持在中新广州知识城引进新加坡知识产权学院办学模式和研究力量，成立知识产权研究教育培训基地，推动成立中新知识产权商学院，打造知识产权智库；支持中国商业联合会知识产权分会、广州市发明协会、广州市知识产权研究会等社团组织开展知识产权研究、交流、培训等工作；通过自主培养与大力引进建设一支由知识产权领军人才、高层次人才、实务人才构成的人才梯队。

2. 营造知识产权文化环境

创新知识产权文化载体，增强全社会知识产权意识；鼓励支持企事业单位参与"中国专利奖""广东专利奖""广州市科学技术奖""中国商标金奖"的评选和中国国际商标品牌节等活动；在电视台、主流报纸等传统媒体加强知识产权宣传，充分利用网站、微博、微信等新媒体广泛推送知识产权信息，利用全国知识产权宣传周、中国专利周等活动开展知识产权宣传教育；加大知识产权前瞻性研究，为知识产权事业快速发展提供决策参考；将知识产权知识纳入科普活动，引导和鼓励全市高等院校、职业院校、中小学普遍开设知识产权普及课程，继续开展学校知识产权教育试点，营造"尊重劳动、尊重知识、尊重人才、尊重创造"的良好社会氛围，提高群众知识产权素养。

3. 提升知识产权交流合作水平

深化与泛珠三角区域城市和副省级城市间的知识产权交流合作，促进区域知识产权信息共享、区域重大创新平台共用、区域知识产权执法协作；建立广深科技创新走廊知识产权保护合作机制，推进粤港澳大湾区知识产权合作，推动区域内知识产权资源的流动和配置，促进区域知识产权创造、转化、运营；构建国际化开放创新体系，重视加强与国际知识产权相关组织以及欧、美、日、韩等发达国家/地区的知识产权交流合作，促进国际创新资源与广州产业需求的对接；加强对"一带一路"沿线国家知识产权制度、发展动向的研判，利用广州进出口商品交易会等平台提升与沿线国家的知识产权交流合作层次；建立广州与东盟、欧、美、英、日及"一带一路"沿线国家/地区的知识产权交流合作长效机制，以互访交流、会议研讨等形式打造国际化知识产权交流合作平台；建立跨区域商标权保护协作和交流合作机制，打击跨区域商标侵权行为；加强与世界知识产权组织中国办事处、涉外贸易组织等机构的交流合作；加强对台商、侨商和跨区域企业的知识产权服务和保护。

（六）强化知识产权发展保障工程

1. 进一步完善工作机制

充分发挥广州市知识产权工作领导小组在创建国家知识产权强市工作中的统筹领导作用，进一步明确执行机构，强化工作联动机制；广州市知识产权局牵头，明确各区、各部门的重点工作内容，落实领导负责制和工作责任制，及时制定年度推进计划和配套政策。

2. 进一步加大资金投入

安排专项资金用于支持广州市知识产权发展相关的政策研究、专家咨询、宣传推动、绩效评估等工作；不断加大政府知识产权工作的资金投入力度，逐年增加专利工作专项资金、商标品牌建设资金、作品著作权登记政府资助、标准化建设资金等方面的投入；引导和激励各类市场主体增加对知识产权的投入，形成政府引领、各方积极参与的多渠道投入体系。

3. 建立知识产权创造运用绩效统计、考核体系

建立知识产权创造运用绩效统计、运营监测和分析体系，指导各区将知

识产权指标纳入经济发展的考核指标体系，注重增加鼓励发明创造、保护知识产权、推进成果转化运用、营造良好环境等方面的绩效统计权重；开展专项资金使用绩效评估，确保专项资金对于知识产权发展的正向激励效果；对企业领导干部进行绩效考核时，要注意考核知识产权等无形资产的增值保值情况，加大知识产权在考评体系中的权重；支持国有资产管理部门建立对国有企业知识产权工作的考评指标体系；定期公布知识产权重大工程、重点任务的进展情况和主要发展数据等。

（撰稿人：朱晔）

第5章 深圳市知识产权报告

一、深圳市知识产权制度和政策

近年来，为了全面实施创新驱动发展战略，推动知识产权的创造、保护和运用，深圳市先后出台了一系列的政策意见，制定颁布了一系列地方性法规、规章，形成了较为完善的知识产权政策法规体系。

（一）不断完善知识产权保护政策法规体系

2016 年，中共深圳市委、市政府政府印发《关于促进科技创新的若干措施》（深发〔2016〕7 号），提出要强化知识产权保护和运用，具体措施如下：一是完善知识产权政策法规体系，修订《深圳经济特区加强知识产权保护工作若干规定》，健全侵权行为追究刑事责任机制和程序、调整损害赔偿标准、建立举证责任合理划分和惩罚性赔偿制度。二是支持建设申请、预警、鉴定、维权援助、纠纷调解、行政执法、仲裁、司法诉讼一体化的知识产权维权制度，逐步建立知识产权综合执法体系、多元化国际化纠纷解决体系和专业化市场化服务体系。三是支持建设知识产权维权援助制度。支持企业查明海外知识产权法律、条约、规则等，建立涉外案件的案情分析与通报制度。支持社会力量向企业提供知识产权维权援助服务。四是支持知识产权服务业集聚发展。建设知识产权托管、评估、交易公共服务平台。培育和引进市场化、规模化、专业化、国际化、品牌化的知识产权服务机构。推动 PCT 专利受理审查机构落户深圳。五是支持市政府投资引导基金参与设立知识产权运营基金，用于核心专利和高价值专利组合的收购、转移转化、投融资等。探索知识产权证券化。六是探索知识产权质押融资登记制度，对银行向创新型中小微企业开展知识产权质押融资产生的实际坏账损失，予以一定比例、单笔最高 200 万元的事后风险补偿。七是支持专利申请与维护。对企业首件发明专利授权的国内申请费和代理费予以一定比例的事后支持。奖励年授权发明专利 10 件以上、增长率超过 30%，国内发明专利维持时间 7 年以上，发达国家或地区专利授权 10 件以上的单位。支持专利导航与信息分析利用、知识产权投融资、贯标等。支持企业提升质量和品牌保护知识产权的同时，中共深圳市委、市政府还印发了《关于支持企业提升竞争力的若干措施》（深发〔2016〕8 号），提出要引导企业提升质量和品牌保护知识产权，引导支持企业加强知识产权运营和保护，具体措施如下：一是促进知识产权流通和利用，支持筹建南方知识产权运营中心。二是对符合条件的高端知识产权服务机构在机构落户和办公场地等方面给予支持。三是发挥专利创新激励作用，对国内发明专利维持时间达到 7 年以上或境外发明专利授权量达到 10 件以上的企业给予奖励。四是促进企业提升知识产权管理水平，鼓励企业参与知识产权国家标准认证，支持企业开展涉外知识产权维权，处理具有重大行业影响的知识产权纠纷，支持建立知识产权大数据监测机制。

2017 年，深圳市政府办公厅印发《深圳市知识产权综合管理改革试点工作方案》（深府办〔2017〕20 号），提出深化知识产权体制机制改革、依法实施最严格的知识产权保护、提升知识产权运用和服务水平等 3 个方面 19 项试点任务。深圳市还与国家知识产权局共同签署《国家知识产权局深圳市人民政府知识产权合作框架协议》，以共创知识产权强国建设高地合作机制、共建知识产权重大政策法规体系、共推知识产权重大工程项目、共同深化知识产权领域改革为主要内容，提出 20 项工作任务。此外，还出台《深圳市新形势下进一步加强知识产权保护的工作方案》（深知联办〔2017〕1 号），从加强知识产权保护司法保护、行政保护等 8 个方面提出 36 条具体措施。

2018 年 9 月 26 日，深圳市政府办公厅印发《深圳市知识产权运营服务体系建设实施方案（2018—2020 年）》（深府办函〔2018〕277 号），提出到 2020 年基本建立起要素完备、体系健全、运行顺畅的知识产权运营服务体系，知识产权创造质量、保护效果、运用效益、管理能力和服务水平显著提升，知识产权对经济、社会发展的支撑作用进一步凸显。

为了加强知识产权保护工作，激发创新活力，建设现代化国际化创新型城市，打造具有世界影响力的创新创意之都，深圳市制定了《深圳经济特区知识产权保护条例》。该条例于 2018 年 12 月 27 日经深圳市第六届人大常委会第二十九次会议表决通过，将于 2019 年 3 月 1 日正式施行。该条例对特区知识产权保护工作机制、行政执法、公共服务、自律管理、信用监管等作出了规定。

（二）积极构建最严格的知识产权保护制度

作为一个创新型城市，深圳市始终高度重视知识产权保护工作。2008 年 4 月 1 日，深圳市第四届人民代表大会常务委员会第十八次会议审议通过了《深圳经济特区加强知识产权保护工作若干规定》。该规定明确规定，设立深圳市知识产权联席会议、知识产权保护信息共享和线索通报以及境外知识产权保护等制度和机制，对于强化知识产权保护，促进科技创新，起到了积极的推动作用。

面对新形势，深圳市不断推出进一步加强知识产权保护的政策和制度。2017 年，深圳市印发《深圳市新形势下进一步加强知识产权保护的工作方案》（深知联办〔2017〕1 号），从加强知识产权保护司法保护、行政保护等 8 个方面提出 36 条具体措施。工作方案中明确将深圳打造成为全国知识产权严格保护示范区和具有世界影响力的知识产权保护高地，着力构建以司法保护为主导、行政保护为支撑、仲裁调解等为补充的大知识产权保护体系，通过以下 5 个方面的措施，构建最严格的知识产权保护制度体系：一是在知识产权保护标准方面，率先提出制订涵盖专利权、商标专用权、著作权、商业秘密等知识产权各领域的《深圳经济特区知识产权保护条例》，调整损害赔偿标准、实施惩罚性赔偿制度、合理分配举证责任，建立最严格的知识产权保护标准。二是在知识产权保护体系方面，率先提出建立知识产权保护社会参与机制，引导和支持社会力量参与知识产权保护，健全知识产权纠纷多元化解决机制。三是在知识产权司法保护方面，提出建立最严厉的知识产权侵权赔偿制度，提高知识产权侵权赔偿数额；推动在深圳建立知识产权法院，推动知识产权案件纳入最高人民法院第一巡回法庭，将技术诉讼类案件司法审判权留在深圳，提高企业司法维权便利度。四是在知识产权行政保护方面，发挥深圳三级联动的知识产权行政执法体制机制优势，加大侵权违法查处力度，提高处罚标准，实施最严格的行政执法保护；强化知识产权联席会议的组织协调作用，加强知识产权保护协作机制，组织专家委员会制订最严格保护实施计划。五是提供最便捷的维权援助服务，加快建设深圳市知识产权保护中心，打造集咨询指引、鉴定评估、侵权分析、监测预警、纠纷调解等为一体的知识产权保护综合服务平台；建立重点企业直通车制度，为重点企业提供知识产权重点指导、优先受理、快速保护等方面的最优质服务；加强企业海外维权援助，指导企业应对"337调查"；创新知识产权公证机制，在全省率先成立深圳公证处知识产权服务中心，解决维权取证难、证据保全公证难度高、耗时长等问题。

2018年底，《深圳经济特区知识产权保护条例》经深圳市第六届人民代表大会常务委员会第二十九次会议表决通过，该条例对特区知识产权保护工作机制、行政执法、公共服务、自律管理、信用监管等作出了具体的规定，进一步完善了知识产权保护工作的机制，强化了知识产权保护的力度，为深圳市实行最严格的知识产权保护政策，提供了强有力的法律保障。

（三）知识产权资助政策

为更好地发挥知识产权专项资金对知识产权事业的促进和引领作用，积极推进国家创新型城市建设，加快"深圳速度"向"深圳质量"转变，深圳市于2014年制定颁布了《深圳市知识产权专项资金管理办法》，该办法第8条规定："专项资金资助和奖励的内容如下：（一）国内外发明专利、PCT专利申请、境外商标注册和计算机软件著作权登记；（二）市知识产权优势企业；（三）市专利奖及国家专利奖配套奖励；（四）知识产权分析预警、重大专项及版权备案等公共服务；（五）知识产权宣传培训；（六）知识产权产业联盟建设；（七）对重大展会知识产权尊权维权承办示范单位、示范协会及版权产业示范基地资助。"

2018年，为落实中共深圳市委、市政府印发的《关于支持企业提升竞争力的若干措施》中提出的知识产权资助政策，深圳市质监局制定了《深圳市涉外知识产权维权资助操作规程（暂行）》《深圳市知识产权大数据监测资助操作规程（暂行）》等规范文件，对相应的知识产权维权及大数据监测进行资助。

根据上述规范文件的规定，深圳市的知识产权资助政策主要保护以下方面的内容。

1. 知识产权创造资助

《深圳市知识产权专项资金管理办法》第 9 条规定，"符合下列条件之一的，可以申请发明专利申请、PCT 专利申请、境外商标注册及计算机软件著作权登记的专项资金资助：（一）在深圳市行政区域内依法登记注册、具有独立法人资格的企业事业单位和社会团体及其他组织，以及市政府明确予以支持的项目单位；（二）具有深圳户籍或者持有《深圳市人才居住证》《出国留学人员来深工作证》并在我市工作的个人；（三）在深圳市各级各类学校就读的全日制在校学生，或者在深圳市以外（含境外）各级各类学校就读的具有深圳户籍的全日制在校学生。"

同时，该办法第 10 条规定："有下列情形之一的，不得申请专项资金资助：（一）知识产权有争议的；（二）申请人因违法行为被执法部门依法处罚未满两年的，或者因涉嫌违法行为正接受执法部门调查的；（三）申请人违反本办法规定，正在接受有关部门调查的；（四）申请人在申报其他财政资金中有弄虚作假行为，或在享受各级政府财政资助中有严重违约行为的；（五）法律、法规规定不得给予资金资助的其他情形。"

根据该办法的规定，具体资助标准如下：

（一）国内发明专利申请资助条件和标准

1. 在申请人取得公布及进入实质审查阶段通知书 6 个月内（以实审通知书发文日为准），申请人在缴纳有关费用后每件给予资助 2000 元（对获得国家知识产权局专利局批准费用减缓，并低于补贴额度的，专利申请费和审查费按实际支出给予资助），但对非电子申请的专利不予资助；

2. 申请人取得发明专利证书后 6 个月内（以授权公告日为准），每件给予资助 2000 元，委托深圳专利代理机构、外地专利代理机构在深圳设立的具有一定规模的分支机构（后者上年度纳税额 20 万元以上）代理的，增加资助 1000 元；但对非电子申请的专利不予资助；

3. 深圳专利代理机构、外地专利代理机构在深圳设立的具有一定规模的分支机构（后者上年度纳税额需达到 20 万元以上）代理深圳发明专利申请并取得发明专利证书后，对该机构每件资助 1000 元，但对电子申请率未达 100% 的专利代理机构不予资助；

4. 首次申请发明专利的单位，取得发明专利证书后，对第一件发明专利申请增加资助 3000 元，但对非电子申请的专利不予资助。申请人在取得发明专利证书后一并申请资助的，按以上资助标准一次性给付。

不过，2018 年 12 月 13 日，深圳市市场和质量监督管理委员会于发布《关于停止执行国内发明专利申请资助项目的通告》，明确停止执行《深圳市知识产权专项资金管理办法》（深财规〔2014〕18 号）中第 11 条第（1）款规定的国内发明专利申请资助项目。

（二）境外发明专利申请资助条件和标准

在取得境外发明专利证书后 1 年内提出申请，分别按以下不同的国家/地区给予一次性资助，每件最多资助 2 个国家或地区。

1. 在美国、欧盟和日本等国和地区取得发明专利授权的，每件资助 4 万元；

2. 在设有专利审批机构的其他国家或地区取得发明专利授权的，每件资助 2 万元；

3. 在我国香港、澳门和台湾地区取得发明专利授权的，按照国内发明专利申请资助标准办理。对境外发明专利的资助按纳税额度实行分类资助，同一申请人（含企业、集团）上一年度实际纳税额度（含国税实际入库数以及地税自缴、代扣代缴税费）在 1 亿元以下（含 1 亿元）的，年度资助总额不超过 100 万元；1 亿元以上 5 亿元以下（含 5 亿元）的不超过 500 万元，5 亿元以上 10 亿元以下（含 10 亿元）的不超过 1000 万元，10 亿元以上的不超过 2000 万元。获国家知识产权示范企业、国家知识产权优势企业的不在此限，但同一申请人（含企业、集团）不得超过 2000 万元。

（三）PCT 专利申请资助条件和标准

依照 PCT 规则提交 PCT 专利申请的发明专利项目，在取得国际检索 6 个月内提出申请资助的，单位申请的每件资助 1 万元，个人申请的每件资助 3000 元。

（四）境外商标注册资助条件和标准

取得境外商标注册证书后 1 年内提出申请，分别按以下不同的国家/地区给予一次性资助，同一申请人（含企业、集团）年度资助总额不得超过 50 万元：

1. 通过马德里体系取得注册的，按指定国家的数量资助，每指定一个国家或地区资助 2000 元，每件最多资助 20 个国家或地区；

2. 在欧盟、非洲知识产权组织取得注册的，每件资助 1 万元；

3. 在单一国家取得注册的，每件资助 5000 元；

4. 在我国台湾、澳门取得注册的，每件资助 3000 元；

5. 在我国香港取得注册的，每件资助 1000 元。深圳商标代理机构、外地商标代理机构在深圳设立的具有一定规模的分支机构（后者上年度纳税额需达到 20 万元以上）代理深圳商标境外申请并取得商标注册证书后，对该机构每件资助 500 元，但代理续展的不再资助。

（五）计算机软件著作权登记的资助条件和标准

计算机软件开发完成后一年内在国家计算机软件著作权登记机构进行了登记，并在取得《计算机软件著作权登记证书》6 个月内提出申请，每件资助 600 元。经深圳知识产权代理机构、外地知识产权代理机构在深圳设立的具有一定规模的分支机构（后者上年度纳税额需达到 20 万元以上）代理的，每件增加资助 300 元。

（六）对同一知识产权代理机构（包括专利、商标、著作权）的年度资助总额不超过 50 万元。

（七）以上所列的各项资助金额不得超过申请人在申请、注册、登记时实际支出的费用。

2. "深圳市知识产权优势企业"的资助

企业参与评选需满足以下条件：①依法在本市行政区域内登记注册、具有独立法人资格，且守法经营，纳税信用、财务状况良好；②具有专门的知识产权管理机构和专职工作人员，已建立较为健全的知识产权管理制度；③已建立科技开发专利检索制度，其主要研发人员能熟练使用专利信息系统查阅和分析专利文献，具有开展知识产权评议或者运营的能力；④专利申请或版权登记的数量近 3 年连续保持增长，或者其商标被认定为中国驰名商标或广东省著名商标；⑤对知识产权工作的投入（指对知识产权创造、管理、保护和运用的投入）占企业研发投入 5% 以上；⑥知识产权保护意识较强，近两年内没有发生经行政或司法程序最终认定的侵犯他人知识产权的行为。

经市知识产权主管部门认定为"深圳市知识产权优势企业"的，每家资助 20 万元，全市每年不超过 20 家。

3. 市专利奖及国家专利奖配套奖励

对获得深圳市专利奖的项目给予奖励，每项奖励 30 万元，每年不超过 25 项，具体按照《深圳市科学技术奖励办法》（深府〔2012〕126 号）及其相关规定执行。对获得国家专利奖的项目给予配套奖励。获国家专利金奖的项目，每项配套奖励 50 万元；获国家专利优秀奖的项目，每项配套奖励 10 万元。

4. 知识产权分析预警、重大专项、版权备案等公共服务的资助

知识产权分析预警、重大专项等公共服务项目资助的申请人应当具备下列条件：①在深圳市行政区域内依法登记注册、具有独立法人资格的企事业单位和社会团体及其他组织，以及市政府明确予以支持的项目单位，且守法经营，纳税信用、财务状况良好；②对特定知识产权项目具有研究分析的基础和继续研究分析的能力；③具有从事知识产权分析预警、重大专项相关工作的人员和能力；④能为本行业知识产权工作提供公共服务。申请人除满足以上条件外，还应满足操作规程和申报指南的要求。重大专项是指根据国家、省的统一部署或者深圳市知识产权工作重点，需要重点推进的知识产权专项工作。版权备案公共服务项目资助的申请人应具备对深圳市数字作品授予时间戳并对数字作品进行著作权登记受理的技术设备和技术能力。

知识产权分析预警、重大专项、著作权备案等公共服务项目每年资助总额不超过 300 万元。其中，知识产权分析预警、重大专项公共服务项目，每项不

超过 30 万元，总额不超过 280 万元；著作权备案公共服务项目，每年资助不超过 2 家，每家不超过 10 万元。

5. 知识产权宣传培训的资助

①申请人在深圳市行政区域内依法登记注册、具有独立法人资格的知识产权服务机构、社团组织及其他组织，且守法经营，纳税信用、财务状况良好；②申请人具有比较丰富的知识产权培训经验，或者曾经作为主要承办人承办过知识产权培训项目，听众反响良好；③宣传培训项目符合深圳市产业发展重点和自主创新要求，有利于提高全社会的知识产权意识和企业的知识产权管理和运用水平；④市知识产权主管部门根据培训选题要求提出的其他条件。申请人除满足以上条件外，还应满足操作规程和申报指南的要求。知识产权宣传培训根据其规模和水平给予资助，每项资助一般不超过 10 万元，资助总额每年不超过 300 万元。

6. 知识产权产业联盟建设资助

① 联盟已经向有关主管部门备案，并符合深圳市的产业政策导向；

② 联盟具备一定产业基础，能利用资助经费建立本产业领域知识产权专项数据库；

③ 联盟应向深圳市相关产业开放该专项数据库，为该产业发展提供知识产权相关服务。

申请人除满足以上条件外，还应满足操作规程和申报指南的要求。

知识产权产业联盟建设项目实行合同制管理，每项不超过 30 万元，每年资助总额不超过 90 万元。联盟在推动深圳市重点产业发展方面取得重大经济效益和社会效益的可以给予多次资助，但对同一联盟资助累计不得超过 3 次。

7. 重大展会知识产权尊权维权承办示范单位、示范协会及著作权产业示范基地资助

受该办法资助的重大展会知识产权尊权维权承办示范单位是指在国家级展会上承担知识产权尊权维权任务并圆满完成工作任务的示范单位；示范协会是指在知识产权尊权维权方面成绩突出并获得国家及广东省示范试点称号

的协会组织；版权产业示范基地是指在版权创造和保护成绩突出并经国家版权局、广东省版权局授牌的版权兴业示范基地。申请人除满足以上条件外，还应满足操作规程和申报指南的要求。重大展会知识产权尊权维权承办示范单位、示范协会及版权产业示范基地每家资助不超过10万元，每年认定不超过5家，每年总额不超过50万元。

8. 知识产权保护资助

根据《深圳市促进科技创新知识产权保护专项资金资助操作规程（暂行)》的规定，对在深圳市行政区域内依法登记注册、具有独立法人资格的企事业单位和社会团体及其他组织，以及市政府明确予以支持的项目单位，在开展下列其中一项工作时，可以申请资助：①开展涉外知识产权维权，能够进行全面案例分析，具备为企业、行业提供知识产权维权借鉴，并提供给知识产权局，为政府出台或调整相关政策提供重要参考的。②与深圳市行政区域外的自然人、法人或者其他组织发生具有重大行业影响的国内知识产权维权，能够进行全面案例分析具备为企业、行业提供知识产权维权借鉴，并提供给知识产权局，为政府出台或调整相关政策提供重要参考的。③开展知识产权维权服务，对国内外知识产权法律、条约、规则进行深度挖掘分析，为企业或行业的知识产权战略提供公共信息服务；为企业、行业、创业者聚集区的创新活动提供高端化、专业化、定制化的知识产权维权及辅导项目。④为构建知识产权保护机制而建立知识产权权利人数据库。⑤为企业或行业提供知识产权维权检索、查询及风险预警分析服务。⑥分析国内外知识产权保护状况，研判知识产权保护发展趋势，开展促进新技术、新产业、新业态创新发展的知识产权保护研究、开展促进创新创业的知识产权政策法规研究等，为政府提供决策参考，为企业及行业提供数据分析和维权信息分析服务。⑦开展知识产权维权援助服务。⑧其他促进科技创新的知识产权保护工作。

促进科技创新知识产权保护专项资金资助金额，每个项目资助金额最高50万元，每个申请人每年度资助最高100万元。

9. 涉外知识产权维权资助

根据《深圳市涉外知识产权维权资助操作规程（暂行)》的规定，为支持企业开展涉外知识产权维权，对具有重大行业影响的知识产权维权事项，参考维权成本给予最高50万元的资助，每个企业每年最高资助100万元。涉外知识产权维权资助的申请人应当满足以下条件：①在深圳市依法注册登记的企业法人、事业单位、知识产权服务机构或其他组织，外地知识产权服务机构在深圳设立的具有一定规模的分支机构（上一年度在深圳的纳税额达到20万元或以上）；②具有开展涉外知识产权维权事务的能力，拥有具备知识产权职业资质的专职工作人员，具备开展涉外知识产权维权事务的软硬件条件；③申请资助时，申请资助的涉外知识产权维权有关事项已经完成不超过一年，或者已经制定有关工作实施方案且已启动正在进行中；④重视知识产权保护工作，建立了相应的工作制度，建立了涉外知识产权维权机制，设立了知识产权保护（维权）工作经费；⑤3年内无放弃或视为放弃本资助的情形。

符合下列条件之一，并具有重大行业影响的，可向市知识产权主管部门申请资助：①在境外开展知识产权维权市场调查、取证、分析、鉴定、谈判、调解、咨询、顾问、培训等事务；②开展知识产权维权市场调查、取证、分析、鉴定、谈判、调解、咨询、顾问、培训等事务，该维权事务涉及的至少一个对象是境外主体；③开展知识产权维权市场调查、取证、分析、鉴定、谈判、调解、咨询、顾问、培训等事务，涉及的知识产权是境外权利；④开展境外知识产权维权信息搜集、加工、分析和咨询事务，同意在不涉及商业秘密的范围内，将有关信息提供给市知识产权主管部门，并同意市知识产权主管部门将上述有关信息应用于市场监管等行政履职事务中以及面向社会公开；⑤开展境外知识产权法律查明研究事务，同意将有关信息或研究成果提供给市知识产权主管部门，并同意市知识产权主管部门将上述有关信息或研究成果应用于市场监管等行政履职事务中以及面向社会公开；⑥开展国际知识产权公约、条约、规则等信息和动态的搜集、加工、分析和咨询事务，同意将有关信息或研究成果提供给市知识产权主管部门，并同意市知识产权主管部门将上述有关信息或研究成果应用于市场监管等行政履职事务中以及面向社会公开；⑦开展涉外知识产权维权预警事务，包括搜集或提供真实案例，对案例进行分析研究，案例及其研究成果对相关行业或企业具有示范或预警价值，或者对政府政策研究工作具有重要参考价值，同意在不涉及商业秘密的范围内，将有关案例信息和研究成果提供给市知识产权主管部门，并同意市知识产权主管部门将上述有关案例信息和研究成果应用于市场监管等行政履职事务中以及面向社会公开。

10. 知识产权大数据监测资助

根据《深圳市知识产权大数据监测资助操作规程（暂行）》的规定，为支持建立知识产权大数据监测机制，对开展知识产权大数据监测的企业，按监测项目实际支出费用给予资助，每家企业每年最高资助 50 万元。深圳市知识产权大数据监测资助的申请人应当满足以下条件：①在深圳市依法注册登记的企业法人、事业单位、知识产权服务机构或其他组织，外地知识产权服务机构在深圳设立的具有一定规模的分支机构（上一年度在深圳的纳税额达到 20 万元或以上）；②重视知识产权保护工作，建立了知识产权有关工作制度，积极建立知识产权大数据监测机制，具有组织开展知识产权大数据监测或者相关研究的能力，拥有相应的专职工作人员，设立了知识产权保护工作经费；③申请资助时，申请资助的知识产权大数据监测有关事项已经完成不超过一年，或者已经制定有关工作实施方案且已启动正在进行中；④ 3 年内无放弃或视为放弃本资助的情形。

符合下列条件之一，可向市知识产权主管部门申请资助：①自行或者委托开展知识产权大数据监测事务，同意在不涉及商业秘密的范围内，将有关监测信息或分析结果提供给市知识产权主管部门，并同意市知识产权主管部门将有关监测信息或分析结果应用于市场监管等行政履职事务中以及面向社会公开；②自行或者委托开展知识产权大数据监测机制研究，同意在不涉及商业秘密的范围内，将有关信息或研究成果提供给市知识产权主管部门，并同意市知识产权主管部门将有关信息或研究成果应用于市场监管等行政履职事务中以及面向社会公开和推广；③搜集或提供知识产权大数据监测产生的知识产权保护（包括有效调解、仲裁、行政执法、司法诉讼等形式）真实案例，对案例进行分析研究，案例及其研究成果对相关行业或企业具有示范或警示作用，或者对政府政策研究工作具有重要参考价值，同意在不涉及商业秘密的范围内，将案例信息和有关研究成果提供给市知识产权主管部门，并同意市知识产权主管部门将案例信息和有关研究成果应用于市场监管等行政履职事务中以及面向社会公开。

二、深圳市知识产权发展状况

（一）知识产权优势企业发展状况

1. 国家级知识产权优势企业和示范企业

截至 2017 年底，深圳市共有金蝶软件（中国）有限公司、深圳市同洲电子股份有限公司、深圳市比克电池有限公司等 17 家公司获评国家级知识产权优势企业称号。华为技术有限公司、中兴通讯股份有限公司、深圳市朗科科技有限公司等 12 家公司获评国家级知识产权示范企业称号。

2. 广东省知识产权优势企业和示范企业

截至 2017 年底，深圳市共有腾讯科技（深圳）有限公司、方大集团股份有限公司、深圳迈瑞生物医疗公司 84 家公司获评广东省知识产权优势企业称号；共有华为技术有限公司、中兴通讯股份有限公司、比亚迪股份有限公司等 41 家公司获评广东省知识产权示范企业称号。

（二）知识产权取得状况

1. 专利申请和授权量

2017 年，深圳市知识产权产出继续保持稳定增长，数量和质量均大幅提升，多项指标居全国前列。如表 5 - 1 所示，2017 年，深圳市国内专利申请量达 177103 件，同比增长 21.89%；其中发明专利申请 60258 件，同比增长 6.96%。国内专利授权 94250 件，同比增长 25.59%；其中发明专利授权 18926 件，同比增长 7.13%；截至 2017 年底，深圳市累计有效发明专利量达 106917 件，同比增长 12.11%，占全国有效发明专利总量（1413911 件）的 7.56%。每万人口发明专利拥有量为 89.78 件，为全国平均水平（9.8 件）的 9.2 倍。有效发明专利维持 5 年以上的比例达 86.72%，居全国大中城市首位。

PCT 国际专利申请量突破 2 万件，达 20457 件，占全国申请总量的 43.07%（不含国外企业和个人在中国的申请），连续 14 年居全国大中城市第一名，其中，华为、中兴位列全球 PCT 申请量前两位。

在第十九届中国专利奖评审中，深圳获专利金奖 5 项，占全国总数的 20%，居全国大中城市第一，其中，深圳微芯生物、国民技术、华为终端、华讯方舟获专利金奖各 1 项，腾讯科技获外观设计金奖 1 项。

表 5-1　2017 年深圳市专利状况　　　　　　　单位：件

类型	2017	福田	南山	龙岗	宝安	罗湖	盐田	光明	坪山	龙华	大鹏	全市
专利申请	1 月	1446	5481	2005	2734	449	66	791	760	1385	23	15140
	2 月	897	3397	1450	1460	312	133	563	457	878	20	9567
	3 月	1133	4133	1686	2462	686	31	550	385	1341	14	12421
	4 月	1289	4397	1669	2494	455	26	665	523	1094	41	12653
	5 月	1192	4617	2005	2931	568	63	693	336	1417	28	13850
	6 月	1371	5228	2297	3124	799	59	802	483	1605	45	15813
	7 月	1381	5028	2169	3259	914	92	793	608	1581	25	15850
	8 月	1433	5327	2165	3030	993	71	877	579	1921	48	16444
	9 月	1504	5691	2525	3597	1043	132	1068	554	1720	48	17882
	10 月	1270	4888	1908	2594	832	59	737	745	1339	29	14401
	11 月	2006	5178	2624	4177	1229	101	1119	782	1941	67	19224
	12 月	1410	3912	1808	2836	697	63	1035	561	1479	57	13858
	合计	16332	57277	24311	34698	8977	896	9693	6773	17701	445	177103
发明专利申请	1 月	542	3263	646	595	58	16	286	329	288	16	6039
	2 月	250	1949	519	231	57	18	158	163	172	12	3529
	3 月	336	2351	527	470	95	6	166	122	239	5	4317
	4 月	431	2328	504	417	82	8	175	185	205	12	4347
	5 月	358	2573	688	530	98	18	165	102	256	8	4796
	6 月	401	2905	625	522	140	19	239	144	297	14	5306
	7 月	404	2706	619	509	199	46	228	294	254	15	5274
	8 月	497	2788	564	481	212	43	260	202	342	14	5403
	9 月	445	2994	634	596	235	31	343	200	345	20	5843
	10 月	391	2571	543	513	191	22	227	364	214	8	5035
	11 月	726	2754	724	757	149	41	232	248	277	28	5936
	12 月	514	2181	484	448	104	13	296	163	224	6	4433
	合计	5295	31363	7077	6069	1620	272	2775	2516	3113	158	60258

续表

类型	2017	福田	南山	龙岗	宝安	罗湖	盐田	光明	坪山	龙华	大鹏	全市
专利授权	1 月	654	1674	929	1390	200	33	318	237	705	7	6147
	2 月	947	2185	1243	1748	447	43	328	277	964	14	8196
	3 月	719	1724	878	1404	321	20	306	214	617	11	6214
	4 月	845	1967	1390	1386	368	44	297	269	808	17	7391
	5 月	716	2053	1123	1545	332	29	397	446	787	18	7446
	6 月	684	2007	1342	1609	273	70	443	178	845	27	7478
	7 月	745	1855	1295	1430	350	41	442	366	812	7	7343
	8 月	1014	2142	1340	1569	382	34	400	301	906	18	8106
	9 月	844	2037	1389	1733	321	65	460	346	992	9	8196
	10 月	740	1835	1162	1650	379	32	401	233	801	10	7243
	11 月	810	2142	1514	1685	552	38	433	313	861	15	8363
	12 月	1193	2968	2086	2761	590	43	730	318	1408	30	12127
	合计	9911	24589	15691	19910	4515	492	4955	3498	10506	183	94250
发明专利授权	1 月	138	495	233	139	22	4	104	41	90	1	1267
	2 月	200	768	393	133	25	6	119	72	124	1	1841
	3 月	172	602	166	100	20	6	73	36	95	5	1275
	4 月	166	578	559	108	18	8	91	37	89	3	1657
	5 月	165	617	143	108	23	8	100	73	96	3	1336
	6 月	140	543	458	124	28	8	93	47	134	1	1576
	7 月	176	526	305	104	16	7	97	57	141	0	1429
	8 月	207	594	331	103	19	10	64	75	102	0	1505
	9 月	175	608	320	118	20	11	97	52	95	5	1501
	10 月	167	611	297	130	27	4	96	44	98	2	1476
	11 月	230	790	494	134	18	11	83	45	104	4	1913
	12 月	315	819	506	179	30	12	93	47	144	5	2150
	合计	2251	7551	4205	1480	266	95	1110	626	1312	30	18926
PCT申请	1 ~ 12 月	1218	11275	4546	1555	199	63	902	385	294	20	20457

2018 年，深圳市知识产权产出继续保持稳定增长，数量和质量有大幅提升，多项指标居全国前列（见表 5 - 2）。

表 5－2　2018 年深圳市专利状况　　　　　　　　　　　　　　单位：件

类型	2018	福田	南山	龙岗	宝安	罗湖	盐田	光明	坪山	龙华	大鹏	深汕特别合作区	全市
专利申请	1 月	2083	6478	3039	4697	1426	96	1381	669	2106	64	—	22039
	2 月	1719	4767	2306	3520	811	49	818	470	1694	66	—	16220
	3 月	1388	4545	1965	3321	644	158	811	492	1568	28	—	14920
	4 月	1300	3957	2122	2893	739	48	702	483	1418	26	—	13688
	5 月	1414	4976	2622	3709	1332	71	1011	817	1900	31	—	17883
	6 月	1585	4598	2572	3973	1758	43	804	489	1777	26	—	17625
	7 月	1872	5557	2916	4265	1809	113	1214	796	2415	67	—	21024
	8 月	1821	5376	3365	4784	2252	93	1171	647	2292	61	—	21862
	9 月	1559	4516	2921	4581	2048	167	1318	557	2211	110	—	19988
	10 月	2037	5076	2976	4648	1396	89	1126	717	2190	48	—	20303
	11 月	1993	5275	3158	5022	1149	123	1175	657	2239	88	7	20886
	12 月	2200	5722	3312	5136	1217	109	1249	854	2303	66	2	22170
	合计	20971	60843	33274	50549	16581	1159	12780	7648	24113	681	9	228608
发明专利申请	1 月	647	3478	766	910	221	37	377	228	327	41	—	7032
	2 月	531	2734	693	578	64	25	165	195	276	43	—	5304
	3 月	458	2362	551	585	60	15	166	159	286	12	—	4654
	4 月	372	2090	645	446	70	7	128	206	223	11	—	4198
	5 月	450	2685	627	593	176	17	208	204	289	15	—	5264
	6 月	575	2360	754	694	368	19	194	137	325	9	—	5435
	7 月	638	2820	762	667	278	38	255	251	361	37	—	6107
	8 月	603	2696	730	666	541	28	206	214	405	28	—	6117
	9 月	613	2288	787	663	768	37	383	167	368	28	—	6102
	10 月	1024	2532	841	786	386	32	238	235	351	17	—	6442
	11 月	1002	2618	1054	842	291	37	196	190	324	39	3	6596
	12 月	1091	2843	864	827	275	26	187	235	339	31	0	6718
	合计	8004	31506	9074	8257	3498	318	2703	2421	3874	311	3	69969

类型	2018	福田	南山	龙岗	宝安	罗湖	盐田	光明	坪山	龙华	大鹏	全市
专利授权	1 月	1058	3022	1960	2871	643	47	794	341	1482	38	12256
	2 月	968	2508	1692	2149	599	54	555	396	1197	21	10139
	3 月	1074	2656	1636	2155	712	57	661	434	1126	39	10550
	4 月	1128	2766	1706	2602	608	92	744	469	1355	24	11494
	5 月	1250	3035	2096	3199	745	46	844	548	1662	30	13455
	6 月	1119	2802	2051	3050	854	75	910	457	1382	44	12744
	7 月	1223	2548	1844	2665	546	118	725	356	1334	52	11411
	8 月	1111	2396	1791	2635	720	72	843	375	1305	21	11269
	9 月	1168	2730	1748	2501	719	81	708	362	1465	26	11508
	10 月	951	2197	1670	2415	660	42	547	387	1120	26	10015
	11 月	1139	2909	2059	3043	1435	50	874	361	1418	29	13317
	12 月	1043	2702	1830	2828	943	39	703	506	1429	21	12044
	合计	13232	32271	22083	32113	9184	773	8908	4992	16275	371	140202
发明专利授权	1 月	270	715	346	159	21	9	162	51	97	3	1833
	2 月	207	705	313	139	15	12	45	54	91	2	1583
	3 月	229	721	468	135	27	8	141	78	118	5	1930
	4 月	284	712	262	152	17	8	77	45	113	3	1673
	5 月	242	773	425	161	20	10	132	73	110	13	1959
	6 月	233	673	431	187	39	11	133	40	109	6	1862
	7 月	277	716	305	158	16	13	102	25	99	2	1713
	8 月	185	758	289	172	28	17	93	51	108	5	1706
	9 月	372	791	360	173	26	15	97	77	108	7	2026
	10 月	242	634	460	143	28	7	80	31	95	5	1725
	11 月	229	784	372	137	59	7	124	34	91	5	1842
	12 月	240	591	308	106	19	6	64	58	58	7	1457
	合计	3010	8573	4339	1822	315	123	1250	617	1197	63	21309

2. 商标申请和注册量

2017 年，深圳市商标申请量为 392978 件，同比增长 55.16%；商标注册量为 182748 件，同比增长 30.76%；截至 2017 年底，深圳累计有效注册商标

708114 件，有效注册商标数量居全国大中城市第三名。

在第三届中国商标金奖评审中，深圳获金奖 3 项，占全国总数的 12%，其中，深圳大疆科技获商标创新奖，大疆科技、华为技术获马德里商标国际注册特别奖，截至 2017 年底，深圳共获商标金奖 8 项，在全国名列前茅。

2017 年，深圳新增中国驰名商标 5 件，新增广东省著名商标 43 件，截至 2018 年底，深圳累计拥有中国驰名商标 183 件，广东省著名商标 549 件，深圳商标品牌的影响力进一步提升（见表 5 - 3）。

表 5 - 3　深圳市企业驰名商标注册申请情况

序号	注册人/所有人	商标名称	类别	使用商品/服务	认定时间	认定机关
1	康佳集团股份有限公司	康佳	9	电视机	1997 - 04 - 09	商标局
2	三九企业集团（深圳南方制药厂）	999	5	药品	1999 - 01 - 05	商标局
3	飞亚达（集团）股份有限公司	飞亚达	14	钟表	1999 - 12 - 29	商标局
4	广东喜之郎集团有限公司	喜之郎	30	果冻	2000 - 09 - 27	商标局
5	深圳市对外经济贸易投资有限公司	先科	9	激光电视放送机、激光电视唱片、数字激光唱机、数字唱片	2002 - 02 - 28	商标局
6	华为技术有限公司	华为	9	程控交换机设备	2002 - 03 - 12	商标局
7	创维集团有限公司	创维SKYWORTH	9	电视机、收录机	2004 - 02 - 26	商标局
8	深圳海王药业有限公司	海王NEPTUNUS及图	5	化学医药制剂、生化药品	2004 - 11 - 12	商标局
9	万科企业股份有限公司	万科	36	不动产出租、不动产管理	2005 - 06 - 22	商标局
10	深圳金威啤酒有限公司（中外合资经营企业）	金威Kingway及图	32	啤酒	2005 - 06 - 22	商标局

续表

序号	注册人/所有人	商标名称	类别	使用商品/服务	认定时间	认定机关
11	深圳市好家庭实业有限公司	好家庭	28	健身器材	2005 – 06 – 22	商标局
12	深圳安吉尔饮水产业集团有限公司	安吉尔	11	饮水器	2005 – 06	商标评审委员会
13	健康元药业集团股份有限公司	太太	5	口服液	2005 – 06	商标评审委员会
14	深圳市彩虹精细化工股份有限公司	7CF	2	油漆、涂料	2005 – 12 – 31	商标局
15	周大生珠宝股份有限公司	周大生 CHOW TAI SENG	14	宝石、钻石	2005 – 12 – 31	商标局
16	金蝶软件（中国）有限公司	金蝶	9	计算机软件（已录制）	2006 – 10 – 01	商标局
17	千禧之星珠宝股份有限公司	千禧之星 Millennium Star 及图	14	钻石、宝石	2006 – 10 – 01	商标局
18	深圳市吉盟珠宝股份有限公司	吉盟	14	戒指（珠宝）、小饰物（珠宝）	2006 – 10 – 01	商标局
19	深圳汇洁集团股份有限公司	曼妮芬 MANIFORM 及图	25	内衣	2006 – 10 – 01	商标局
20	深圳市甘露珠宝首饰有限公司	爱得康 AdekA 及图	14	首饰、装饰品（珠宝）	2006 – 10 – 01	商标局
21	深圳市芭田生态工程股份有限公司	芭田	1	化肥	2006 – 10 – 01	商标局
22	深圳烟草工业有限责任公司	好日子	34	卷烟	2006 – 10 – 01	商标局
23	健康元药业集团股份有限公司	太太	5	口服液等	2006 – 10 – 01	商标评审委员会
24	中国国际海运集装箱（集团）股份有限公司	中集	6	集装箱	2007 – 08 – 20	商标局

序号	注册人/所有人	商标名称	类别	使用商品/服务	认定时间	认定机关
25	深圳百泰投资控股集团有限公司	百泰首饰 BAITAI JEWELLERY 及图	14	宝石（珠宝）、贵重金属艺术品	2007 - 08 - 20	商标局
26	深圳劲嘉彩印集团股份有限公司	劲嘉及图	42	包装设计、印刷	2007 - 08 - 20	商标局
27	深圳市三诺电子有限公司	三诺	9	扩音器喇叭、音箱	2007 - 08 - 20	商标局
28	深圳齐心集团股份有限公司	齐心	16	文具	2008 - 03 - 05	商标局
29	深圳市同洲电子股份有限公司	同洲	9	数据处理设备	2008 - 03 - 05	商标局
30	雅芳婷布艺实业（深圳）有限公司	雅芳婷 A - Fontane 及图	24	床上用品	2008 - 03 - 05	商标局
31	中国科健股份有限公司	科健	9	电话机、成套无线电话	2008 - 03 - 05	商标局
32	艾美特电器（深圳）有限公司	艾美特	11	电扇，换气扇、电暖气	2008 - 03 - 05	商标局
33	深圳市宝怡珠宝首饰有限公司	宝怡	14	戒指（珠宝）、项链（珠宝）	2009 - 04	商标局
34	深圳翠绿珠宝集团有限公司	翠绿	14	翡翠、装饰品（珠宝）	2009 - 04	商标局
35	深圳市富安娜家居用品股份有限公司	富安娜 fuanna 及图	24	床上用品	2009 - 04	商标局
36	华润怡宝饮料（中国）有限公司	怡宝及图	32	水（饮料）	2009 - 04	商标局
37	深圳市钻之韵珠宝首饰有限公司	钻之韵	14	珠宝首饰	2009 - 04	商标局
38	金地（集团）股份有限公司	金地 GOLDFIELD	36	不动产管理、商品房销售	2009 - 04	商标局
39	深圳市驰源实业有限公司	航嘉 Huntkey	9	稳压电源	2009 - 04	商标局

续表

序号	注册人/所有人	商标名称	类别	使用商品/服务	认定时间	认定机关
40	腾讯科技（深圳）有限公司	QQ	38	信息传递、计算机终端通讯、提供与全球计算机网络的电讯连接服务	2009-04	商标局
41	深圳市爱索佳实业有限公司	索佳 SUOJIA	9	影碟机、扩音机	2009-04	商标局
42	稳健医疗用品股份有限公司	Winner	5	医用敷料、消毒棉	2009-04	商标局
43	海能达通信股份有限公司	HYT	9	通讯导航设备	2009-04	商标局
44	中兴通讯股份有限公司	ZTE 中兴	9	程控电话交换设备、成套无线电话	2009-04	商标局
45	深圳市金大福珠宝有限公司	金大福 King tai fook 及图	14	宝石（珠宝）、珍珠（珠宝）、翡翠	2010-01	商标局
46	深圳市百爵实业发展有限公司	百爵 BAIJUE 及图	14	宝石（珠宝）、戒指（珠宝）、翡翠	2010-01	商标局
47	深圳市福麒珠宝首饰有限公司	福麒	14	贵重金属首饰	2010-01	商标局
48	深圳影儿时尚集团有限公司	音儿	25	服装	2010-01	商标局
49	深圳市雅诺信珠宝首饰有限公司	雅诺信	14	银饰品、宝石（珠宝）、戒指（珠宝）	2010-01	商标局
50	深圳市粤豪珠宝有限公司	简金品 JHAN 及图	14	宝石（珠宝）、链（珠宝）、手镯（珠宝）	2010-01	商标局
51	中国南玻集团股份有限公司	SG 及图	19	建筑玻璃、安全玻璃、镀膜玻璃	2010-01	商标局
52	研祥智能科技股份有限公司	Evoc 及图	9	工业计算机、工业计算机软件（录制好的）	2010-01	商标局

续表

序号	注册人/所有人	商标名称	类别	使用商品/服务	认定时间	认定机关
53	深圳广田装饰集团股份有限公司	广田GUANGTIAN及图	37	室内外装潢	2010－01	商标局
54	金龙羽集团有限公司	金龙羽及图	9	电线、电缆	2010－01	商标评审委员会
55	创新诺亚舟电子（深圳）有限公司	诺亚舟	9	电子字典	2010－01	商标评审委员会
56	中海地产集团有限公司	中海地产及图	36	不动产管理、商品房销售	2010－02	商标局
57	深圳市宝安高科电子有限公司	高科 GAOKE	9	电话机	2010－10－08	商标局
58	深圳市名雕装饰股份有限公司	名雕设计及图	42	室内装饰设计	2010－10－08	商标局
59	深圳市君力实业有限公司	君力 junli及图	14	珠宝（首饰）、贵重金属丝线（珠宝）	2010－10－08	商标局
60	米兰登服饰（广东）有限公司	米兰登milandeng	25	服装	2010－10－08	商标局
61	长园集团股份有限公司	长园changyuan及图	17	绝缘材料等	2010－10－08	商标评审委员会
62	雅兰实业（深圳）有限公司	雅兰AIRLAND及图	20	床垫	2011－05－27	商标局
63	深圳市金立通信设备有限公司	金立GIONEE	9	手提无线电话机、电池、电池充电器	2011－05－27	商标局
64	依波精品（深圳）有限公司	依波EBOHR	14	手表	2011－05－27	商标局
65	深圳市赢家服饰有限公司	娜尔思NAERSI及图	25	服装	2011－05－27	商标局
66	深圳市南洋金象实业发展有限公司	第1194849号图形	14	钻石、装饰品（宝石）、宝石	2011－05－27	商标局

续表

序号	注册人/所有人	商标名称	类别	使用商品/服务	认定时间	认定机关
67	深圳市雷诺表业有限公司	雷诺	14	钟表	2011-05-27	商标局
68	深圳天诚家具有限公司	红苹果	20	家具	2011-05-27	商标局
69	深圳市瑞麒珠宝首饰有限公司	瑞麒 Swiky	14	宝石（珠宝）	2011-05-27	商标局
70	深圳市星光达珠宝首饰实业有限公司	星光达 XINGGUANGDA 及图	14	戒指（珠宝）、项链（宝石）、链（珠宝）	2011-05-27	商标局
71	深圳市淑女屋时装股份有限公司	淑女屋及图	25	服装	2011-05-27	商标局
72	金龙珠宝有限公司	金龙 GOLD DRAGON 及图	14	仿金制品、镀金物品、未加工或半加工贵重金属	2011-05-27	商标评审委员会
73	深圳市联创科技集团有限公司	联创 lian 及图	11	空气调节器	2011-05-27	商标评审委员会
74	建泰橡胶（深圳）有限公司	KENDA	12	各种轮胎、汽车内外胎	2011-05-27	商标评审委员会
75	广东喜之郎集团有限公司	优乐美 U. loveit 及图	32	奶茶（非奶为主）	2011-11-29	商标局
76	深圳市中意集团有限公司	中意橱柜及图	20	厨房用橱柜	2011-11-29	商标局
77	深圳市海漫尼实业发展有限公司	周大金 ZHOU DA JIN 及图	14	戒指（珠宝）、宝石、链（珠宝）	2011-11-29	商标局
78	深圳长江家具有限公司	KN	20	沙发（家具）、办公桌	2011-11-29	商标局
79	深圳市霸王实业集团有限公司	POWER 及图	14	钟	2011-11-29	商标局
80	深圳市宝安任达电器实业有限公司	RENDA	9	配电箱（电）、高低压开关板	2011-11-29	商标局

续表

序号	注册人/所有人	商标名称	类别	使用商品/服务	认定时间	认定机关
81	深圳市喜德盛自行车有限公司	xds	12	自行车	2011 – 11 – 29	商标评审委员会
82	深圳市中惠福实业有限公司	梵思诺VERSINO及图	25	服装	2012 – 04 – 27	商标局
83	深圳市海川实业股份有限公司	Oceanpower及图	19	筑路及铺路材料、混凝土建筑材料、修路用黏合剂	2012 – 04 – 27	商标局
84	深圳市金凤凰家具集团有限公司	菲妮斯及图	20	家具	2012 – 04 – 27	商标局
85	海洋王照明科技股份有限公司	海洋王	11	灯	2012 – 04 – 27	商标局
86	深圳市艺华珠宝首饰股份有限公司	金艺华	14	装饰品（珠宝）、戒指（珠宝）、链（珠宝）	2012 – 04 – 27	商标局
87	深圳市科陆电子科技股份有限公司	科陆	9	电工仪表及仪器、电测量仪器、成套电气校验装置	2012 – 04 – 27	商标局
88	深圳国瓷永丰源股份有限公司	auratic及图	21	日用陶瓷（包括盆、碗、盘、壶、餐具、缸、坛、罐）	2012 – 04 – 27	商标局
89	深圳市缘与美实业有限公司	缘与美及图	14	金刚石、戒指（珠宝）、项链（宝石）	2012 – 04 – 27	商标局
90	深圳市左右家私有限公司	左右ZUOYOU及图	20	家具	2012 – 04 – 27	商标局
91	中国南玻集团股份有限公司	南玻	19	建筑玻璃、安全玻璃	2012 – 04 – 27	商标局
92	深圳市格雅表业有限公司	GEYA	14	钟表计时器及其零部件	2012 – 04 – 27	商标局

续表

序号	注册人/所有人	商标名称	类别	使用商品/服务	认定时间	认定机关
93	深圳市杰科电子有限公司	杰科 GIEC	9	影碟机	2012 – 04 – 27	商标评审委员会
94	深圳市宝鹰建设集团股份有限公司	第3861254号图形	37	室内装潢	2012 – 12 – 31	商标局
95	深圳华强集团有限公司	华强	35	推销（替他人）	2012 – 12 – 31	商标局
96	深圳市雪仙丽集团有限公司	雪仙丽 xusany	25	睡衣裤	2012 – 12 – 31	商标局
97	京基集团有限公司	京基	36	不动产管理、商品房销售	2012 – 12 – 31	商标局
98	宝德科技集团股份有限公司	宝德科技 PowerLeader	9	数据处理设备、计算机存储器、信息处理机（中央处理装置）	2012 – 12 – 31	商标局
99	比亚迪股份有限公司	比亚迪	12	电动车辆、汽车	2012 – 12 – 31	商标局
100	深圳市迈尔格表业有限公司	宝时捷 POSCER	14	表	2012 – 12 – 31	商标局
101	震雄机械（深圳）有限公司	震雄 CH 及图	7	注塑机	2012 – 12 – 31	商标评审委员会
102	深圳市多彩实业有限公司	DeLUX 多彩	9	计算机外围设备、计算机周边设备	2012 – 12 – 31	商标评审委员会
103	深圳市鑫源通电子有限公司	掌门神及图	9	探测仪和探测机	2012 – 12 – 31	商标评审委员会
104	深圳市金嘉利珠宝首饰有限公司	金嘉利及图	14	铂金饰品（首饰）、装饰品（珠宝）、戒指（珠宝）	2013 – 12 – 27	商标局
105	深圳观澜湖高尔夫球会有限公司	观澜湖	41	提供运动设施、组织体育活动竞赛、俱乐部服务（娱乐或教育）	2013 – 12 – 27	商标局

序号	注册人/所有人	商标名称	类别	使用商品/服务	认定时间	认定机关
106	深圳市沃尔核材股份有限公司	WOER 及图	17	绝缘材料、电线绝缘物、电力网络绝缘体	2013 - 12 - 27	商标局
107	深圳市宝福珠宝首饰有限公司	BHD 宝亨达 BOHENGDA 及图	14	宝石（珠宝）、装饰品（珠宝）、戒指（珠宝）	2013 - 12 - 27	商标局
108	深圳迈瑞生物医疗电子股份有限公司	迈瑞	10	医疗分析仪器、医疗器械和仪器、医用诊断设备	2013 - 12 - 27	商标局
109	方大集团股份有限公司	方大 FANGDA	19	非金属建筑材料、建筑玻璃、非金属门	2013 - 12 - 27	商标局
110	深圳埃迪蒙托居室用品有限公司	第 1402006 号、第 1408007 号商标	24	被子、床单、被罩	2013 - 12 - 27	商标局
111	深圳市仁豪家具发展有限公司	迪诺雅	20	家具	2013 - 12 - 27	商标局
112	深圳市洪涛装饰股份有限公司	第 3960472 号图形	37	室内装潢	2013 - 12 - 27	商标局
113	华润三九医药股份有限公司	999	5	人用药	2013 - 12 - 27	商标局
114	深圳市安托山投资发展有限公司	第 4056108 号图形	19	混凝土	2013 - 12 - 27	商标局
115	深圳市博敏电子有限公司	BOMIN 及图	9	印刷电路	2013 - 12 - 27	商标局
116	深圳市卡尼珠宝首饰有限公司	卡尼	14	链（珠宝）、戒指（珠宝）、耳环	2013 - 12 - 27	商标局
117	深圳市味奇生物科技有限公司	味奇 WEICKY 及图	30	食用葡萄糖	2013 - 12 - 27	商标局
118	深圳市中装建设集团股份有限公司	中装及图	37	建筑施工监督、室内装潢	2013 - 12 - 27	商标局

续表

序号	注册人/所有人	商标名称	类别	使用商品/服务	认定时间	认定机关
119	深圳市赛格导航科技股份有限公司	车圣	9	防盗报警器；导航仪器	2014 - 01 - 28	商标局
120	深圳市世都实业有限公司	可可鸭QQDUCK及图	25	服装；童装	2014 - 01 - 28	商标局
121	深圳市深隆行实业有限公司	深发 SF	20	家具	2014 - 01 - 28	商标局
122	深圳市大盘珠宝首饰股份有限公司	嘉华	14	金刚石、宝石	2014 - 01 - 13	商标评审委员会
123	普联技术有限公司	TP - Link	9	路由器、调制解调器	2014 - 01 - 13	商标评审委员会
124	深圳市新黑豹建材有限公司	黑豹 HB	19	非金属建筑物涂料	2014 - 01 - 13	商标评审委员会
125	人人乐连锁商业集团股份有限公司	人人乐REN REN LE及图	35	推销（替他人）	2014 - 01 - 13	商标评审委员会
126	深圳市秋叶原实业有限公司	秋叶原	9	电线（安防产品）	2014 - 01 - 13	商标评审委员会
127	深圳市华孚进出口有限公司	华孚	23	纱、纺织线和纱	2014 - 01 - 13	商标评审委员会
128	深圳市赛格集团有限公司	赛格	35	推销（替他人）	2014 - 09 - 04	商标局
129	深圳市意大隆珠宝首饰有限公司	意大隆 EDL	14	项链（首饰）、珠宝（首饰）、戒指（首饰）	2014 - 09 - 04	商标局
130	宇龙计算机通信科技（深圳）有限公司	酷派 Coolpad	9	手提电话	2014 - 09 - 04	商标局
131	邱梓桑/深圳市真牌珠宝金行有限公司	真牌ZHEN BRAND及图	14	金刚石、宝石（珠宝）、翡翠	2014 - 09 - 04	商标局

序号	注册人/所有人	商标名称	类别	使用商品/服务	认定时间	认定机关
132	深圳市捷永星皇钟表有限公司	星皇STARKING及图	14	表	2014-09-04	商标局
133	博士眼镜连锁股份有限公司	博士DOCTOR及图	35	推销（替他人）	2014-09-04	商标局
134	惠科电子（深圳）有限公司	HKC	9	显示器（计算机硬件）	2014-09-04	商评委
135	深圳市富业达实业发展有限公司	新贵	9	鼠标（数据处理设备）、计算机键盘、与计算机联用的摄像头	2014-09-04	商评委
136	深圳波顿香料有限公司	波顿BOTON及图	3	香料	2014-12-29	商评委
137	周璀琼	INSUN	25	服装	2014-12-29	商评委
138	深圳市景田食品饮料有限公司	景田	32	矿泉水	2014-12-29	商评委
139	深圳市景田食品饮料有限公司	百岁山	32	矿泉水	2014-12-29	商评委
140	华润（深圳）有限公司	万象城	未注册	不动产出租、不动产管理	2014-12-29	商评委
141	深圳世联行地产顾问股份有限公司	世联	36	不动产代理、不动产估价	2014-12-29	商评委
142	力劲机械（深圳）有限公司	第1705641号图形商标	7	冷室压铸机、热室压铸机、注塑机	2015-06-05	商标局
143	深圳市金环宇电线电缆有限公司	环威HUANWEI及图	9	电线、电缆	2015-06-05	商标局
144	广东众安康后勤集团股份有限公司	众安康ZHONG AN KANG及图	36	不动产管理、公寓管理、不动产代理	2015-06-05	商标局

序号	注册人/所有人	商标名称	类别	使用商品/服务	认定时间	认定机关
145	深圳玛丝菲尔时装股份有限公司	Marisfrolg	25	服装、鞋、帽	2015－06－05	商标局
146	深圳市联嘉祥科技股份有限公司	联嘉祥 LJX	9	电线、电缆	2015－06－05	商标局
147	深圳市居众装饰设计工程有限公司	居众装饰 JUZHONG DECORATION 及图	37	室内装潢、室内装潢修理	2015－06－05	商标局
148	广东澳康达二手车经销有限公司	澳康达 AKD 及图	35	推销（替他人）	2015－06－05	商标局
149	深圳市金明珠珠宝首饰有限公司	荣宝隆 RongBaoLong 及图	14	手镯（首饰）、链（首饰）、戒指（首饰）	2015－06－05	商标局
150	广东喜之郎集团有限公司	美好时光 Sweet Hour	29	紫菜	2015－06－05	商标局
151	深圳市迅雷网络技术有限公司	迅雷	42	计算机数据库存取时间租赁、计算机软件设计、把有形的数据和文件转换成电子媒体	2015－06－05	商标局
152	深圳华强文化科技集团股份有限公司	方特	41	主题公园	2015－08－24	商标局
153	深圳诺普信农化股份有限公司	诺普信	5	杀害虫剂、灭微生物剂、除草剂	2015－06－30	商评委
154	深圳诺普信农化股份有限公司	NPSIN（指定颜色）	5	杀害虫剂、灭微生物剂、除草剂	2015－06－30	商评委
155	深圳市戴思乐泳池设备有限公司	戴思乐	11	水净化装置、水过滤器、游泳池用氯化装置	2015－06－30	商评委
156	深圳市同晖珠宝首饰有限公司	同晖首饰及图	14	项链（宝石）、戒指（珠宝）	2015－06－30	商评委

续表

序号	注册人/所有人	商标名称	类别	使用商品/服务	认定时间	认定机关
157	沿海地产投资（中国）有限公司	沿海	36	不动产代理、不动产出租、不动产管理	2015-06-30	商评委
158	沿海地产投资（中国）有限公司	沿海 COASTAL	36	不动产代理、不动产出租、不动产管理	2015-06-30	商评委
159	深圳市润天智数字设备股份有限公司	彩神 FLORA	7	喷绘机、印刷机	2015-12-31	商评委
160	中国平安保险（集团）股份有限公司	平安	36	保险、银行、资本投资	2015-12-31	商评委
161	中国平安保险（集团）股份有限公司	PINGAN	36	保险、银行、资本投资	2015-12-31	商评委
162	华侨城集团公司	欢乐谷	41	游乐园、娱乐、组织表演（演出）	2016-05-12	商评委
163	深圳市台电实业有限公司	TAIDEN	9	麦克风、扬声器、音响、视像电话	2016-11-30	商标局
164	深圳市东鹏饮料实业有限公司	东鹏及图	32	无酒精饮料	2016-12-05	商评委
165	深圳市百果园实业发展有限公司	百果园及图	35	替他人推销	2016-12-29	商标局
166	腾讯科技（深圳）有限公司	微信及图	9	计算机软件（已录制）、计算机程序（可下载软件）	2016-12-29	商标局
167	深圳市安奈儿股份有限公司	安奈儿及图	25	童装	2017-01-11	商评委
168	深圳市安奈儿股份有限公司	Annil	25	童装	2017-01-11	商评委
169	深圳市圣德宝实业有限公司	圣德宝	14	项链（珠宝）、戒指（珠宝）、装饰品（珠宝）	2017-04-26	商标局

续表

序号	注册人/所有人	商标名称	类别	使用商品/服务	认定时间	认定机关
170	深圳市崇达电路技术股份有限公司	SUNTAK	9	印刷电路	2017-04-26	商标局
171	深圳市茂硕电源科技有限公司	茂硕	9	稳压电源	2017-06-21	商评委
172	深圳市茂硕电源科技有限公司	MOSO 及图	9	稳压电源	2017-06-21	商评委
173	深圳市黄金资讯集团有限公司	黄金资讯	14	贵重金属艺术品、珠宝（首饰）、戒指（首饰）	2017-07-06	商标局
174	天虹商场股份有限公司	天虹	35	替他人推销、商业管理和组织咨询	2017-07-28	商标局
175	深圳市爱视医疗服务有限公司	爱视及图	44	医疗诊所、医务室、医疗护理	2017-10-31	商标局
176	深圳翰宇药业股份有限公司	翰宇	5	化学药物制剂、人用药	2017-11-17	商标局
177	比亚迪股份有限公司	BYD 及图	12	汽车、电动车辆	2018-02-01	商标局
178	深圳市宝瑞莱珠宝首饰有限公司	宝瑞林 BRL 及图	14	珠宝（首饰）	2018-02-01	商标局
179	深圳市腾邦国际商业服务股份有限公司	腾邦 TEMPUS 及图	39	旅行预订、飞机票预订	2018-02-01	商标局
180	深圳市稼贾福实业有限公司	谷尊 GRAINGOD 及图	30	米	2018-02-01	商标局
181	卡尔丹顿服饰股份有限公司	卡尔丹顿 KALTENDIN 及图	25	服装	2018-04-17	商标局
182	深圳市大疆创新科技有限公司	大疆 DJI	12	航空器	2018-08-08	商标局
183	深圳市铁汉生态环境股份有限公司	铁汉 Techand 及图	44	庭园设计、风景设计、植物养护	2018-10-16	商标局

3. 著作权登记量

2017 年，深圳市一般作品著作权登记量 9605 件，同比增长 177.04%，占广东省登记量（54641 件）的 17.58%；计算机软件著作权登记量 84652 件，同比增长 94.38%，占全国计算机软件著作权登记总量 745387 件的 11.36%，占广东省登记量（219860 件）的 38.50%。

在第七届中国国际版权博览会的颁奖典礼上，深圳市雅昌文化集团获得"中国版权金奖"推广运用奖，该奖项是中国版权领域内评选的唯一一个国际性奖项，也是国内版权领域的最高奖，由中国国家版权局与世界知识产权组织（WIPO）合作开展，每两年评选一次。深圳市市场和质量监管委员会组织深圳形象馆，展示深圳市版权产业发展成果，来自全市影视、动漫、软件、互联网、艺术品、陶瓷、钟表协会、版权服务等行业的优秀企业参展。因组展工作表现优异，获得主办方颁发的优秀组织奖。在"2017 年中国十大著作权人年度评选"中，深圳欢乐动漫公司获评专家特别提名奖。

（三）知识产权保护状况

深圳市一直高度重视知识产权保护工作，把实施最严格知识产权保护作为营造优良营商环境的重要保障，倡导建立以司法保护为主导，行政保护为支撑，以仲裁调解、行业自律、社会监督为补充的知识产权大保护体系。

1. 知识产权司法保护情况

2017 年 12 月 26 日，深圳知识产权法庭在中国改革开放最前沿的中国特色社会主义法治示范区——前海自贸区设立。设立深圳知识产权法庭，是践行党的十九大精神"倡导新文化，强化知识产权的创造、保护、运用"的战略部署，是贯彻落实市委六届八中全会精神"实施最严格的知识产权保护制度，打造具有全球竞争力影响力的创新先行区"的重大举措。设立深圳知识产权法庭，有利于实现知识产权案件审判专门化、管辖集中化、程序集约化和人员专业化；有利于加快推进深圳建成知识产权司法保护高地，带动形成立足粤港澳大湾区辐射全国的知识产权保护高地；有利于彰显我国加强知识产权保护、尊重知识产权创新的国际形象。

2017年，深圳市全市法院受理的知识产权案件再呈爆发式增长，收结案数再创历史新高。全年新收知识产权（民事、刑事、行政）案件28027件，同比增幅58.41%。其中新收民事一审案件23607件，同比增幅为63.55%，超过全省收案数的1/3，全国收案数的1/10。审结各类知识产权案件共计27668件，同比增幅51.82%。其中审结一审民事案件23508件，同比增幅57.91%。2018年，深圳市法院共审结知识产权民事行政案件22638件、刑事案件347件590人，"晶源等公司擅自使用知名商品特有名称案""陈奕泉等侵犯商业秘密案"被评为全国知识产权典型案例。深圳知识产权法庭和南山法院知识产权审判庭被评为全国法院知识产权审判工作先进集体。

2. 知识产权行政保护情况

2017年，深圳市市场和质量监督管理委员会开展全市知识产权专项执法和护航、闪电、剑网等专项行动，实施最严格的保护措施，全年共查处知识产权侵权案件896件，结案850件，移送公安机关涉嫌犯罪案件28件，罚没款574.36万元，其中商标案件558件，专利案件291件，同比增长153%，版权案件4件，同比增长68%。深圳市文体旅游局以"扫黄打非"等综合治理方式开展知识产权保护，共查处行政案件284件，收缴各类非法出版物30.7万余件，罚没款106.13万元。深圳海关开展"龙腾"行动和中国制造海外形象维护"清风"行动，共采取知识产权保护措施2088批次，涉及货物总数1302万件，案值逾1.26亿元，同比增长26%。

2017年，深圳市公安机关开展"云端2017"专项行动和"春雷行动"，共受理侵犯知识产权案件431件，立案394件，破案308件，刑事拘留650人，提请逮捕415人，移送审查起诉304人。深圳市检察机关审查逮捕阶段受理侵犯知识产权案件361件，批准逮捕466人；审查起诉阶段受理案件358件，决定起诉656人，主要涉及假冒注册商标罪、销售假冒注册商标的商品罪。

2018年，深圳市发挥三级联动的知识产权行政执法体系优势，紧扣社会热点和重点产业，开展"护航""雷霆""剑网""溯源"和电子商务领域知识产权保护等系列专项行动，实施最严格的知识产权保护，1～10月，共查处知识产权侵权案件 911 件，较 2017 年同期增长 27.2%，已超过 2017 年全年立案数（896 件），结案 766 件，移送公安机关涉嫌犯罪案件 41 件，罚没款 481.63 万元。其中商标案件立案 616 件，专利案件立案 258 件，版权案件立案 37 件，涉外知识产权案件 274 件，占案件总数的 30.1%，查办了一批大要案和典型案件，在行政执法、体制机制建设、维权援助、宣传培训和对外合作交流等方面都取得了明显进展。

3. 知识产权行业保护

目前，国际经济形势复杂，国际贸易摩擦不断加剧，企业"走出去"面临前所未有的知识产权挑战。只有自我保护好的企业和自律管理强的产业才能有效抵御知识产权的外来风险，才能顺利地开拓国际市场。因此，行业自律和企业自我保护是知识产权保护体系的重要组成部分。深圳市一直鼓励有知识产权保护需求和能力的行业协会成立知识产权保护工作站，以充分发挥行业协会的集体优势，通过建立相应的行业知识产权制度和自律机制，为协会成员提供知识产权宣传培训、信息检索、法律咨询、争议解决等综合性维权服务，提升相关产业应对国际国内竞争的能力，形成良好的创新文化。2018 年，深圳市市场和质量监管委员会印发《关于鼓励我市行业协会建立知识产权保护工作站的通知》（深市质〔2018〕337 号），鼓励更多的行业协会建立知识产权保护工作站，并在政策上给予必要的倾斜和支持。

2018 年 3 月，深圳市钟表与智能穿戴产业知识产权境外保护工作站在光明新区"时间谷"揭牌成立，迈出了深圳市知识产权保护工作站走向国际的第一步。2018 年 11 月，深圳市半导体照明行业成立了知识产权保护工作站，该保护站成为深圳市高端制造业成立的第一个知识产权保护工作站。截至 2018 年底，在深圳市市场监督管理局的推动下，共有 27 家行业协会成立了知识产权保护工作站，为 2 万多家企业提供科技创新和知识产权保护服务，所涵盖的行业领域既有 IT、电子、新能源、通信、生物制药等新兴产业，也有服装、钟表、珠宝、家具等传统产业，以及金融、电子商务、物流供应链、文化创意等现代服务业。

4. 海外知识产权维权

深圳市为应对国外的知识产权环境，在国际市场竞争中维护企业合法权益采取了积极举措，取得了一定实效。

面对当前复杂的国际经贸环境，深圳市积极发挥中央政府、地方政府、中介组织和企业共同参与的"四体联动"工作机制的作用，积极做好337调查案件预警信息通报、召开应诉协调会、案件跟踪、案件总结和评估等工作，引导、鼓励和指导企业积极开展知识产权国际布局，合理运用国际知识产权规则，在最大程度上维护自身合法权益。为加强海外维权援助，政府支持企业产业"走出去"。2017年8月，深圳市出台《深圳市关于新形势下进一步加强知识产权保护的工作方案》，从加强知识产权司法保护、行政保护等8个方面提出了"36条措施"，实施最严格的知识产权保护。其中，在完善海外知识产权维权体系方面，加强国外知识产权法律制度及执法环境研究，发布相关国家/地区知识产权制度环境等信息。建立"一带一路"沿线国家、地区知识产权保护合作机制，制订"一带一路"沿线国家知识产权法律政策数据库和海外知识产权维权案例库。研究制订企业海外维权实务指引、国外知识产权法律环境查明和诉讼程序指引，指导企业积极应对海外知识产权纠纷。支持重点行业、企业建立海外知识产权维权联盟，帮助知识产权服务机构提高海外知识产权事务处理能力。探索建立知识产权海外维权服务站点，大力扶持在深圳市对外贸易主要目的国和对外投资目的地建立知识产权境外服务站点，打造海外知识产权维权援助基地，为全市境外投资企业提供维权咨询与法律指导服务。深圳市公平贸易促进署加强"337调查"服务工作，指导全市企业正确应对美国"337调查"等境外知识产权诉讼，积极维护自身权益。

（四）知识产权中介机构发展状况

1. 中国（南方）知识产权运营中心建设

深圳作为创新之都，具有深厚的知识产权运营基础和良好的知识产权运营生态。为加快建设国际科技、产业创新中心，打造国际知识产权中心城市，深圳市提出要建立中国（南方）知识产权运营中心。2017 年 12 月 22 日，国家知识产权局作出同意深圳市建立中国（南方）知识产权运营中心的批复。经过一年的建设，该中心于 2018 年年底正式运营。中国（南方）知识产权运营中心承担国家知识产权运营公共服务平台金融创新试点平台建设任务，积极探索知识产权金融新产品新服务新模式，按要求与国家平台建立标准化、一体化的业务体系，形成资源共享和业务协作机制，避免重复建设；承担知识产权强企建设任务，要加大政策集成创新和扶持力度，集聚知识产权优势企业，建立跟踪服务、共生发展机制；承担高价值专利培育运营任务，要强化质量导向，建立评价机制，促进高质量知识产权创造。

2. 知识产权保护中心建设

深圳市的互联网、新能源等战略性新兴产业专利密集度高，对专利申请、专利确权和维权需求强烈。为打造"一体化"知识产权保护维权服务平台，2018 年 3 月，深圳市市场和质量监管委员会制定了《中国（深圳）知识产权保护中心建设方案》，提出在互联网和新能源产业建立中国（深圳）知识产权保护中心，并根据深圳市的产业发展需求适时扩大到其他产业。获得国家知识产权局批复后，深圳市加快保护中心的建设工作。2018 年 11 月 30 日完成场地建设并通过国家知识产权局验收，12 月 25 日挂牌投入使用。中国（深圳）知识产权保护中心将建立知识产权快速保护维权体系：一是建立全类别快速授权机制。凡在该中心备案的企业或者个人通过中心办理的重要专利申请，参照已运行快速维权机制，发明专利审核确权时间将缩减为 1 年，实用新型专利授权时间将缩减为 1 个月，外观设计专利将缩减为 15 天，能极大地方便社会公众办理专利事务、提高工作效率。以深圳战略性新兴产业中集聚优势突出的新能源与互联网产业率先覆盖，逐渐将快速审查授权机制拓展到相关战略性新兴产业领域。二是建立快速确权机制，对专利无效和复审案件，建立快速立案、快速审查机制，并定期开展侵权判定培训和咨询。在保护中心开设专利评价报告快速通道，快速出具专利评价报告。三是建立快速维权机制。通过简化知识产权侵权假冒案件办理流程，利用互联网大数据提升执法精确度和办案效率，争取假冒专利案件和外观设计侵权案件在 10 日内办结，发明及实用新型案件在 1 个月内办结。四是建立新能源及互联网知识产权保护综合服务平台。运用政策扶持、购买服务等模式，为新能源和互联网企业解决知识产权保护过程中存在的侵权发现难、取证难、维权难，授权/确权慢等问题，为企业提供知识产权监测预警、快速维权、纠纷调解、专业指导等公共服务。

3. 专利运营基金设立情况

知识产权是国家发展的战略资源和国际竞争力的核心要素，金融是现代市场经济的核心，加强知识产权金融是贯彻落实党中央国务院关于加强知识产权运用和保护战略部署的重大举措，也是知识产权工作服务经济社会创新发展、支撑创新型城市建设的重要手段。促进知识产权与金融资源的有效融合，有助于拓宽中小微企业融资渠道，有助于知识产权价值实现，有助于引导金融资本向知识产权密集型产业转移，提升经济质量和效益。深圳市始终将加强知识产权金融工作作为工作重点之一。2017 年，深圳市在全国首推专利侵权损失险，保额达 20 亿元。引进国内外高端知识产权服务机构 7 家，推动成立知识产权联盟累计达 17 家，知识产权创新创业孵化基地 19 家。设立知识产权质押融资风险补偿基金，推进专利质押融资，融资金额达 41.97 亿元。2018 年 12 月 7 日下午，华星光电北京银行深圳分行知识产权战略合作签约暨紫藤专利运营基金启动仪式在深圳市市场和质量监管委员会一楼多功能会议室举行，正式启动了紫藤专利运营基金。

4. 专利代理服务机构设立情况

截至 2018 年 5 月底，深圳设立的专利代理服务机构有 144 家，外地代理机构在深圳设立的分支机构有 25 家。

（五）知识产权人才培养和引进情况

为了促进深圳经济特区人才发展，激发人才创新创造创业活力，为国际科技、产业创新中心和现代化国际化创新型城市建设提供智力支持，深圳市制定了《深圳经济特区人才工作条例》，该条例于 2017 年 8 月 17 日深圳市第六届人民代表大会常务委员会第十九次会议通过，并于 2017 年 11 月 1 日开始施行。

2017 年，深圳市继续拓展和深化"孔雀计划"，吸引海外知识产权高端人才来深圳就业创业。深圳大学知识产权学院知识产权实务高级研修班（第四期）招收来自知识产权优势企业及知识产权服务机构的学员共 30 人，该研修班培养人员已达 129 人。

2017 年 12 月底，国家知识产权局批复同意在深圳大学设立国家知识产权人才培训基地。福田区以深圳市国新南方知识产权研究院为依托，设立深圳市首个知识产权博士后创新实践基地。截至 2017 年底，深圳市进入国家知识产权专家库的专家 10 人，全国知识产权领军人才 11 人，全国专利信息领军人才 4 人，全国专利信息师资人才 4 人，入选全国百千万人才推荐名单 7 人，第一批全国专利信息实务人才 11 人。

2017 年，深圳市继续开展知识产权职称评审试点工作，推进专利代理人职业资格与知识产权职称评审的衔接，全市评审通过 36 人，其中高级 9 人、中级 26 人、初级 1 人，截至 2017 年底，深圳市共有 263 人申报知识产权专业技术职称，231 人通过评审，其中获得副高职称（副研究员）58 人、中级职称（助理研究员）135 人、初级职称（实习研究员）38 人；按专业分，专利类 183 人、商标类 41 人、版权类 7 人。

2018 年，根据《深圳青年创新创业人才选拔扶持实施方案》（深人社发〔2015〕170 号），深圳市评选出 12 位青年创新创业人才。为充分发挥深圳市知识产权专家对深圳创新发展和营商环境优化的智库资源优势，充实专家团队，规范知识产权专家库管理，满足知识产权工作的需要，深圳市选聘 2018 年度深圳市知识产权专家库专家 288 名。

（六）知识产权交流情况

2017 年，深圳市积极推动对外合作交流，不断拓展企业合作交流空间。2017 年 5 月，深圳市市场和质量监督管理委员会、深圳市公安局分别与美国专利商标局进行交流，加强知识产权国际执法合作，推动深圳企业在美国进行知识产权布局和保护。深圳市市场和质量监督管理委员会承办中非知识产权制度与政策高级研讨座谈会，推动与非洲 22 个国家知识产权审查部门的交流合作，帮助企业走进非洲；承办中、美、欧、日、韩五局合作深圳产业界推介会，引导深圳企业拓展海外市场、加强专利布局；2017 年 11 月，组织安排日本特许厅代表团访问深圳，与深圳市部分企业交流日本知识产权最新政策。2017 年，深圳市公平贸易促进署与美国奥斯顿、高盖茨、科文顿、布林克斯等知名律师事务所开展美国"337 调查"应对应诉合作交流。深圳海关与美国亚马逊公司代表团、日本贸易技术协会代表团等相关机构开展知识产权执法交流协作。

2018 年 11 月 13 日，中非知识产权制度与政策研讨会在深圳举办交流活动。非洲知识产权组织伯乌苏总干事以及非洲 21 个国家知识产权局局长到深圳华为公司和中芬设计园参观考察，分别与华为公司、深圳市工业设计协会就创新与知识产权保护开展了深入的交流研讨。

三、展望和建议

近年来，深圳市知识产权工作取得的成绩有目共睹，已经实现了知识产权"跟跑者"向"领跑者"迈进。但必须指出的，知识产权虽然具有地域性的特征，但其创新和知识产权创造的竞争却是国际性的。"中兴事件"对中国企业和政府都是个镜鉴，一个企业缺乏核心科技，就不会具备真正的国际竞争力，无法真正做大做强；一个国家没有一大批掌握核心科技的创新型企业，就会处处受制于人，无法成为真正的大国和强国，因此，中国企业必须进一步提高创新，尽快把核心技术掌握在自己手中，而政府则应当为此提供更为优越的制度保障、更为宽松的环境和更为周到的服务。

（一）取长补短，以大湾区建设为契机，全面推动知识产权创造和运用工作

1. 转变发展理念，变形式创新为实质创新，切实提升知识产权创造质量

近年来，深圳市知识产权的创造数量在国内一直处于领跑地位，但知识产权的数量高速增长的同时，质量却没有得到相应地大幅提升。以专利为例，

2018 年 12 月 4 日，根据国家知识产权局近期有关专利申请相关政策的专项督查结果，深圳市专利申请存在增长幅度与产业发展需求不相匹配等突出问题，存在大量非正常专利申请。实施专利质量提升工程，以专利质量提升促进产业转型升级，大力发展知识产权密集型产业。推进知识产权孵化基地、知识产权服务平台建设，指导企业、产业不断提升知识产权质量水平。

2. 坚持法治理念，通过法律法规落实创新发展战略，为推动知识产权工作发展提供制度保障

近年来，深圳市先后印发了《关于促进科技创新的若干措施》《关于支持企业提升竞争力的若干措施》等多个促进知识产权创造、保护和运用工作的文件，出台了多项具体的政策措施。对于其中的许多具体政策措施，亟需通过立法的方式，以地方性法律、地方性规章的形式规范和固定下来，以确保相应政策措施落到实处。以知识产权资助政策为例，就需要从两个方面进行制度完善：

（1）尽快修改《深圳市知识产权专项资金管理办法》，构建统一完善的知识产权资助制度。现行《深圳市知识产权专项资金管理办法》系深圳市知识产权主管部门和财政局根据中共深圳市委、深圳市人民政府《关于完善区域创新体系推动高新技术产业持续快速发展的决定》（深发〔2004〕1 号）和《关于贯彻落实〈中共广东省委　广东省人民政府关于加快建设科技强省的决定〉的实施意见》（深发〔2004〕7 号）的相关精神，于 2011 年制定印发的。随着《关于促进科技创新的若干措施》《关于支持企业提升竞争力的若干措施》等政策文件的出台，上述办法的规定显然已经不能涵盖所有的知识产权资助范围。此外，根据《国家知识产权局办公室关于开展专利申请相关政策专项督查的通知》（国知办发管字〔2018〕27 号）的要求，办法中规定的相应专利申请资助项目也已不合时宜，而且已经事实上被中止执行。因此，有必要通过修改《深圳市知识产权专项资金管理办法》，以整合资助的项目，调整资助的范围和条件，加大对高质量专利资助奖励力度，构建完善的知识产权专项资金管理制度。

（2）提高知识产权资助立法的层次，以强化知识产权资助制度的效力和效用。

3. 坚持市场主导，积极落实运用服务体系建设实施方案，进一步强化知识产权运用工作

积极落实《深圳市知识产权运营服务体系建设实施方案（2018—2020年)》的各项目标要求，切实推动知识产权运用运营工作。认真贯彻知识产权管理国家标准，积极培育专业化知识产权运营机构。以中国（南方）知识产权运营中心的建设和运营为契机，在交易、评估、咨询、投融资、保险、证券、"互联网＋"、维权等领域培育不同类型的知识产权运营新业态，开展知识产权金融创新，推进知识产权强企建设和高价值专利培育，打造知识产权运营"深圳模式"。加强知识产权金融创新，推动设立知识产权运营基金，开展知识产权质押融资、知识产权保险试点示范工作，探索知识产权证券化。推进知识产权大数据建设，建设集知识产权、产业、科教数据为一体的知识产权大数据平台，建立知识产权信息检索、推送平台、知识产权可视化系统、知识产权决策支持系统。确保到2020年，基本建立起要素完备、体系健全、运行顺畅的知识产权运营服务体系。

（二）转变保护理念，变弱保护为强保护，进一步强化知识产权保护工作

创新是引领发展的第一动力，是建设现代化经济体系的战略支撑，而知识产权保护则是激励创新的基本手段，是创新原动力的基本保障。在经济全球化的今天，世界各国在不断强化知识产权创造和应用的同时，日益重视知识产权的保护工作，一个国家/地区的知识产权保护水平和力度，已经成为营造良好营商环境、吸引外资的关键一环。深圳作为改革开放的排头兵，作为创新发展的领跑者，自然也应当成为知识产权保护领先者，为此，深圳市委、市政府已经明确提出，对知识产权实行最严格的保护。

（1）利用深圳市所具有的特区身份优势，通过特区立法来构建完善的知识产权保护法规体系。2018年，深圳市制定被称为"史上最严知识产权保护条例"的《深圳经济特区知识产权保护条例》已经深圳市人大常委会审议通过。下一步，深圳市还需积极通过地方立法的方式，在知识产权保护制度完

善方面深入探索。

（2）强化知识产权审判能力、提升知识产权审判水平，充分发挥司法保护在知识产权保护中的主动作用。审判机构的专门化和审判人员的专业化是增强知识产权司法保护的前提，因此，要重点做好以下工作：一是对深圳市知识产权法庭在人、财、物等方面给予大力支持，努力使其成为具有国际水平的专业知识产权审判机构；二是对各区人民法院的知识产权审判庭进行整合，对基层法院的知识产权案件实行集中管辖，全部案件统一由一个区法院的知识产权审判庭管辖，并对知识产权民事、行政、刑事案件实行"三审合一"。

（3）整合知识产权行政执法力量，提高行政执法机构的执法能力和力度。

（撰稿人：赵盛和）

第6章　东莞市知识产权报告

作为改革开放的前沿地区之一，东莞市充分抓住了改革开放的宝贵时机，大力发展经济，成为全国经济高速发展的代表性城市。《2018年东莞市政府工作报告》指出，2017年，全市实现生产总值7580亿元，同比增长8.2%左右，快于全国和全省，为近4年来最高；进出口总额突破1.2万亿元，税收总额突破2000亿元。东莞市2017年能够在经济上取得上述成就，知识产权的创造、转化和运用在其中发挥了重要的作用。2017年到2018年，东莞市积极出台了多项促进知识产权发展的制度和政策，并且在企业知识产权发展、专利的申请和授权、商标的申请和注册、知识产权的司法、行政和会展保护、知识产权代理机构以及知识产权人才培养等方面具有突出建树。本章就2017年到2018年东莞市知识产权上述各方面的状况作详细的描述和分析，并对东莞市未来的知识产权事业发展提出一些展望和建议。

一、东莞市知识产权制度和政策

2017年1月，广东省发布了《广东省知识产权事业发展"十三五"规划》，提出了"十三五"时期的知识产权事业发展目标：到2020年，知识产权重要领域和关键环节改革取得决定性成果，知识产权保护体系进一步完善，知识产权创造、运用、保护、管理和服务能力大幅提升，形成适应广东省创新驱动发展要求的知识产权制度环境和政策法律体系，成为具有世界影响力的知识产权创造中心和知识产权保护高地，基本建成制度完善、创造领先、转化高效、环境优良的引领型知识产权强省。《广东省知识产权事业发展"十三五"规划》为广东省未来知识产权事业的发展指明了方向。为贯彻落实《广东省知识产权事业发展"十三五"规划》，促进东莞市知识产权事业更进一步的发展，东莞市在 2017 年到 2018 年相继配套出台了一系列促进知识产权发展的制度和政策，主要包括以下几个方面：

（一）出台《东莞市推动规模以上工业企业研发机构建设行动计划（2017～2019)》

为推动市内工业企业研发机构的创新研发能力进一步提升，促进东莞市企业的知识产权更进一步发展。2017 年 6 月 26 日，东莞市出台了《东莞市推动规模以上工业企业研发机构建设行动计划（2017～2019)》，其中有关知识产权的内容主要有：

1. 加强产学研合作

鼓励规模以上工业企业与高校、科研院所和新型研发机构共建研发机构，整合创新资源，联合开展技术攻关、制定技术标准、转化科技成果，共享知识产权、共担市场风险，促进创新要素与生产要素在产业层面的有机衔接。

2. 加强知识产权保护

落实对专利申请的有关资助，鼓励企业研发机构申请发明专利，加强知识产权行政执法队伍建设，加大对侵权假冒行为打击力度，支持行业和企业建立知识产权联盟，鼓励企业研发机构专利技术在东莞市进行产业化、市场化运用，对贯彻《企业知识产权管理规范》国家标准达标的企业予以资助，对获得国家、省、市专利奖的企业予以奖励。

《东莞市推动规模以上工业企业研发机构建设行动计划（2017～2019)》有利于促进规模以上工业企业建设研发机构，加大研发投入，研制先进适用工艺装备，开发适销对路新产品，提升技术创新能力和市场竞争能力，推动东莞市企业知识产权创新和产业转型升级实现更高水平发展。

（二）制定《关于打造创新驱动发展升级版的行动计划（2017～2020 年)》

东莞市为了持续深入推进创新驱动发展，力争在全省建设国家科技产业创新中心的战略部署中走在前列和在广东为全国创新驱动发展提供支撑中作出更大贡献。2017 年 9 月，东莞市委、市政府联合出台了《关于打造创新驱动发展升级版的行动计划（2017～2020 年)》，其中有关知识产权的内容主要有：

1. 建设莞深高速知识型创新带

依托莞深高速，北接中新广州知识城，南联深圳龙华区，重点建设松山湖国家自主创新示范区、中子科学城等主要节点，加快建设松山湖大学创新城、东莞台湾高科技园海峡两岸青年创业基地、"901 两岸青创联盟"海峡两岸青年就业创业示范点、松湖智谷科技产业园等一批创新载体（园区)，注重发展科技研发、创新服务和总部基地等知识型经济，打造一条知识型产业创新带。

2. 实施知识产权"护航计划"

一是要申报国家知识产权强市，积极争取国家知识产权局支持，全面提升知识产权各项工作，争取 3 年内获准创建国家知识产权强市；二是要构建知识产权大保护格局，建立创新成果保护机制，试点开展专利、商标、著作权管理体制改革，完善和提升广州知识产权法院东莞诉讼服务处职能，进一步完善东莞市知识产权维权援助中心和中国东莞（家具）知识产权快速维权援助中心的功能，争取设立智能手机知识产权保护平台，加大保护力度；三是要建设知识产权大厦，强化知识产权交易服务中心功能，吸引一批优秀知识产权服务机构入驻，打造区域知识产权服务综合体；四是要提升知识产权创造运用水平，大力推动专利产业化，进一步活跃专利运营市场，培育发明专利大户，打造知识产权强企。

《关于打造创新驱动发展升级版的行动计划（2017～2020 年)》的出台，有利于东莞市在知识产权技术创新和建设知识产权强市方面取得更大的进步和突破。

（三）出台《东莞市科技成果双转化行动计划（2018～2020 年)》

为加快促进科技成果转化为先进生产力，有效推动科技成果供需之间相互转化，2018 年 3 月，东莞市制定了《东莞市科技成果双转化行动计划（2018～2020 年)》，对促进东莞市科技成果的转化做出了若干规定：

1. 明确双转化行动计划的目标任务

《东莞市科技成果双转化行动计划（2018～2020 年)》明确指出，本次双转化行动计划的目标任务为搭建双转化平台、提升双转化效率、举办双转化活动、引培双转化人才和健全双转化体系，并且对每个目标任务都作了比较具体的要求

2. 详细制定双转化行动计划的配套措施

具体包括：制定双转化政策法规、强化双转化供给需求、搭建双转化线上平台、开展双转化线下登记、建设双转化实施载体、完善双转化市场机制、实施双转化科技项目、开展双转化各项活动、培养双转化人才队伍、加强双转化资金扶持共 10 项配套措施，在政策制度、平台、活动、市场和人才等予以全面的支持。其中"搭建双转化线上平台"的具体要求为支持东莞市知识产权交易服务中心和科技众包平台的建设和发展，强化服务功能，积极推动与国家和省有关知识产权交易平台如国家技术转移中心、广州知识产权交易中心等的对接，支持东莞市各类市场主体和个人在科技众包平台上发布技术需求，并按照有关政策给予配套支持。

《东莞市科技成果双转化行动计划（2018～2020 年)》的制定，有利于搭建科技成果供需双方相互转化的渠道网络，有效整合国内外优势科技资源，建立健全以市场需求为导向的科技成果双转化机制，推动了东莞市知识产权成果转化和全市产业转型升级。

（四）制定《东莞市培养高层次人才特殊支持计划》和《东莞市新时代创新人才引进培养实施方案》

为了深入实施人才强市战略，加强本土创新创业人才队伍建设，加快形成外有吸引力、内有凝聚力、更有竞争力的人才集聚机制，培养造就一批本土高层次人才队伍，2018 年 11 月，东莞市出台了《东莞市培养高层次人才特

殊支持计划》，集中遴选约 60 名市内高层次人才进行培养支持，培养对象包括科技领军人才、企业经营管理领军人才、金融领军人才、社会建设领军人才共 4 类人才，对入选该计划的高层次人才实行优先推荐、经费支持、人才入户、医疗保障和子女教育保障等支持政策与培养措施。

为了深入实施人才强市战略，集聚一大批新时代创新人才，为东莞市深化创新驱动、推进高质量发展提供强有力的人才支撑，2018 年 11 月，东莞市制定了《东莞市新时代创新人才引进培养实施方案》，提出实施新时代创新人才引进项目、实施新时代创新人才提升项目、实施新时代博士人才培养项目、打造招才引智工作平台、打造市内人才交流提升平台、打造专业人才服务平台等六大主要任务。

《东莞市培养高层次人才特殊支持计划》和《东莞市新时代创新人才引进培养实施方案》的制定，有利于营造激发人才创新创造活力的良好环境，加快引进培养创新人才，形成一支与东莞创新驱动发展相匹配的新时代创新人才队伍。

（五）发布《东莞市知识产权局专利行政处罚自由裁量权适用标准表》

在专利行政执法方面，2017 年 5 月，东莞市知识产权局发布了《东莞市知识产权局专利行政处罚自由裁量权适用标准表》，从法律依据、违法程度、违法情节、处罚裁量标准 6 个方面对假冒专利行为、为侵犯专利权提供便利条件行为、重复侵犯同一专利权行为、滥用专利权行为、违法从事专利服务行为等专利违法行为作统一规制，其中处罚裁量标准具体内容为：

（1）假冒专利行为，共有轻微、一般、较重、严重和特别严重 5 种违法程度，其中，轻微违法程度的处罚裁量标准为"责令改正并予以公告，没收违法所得"，特别严重的处罚裁量标准为"责令改正并予公告，没收违法所得，并处违法所得 3 倍以上 4 倍以下的罚款；没有违法所得的，处 15 万元以上 20 万元以下的罚款"。

（2）为侵犯专利权提供便利条件行为，其处罚裁量标准为责令停止违法行为。

（3）重复侵犯同一专利权行为，共有从一般、较重和严重3种违法程度，其中一般违法程度的处罚裁量标准为"没收违法所得，并处违法所得3倍以下罚款；没有违法所得的，处以1万元以上5万元以下罚款"；严重违法程度的处罚裁量标准为"没收违法所得，并处违法所得4倍以上5倍以下罚款；没有违法所得的，处以8万元以上10万元以下罚款"。

（4）滥用专利权行为，共有轻微、一般和严重3种违法程度，其裁量标准相应地从"警告，责令改正"到"责令改正，处以5万元以上10万元以下罚款"。

《东莞市知识产权局专利行政处罚自由裁量权适用标准表》的出台，为全市相关部门提供了专利行政处罚自由裁量权的统一适用标准，有利于专利行政执法机关科学执法、高效执法和公平执法，有利于提高专利行政执法机关的专利行政执法水平。

（六）制定《东莞市知识产权局行政执法责任制度》

2017年9月，东莞市知识产权局向各个科室下发了《东莞市知识产权局行政执法责任制度》，对全局知识产权行政执法人员规定了以下若干制度：

（1）实行行政执法人员持证上岗、亮证执法制度。规定行政执法人员必须经执法培训，考试考核合格，取得相应的执法资格，方可从事行政执法活动。

（2）实行行政执法公开制度。规定行政执法所依据的法律、法规及规章、行政执法机关的职能和权限、案件处理结果等8项内容应予以公开。

（3）实行行政执法回避制度。规定了执法人员与被执法人员可以申请回避的情形。

（4）严格执行限时办结制度。要求专利侵权纠纷案件在立案之日起3个月内结案，假冒专利案件在立案之日起1个月结案。

（5）严格执行"收支两条线"、罚款决定与罚款收缴分离制度和认真落实执法案卷归档制度。

（6）全面规定了局长、分管执法工作副局长以及相关科室的岗位责任。

《东莞市知识产权局行政执法责任制度》全面明确了知识产权行政执法人

员的执法要求和执法责任，推动行政执法机关及其执法人员依法行政，提高了执法机关及其执法人员的行政执法水平。

综上所述，通过政府牵头、其他有关单位具体落实的方式，东莞市出台了上述一系列的政策和制度，推动了专利行政执法和保护环境不断优化，推进了以企业为主的知识产权建设，增强了企业掌握和运用知识产权技术的能力，提高了自主技术的数量和质量，加快了知识产权技术资本化、市场化和产业化步伐，全面提高了东莞市知识产权技术创造、申请、保护、管理和运用的整体水平，有利于在整体、全局的高度上引导、促进有关企业、单位和个人进行知识产权创新。

二、东莞市知识产权发展状况

为实现省知识产权事业发展的"十三五"规划提出的到 2020 年"建成制度完善、创造领先、转化高效、环境优良的引领型知识产权强省"的目标，东莞市贯彻《广东省知识产权事业发展"十三五"规划》的指示精神，出台了一系列推动本市单位、企业和个人进行知识产权创新的制度和政策。在这些制度和政策的支持下，2017 年到 2018 年，东莞市的知识产权事业得到了长足的发展，在知识产权企业、专利的申请和授权、知识产权行政保护、会展和司法保护、中介机构、人才培养等方面均有突出的成绩。

（一）知识产权企业发展状况

1. 东莞市高新技术企业数量不断增长

（1）广东省高新技术企业数量。

根据国家高新技术企业认定管理工作办公室公布的《广东省 2017 年第一批、第二批拟认定高新技术企业名单》显示，2017 年，广东省（不含深圳市）共有 11955 家企业被认定为广东省高新技术企业，同比增长接近 60%，其中东莞市的企业被认定为广东省高新技术企业的共 2355 家，数量仅次于广州，排名第二位。具体情况见表 6-1。

表6-1　2017年部分地市广东省高新技术企业　　　　单位：家

地市	数量	地市	数量	地市	数量
广州	4694	东莞	2335	佛山	1409
中山	946	珠海	835	江门	423
惠州	407	汕头	277	肇庆	143

（2）东莞市高新技术企业数量。

2015年，东莞市认定的高新技术企业数量为985家；2016年，东莞市认定的高新技术企业数量为2028家；2017年，东莞市认定的高新技术企业数量为4058家，为2016年认定的高新技术企业数量的2倍多、2015年认定的4倍多，3年内高新技术企业数量翻了两番，增长速度迅猛。2017年，东莞市各个镇街被认定为高新技术企业的数量均有一定的增长，各镇街高新技术企业的具体数量如表6-2所示。

表6-2　2017年东莞市各镇街高新技术企业　　　　单位：家

镇街	数量	镇街	数量	镇街	数量	镇街	数量
莞城区	66	东城区	306	南城区	250	万江区	178
麻涌镇	34	中堂镇	54	望牛墩	37	洪梅镇	20
道滘镇	75	高埗镇	76	石碣镇	106	石龙镇	32
石排镇	75	茶山镇	72	企石镇	66	桥头镇	72
东坑镇	55	横沥镇	148	常平镇	182	虎门镇	169
长安镇	355	沙田镇	54	厚街镇	129	寮步镇	188
大岭山	135	大朗镇	140	黄江镇	106	樟木头	68
谢岗镇	53	塘厦镇	277	清溪镇	129	凤岗镇	102
松山湖	249	—	—	—	—	—	—

注：数据来源：东莞市科学技术局。

从表6-2可以看出，东莞市高新技术企业数量排名前八位的镇街依次是长安镇、东城区、塘厦镇、南城区、松山湖、寮步镇、常平镇和万江区，数量分别为355家、306家、277家、250家、249家、188家、182家和178家，高新技术企业占比分别为8.74%、7.54%、6.82%、6.16%、6.13%、4.63%、4.48%和4.38%，全市接近一半的高新技术企业聚集于上述8个镇街。

2. 东莞市知识产权优势企业和示范企业状况

（1）东莞市的国家知识产权优势企业新增11家。

2016年，东莞市共有6家企业被认定为国家知识产权优势企业。2017年，东莞市共有8家企业被认定为国家知识产权优势企业，分别为广东欧珀移动通信有限公司、广东楚天龙智能卡有限公司、东莞劲胜精密组件股份有限公司、维沃移动通信有限公司、东莞兆舜有机硅科技股份有限公司、佳禾智能科技股份有限公司、东华机械有限公司、广东正业科技股份有限公司，数量居全省地市之首位，比2016年有所增长；2018年，东莞市共有3家企业被认定为国家知识产权优势企业，分别为东莞铭普光磁股份有限公司、三友联众集团股份有限公司、广东贝克洛幕墙门窗系统有限公司，数量居于佛山、广州、中山、深圳之后，较2017年有所下降，详情见表6-3。

表6-3　2017~2018年广东省部分城市的国家知识产权优势企业　单位：家

年份	城市	数量	城市	数量	城市	数量
2017年	东莞	8	广州	8	深圳	6
	佛山	7	珠海	2	中山	6
2018年	东莞	1	广州	7	深圳	3
	佛山	8	珠海	4	中山	0

（2）东莞市的国家知识产权示范企业新增4家。

2016年，被认定为国家知识产权示范企业仅有1家。2017年，被认定为国家知识产权示范企业的共有3家，分别为广东易事特电源股份有限公司、东莞新能源科技有限公司、广东东阳光药业有限公司，但数量少于佛山、中山和广州，较2016年有所增长。2018年，被认定为国家知识产权示范企业仅有东莞市迈科科技有限公司1家，数量少于佛山、广州、珠海和深圳，数量较2017年有所下降。详情见表6-4。

表6-4　2017~2018年广东省部分城市的国家知识产权示范企业　　单位：家

年份	城市	数量	城市	数量	城市	数量
2017年	东莞	3	广州	4	深圳	2
	佛山	7	珠海	1	中山	6
2018年	东莞	1	广州	7	深圳	3
	佛山	8	珠海	4	中山	0

从上述可知，2018年东莞市被认定为国家知识产权优势企业和示范企业的数量相较于2017年有所下降，凸显了东莞市企业的知识产权创造能力、知识产权运用能力、知识产权保护力度、知识产权管理力度等方面存在一定的不足。

（3）东莞市的广东省知识产权优势企业数量有所增长。

2016年，东莞市被认定为广东省知识产权优势企业共有6家。2017年，东莞市共有6家企业被认定为广东省知识产权优势企业，分别是广东小天才科技有限公司、广东长盈精密技术有限公司、广东众生药业股份有限公司、佳禾智能科技股份有限公司、东莞市三友联众电器有限公司、东莞市纳利光学材料有限公司，数量少于广州、佛山、深圳，与2016年数量持平；2018年，东莞市共有10家企业被认定为广东省知识产权优势企业，分别为维沃移动通信有限公司、东莞东阳光科研发有限公司、东莞市升微机电设备科技有限公司、东莞市海新金属科技有限公司、中控智慧科技股份有限公司、明门（中国）幼童用品有限公司、东莞铭普光磁股份有限公司、玖龙纸业（东莞）有限公司、东莞市闻誉实业有限公司、广东亨通光电科技有限公司，数量位列广州、深圳之后，与2017年相比较有所增长。详情见表6-5。

表6-5　2017~2018年广东省部分城市的广东省知识产权优势企业　　单位：家

年份	城市	数量	城市	数量	城市	数量
2017年	东莞	6	广州	11	深圳	7
	佛山	9	珠海	2	中山	2
2018年	东莞	10	广州	11	深圳	11
	佛山	9	珠海	5	中山	2

（4）东莞市的广东省知识产权示范企业数量有所增长。

2016 年，东莞市有 1 家企业被认定为广东省知识产权示范企业，而 2017 年被认定为广东省知识产权示范企业的数量为 0 家。2018 年，被认定为广东省知识产权示范企业有 3 家，分别为广东欧珀移动通信有限公司、广东小天才科技有限公司、广东长盈精密技术有限公司，数量位列广州、深圳之后，数量比 2016 年和 2017 年有所增长。详情见表 6-6。

表 6-6　2017~2018 年广东省部分城市的广东省知识产权示范企业　单位：家

年份	城市	数量	城市	数量	城市	数量
2017 年	东莞	0	广州	6	深圳	3
	佛山	2	珠海	2	中山	2
2018 年	东莞	3	广州	4	深圳	4
	佛山	3	珠海	2	中山	0

3. 贯标认证企业数量有所增长，且位居全省前列

截至 2018 年 7 月底，广东省共有 5537 家贯标认证企业，其中包含 11 个子母证，中规认证的 2961 家，中知认证的 2576 家。其中东莞市的贯标认证企业数量为 917 家，此前 3 月份统计的数量为 818 家，新增 99 家，贯标认证企业数量排名全省第三位，位于广州、深圳之后。详情见表 6-7。

表 6-7　2018 年 7 月底广东省部分城市贯标认证企业　单位：家

城市	数量	城市	数量	城市	数量
广州	2614	深圳	1025	东莞	917
珠海	304	佛山	270	中山	157

注：数据来源广东省知识产权局。

（二）知识产权取得状况

1. 专利申请量快速增长

2016 年，东莞市共向国家知识产权局申请专利 56653 件，其中，发明专

利 17024 件，实用新型专利 28096 件，外观设计专利 11533 件。2017 年东莞
市向国家知识产权局申请专利 81275 件，总体比同期增长 56.92%，其中发明
专利 20402 件，实用新型专利 48255 件，外观设计专利 12618 件，发明同比增
长 47.86%。2017 年东莞市专利申请量位列广东省前三名，仅次于深圳和广
州。详情见表 6 - 8。

表 6 - 8　2007 年广东省部分城市专利申请情况

城市	发明/件	发明增长率	实用新型/件	外观设计/件	合计/件	同比增长
深圳	60258	22.60%	75545	41299	177102	34.81%
广州	36941	29.47%	53399	27994	118334	33.26%
东莞	20402	30.92%	48255	12618	81275	56.92%
佛山	25899	50.56%	33146	14903	72948	39.36%
中山	7808	21.49%	17096	17246	42168	32.11%

注：数据来源于广东省知识产权局。

截至 2018 年 8 月，2018 年东莞市共向国家知识产权局申请专利 70252
件，总体比同期增长 29.59%，其中，发明专利 17761 件，实用新型专利
41866 件，外观设计专利 10625 件，发明同比增长 30.92%。截至 2018 年 8
月，东莞市 2018 年专利申请量位列广东省前三名，仅次于深圳和广州。详情
见表 6 - 9。

表 6 - 9　2018 年 1 月到 8 月广东省部分城市专利申请情况

城市	发明/件	发明增长率	实用新型/件	外观设计/件	合计/件	同比增长
深圳	44921	15.15%	64566	38418	147905	32.37%
广州	33857	46.17%	55562	29253	118672	53.9%
东莞	17761	47.86%	41866	10625	70252	29.59%
佛山	26278	89.02%	27636	12337	66251	49.44%
中山	5767	67.40%	14198	13376	33341	28.63%

注：数据来源于广东省知识产权局。

2. 专利授权量快速增长

2016 年，东莞市共获得授权的专利 28559 件，其中，发明专利 3682 件，

实用新型专利 16454 件,外观设计专利 8423 件。2017 年东莞市共获得授权的专利 45204 件,总体比同期增长 58.28%,其中,发明专利 4969 件,实用新型专利 30102 件,外观设计专利 10133 件,发明同比增长 34.95%。2017 年东莞市专利授权量位列广东省前三名,仅次于深圳和广州。详情见表 6-10。

表 6-10 2017 年广东省部分城市专利授权情况

城市	发明/件	发明增长率	实用新型/件	外观设计/件	合计/件	同比增长
深圳	18928	7.14%	44455	30869	94252	25.60%
广州	9345	21.87%	32179	18677	60201	24.61%
东莞	4969	34.95%	30102	10133	45204	58.28%
佛山	4901	46.39%	19724	12142	36767	28.02%
中山	1493	23.70%	11084	14867	27444	24.02%

注:数据来源广东省知识产权局。

截至 2018 年 8 月,2018 年东莞市共获得授权专利 43351 件,总体比同期增长 66.42%,其中发明专利 4675 件,实用新型专利 30272 件,外观设计专利 8404 件,发明同比增长 58.64%。截至 2018 年 8 月,东莞市 2018 年专利授权量位列广东省前三名,仅次于深圳和广州。详情见表 6-11。

表 6-11 2018 年 1 月到 8 月广东省部分城市专利授权情况

城市	发明/件	发明增长率	实用新型/件	外观设计/件	合计/件	同比增长
深圳	14259	19.94%	51020	28039	93318	60.00%
广州	7264	20.56%	31489	17540	56293	51.53%
东莞	4675	58.64%	30272	8404	43351	66.42%
佛山	3496	16.18%	20171	10485	34152	54.96%
中山	1301	39.14%	9923	11518	22742	36.94%

注:数据来源广东省知识产权局。

3. 东莞市各镇街专利申请量和授权量总体有所增长

东莞市各镇街在国家、省、市各项制度和政策的指导下,大力推动以专利为核心的知识产权事业向前发展。2017 年东莞市各镇街的专利申请数量绝大部分得到增长。其中排名前三位的镇街分别为长安镇、松山湖、塘厦镇，专利申请量分别为 15127 件、8374 件、5009 件，同比增长分别为 48.30%、54.82%、71.84%。发明专利排名前三位的镇街分别为长安镇、松山湖、东城区，发明专利申请量分别为 8475 件、4858 件、1068 件，总计占全市发明专利申请量的 70.58%；实用新型排名前三的镇街分别是长安镇、塘厦镇、松山湖，实用新型申请量分别为 5769 件、3652 件、3059 件，总计占全市实用新型申请量的 25.86%；外观设计排名前三的镇街分别为厚街镇、长安镇、塘厦镇，外观设计申请量分别为 1542 件、883 件、852 件，总计占全市外观设计申请量的 25.97%。详请见表 6－12。

2017 年东莞市各镇街的专利获得授权数量均得到增长。其中排名前三位的镇街分别为长安镇、松山湖、塘厦镇，专利授权量分别为 6142 件、3270 件、3108 件，同比增长分别为 105.28%、27.19%、64.79%。发明专利排名前三位的镇街分别为长安镇、松山湖、东城区，发明专利授权量分别为 1606 件、1106 件、227 件，总计占全市发明专利授权量的 59.14%；实用新型排名前三位的镇街分别是长安镇、塘厦镇、东城区，实用新型授权量分别为 3822 件、2312 件、1814 件，总计占全市实用新型授权量的 26.4%；外观设计排名前三位的镇街分别为厚街镇、长安镇、东城区，外观设计授权量分别为 1224 件、714 件、623 件，总计占全市外观设计授权量的 25.27%。详情见表 6－12。

表 6－12　2017 年东莞市各镇街专利申请、授权情况　　单位：件

镇街	申请					授权				
	发明		实用新型	外观设计	合计	同比增长	发明		实用新型	外观设计	合计	同比增长
	本期	同比增长	本期	本期			本期	同比增长	本期	本期		
茶山镇	254	-7.64%	997	235	1486	49.35%	124	61.04%	609	197	930	46.23%
长安镇	8475	30.46%	5769	883	15127	48.30%	1606	135.14%	3822	714	6142	105.28%
常平镇	265	-2.93%	2062	544	2871	44.56%	118	35.63%	1245	348	1711	53.04%
大朗镇	303	63.78%	1878	248	2429	100.91%	99	19.28%	1153	227	1479	81.47%
大岭山	248	22.17%	1757	633	2638	45.58%	67	1.52%	1013	537	1617	27.12%

续表

镇街	申请					授权				
	发明		实用新型	外观设计	合计	同比增长	发明		实用新型	外观设计	合计	同比增长
	本期	同比增长	本期	本期			本期	同比增长	本期	本期		
道滘镇	170	15.65%	708	219	1097	66.46%	56	5.66%	429	149	634	27.82%
东城区	1068	17.88%	2657	747	4472	41.88%	227	−14.66%	1814	632	2673	46.95%
东坑镇	66	−25.00%	689	192	947	81.42%	27	50.00%	412	178	617	75.78%
凤岗镇	156	23.81%	1603	556	2315	65.12%	64	64.10%	1040	465	1569	80.34%
高埗镇	98	7.69%	752	148	998	77.26%	25	−16.67%	429	121	575	108.33%
横沥镇	220	84.87%	1497	335	2052	89.47%	67	−6.94%	962	241	1270	94.79%
洪梅镇	31	3.33%	202	97	330	81.32%	20	−25.93%	119	86	225	46.10%
厚街镇	298	81.71%	1613	1542	3453	58.54%	74	13.85%	817	1224	2115	27.79%
虎门镇	357	0	2108	670	3135	45.07%	161	−1.23%	1499	435	2095	52.92%
黄江镇	193	10.92%	1364	330	1887	44.71%	69	23.21%	851	342	1262	55.04%
寮步镇	356	21.50%	2187	547	3090	44.87%	130	26.21%	1541	447	2118	63.43%
麻涌镇	80	5.26%	261	26	367	32.49%	33	22.22%	169	23	225	60.71%
南城区	397	19.58%	1492	348	2237	23.32%	121	−6.92%	963	377	1461	36.80%
企石镇	100	28.21%	659	177	936	51.70%	16	−46.67%	432	171	619	44.63%
桥头镇	95	7.95%	850	332	1277	80.37%	52	67.74%	491	290	833	55.70%
清溪镇	316	58.79%	2201	381	2898	103.23%	83	20.29%	1334	243	1660	70.26%
沙田镇	117	−31.58%	843	160	1120	64.71%	26	−31.58%	526	109	661	86.20%
石碣镇	185	23.33%	1341	305	1831	65.85%	89	30.88%	813	348	1250	63.61%
石龙镇	56	19.15%	203	74	333	−2.35%	25	−19.35%	135	54	214	45.58%
石排镇	169	69.00%	1131	403	1703	88.38%	44	4.76%	630	313	987	69.01%
松山湖	4858	47.26%	3059	457	8374	54.82%	1106	13.20%	1751	413	3270	27.19%
塘厦镇	505	10.26%	3652	852	5009	71.84%	188	37.23%	2312	608	3108	64.79%
莞城区	84	50.00%	528	195	807	79.33%	26	−3.70%	216	107	349	12.58%
万江区	310	13.97%	1702	358	2370	69.16%	91	22.97%	1111	265	1467	66.70%
望牛墩	58	−14.71%	434	97	589	58.33%	19	−36.67%	256	66	341	38.62%
谢岗镇	48	2.13%	514	72	634	50.95%	30	114.29%	332	47	409	50.92%
樟木头	321	174.36%	933	357	1611	69.58%	48	6.67%	553	304	905	47.39%
中堂镇	126	51.81%	568	72	766	98.45%	33	57.14%	300	41	374	104.37%
校正值	19	—	41	26	85	—	5	—	23	11	39	—
合计	20402	30.92%	48255	12618	81275	56.92%	4969	34.95%	30102	10133	45204	58.28%

数据来源：东莞市科学技术局。

截至 2018 年 8 月的数据显示，2018 年东莞市各镇街的专利申请数量大部分得到增长。其中排名前三位的镇街分别为长安镇、松山湖、塘厦镇，专利申请量分别为 14501 件、7633 件、4614 件，同比增长分别为 57.40%、49.34%、34.44%。发明专利排名前三位的镇街分别为长安镇、松山湖、东城区，发明专利申请量分别为 8004 件、4257 件、618 件，总计占全市发明专利申请量的 72.51%；实用新型排名前三位的镇街分别是长安镇、塘厦镇、松山湖，实用新型申请量分别为 5710 件、3609 件、2680 件，总计占全市实用新型申请量的 28.66%；外观设计排名前三位的镇街分别为厚街镇、长安镇、松山湖，外观设计申请量分别为 1088 件、787 件、696 件，总计占全市外观设计申请量的 24.69%。详情见表 6 - 13。

截至 2018 年 8 月，2018 年东莞市各镇街的专利获得授权数量均得到增长。其中排名前三位的镇街分别为长安镇、松山湖、东城区，专利授权量分别为 6683 件、3217 件、3205 件，同比增长分别为 102.33%、57.16%、89.76%。发明专利授权量排名前三位的镇街分别为长安镇、松山湖、东城区，发明专利授权量分别为 2104 件、843 件、184 件，总计占全市发明专利授权量的 66.97%；实用新型授权量排名前三位的镇街分别是长安镇、塘厦镇、松山湖，实用新型授权量分别为 4007 件、2444 件、2096 件，总计占全市实用新型授权量的 28.23%；外观设计授权量排名前三位的镇街分别为厚街镇、塘厦镇、长安镇，外观设计授权量分别为 1038 件、599 件、572 件，总计占全市外观设计授权量的 26.28%。详情见表 6 - 13。

表 6 - 13　2018 年 1～8 月东莞市各镇街专利申请、授权情况　　单位：件

镇街	申请						授权					
	发明		实用新型	外观设计	合计	同比增长	发明		实用新型	外观设计	合计	同比增长
	本期	同比增长	本期	本期			本期	同比增长	本期	本期		
茶山镇	208	30.82%	1068	198	1474	37.50%	78	20.00%	655	196	929	70.15%
长安镇	8004	76.26%	5710	787	14501	57.40%	2104	179.42%	4007	572	6683	102.33%
常平镇	213	29.88%	1760	443	2416	32.17%	73	-17.05%	1276	493	1842	77.12%
大朗镇	242	19.80%	1623	239	2104	22.11%	51	-25.00%	1138	161	1350	79.52%

续表

镇街	申请					授权				
	发明		实用新型	外观设计	合计	同比增长	发明		实用新型	外观设计	合计	同比增长
	本期	同比增长	本期	本期			本期	同比增长	本期	本期		
大岭山	185	19.35%%	1332	544	2061	16.70%	67	52.27%	1010	461	1538	73.79%
道滘镇	154	27.27%%	642	96	892	12.06%	30	−23.08%	453	107	590	51.28%
东城区	618	−16.49%	2104	642	3364	11.95%	184	18.71%	1518	540	2242	44.09%1%
东坑镇	92	113.95%	481	125	698	2.65%	18	5.88%	378	132	528	71.43%
凤岗镇	168	54.13%	1373	531	2072	26.34%	45	−4.26%	954	411	1410	64.91%
高埗镇	114	52.00%	497	111	722	0.65%	19	11.76%	12	72	503	59.68%
横沥镇	143	−2.72%	1311	334	1788	29.19%	45	−21.05%	1079	239	1363	90.90%
洪梅镇	29	222.22%	216	30	275	24.43%	9	−25.00%	132	24	165	34.15%
厚街镇	233	33.14%	1201	1088	2522	7.69%	50	0	1026	1038	2114	59.07%
虎门镇	320	18.52%	1951	557	2828	26.65%	129	40.22%	1241	469	1839	45.49%
黄江镇	125	−3.85%	1357	291	1773	41.39%	64	14.29%	905	201	1170	57.89%
寮步镇	287	22.13%	1682	508	2477	17.12%	119	38.37%	1288	344	1751	42.13%
麻涌镇	74	21.31%%	204	19	297	12.08%	26	18.18%	179	10	215	60.45%
南城区	446	55.94%	1231	249	1926	24.42%	128	58.02%	940	207	1275	39.96%
企石镇	72	−11.11%	581	141	794	14.57%	35	191.67%	443	93	571	62.22%
桥头镇	101	102.00%	802	237	1140	23.24%	22	−33.33%	518	145	685	42.41%
清溪镇	231	24.86%	1651	431	2313	11.42%	70	34.62%	1241	300	1611	67.64%
沙田镇	148	92.21%	745	227	1120	45.08%	35	191.67%	506	141	682	82.84%
石碣镇	109	−16.15%	1193	292	1594	23.09%	72	26.32%	805	188	1065	37.24%
石龙镇	53	32.50%	132	60	245	−1.21%	12	−20.00%	116	39	167	31.50%
石排镇	74	1.37%	951	306	1331	16.65%	35	16.67%	696	225	956	68.90%
松山湖	4257	49.26%	2680	696	7633	49.34%	843	18.73%	2096	278	3217	57.16%
塘厦镇	350	16.67%	3609	655	4614	34.44%	162	44.64%	2444	599	3205	89.76%
莞城区	62	34.78%	318	88	468	−0.43%	25	56.25%	335	142	502	116.38%
万江区	287	64.94%	1335	314	1936	20.25%	57	−5.00%	990	178	1225	43.61%
望牛墩	71	222.73%	247	63	381	−2.06%	12	9.09%	305	51	368	85.86%
谢岗镇	70	180.00%	506	72	648	46.94%	14	−39.13%	347	59	420	52.73%
樟木头	143	−37.83%	938	205	1286	8.16%	24	−22.58%	513	229	766	55.06%
中堂镇	72	−25.00%	414	32	518	−7.99%	18	−18.18%	306	52	376	81.64%
校正值	6	—	21	14	41	—	0	—	20	8	28	—
合计	17761	47.86%	41866	10625	70252	29.60%	4675	58.64%	30272	8404	43351	66.43%

数据来源：东莞市科学技术局。

4. 东莞市PCT专利申请量和有效发明专利总量快速增长

2016年，东莞市PCT专利申请量为876件。2017年，广东省PCT专利申请量为26830件，其中，东莞市PCT专利申请量为1829件，占比6.82%，数量为2016年东莞市PCT专利申请量的2倍多，列广东省前三名，仅次于深圳和广州。详情见表6-14。

表6-14 2017年广东省部分城市PCT国际专利申请情况

城市	数量/件	占比
深圳	20457	76.25%
广州	2441	9.10%
东莞	1829	6.82%
佛山	726	2.71%
惠州	452	1.68%
珠海	435	1.62%
全省	26830	100.00%

数据来源：东莞市科学技术局。

截至2017年底，全省有效发明专利总量为208502件，其中，东莞市有效发明专利总量17087件，占全省数量的8.2%，数量超过2016年的有效发明专利总量11154件，同比增长53.19%，列广东省前三名，仅次于深圳和广州。详情见表6-15。

表6-15 2017年全省及部分城市有效发明专利情况

城市	数量/件	占比
深圳	106917	51.28%
广州	39464	19.93%
东莞	17087	8.2%
佛山	15050	7.21%
珠海	5586	2.68%
中山	5112	2.45%
全省	208502	100.00%

数据来源：东莞市科学技术局。

5. 东莞市商标申请量和注册量呈增长趋势

2017 年，广东全省的商标申请量、注册量和有效注册量分别为 1117458 件、633215 件和 3114108 件，其中，东莞市的商标申请量、注册量和有效注册量分别 70292 件、38647 件和 215737 件，较之于 2016 年同比增长分别为 60.38%、21.11% 和 16.91%，三者数量均位居于深圳、广州和佛山之后。截至 2018 年第三季度，广东全省的商标申请量、注册量和有效注册量分别为 1095053 件、514024 件和 2525055 件，其中，东莞市的商标申请量、注册量和有效注册量分别 68513 件、32430 件和 180138 件，三者数量均位居于深圳、广州和佛山之后，预计 2018 年东莞市的商标申请量、注册量以及有效注册量将比 2017 年进一步增长。详情见表 6-16 和表 6-17。

表 6-16　2017 年广东省及部分地区商标申请和注册情况　　单位：件

地区	申请量	注册量	有效注册量
深圳	365818	222281	923550
广州	335964	185827	861429
佛山	74904	41789	251612
东莞	70292	38647	215737
珠海	47893	12069	59312
广东省	1117458	633215	3114108

表 6-17　2018 年前三季度广东省及部分地区商标申请和注册情况　单位：件

地区	申请量	注册量	有效注册量
深圳	392978	182748	708114
广州	317135	148999	688394
佛山	74920	34319	213745
东莞	68513	32430	180138
珠海	21263	8951	48307
广东省	1095053	514024	2525055

数据来源：国家知识产权局商标局。

（三）东莞市知识产权保护状况

1. 司法保护

司法是解决社会矛盾最后的、终局的手段，同样也是知识产权保护的最后一道防线。习总书记说过："努力让人民群众在每一个司法案件中感受到公平正义。"东莞市两级人民法院能否在审判活动中依法妥善处理知识产权相关的民商事纠纷，将是整个东莞市创新产业继续向前迈进的重要保证，也是东莞市打造国家知识产权强市战略的有力保障。

（1）东莞法院知识产权案件收结整体情况。

知识产权纠纷案件的数量，往往能直接反映一个地区的知识产权产业的活跃程度。自 2012 年以来，东莞市知识产权案件数量逐年增加。5 年间，东莞市两级法院共办结各类民商事案件 312095 件。依法保护知识产权，制裁违约侵权行为，办结各类知识产权案件 11085 件，占各类民商事案件总数的 3.6%。详情见图 6－1❶。

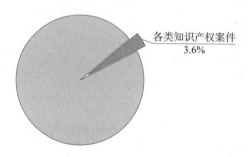

各类知识产权案件
3.6%

图 6－1　2012～2016 年东莞市两级法院办结
各类知识产权案件占比

据不完全统计，2016～2017 年，东莞市两级法院知识产权案件收结数量较为稳定。2017 年，东莞市两级法院共收案 2761 件，其中知识产权民事案件

---

❶ 东莞市中级人民法院工作报告 ［EB/OL］. （2017－01－11）［2018－11－12］. http：//www. dgcourt. gov. cn/News/Show. asp？id＝594.

2559 件，知识产权刑事案件 202 件。2017 年知识产权收案数量（含刑事、民事案件）比 2016 年增加 480 件，增长 21.0%。详情见图 6 - 2。

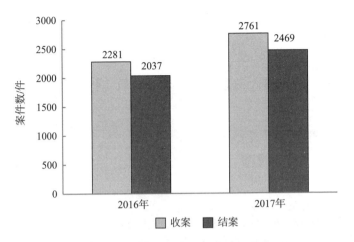

图 6 - 2　2016～2017 年东莞法院知识产权案件收结情况

　　两年来，东莞市两级法院的结案率总体保持稳定，2017 年结案率达 89.4%，2016 年为 89.3%。2018 年年度工作报告中指出，东莞市两级法院办结知识产权和涉外涉港澳台商事案件共 3923 件❶。

　　（2）东莞市中级人民法院知识产权司法保护状况。

　　根据中国裁判文书网的数据，2016～2018 年，东莞市中级人民法院已判决的知识产权案件的一审、二审和再审情况如图 6 - 3 所示❷。

　　近 3 年来，东莞市中级人民法院已判决知识产权类型案件的数量逐年增加。据不完全统计，2018 年东莞市中级人民法院已判决知识产权类型案件共 1064 件，其中一审 997 件，二审 63 件，再审审查与审判监督 4 件。可以预见的是，2018 年全年已判决知识产权类型案件数量将超过 2017 年的 1297 件。

　　由于广州知识产权法院的设立，除旧存案件外，东莞市两级法院不再审理涉及专利纠纷的案件，已判决的案件类型主要集中在商标侵权纠纷、著作

❶　东莞市中级人民法院 2018 年工作报告［EB/OL］.（2018 - 01 - 23）［2018 - 11 - 02］.
http：//www. dgcourt. gov. cn/News/Show. asp? id＝686。
❷　数据均来自中国裁判文书网，2018 年统计数据截至 12 月 18 日。

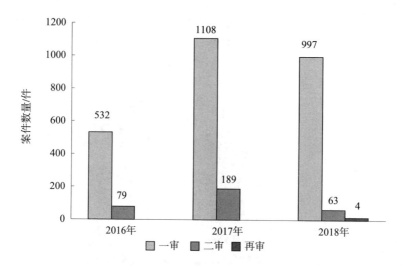

图 6 – 3　2016～2018 年东莞市中级人民法院已判决知识产权
民事纠纷案件一审、二审和再审情况

权侵权纠纷、知识产权其他类型纠纷的案件。详情见表 6 – 18。

表 6 – 18　2016～2018 年东莞市中级人民法院知识产权
民事纠纷案件详细分类情况　　　　　　　单位：件

	商标	著作	专利	其他	合计
2016 年	315	284	1	11	611
2017 年	471	661	0	165	1297
2018 年	155	678	0	231	1064

一方面，涉及商标侵权纠纷和著作侵权纠纷的民事案件数量居多，二者的总和在 2016～2018 年的数量分别为 599 件、1132 件、833 件，在已判决案件的总量中占到了相当高的比例，但二者总和所占的比例呈逐年下降的趋势：由 2016 年的 98.0%，下降为 2017 年的 87.3%，再下降至 2018 年的 78.3%。详情见图 6 – 4。

另一方面，其他类型的知识产权民事纠纷案件的数量则呈现逐年上升的趋势：2016 年仅 11 件，2017 年为 165 件，2018 年则达到 231 件。所占已判决知识产权民事纠纷案件总量的比例也由 2016 年的 1.8% 增长到 2017 年的

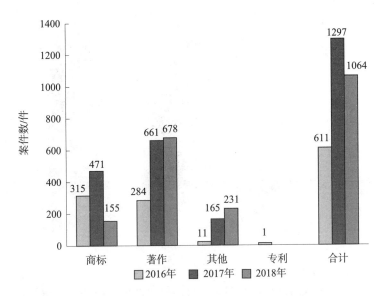

图 6 - 4　2016~2018 年东莞市已判决知识产权民事纠纷案件分类情况

12.7%，2018 年则进一步增长至 21.7%。这也体现出涉及知识产权民事纠纷
案件的种类愈发新颖化和多样化。此外，东莞市第一人民法院还于 2016 年受
理了东莞市首宗关于职务技术成果完成人奖励、报酬纠纷案❶。

（3）东莞市第一人民法院知识产权司法保护状况。

东莞市第一人民法院在审判活动中，努力探索完善审判机制，深化审判
方式改革。在案件量逐年上升，司法辅助人员严重不足的情况下，实施案件
繁简分流，整合办案资源。在探索庭审方式改革过程中，积极推进法官助理
参与办案，推动庭审方式和裁判文书改革，提高审判效率。对具备调解可能
的案件，及时启动调解程序。

自 2015 年以来，东莞市第一人民法院受理的知识产权民事纠纷案件的数
量总体上呈较快增长趋势，案件收结数量均稳步上升，如图 6 - 5 所示❷。

在收案数量方面，2016 年共收案 776 件，较 2015 年同期的 546 件增长了
42.1%；2017 年增长放缓，较 2016 年增长 28.6%，如表 6 - 19 所示。

---

❶　裴大国、李朝明等与汤姆森广东显示器件有限公司等技术成果完成人署名权、荣誉权、奖励
权纠纷一审民事判决书（2016）粤 1971 民初 9361 号。

❷　东莞市第一人民法院. 东莞市第一人民法院知识产权司法保护状况（2013—2017）［EB/OL］.
［2018 - 12 - 11］. http：//dyfy. dg. gov. cn/fywh/spdy - detail - 90334. html.

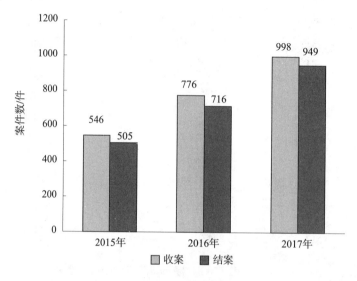

图 6－5　2015～2017 年东莞市第一人民法院知识产权民事案件收结案情况

表 6－19　2015～2017 年东莞市第一法院知识产权民事纠纷案件收案数量增长情况

	2015 年	2016 年	2017 年
收案/件	546	776	998
增长率/%	—	42.1%	28.6%

　　在结案数量上，2016 年共结案 716 件，较 2015 年同期的 505 件增长 41.8%；2017 年共结案 949 件，较 2016 年同期的 716 件增长 32.5%，如表 6－20 所示。

表 6－20　2015～2017 年东莞市第一法院知识产权民事纠纷案件结案数量增长情况

	2015 年	2016 年	2017 年
结案/件	505	716	949
增长率/%	—	41.8%	32.5%

　　2013～2017 年，东莞市第一人民法院共受理知识产权诉讼案件 3813 件（含旧存，下同）。其中知识产权民事纠纷案件收案 3597 件，审结 3376 件，结案率达 93.9%，调撤率达 63.3%。

　　在所有知识产权民事纠纷案件当中，涉及著作权侵权纠纷的案件共有

1971 件，占比达 55%；商标侵权纠纷案件共 1272 件，占比 35%；知识产权合同纠纷等其他案件 241 件，占比 7%；而不正当竞争纠纷案件 113 件，占比 3.0%。详情见图 6-6❶。

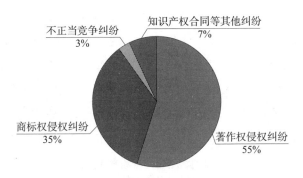

图 6-6　2013～2017 年东莞市第一人民法院受理知识产权诉讼案件情况

同时，东莞市第一人民法院审理的知识产权案件还具有如下特点：

① 侵权对象日益多元化。著作权案件中，除传统的文章、音乐、小说、摄影、图片、平面美术、影视等常见的作品形式之外，还出现了网络游戏、动漫形象、产品说明书等作品类型，权利作品与被诉侵权作品之间的实质性相似比对难度较大。其中，以中国音像著作权集体管理协会等电视音乐歌曲权利人起诉有关 KTV 业主，动漫设计衍生作品以及图片、文字作品等的商业化使用而产生的纠纷占了主要部分，特别是知名动画形象的著作权侵权纠纷，包括"喜羊羊""熊大""巴拉拉小魔仙""大嘴猴""铠甲勇士"等，反映出文化领域内的维权力度正在进一步加大。

② 纠纷主体类型复杂。商标侵权案件中，被控侵权主体 80% 为个体工商户或个人等终端零售商，另外也涉及大型商城、同行业公司及生产厂家等。涉诉主体地域分布广，经营地遍布辖区各个镇街，经营规模普遍较小，以临街商铺为主。

而在侵犯著作权案件中，既有著作权人起诉，如文学、摄影作品等享有著作权的个人或法人对其他公司、网站未经许可使用其作品提出侵权诉讼；

---

❶　东莞市第一人民法院微信公众号［EB/OL］．［2018-12-10］．https：//mp.weixin.qq.com/s/2A8seI0khVBfaRBxkuG65w．

也有文化公司作为继受权利人起诉其他公司、网站等。例如，基于其继受取得的信息网络传播权针对视频盗链、栏目抄袭、文章转载等行为提起诉讼。

③ 利用信息网络侵害知识产权案件高发。随着互联网的普及应用，受网上作品"免费"思想影响较深，互联网成为著作权侵权的高发区，约占侵犯著作权案件六成。主要表现为：未经许可在网络上传播权利人的文学、音乐、摄影、影视等作品以及计算机软件作品；在网络上传播含有侵权动漫形象的软件安装文件；利用网络交易平台销售侵权盗版制品以及含有侵权动漫形象的商品；提供"深度链接"的网络服务；利用插件广告进行不正当竞争等。同时，涉网络商标侵权和不正当竞争案件不断出现。其中既有经营者通过电商平台销售侵害商标专用权的商品的传统商标侵权案件，也有经营者在其官方网站、微博等网络平台自行宣传时侵害他人商标专用权的案件。东莞市第一人民法院受理的 113 件不正当竞争案件中，涉及网络不正当竞争行为的案件占 30%。这些案件涉及侵权人主体身份确定、网络平台的合理注意义务的界定以及赔偿标准的确定等问题。

④ 商业维权、批量维权的比例较大。涉及音乐电视作品、摄影作品、动漫作品等商业维权案件约占侵犯著作权案件的 40%，例如华盖创意（北京）图像技术有限公司、深圳市声影网络科技有限公司、深圳华强数字动漫有限公司等作为原告起诉的系列案件。此外，约七成的商标侵权案件为批量维权，所涉商品包括小家电、电子产品、建材、酒类、运动用品、文具、纸类、通信设备、服装、毛巾等，所涉商标包括"步步高""OPPO""小米""361°""洁柔""美的""五粮液""洁丽雅""六神"等品牌，也包括"LV""多乐士""PUMA""西门子"等国外品牌，这些品牌在业内均具有一定知名度，多数被认定为著名商标或驰名商标，反映出国内外各领域企业均对商标价值给予充分重视，企业争夺品牌市场份额的博弈持续升级❶。

（4）东莞市第三人民法院知识产权司法保护状况。

① 东莞市第三人民法院 2017 年知识产权案件收结情况。

2018 年 4 月 26 日，东莞市第三人民法院发布了知识产权典型案例和调研

---

❶ 东莞市第一人民法院. 东莞市第一人民法院知识产权司法保护状况（2013—2017）［EB/OL］.［2017 – 12 – 11］. http：//clyfy. dg. gov. cn/fywh/spdy – detail – 90334. html.

分析，数据显示近 3 年来知识产权民事纠纷案件数量大幅增长。

自 2012 年 9 月开始受理知识产权案件以来，东莞市第三人民法院累计受理该类案件 2777 件，并呈逐年上升趋势。其中，知识产权民事纠纷案件数量近 3 年来翻了一番，从 2015 年的 240 件上升到了 2017 年的 487 件。

2017 年，东莞市第三人民法院涉知识产权案件共收案 541 件（包括民事、刑事），结案 506 件，结案率高达 93.5%，如图 6 - 7 所示❶。

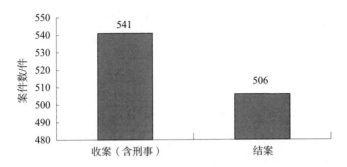

图 6 - 7　2017 年东莞市第三人民法院知识产权案件收结情况

② 东莞市第三人民法院公布知识产权典型案例。

广东欧珀移动通信有限公司（以下简称"欧珀公司"）把黄江镇数家手机店告上法庭，称被告销售的手机产品使用了与"OPPO"商标近似的标识。

欧珀公司认为，作为专业手机通信产品零售商，被告对"OPPO"商品的品质、市场统一零售价格等十分清楚，其主观侵权故意明显。假仿冒手机市场进价极低、获利巨大，严重损害了 OPPO 的品牌形象和声誉。

庭审时，法官当庭拆封公证处封存的被控侵权手机，机身正反面、内侧等均有"CPPC"标识图案，字母"C"的开口非常小，一眼看上去极像"O"，外观与"OPPO"没有区别，而手机包装盒及内附资料均没有任何生产厂家信息。

东莞市第三人民法院审理认为，考虑到欧珀公司涉案商标的知名度，以相关公众的一般注意力为标准判断，案涉被控侵权手机上使用的"CPPC"标

❶ 东莞市第三人民法院 ［EB/OL］.［2018 - 12 - 10］. http：//www. dsfy. dg. gon. cn/web/html.

识与"OPPO"注册商标在隔离状态下足以使相关公众对该手机的来源产生混淆或误认，属于侵犯欧珀公司商标专用权的侵权产品。

法院综合考虑"OPPO"注册商标的知名度、被告侵权行为的性质与后果、店铺的规模及所处位置的经济发展状况、经营时间及欧珀公司为本案支出费用的合理性等因素，酌情确定被告经营者赔偿欧珀公司1.6万元。

通过调研，东莞市第三人民法院发现，该类侵犯商标权的案件主要存在以下特点：

一是山寨产品花样百出。比如跟上述案例相似，有的产品标识为"OPPC"或者"CPPO"，但是字母"C"的开口非常小，甚至要用放大镜才能看出，一眼看上去跟"O"无甚区别，消费者很容易误以为就是"OPPO"；有的产品"有意无意"地加上一些字母，但突出使用了正品的标识，如"vivo phone"；有的产品上粘贴的"OPPO""vivo"标识是从回收的二手产品上取下的，本身并不是这两个品牌生产的。

二是被控侵权的产品多从无牌无证商家处进货。许多经营者表示，这些产品多是无牌无证的商家上门推销的，既没有发票等单据凭证，也没有生产厂家信息，就算是被相关部门查处也难以追查来源。

三是经营者心存侥幸知假售假。这类案件的被告多为镇区的小型手机店，因为假仿冒产品价格较低、有利可图，许多经营者对知识产权保护意识薄弱，存在侥幸心理，所以就算明知别人上门推销的是假货、侵权的概率大，仍然会选择购进，再按正品价格售出，以赚取差价。

③ 东莞市第三人民法院积极开展普法活动。

东莞市第三人民法院以各种各样的方式积极开展普法活动，强化社会公众的知识产权保护意识。首先，通过向媒体发布知识产权典型案例等，比如"OPPO"等知名商标被侵权系列案，"好太太""真太太"不正当竞争案件❶等的宣传，既普及相关法律知识，也提醒广大消费者注意区分正品与"山寨"产品。其次，派出专门审理知识产权案件的法官走进辖区镇街开展知识产权知识宣讲，吸引了众多知名企业参与。最后，积极开展庭审公开活动，主动

---

❶ 详参广东好太太科技集团股份有限公司与广东真想家智能科技有限公司、厦门市集美区加冕冠建材店不正当竞争纠纷一审民事裁定（2016）粤1973民初14170号之一。

邀请辖区人大代表、政协委员等旁听观摩非法制造注册商标标识案件的庭审，增进社会各界对知识产权案件审判工作的了解❶。

（5）广州知识产权法院东莞诉讼服务处揭牌。

2017 年 4 月 26 日上午，在第 17 个"世界知识产权日"，广州知识产权法院东莞诉讼服务处正式在东莞市第一人民法院松山湖法庭成立，为东莞市知识产权事业又增添了浓墨重彩的一笔。同期还举行了相关研讨会。

广州知识产权法院东莞诉讼服务处是广州知识产权法院设立的全省第三家远程服务处，作为广州知识产权法院立案窗口的延伸，通过远程视频对接，为东莞地区诉讼当事人提供包括立案咨询、指导调解、案件指导、远程答疑、远程接访、法治宣传等在内的一系列诉讼服务，让数据多跑路，群众少跑腿。

广州知识产权法院在松山湖设立诉讼服务处的目的就是把知识产权法院给企业提供的司法保护延伸到企业的门口，让当地高新企业对知识产权法律保护有更进一步的认识。另外，尽可能节省东莞市知识产权案件诉讼当事人往返广州知识产权法院参与诉讼的交通成本和时间成本，切实有效提升权利人维权效率，实现快速维权，让司法改革红利真正惠及广大企业，同时进一步织好知识产权保护的司法保护网❷。

2018 年 5 月 22 日，广州知识产权法院正式复函东莞市知识产权局，同意东莞诉讼服务处立案受理东莞地区知识产权一审民事案件，至此，东莞诉讼服务处成为全省第一个实现本地立案受理知识产权案件的诉讼服务点，标志着全省知识产权诉讼服务又再实现新发展。

此次东莞诉讼服务处职能的优化升级，将为东莞地区的当事人及其代理机构提供从材料接收、现场审核、系统立案、公文出具到网上立案快速审查等"一站式""全流程"的快捷、高效服务❸。

---

❶ 东莞市第三人民法院 ［EB/OL］. ［2018 – 12 – 07］. http：//www. dsfy. dg. gov. cn/web/home.

❷ 东莞市科学技术局. 广州知识产权法院东莞诉讼服务处正式成立 ［EB/OL］. ［2018 – 12 – 07］. http：//www. dg. gov. cn/007330117/0802/201704/8e418e1584934b75a1009c99fb91bae7. shtml.

❸ 东莞诉讼服务处成为广东省首个受理知识产权案件的诉讼服务点 ［EB/OL］. （2018 – 06 – 08） ［2018 – 12 – 07］. http：//home. gdipo. gov. cn/gdipo/dsipodt/201806/d9a685735e78430b8bca5581ea656a 5b. shtml。

2. 行政保护

行政执法保护是知识产权保护中不可替代的重要部分。较之被动性、程序性、中立性较强的司法救济措施，行政执法能够主动、快捷地制止知识产权的侵权行为。行政执法部门既可以依权利人的申请，及时制止有关侵权行为；也可以依自身职权主动搜集证据、展开调查，并对侵权纠纷进行处理。同时配合上门查处、扣押等执法措施，以及没收、罚款等行政处罚手段，保障知识产权权利人的合法权益。

东莞市在本市知识产权局的统筹指导下，各级知识产权行政执法部门加大了知识产权的执法、普法工作，初步建立了知识产权执法协作机制。

一方面，东莞市知识产权局积极组织开展全市重大经济活动知识产权特别审查，并负责知识产权预警机制的建立和研究分析工作；开展专利行政执法及市场监督管理工作，处理和调解专利纠纷案件，查处假冒专利行为；承办专利行政复议、行政诉讼应诉工作；负责知识产权维权援助工作，保障知识产权行政执法的效益。

另一方面，东莞市知识产权局联合市科学技术局组织协调全市知识产权的有关工作，在重大涉外知识产权纠纷与争端上协调有关机构研究合理解决的方案，并负责维权援助中心有关工作，推动东莞市知识产权保护体系的建设。

（1）东莞市知识产权部门 2016～2017 年专利纠纷案件收结情况。

东莞市知识产权行政执法部门近年来在行政执法案件的收结数量上有着较快增长。2017 年，东莞市知识产权局专利纠纷案件共收案 192 件，相比 2016 年同期的 96 件翻了一番。广东省全省各地市知识产权局 2017 年全年专利纠纷案件共收案 3687 件❶，较 2016 年的 2808 件同比增长 31.3%❷。详情见图 6 - 8。

---

❶ 2017 广东省专利统计数据［EB/OL］.［2018 - 12 - 12］. http：//home. gdipo. gov. cn/gdipo/ndtj/201805/99 e60066 bfbe4 c089844 fbe4 fd293 c35. shtml。

❷ 2016 广东省专利统计数据小册子［EB/OL］.［2016 - 12 - 12］. http：//home. gdipo. gov. cn/gdipo/ndtj/201705/01 e7 ecc7767747 f1 b638 e387 ae844 c53. shtml。

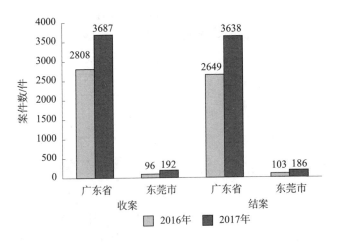

图6-8 2016~2017年广东省、东莞市专利纠纷案件收结情况

2016年东莞市专利纠纷案件的收案数量仅占全省收案总量的3.4%,而在2017年这个数字上升为5.2%。在结案数量方面,2016年广东省全省结案总量为2649件,东莞市结案103件,占比3.9%。2017年东莞市知识产权局专利纠纷案件共结案186件,全省结案总量为3638件,东莞市占5.1%,同样有着较快增长。案件收结数量的同步提高,反映出近年来东莞市知识产权局的知识产权保护工作开展较好。

根据2016~2017年两年的广东省专利统计数据年报,将广东省部分地市知识产权局行政执法收案、结案状况列出作为对比。

根据数据,包括东莞市在内的5个地市在案件收案结案数量的增长率上成绩显著,2016~2017年5个地市的收案结案数量的增长率同比均超过广东省当年的平均增长率。同时。东莞市2016~2017年的案件收结数量的增长水平也在5个地市当中位于前列。详情见表6-21和表6-22。

表6-21 广东省部分地级以上市2016~2017年
专利纠纷案件收案数量及增长情况

单位:件

年份	广东省	东莞市	广州市	深圳市	中山市	佛山市
2016年	2808	96	384	87	580	26
2017年	3687	192	1058	203	790	174
增长率/%	31.3%	100%	175.6%	133.3%	36.2%	569.2%

表6－22　广东省部分地级以上市2016～2017年

专利纠纷案件结案数量及增长情况　　　　　　　单位：件

年份	广东省	东莞市	广州市	深圳市	中山市	佛山市
2016年	2649	103	344	88	559	25
2017年	3638	186	1103	121	801	170
增长率/%	37.3%	80.6%	220.6%	37.5%	43.3%	580.0%

在收案数量方面，东莞市2017年共收案192件，2016年为96件，增长100%，增长幅度远高于中山市的36.2%，仅次于深圳市的133.3%、广州市的175.6%、佛山市的569.2%，在5个地市中排名第四。在结案数量方面，东莞市2017年共结案186件，2016年共结案103件，同比增长80.6%，增长幅度仅低于广州市的220.6%和佛山市的580.0%，位列5个地市中的第三，高于深圳市的37.5%和中山市的43.3%。

通过对知识产权行政执法部门受理的纠纷案件进行归类，可以将纠纷案件具体分为侵权、权属、其他以及查处假冒专利行为几大类，详情见表6－23和表6－24。

表6－23　2016年广东省专利执法统计详细数据❶　　　　　单位：件

执法部门	专利纠纷案件情况					查处假冒专利行为	
	纠纷案件受理				纠纷案件结案	假冒立案	假冒结案
	专利数量	纠纷种类					
		侵权	权属	其他			
广东省知识产权局	1420	1420	0	0	1291	0	0
东莞市知识产权局	96	96	0	0	103	19	19
广州市知识产权局	384	313	0	71	344	770	770
深圳市知识产权局	87	86	0	1	88	28	28
中山市知识产权局	580	579	0	1	559	15	15
佛山市知识产权局	26	26	0	0	25	57	57
全省合计	2808	2734	0	74	2649	1230	1230

---

❶　2016广东省专利统计数据小册子［EB/OL］．［2018－12－12］．http：//home.gdipo.gov.cn/gdipo/ndtj/201705/01e7ecc7767747f1b638e387ae844c53.shtml.

表6-24　2017年广东省专利执法统计详细数据❶　　　　单位：件

执法部门	专利纠纷案件情况					查处假冒专利行为	
	纠纷案件受理				纠纷案件结案	假冒立案	假冒结案
	专利数量	纠纷种类					
		侵权	权属	其他			
广东省知识产权局	704	704	0	0	679	0	0
东莞市知识产权局	192	192	0	0	186	30	30
广州市知识产权局	1058	1058	0	0	1103	1422	1422
深圳市知识产权局	203	200	0	3	121	116	116
中山市知识产权局	790	693	0	97	801	31	31
佛山市知识产权局	174	174	0	0	170	27	27
全省合计	3687	3586	0	101	3638	2179	2179

根据数据统计，2017年广东省专利执法中的各项统计数据均较2016年稳步上升，案件收结数量整体保持较快增长。2016年全省专利行政执法部门共收案2808件，2017年全省共收案3687件，同比增长31.3%。在5个地市当中，东莞市的侵权案件收案数量、查处假冒专利行为的收案数量均较2016年有所增长。2年间，东莞市在收案、结案数量上也仅次于广州市和中山市，多于深圳市和佛山市，位列5个地市中的第三位。

（2）东莞市2016~2017年专利行政执法状况。

在专利行政执法案件的收案数量方面，根据广东省知识产权局公布的广东省各地级以上市专利行政执法统计数据，2017年，全省各级知识产权局各类专利案件共收案5866件，❷远超2016年同期的4038件，❸同比增长45.3%。东莞市知识产权局2017年全年共收案222件，2016年同期为115件，同比增长93.0%，大大高于广东省同期平均增长率（详情见图6-9）。

❶　2017广东省专利统计数据［EB/OL］．［2018-12-12］．http：//home.gdipo.gov.cn/gdipo/ndtj/201805/99e60066bfbe4c089844fbe4fd293c35.shtml．
❷　2018年各地级以上市专利行政执法数据尚未更新，故未列明。2017年广东省各地级以上市专利行政执法状况［EB/OL］．［2018-12-07］．http：//home.gdipo.gov.cn/gdipo/zlbh/201806/82c836c5e9e0416684dd0d5aabe0fe38.shtml．
❸　2016年广东省各地级以上市专利行政执法状况［EB/OL］．［2018-12-07］．http：//home.gdipo.gov.cn/gdipo/zlbh/201706/bbda3e066cd24d0d939dc27048e363be.shtml．

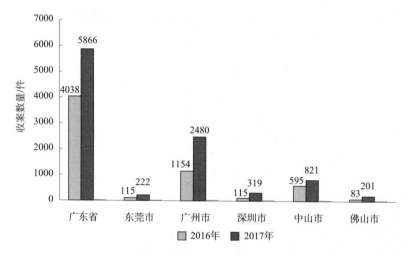

图6-9 广东省各地级以上市2016～2017年专利行政执法案件收案数据

从收案情况上看，东莞市在2016年以115件的数量仅次于广州市的1154件和中山市的595件，与深圳市并列排在5个地市中的第三位。而2017年，东莞市共收案222件，同比增长93.0%，增长率在5个地市中排名第四位，高于中山市的38.0%，低于广州市的115.0%、深圳市的177.4%和佛山市的142.2%。

在专利行政执法案件的结案数量方面，2017年，全省结案数量为5817件，2016年同期共结案3879件，同比增长了近一半，达49.96%。东莞市2016年共结案122件，2017年这个数字上升至216件，同比增长77.0%，高于广东省平均增长率（详情见图6-10）。

从结案情况上看，东莞市2016年共结案122件，在5个地市中排名第三位，仅次于广州市的1114件和中山市的574件，高于深圳市的116件和佛山市的82件。而2017年共结案216件，同比增长率为77.0%，在五个地市中排名第四位，低于深圳市的104.3%、广州市的126.7%和佛山市的140.2%，但高于中山市的45.0%和全省平均增长率49.96%。

根据广东省2016年各地级以上市专利行政执法情况，可以将所有收案案件进一步分类：主要可分为侵权案件、查处假冒专利行为两类。其中，2016年东莞市各类专利案件共收案115件，占2016年全省收案总量的2.8%。其中侵权案件共96件，占全省收案总量的3.5%，查处假冒专利行为19件，占全省收案总量的1.5%（详情见表6-25）。

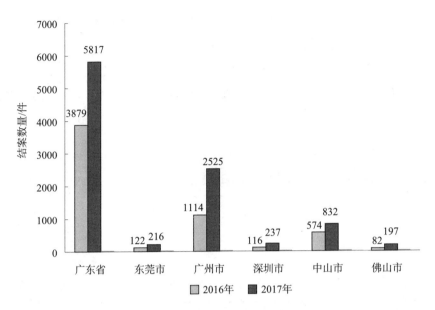

图 6 - 10　广东省各地级以上市 **2016 ~ 2017** 年专利行政执法案件结案数据

表 6 - 25　**2016** 年广东省部分地级以上市专利行政执法状况❶　　　　单位：件

执法部门	案件统计情况						
	案件受理统计			案件结案统计			
	合计	纠纷种类		查处假冒专利行为	合计	结案方式		查处假冒专利行为
		侵权	其他	假冒立案		侵权	其他	假冒结案
广东省知识产权局	1420	1420	0	0	1291	1291	0	0
东莞市知识产权局	115	96	0	19	122	103		19
广州市知识产权局	1154	313	71	770	1114	306	38	770
深圳市知识产权局	115	86	1	28	116	87	1	28
中山市知识产权局	595	579	1	15	574	558	1	15
佛山市知识产权局	83	26	0	57	82	25	0	57
全省合计	4038	2734	74	1230	3879	2608	41	1230

　　在结案数量方面，2016 年东莞市各类专利案件共结案 122 件，占 2016 年

---

　　❶ 2016 年广东省各地级以上市专利行政执法状况［EB/OL］．［2018 - 12 - 07］．http：//
home. gdipo. gov. cn/gdipo/zlbh/201706/bbda3e066cd24d0d939dc27048e363be. shtml。

全省结案总量的 3.1%。其中侵权案件共 103 件，占全省结案总量的 3.9%，查处假冒专利行为 19 件，占全省结案总量的 1.5%。

根据 2017 年广东省部分地级以上市专利行政执法状况，2017 年东莞市各类专利案件收案总量为 222 件，占 2017 年全省收案总量的 3.8%，其中侵权案件 192 件，占全省收案总量的 5.4%，查处假冒专利行为 30 件，占全省收案总量的 1.4%（详见表 6 - 26）。

表 6 - 26　2017 年广东省部分地级以上市专利行政执法状况❶　　单位：件

执法部门	案件统计情况						
	案件受理统计			案件结案统计			
	合计	纠纷种类		查处假冒专利行为	合计	结案方式		查处假冒专利行为
		侵权	其他	假冒立案		侵权	其他	假冒结案
广东省知识产权局	704	704	0	0	679	679	0	0
东莞市知识产权局	222	192	0	30	216	186	0	30
广州市知识产权局	2480	1058	0	1422	2525	1070	33	1422
深圳市知识产权局	319	200	3	116	237	118	3	116
中山市知识产权局	821	693	97	31	832	704	97	31
佛山市知识产权局	201	174	0	27	197	170	0	27
全省合计	5866	3586	101	2179	5817	3505	133	2179

在结案数量方面，2017 年东莞市各类专利案件结案总量为 216 件，占 2017 年全省结案总量的 3.7%，其中侵权案件 186 件，占全省结案总量的 5.3%，查处假冒专利行为 30 件，占全省结案总量的 1.4%。

（3）东莞市行政执法典型案例。

2018 年 1 月 25 日，东莞市知识产权局收到宁波稳泰运动器材有限公司的举报，举报材料称：东莞市德雷实业有限公司在其产品（高尔夫球车）外包装箱上标注有"PATENT#：US 8191920B2"等字样，该美国专利专利权人是

❶ 2017 年广东省各地级以上市专利行政执法状况［EB/OL］.［2018 - 12 - 07］. http：//home. gdipo. gov. cn/gdipo/zlbh/201806/82c836c5e9e0416684dd0d5aabe0fe38. shtml. 由于数据缺失，2018 年专利行政执法情况未列明。

宁波稳泰运动器材有限公司，该专利权并无许可或者授权给东莞市德雷实业有限公司使用，因此，东莞市德雷实业有限公司涉嫌假冒专利。经调查，东莞市德雷实业有限公司无此专利权，东莞市德雷实业有限公司涉嫌假冒专利。2018年1月26日，东莞市知识产权局予以立案查处。

2018年1月29日，东莞市知识产权局执法人员对东莞市德雷实业有限公司进行了现场调查和核实。现场发现该公司有生产、销售名称为"一步收合高尔夫球车"的产品，该产品外包装箱上标注有"PATENT #：US 8191920B2"等字样，该专利权人宁波稳泰运动器材有限公司并无将专利权授权给东莞市德雷实业有限公司，东莞市德雷实业有限公司从2017年12月开始生产上述产品，共生产了外包装箱上标注有"PATENT#：US 8191920B2"等字样的产品120台，销售了40台，现库存80台，该产品生产成本280元/台，售价358元/台。该公司未经专利权人许可使用他人的专利号，使公众将所涉及的技术或者设计误认为是该公司的专利技术或者专利设计，根据《中华人民共和国专利法实施细则》第84条的规定，东莞市德雷实业有限公司的行为属于假冒专利行为。依据《中华人民共和国专利法》第63条的规定，执法人员责令该公司予以整改。①立即停止标注行为，消除尚未售出的产品和其包装上的专利标识；②立即停止销售上述产品。

2018年1月31日，东莞市知识产权局拟作出行政处罚告知违法嫌疑人，并告知其有陈述申辩的权利，被处罚人可在规定期限内提出陈述申辩意见。

2018年2月6日，被处罚人在规定期限内没有提出陈述申辩意见。

根据现场证据：①现场勘验笔录；②现场勘验检查登记清单和证据登记保存清单；③执法人员现场检查图片和产品库存图片；④其他证明材料（海关出口数据清单）复印件。

依据《中华人民共和国专利法实施细则》第84条，以上行为已构成假冒专利行为。

鉴于东莞市德雷实业有限公司上述假冒专利行为和积极配合调查并主动采取整改等从轻情节。根据《中华人民共和国专利法》第63条、第64条，《专利行政执法办法》第45条，《中华人民共和国行政处罚法》第38条，《东莞市知识产权局专利行政处罚自由裁量权适用标准》的规定，现决定作出如下行政处罚：

① 没收违法所得 14320 元；

② 罚款人民币 42960 元。❶

东莞市知识产权局通过"以案释法"——公布典型案例的方式，引导社会公众自觉遵守知识产权相关法律法规，既节省了执法力量，又以平和的手段达到了行政执法的效果。

3. 会展保护

（1）举办会展数量较多且成果显著。

东莞作为一个刚刚入选由中国会展经济研究会❷评出的"2017 年度中国十佳会展城市"的会展强市，近年来，以"加博会""台博会""海丝博览会"等为代表的一系列高规格大型展会作为经济发展推手，带动东莞众多产业迸发出新的活力。据东莞市商务局统计，东莞每年举办较具规模的展会 60 场左右，相当于每 6 天就有一个展会。其中，以中国加工贸易产品博览会和广东 21 世纪海上丝绸之路国际博览会为代表的会展取得了硕大成果，加强了东莞市企业与国内外企业高新技术和知识产权的交流。

中国加工贸易产品博览会（简称"加博会"）创办于 2009 年，2012 年升格为国家级展会，至今已成功举办 9 届。2017 年加博会已于 4 月 20~23 日在东莞市成功举办，共吸引了来自全国 15 个省市及港澳台地区的 859 家企业参展，比 2016 年增长 6.4%。展会期间，共举办各类活动 42 场，其中大型配套活动 17 场，新品发布活动 13 场，专业采购对接会 12 场，累计上万人次参会。2017 年加博会入场观展采购的人数达 6.9 万人次，同比增长 17%，其中，专业观众达 2.3 万人次，同比增长 15%，两项数据增速均保持两位数的增长。展会共达成 8100 个商贸合作项目（含合同、协议和意向），同比增长 4.6%；意向成交金额达 998 亿元，同比增长约 3.3%。展会首次设置了消费品"三

---

❶ "以案释法"典型案例之东莞市德雷实业有限公司涉嫌假冒专利 [EB/OL]. [2018－02－07]. http://www.dgstb.gov.cn/dgstb/xzzfcf/201809/4f74dead55ab41e38e95871f794eb6ab.shtml.
❷ 中国会展经济研究会已连续第二年编制《年度中国城市会展业竞争力指数（CCCECI）报告》。该指数是目前中国会展行业最具权威性、科学性的评估指数，对城市会展业提升竞争力具有较强的指导性和操作性。

同"产品❶专区,东莞有 12 家参加第一批消费品"三同"工程试点的企业
里,其中有东莞美驰图实业有限公司、名门(中国)幼童用品有限公司、东
莞龙昌玩具有限公司等知名企业,向参展的国内外企业展示了东莞市企业在
高新技术方面的实力和成果。加博会荣获"2017 年度中国品牌展览会金
奖"。❷

广东 21 世纪海上丝绸之路国际博览会(简称"海丝博览会")创办于
2014 年,是广东省落实国家"一带一路"倡议的平台,至今已成功举办 3
届。2017 年 10 月 27 日至 30 日,海丝博览会在中国广东省东莞市成功举办,
共有 73 个海丝沿线国家/地区参展参会,1526 家企业参展,展示了港口、码
头、高铁、高速公路、电力、电信等基础设施建设项目,促进了高新技术的
交流和传播。海丝博览会等展会荣获"2017 年度中国品牌展览会金奖"。❸

根据《东莞市促进会展业发展专项资金管理办法》,东莞市仍在积极推动
会展业发展,在符合东莞市支柱产业、特色产业、战略性新兴产业发展和国
家"一带一路"倡议的范围内,能有效推动东莞产业发展,充分发挥引导和
激励作用,带动产业高级化,打造创新型经济强市的会展项目,可按"一事
一议"的原则,经市政府同意后,在专项资金中直接安排经费给予支持。

(2)中国东莞(家具)知识产权快速维权中心专利维权服务成果显著。

中国东莞(家具)知识产权快速维权中心于 2013 年 12 月在东莞成立。
中国东莞(家具)知识产权快速维权中心作为一个集专利申请、维权援助、
调解执法、司法审判于一体的一站式综合服务平台,该知识产权快速维权中
心与国家知识产权局内部网络直接对接,并获国家知识产权局相关公章和授
权处理相关专利行政审批事务。中国东莞(家具)知识产权快速维权中心自
成立以来,在专利维权服务方面取得了显著的成果。2017 年,中国东莞(家
具)知识产权快速维权援助中心快速授权通道备案企业 68 家,共受理 104 件
专利侵权案件,包括展会 49 件,电商 8 件;受理家具专利预审申请 710 件,

---

❶ "三同"指的是企业在同一条生产线上,按照相同的标准生产出口和内销产品,使供应国内
市场和供应国际市场的产品达到相同的质量水准。

❷❸ 东莞入选 2017 年"中国最具竞争力会展城市"[EB/OL]. [2018-11-27]. http://
www.dg.gov.cn/cndg/dgNews/201711/43c1ab9f5bda4c3bb70360388703b183.shtml。

已获得授权 710 件，提供专利维权咨询和解答共 600 多起。❶

（3）"国际名家具展"驻会维权服务工作效果初显。

自 2017 年起，东莞知识产权管理部门已经连续两年在"国际名家具展"开展驻会维权服务工作。市知识产权局、中国东莞（家具）知识产权快速维权援助中心、中国（东莞）知识产权维权援助中心共同进驻展会，联合开展知识产权维权援助服务和知识产权宣传工作。

有关驻会维权工作采取"专家驻会"的形式，开展展会专利纠纷、行政查处假冒专利行为与大力宣传专利法律法规并重的"打宣结合"工作模式，并安排"保护知识产权志愿者"配合专家开展工作。两年来，在展会期间，投诉站受理并快速处理专利侵权纠纷投诉案件 25 件，其中认定侵权 12 件并及时对涉嫌侵权产品采取撤展、遮盖等措施。派出知识产权专家 49 人次，受理各类咨询近 151 人次，派发宣传资料 1400 余份。❷

（四）知识产权中介机构发展状况

2008 年 6 月 5 日，国务院颁布了《国家知识产权战略纲要》，重要举措之一是"发展知识产权中介服务"。国家知识产权局制定了《专利代理中长期发展规划（2009～2015）》。2008～2012 年，全国专利代理机构数量以平均每年 50 家左右的数量平缓增长。从 2013 年开始，全国代理机构数量突破 1000 家，专利代理机构数量开始呈现大幅增长趋势，之后的几年，每年新增代理机构均在 100 家以上。2017 年增长最为迅速，较 2016 年增加 313 家，增长率为 20.71%。截至 2017 年底，专利代理机构总量达到 1824 家，与 2008 年相比增加了 159.09%。❸

知识产权代理主要是指专利、商标、著作权、商业秘密、植物新品种、

---

❶ 广东省知识产权局. 2017 广东省专利统计数据［EB/OL］.［2018 - 11 - 27］. http：// home. gdipo. gov. cn/gdipo/ndtj/201805/99 e60066 bfbe4c089844 fbe4 fd293 c35. shtml。

❷ 东莞市科学技术局. 我局开展"第 38 届国际名家具展"驻会维权服务工作［EB/OL］.［2018 - 11 - 27］. http：//www. dgstb. gov. cn/dgstb/gzdta/201708/bfe44b0138764d1fb56d1d891f6ad52a. shtml.

❸ 刘菊芳. 论改革开放背景下知识产权服务业发展［J］. 中国发明与专利，2018，15（8）：57 - 68.

特定领域等各类知识产权"获权－用权－维权"等相关服务及衍生服务的集合，知识产权代理能够更好地促进智力成果权利化、商用化、产业化。知识产权代理等相关服务已是现代服务业和生产性服务业的重要内容、高技术服务业发展的重点领域。知识产权代理服务作为"催化剂""助推器"，有利于充分发挥知识产权创造、运用、保护和管理的作用，提高创新效益，推动经济高质量发展。

1. 东莞市专利代理机构数量较多

一个地区的专利代理机构数量的多少是该区域专利保护意识、知识产权保护意识专利市场活跃度的直接体现。专利代理机构越多，表明该区域在专利申请、专利技术交易市场上表现得越突出、越活跃，同时表明当地在知识产权保护意识上较为重视，专利保护意识知识普及工作开展得比较出色。

根据国家知识产权局（专利代理管理系统）的网站显示，目前广东仅有350家机构享有专利代理机构资格。而持有"双证"的广东省内律所❶目前仅有37家，其中东莞市有10家，数量位居全省第二位。详情见表6－27。

表6－27 广东省"双证"律所分布 单位：家

城市	数量	城市	数量	城市	数量
深圳	14	东莞	10	广州	8
佛山	2	中山	2	珠海	1

东莞市作为一个以打造知识产权强市为目标的城市，近年来，格外注重知识产权产业的发展。东莞市科学技术局于2018年8月20日发布了东莞市专利代理机构名录。根据统计数据显示，截至发布日，东莞市全市登记在东莞市科学技术局下的知识产权专利代理机构（含分支机构）共有63家。

2. 东莞市专利代理机构专利代理授权数量较大

在专利代理方面，根据广东省知识产权公共信息综合服务平台，2017年

---

❶ "双证律所"是指在具有律师事务所执业许可的同时，获得专利代理机构注册证的法律服务机构。

1 月 1 日至 2018 年 10 月 31 日，东莞市专利代理机构共获专利授权 106694 件，其中，发明授权 447 件，发明专利 31593 件，实用新型 57759 件，外观设计 16895 件。根据广东省知识产权局公布的数据，截至 2018 年 5 月 7 日，东莞市共有 16 家专利代理机构专利代理授权情况获公布，详情见表 6 - 28。

表 6 - 28　2017 年东莞市专利代理机构代理专利授权情况❶

代理机构代码	城市	代理机构名称	授权量/件			
			发明	实用新型	外观设计	总计
44215	东莞市	东莞市华南专利商标事务所有限公司	475	2080	1556	4111
44231	东莞市	东莞市中正知识产权事务所	90	904	5686	6680
44249	东莞市	东莞市创益专利事务所	20	178	126	324
44251	东莞市	东莞市神州众达专利商标事务所（普通合伙）	63	1613	670	2346
44272	东莞市	东莞市冠诚知识产权代理有限公司	109	441	226	776
44284	东莞市	东莞市科安知识产权代理事务所（普通合伙）	43	935	250	1228
44308	东莞市	东莞市展智知识产权代理事务所（普通合伙）	9	154	125	288
44330	东莞市	东莞市说文知识产权代理事务所（普通合伙）	26	505	227	758
44332	东莞市	广东莞信律师事务所	191	754	155	1100
44371	东莞市	东莞众业知识产权代理事务所（普通合伙）	3	235	37	275
44389	东莞市	东莞市兴邦知识产权代理事务所（特殊普通合伙）	0	298	71	369
44391	东莞市	东莞市十方专利代理事务所（普通合伙）	0	111	17	128
44400	东莞市	东莞市永桥知识产权代理事务所（普通合伙）	0	204	11	215
44412	东莞市	东莞恒成知识产权代理事务所（普通合伙）	0	258	51	309
44424	东莞市	东莞市奥丰知识产权代理事务所（普通合伙）	0	155	8	163
44429	东莞市	东莞卓为知识产权代理事务所（普通合伙）	0	22	6	28

从表 6 - 28 的数据得知，2017 年上述 16 家专利代理机构代理专利授权数量共计 19080 件，其中发明专利 1029 件，实用新型专利 8847 件，外观设计专利 9222 件。代理专利授权数量排名前三位的专利代理机构是东莞市中正知识

❶　2017 年广东省专利代理机构代理专利授权情况［EB/OL］. ［2018 - 11 - 28］. http：// home. gdipo. gov. cn/gdipo/zldl/201805/548769dcd7aa471b9c5766202f10e97c. shtml。

产权事务所、东莞市华南专利商标事务所有限公司、东莞市神州众达专利商标事务所，代理专利授权数量分别为6680件、4111件、2346件；代理发明专利授权数量排名前三位的专利代理机构是东莞市华南专利商标事务所有限公司、广东莞信律师事务所、东莞市冠诚知识产权代理有限公司，代理发明授权数量分别为475件、191件、109件；代理实用新型专利授权数量的专利代理机构排名前三位的专利代理机构是东莞市华南专利商标事务所有限公司、东莞市神州众达专利商标事务所、东莞市科安知识产权代理事务所，代理实用新型授权数量分别为2080件、1613件、935件；代理外观设计专利授权数量的专利代理机构排名前三位的是东莞市中正知识产权事务所、东莞市华南专利商标事务所有限公司、东莞市神州众达专利商标事务所，代理外观设计专利授权数量分别为5686件、1556件、670件。此外，排名首位的东莞市中正知识产权事务所专利代理专利授权量为6680件，而排名末位的东莞卓为知识产权代理事务所代理专利授权量仅有28件，差距极为悬殊。

3. 东莞市商标代理机构代理商标申请数量较大

IPRdaily与国方商标软件联合发布了"2017年东莞市代理机构商标申请量榜单（TOP20）"，数据提取时间范围为2017年1月1日至2017年12月31日，该统计数据不包含已提交申请但未在商标局官网公布的商标数据。详情见表6-29❶。

表6-29　2017年东莞市代理机构商标申请量榜单（TOP20）

排名	代理机构名称	申请量/件
1	东莞市锦标知识产权代理有限公司	2737
2	广东六指山企业服务有限公司	2246
3	东莞市萃智知识产权服务有限公司	2128
4	广东利天下知识产权代理有限公司	1756

---

❶ 2018年上半年东莞代理机构商标申请量排行榜（TOP 20）［EB/OL］.［2018-11-29］. http：//www. iprdaily. cn/article_19696. html。

续表

排名	代理机构名称	申请量/件
5	东莞市立铭商标事务所有限公司	1440
6	东莞市捷信知识产权代理有限公司	1387
7	东莞市华南专利商标事务所有限公司	1348
8	东莞市国熙品牌管理有限公司	1312
9	东莞市诚纪企业管理咨询有限公司	1309
10	东莞市标桔知识产权管理有限公司	1304
11	东莞市凯信知识产权代理有限公司	1100
12	东莞市尚标文化传播有限公司	981
13	东莞市领航知识产权服务有限公司	943
14	东莞市四维知识产权服务有限公司	930
15	东莞市商盈知识产权服务有限公司	911
16	广东麦肯锡知识产权有限公司	911
17	东莞市百科知识产权服务有限公司	871
18	广东猴标知识产权代理有限公司	857
19	东莞市粤信商标代理有限公司	780
20	东莞市合为科技服务有限公司	700

从表 6 - 29 的数据得知，2017 年，东莞市排名前 20 位的代理机构商标申请量总计 25951 件，其中排名前五位的代理机构商标申请量合计 10307 件，约占申请总量的 40%；排名首位的东莞市锦标知识产权代理有限公司的商标申请量为 2737 件，而排名第 20 位的东莞市合为科技服务有限公司的商标申请量为 700 件，前者申请量为后者的 3.91 倍，差距比较悬殊。

IPRdaily 与国方商标软件联合发布了"2018 上半年东莞代理机构商标申请量排行榜（TOP 20）"，数据提取时间范围为 2018 年 1 月 1 日至 2018 年 6 月 30 日，该统计数据不包含已提交申请但未在商标局官网公布的商标数据。详情见表 6 - 30❶。

---

❶ 2018 年上半年东莞代理机构商标申请量排行榜（TOP 20）［EB/OL］. ［2018 - 11 - 29］. http：//www.iprdaily.cn/article_19696.html。

表 6 – 30　2018 上半年东莞代理机构商标申请量排行榜（TOP 20）

排名	代理机构名称	申请量/件
1	广东六指山企业服务有限公司	2543
2	东莞市萃智知识产权服务有限公司	1255
3	东莞市国熙品牌管理有限公司	908
4	东莞市华南专利商标事务所有限公司	806
5	东莞市标桔知识产权管理有限公司	784
6	东莞市立铭商标事务所有限公司	745
7	东莞市领航知识产权服务有限公司	705
8	东莞市罗尼奥知识产权代理有限公司	698
9	东莞市万标知识产权代理有限公司	661
10	广东利天下知识产权代理有限公司	634
11	广东凯信知识产权有限公司	623
12	东莞市捷信知识产权代理有限公司	601
13	东莞市尚标文化传播有限公司	598
14	广东麦肯锡知识产权有限公司	557
15	广东永越税务代理有限公司	517
16	东莞市德硕知识产权代理有限公司	462
17	东莞市粤信知识产权管理有限公司	440
18	东莞市粤成知识产权服务有限公司	436
19	东莞市商盈知识产权服务有限公司	420
20	东莞市四维知识产权服务有限公司	420

注：以上数据来源于国方商标软件，在软件中可查看/导出商标明细信息。

根据表 6 – 30 的数据可知，2018 年上半年东莞代理机构商标申请量总计 14813 件，排名前 5 位的代理机构商标申请量总计 6296 件，占申请总量的 42.5%；排名首位的广东六指山企业服务有限公司代理商标申请量为 2543 件，排名末位的东莞市思维知识产权服务有限公司代理商标申请量为 420 件，前者为后者的 6 倍，差距比较悬殊。

（五）知识产权人才培养和引进情况

1. 东莞市举办 2018 年专利代理人能力提升培训班

为加强东莞市知识产权服务能力建设，提高专利代理人专利代理能力，促进专利代理人与国家知识产权局专利局专利审查员的交流，进一步提高东莞市专利申请质量，2018 年 10 月 25～26 日，东莞市在东莞开放大学举办了为期两天的"专利代理人能力提升培训班"。

此次培训班由国家知识产权局专利局专利审查协作广东中心和东莞市知识产权局主办，东莞市知识产权保护协会协办。培训内容包括专利代理实务——申请文件的撰写、审查意见通知书的答复；专利申请的复审和专利权的无效宣告；发明与实用新型专利维权策略与侵权判定。来自东莞市科技企业与个人共 130 多名学员参加了培训。❶

2. 东莞市召开促进莞港澳科技人才交流合作座谈会

2018 年 5 月 28 日下午，东莞市召开促进莞港澳科技人才交流合作座谈会。会上，东莞市科技局汇报了莞港澳科技人才交流合作及创新驱动发展的最新情况。2017 年以来，东莞取得了高企数量、国家级孵化器数量、省级创新团队数量、发明专利授权量等均位列全省地级市第一，以及全社会研发投入、创新平台数量、对外交流合作、普惠性科技金融试点工作等均走在全省前列的优异成绩。同时，东莞历来注重与港澳的科技交流与合作，在高层次人才引进、创新团队引进、创新创业培优、研究生联合培养等方面倾注力量、扎实推进，涌现出松山湖国际机器人产业基地、港澳台科技创业学院等一批合作典范。接下来，将从优化区域创新布局、建设重大平台、重点项目、培育产业、实施核心技术攻关、加强对外交流合作和构建知识产权大保护格局上取得新突破。

市委市政府专门召开东莞市促进莞港澳科技人才交流座谈会，目的有两个，一是认真贯彻落实习近平总书记重要指示精神，二是切实把握住建设粤港澳大湾区和广深科技创新走廊的重大历史机遇，进一步推进莞港澳三地合作。接下来，东莞市委市政府将以更大的力度、更扎实的措施不断拓展莞港澳科技人才合作的空间，营造适合港澳科技人才发展的环境和土壤，尽可能地为港澳科技人才在东莞工作生活提供更优服务、创造更好条件，争取更多

---

❶ 东莞市科学技术局 ［EB/OL］. ［2018－11－26］. http：// www. dgstb. gov. cn/dgstb/gzdta/201811/2fafd0c8784a49a2b3ee2313a86d0491. shtml。

的港澳科技人才与项目落户东莞，推动莞港澳科技交流合作再上一个新台阶，实现共赢发展。❶

3. 东莞市召开 2018 年名校研究生培养（实践）基地政策宣讲会

2018 年 5 月 18 日上午，市名校研究生培育发展中心在电子科技大学广东电子信息工程研究院五楼报告厅召开东莞市名校研究生培养（实践）基地政策宣讲会。

经过一年多的建设，市名校研究生培养（实践）基地取得了丰硕成果，截至目前，东莞市与 32 家国内外知名高校已签订或有意向签订合作协议，共同开展研究生联合培养（实践）工作，共推动 70 多所高校的 573 名研究生来莞联合培养（实践），为 15 家研发机构和 59 家企业提供了高层次人才服务。虽然取得了一定的成绩，但与企业对高层次人才的需求相比，还有一定的差距，部分企业的人才需求还未得到满足，接下来仍需要向 3 个方面努力：一是要充分认识研究生联合培养（实践）工作的重要意义；二是希望企业积极参与研究生联合培养（实践）工作；三是加强管理，创造条件，让更多的研究生留在东莞。❷

三、展望和建议

（一）加强企业的知识产权建设

在各项政策和制度的支持下，东莞市企业在知识产权创造、运用、保护方面取得了较好成绩，2017 年，东莞市认定的高新技术企业数量为 4058 家，并且有 2 家企业专利申请数量排名省前十位，专利申请量合计高达 8000 多件。但是，东莞市企业在知识产权建设方面仍然存在不足。2018 年，东莞市

---

❶ 东莞市科学技术局［EB/OL］.［2018 - 11 - 26］. http：//www. dgstb. gov. cn/dgstb/gzdta/201806/73a10ea9d5a94748b5b24ca6b7968769. shtml。

❷ 东莞市科学技术局［EB/OL］.［2018 - 11 - 26］. http：//www. dgstb. gov. cn/dgstb/gzdta/201805/050988ecb5084ef5b2a464797ba2ea6d. shtml。

的国家优势企业和示范企业均只有 1 家，而 2017 年东莞市的国家优势企业和示范企业分别有 8 家和 3 家；国家优势企业和示范企业数量的下降可能有诸多因素影响，但也一定程度上反映了东莞市企业在知识产权建设方面仍然存在一些问题。

一是企业知识产权管理体系不够健全。大部分企业将多数资源投入新产品研发、市场推广，而对于专利技术的研发投入和重视尚显不足，企业利用知识产权法律来保护自己合法权益的权利意识以及规避侵犯他人知识产权的风险意识欠缺，企业在知识产权工作机构、人员方面力量比较薄弱，对知识产权重视程度不够。

二是企业知识产权战略规划能力低。要应对日益激烈的市场竞争，东莞市企业必须将知识产权作为企业发展的重要战略，力图在知识产权创新、转化、应用等方面取得突破和发挥重大作用。但是目前，东莞市许多企业没有将知识产权作为战略性资源，没有制定知识产权中长期战略规划，自身缺乏明确系统的发展理念，大部分企业在利用专利技术进行技术入股、技术转让、技术合作时没有进行科学规划和合理布局。

因此，要促进东莞市企业的知识产权创新、转化和应用，促进企业知识产权成果效益更进一步地提升，东莞市必须加强企业的知识产权建设，建立健全企业知识产权管理体系，制定和完善企业中长期发展规划与知识产权战略。

（二）进一步提高以专利为核心的知识产权成果数量和质量

2017～2018 年，东莞市以专利为核心的知识产权成果显著，专利的申请量和授权量均居全省第三位，为广东省地级市之首，且专利申请量和授权量的增长率高于全省平均水平。但是，东莞市以专利为核心的知识产权成果数量和质量仍然存有不足。

一方面，与排在前面的深圳、广州相比，东莞市的专利申请和授权在数量和质量上还是存在不小的差距。以深圳为例，2017 年，深圳的专利申请量和授权量分别为 177102 件和 94252 件，PCT 专利申请量和有效发明专利数量分别为 20457 件和 106917 件，而同时期的东莞专利申请量和授权量分别为

72948 件和 4969 件，PCT 专利申请量和有效发明专利数量分别为 1829 件和 17087 件，专利的申请量和授权量往往不到深圳的 40%，PCT 专利申请量不足深圳的 10%，有效发明专利数量不足深圳的 20%。两者对比之下，东莞与深圳的知识产权成果数量和质量差距较大。

另一方面，东莞市在发明、实用新型和外观设计的申请量和授权量的分布特征也体现了以专利为核心的知识产权成果数量和质量存在不足。以 2017 年为例，2017 年东莞市在专利申请方面，发明的申请量为 20402 件，实用新型的申请量为 48255 件；在专利授权方面，发明授权量为 4969 件，实用新型授权量为 30102 件，外观设计授权量为 10133 件。总的来说，东莞市的专利申请和授权以实用新型和外观设计居多，发明则相对较少，特别是发明的授权量，远低于前两者；此外，东莞市专利申请与授权的比例大约为 2∶1，而发明的申请与授权的比例则为 4∶1，东莞市发明呈现申请多但授权少的困境。

因此，东莞市应该积极采取以专利为核心的知识产权促进措施，如提高企业自主创新能力、加强对知识产权的保护力度、加强知识产权创新体系建设等，进一步提高以专利为核心的知识产权成果数量和质量。

（三）加大对知识产权发展靠后的镇街的支持

东莞市各镇街在国家、省、市各项制度和政策的指导下，大力推动以专利为核心的知识产权事业向前发展，2017～2018 年，东莞市各镇街总体上专利的申请和授权量得到发展。但是，虽然整体上东莞市的知识产权事业有所发展，也难掩地区发展不平衡的问题，尤其在发明这一板块上，东莞市部分镇街发展缓慢，低于全市平均水平。

一方面，东莞市知识产权发展靠后的镇街的发明申请量和授权量数量较小。以 2017 年为例，2017 年东莞全市的发明申请量和授权量分别为 20402 件和 4969 件。其中排名前三位的镇街申请量共计 14401 件，占全市申请量的 70.58%，授权量共计 2939 件，占全市授权量的 59.14%；而其他镇街的发明申请量和授权量仅占大约 3 成和 4 成。在发明数量靠后的镇街中，如洪梅镇，2017 年发明的申请量为 31 件，授权量为 20 件，与排名首位的长安镇的 8475 件发明申请量和 1606 件发明授权量相比，差距极为悬殊。

另一方面，知识产权发展靠后的镇街的发明申请和授权同比增长缓慢。2017～2018年，东莞市大部分镇街的发明申请量和授权量呈正增长，但也有不少的镇街发明的申请量和授权量为负增长。以2017年为例，2017年，东莞市有5个镇街的发明申请量同比增长为负数，而发明授权量同比增长为负数的镇街更是多达11个。而且，这些申请量和授权量增长为负数的镇街往往也是发明申请和授权的数量处在靠后位置的镇街，综合反映了这些落后镇街知识产权发展并不理想。

东莞市要实现以专利为中心的知识产权事业更进一步的发展，就必须避免知识产权发展靠后的镇街"拖后腿"的情况出现，因此必须加大对知识产权发展靠后的镇街的支持，加大对这些镇街的技术投入和技术引进，促进这些镇街的产业升级和知识产权创新。

（四）加强知识产权成果转化

2017～2018年，东莞市以专利为核心的知识产权成果显著，数据显示，2016年的科技对东莞经济增长的贡献率超过55%，彰显了东莞市知识产权技术成果转化和应用能力相对较强。但是，东莞市在知识产权成果转化方面仍然存有不足。

从东莞市的实际情况来看，东莞市高等院校及其相关科研机构是知识产权创造的主要力量，也是科研项目的主要承担者。《关于〈东莞市科技成果双转化行动计划（2018～2020年）〉的政策解读》中指出，《东莞市科技成果双转化行动计划（2018～2020年）》是解决东莞市高校院所在科技成果转化中所面临问题的需要，据不完全统计，大部分高校院所的科技成果转化率不足20%，有的甚至不足10%。可见，东莞市高校院所的科技成果转化率较低的问题亟待解决。

出现科技成果转化率较低的原因是：一方面，由于高等院校及其相关科研机构并非完全的市场主体，并非处于市场的中心，往往会缺乏专利成果转化实施的经验和能力，不足以承担起知识产权成果转化和应用的任务。另一方面，承担科研项目的高校和企业之间沟通和交流存在不足，并未建立一个信息畅通的技术交流平台，两者在知识产权的转让和实施方面也没有一个行之有效的制度建设。最后，大部分的产学研合作都仅仅立足于某个项目，合作目标比较单一，没有深化到高校科研方向以及企业生产制度的合作当中，合作始于项目也终于项目，难以保证知识产权成果的进一步深入研究和持续发展。

评价一个地区的知识产权发展实力，除了要看知识成果创造总量，更要重视知识产权成果的转化和应用。因此，未来东莞要促进知识产权事业的进一步发展，就必须加强知识产权成果转化，构建完善的转化运用体系，开展知识产权成果转化的各项活动，贯彻落实知识产权成果转化制度和政策。

（五）加强知识产权的行政保护和司法保护

2017~2018年，东莞市知识产权的执法保护和司法保护成果显著，知识产权执法部门和司法部门在知识产权纠纷收案和结案数量都增长较快，但是，东莞市知识产权的执法保护和司法保护仍然存在一些问题。

一是知识产权保护环境有待进一步优化。一方面，东莞市知识产权行政保护与司法保护的协同机制有待完善，执法机关与司法机关在处理知识产权案件时具有不同的事实认定标准、证据认定标准、裁量标准等，容易造成保护方式的混乱，不利于形成协调统一的知识产权保护环境。另一方面，司法机关应对新型案件的解决机制有待完善，东莞市知识产权案件呈现出侵权对象日益多元化、纠纷主体类型复杂、利用信息网络侵害知识产权案件高发、商业维权和批量维权的比例较大等新特点，新型案件层出不穷，法院面对这些新特点、新类型的案件有时缺乏完善的应对机制，不利于纠纷的高效解决。

二是知识产权执法和司法力量有待充实。一方面，执法人员队伍建设有待加强，东莞市知识产权行政执法队伍力量不足，由于知识产权专业性较强，对于执法人员的素质要求较高，现有的执法队伍总体上还不能满足知识产权行政执法的要求。另一方面，审判队伍建设有待加强，面对数量日益增长、类型层出不穷的知识产权纠纷，东莞市知识产权审判队伍的业务能力、专业素养、知识结构、审判作风等方面建设有待进一步加强，有资料显示，东莞市司法机关专业人才在近几年流失较多，加上司法辅助人员严重不足，聘员流动快，案多人少矛盾突出，专业审判受到影响。

因此，为了构建健全的知识产权行政和司法保障体系，促进东莞市知识产权事业健康快速发展，必须加强知识产权的行政保护和司法保护，优化知识产权保护环境，打造专业的知识产权执法和司法队伍。

（六） 加强知识产权会展保护

以中国加工贸易产品博览会和广东21世纪海上丝绸之路国际博览会为代表的会展取得了硕大成果，加强了东莞市企业与国内外企业高新技术和知识产权的交流，东莞市在知识产权会展保护方面也取得了一定的成果，在展会期间受理并快速处理若干数量的专利侵权纠纷投诉案件。但是，东莞市在知识产权会展保护方面依然存在一些问题。

一方面，利用展会实施恶意竞争的情况时有发生。例如，部分参展商参加展会时存在打探行业内其他竞争者的最新产品和技术，进而进行模仿或假冒的行为；有参展商故意登记与权利人相同或近似的字号，生产相同的产品进行销售，以达到市场混淆的目的；部分参展商在参加展会期间通过虚假宣传、商业诋毁等行为，恶意排挤、诋毁竞争对手，以获得不正当的竞争优势。

另一方面，展会主办方对于会展期间的知识产权保护缺乏积极性和主动性。在会展行业竞争日益激烈化的背景下，有的主办方主要精力用于招揽更多参展商，为了有更多的参展商参加，对于某些侵犯知识产权的行为睁一只眼闭一只眼，对知识产权保护重视不足；另外，由于要对庞大的会展产品和技术进行管理，某些主办方可能在管理方面捉襟见肘，在知识产权保护方面缺乏人力、物力资源支持，难以对会展期间的知识产权保护进行全面有效管理。

会展是加强知识产权交流、引进高新技术的重要途径，为优化知识产权会展保护的环境，吸引更多的企业和个人参加会展活动，促进东莞市企业与国内外企业的高新技术和知识产权交流，东莞市必须进一步加强知识产权会展保护，加强对参展方有关知识产权保护和参展项目知识产权状况的审查，明确展会主办方的法律地位以及权利义务，完善涉展会知识产权纠纷的及时有效审理机制，加强涉展会知识产权典型案件的全方位宣传。

（七）加大知识产权人才培养力度

目前，东莞市出台了培养高层次人才特殊支持政策和制定新时代创新人才引进培养实施方案，但知识产权人才在数量和质量方面都严重不足。无论是高层次知识产权人才，还是实务型知识产权人才，东莞市知识产权人才缺口都相对较大。

一是通过专利代理人考试的专利代理人才比较少。有数据显示，东莞市2017年通过专利代理人考试的人数仅有36人，居全省第四位，但广州有274人，深圳有208人，东莞市通过专利代理人考试的人数仅为广州的13%，深圳的17%，差距明显。

二是知识产权人才整体素质有待提高。知识产权人才是一种综合性的人才，除了掌握知识产权相关的技术知识之外，还要掌握国内外法律知识、外语知识、业务知识、管理知识等。但是目前东莞市的知识人才培养机构特别是高校，对于知识产权人才的培养更多的是偏重于技术知识或者法律知识的教育，而忽视了对其经营管理、外语能力、业务能力等方面的培养，使得现今的知识产权人才知识结构单一，整体素质不能满足市场的需求。

三是知识产权人才培养体系不够健全。目前，东莞市开展了一定数量的政府机构以及知识产权行业协会组织的各种培训会、交流会和研究会，但数量上仍然不能满足培养知识产权人才的需求。此外，东莞市在高等院校建设知识产权人才培养基地的数量仍然需要增加，高等院校的知识产权教学与合作仍需进一步改善，高等院校知识产权师资培养中心也需要健全，高等院校知识产权人才培养基地的计划和培养机制的制定和实施仍需要加快。

知识产权人才是知识产权事业得以发展的重要支撑，因此，东莞市必须加大知识产权人才培养力度，加强知识产权实务人才培养，完善高校知识产权人才培养体系，建设知识产权人才培养基地，以支撑东莞知识产权事业取得进一步发展目标的实现。

（撰稿人：常廷彬）

第7章 佛山市知识产权报告

佛山市是粤港澳大湾区的最重要的城市之一,其经济规模仅次于深圳、广州和香港,是粤港澳大湾区的西部枢纽和制造业创新中心,被《粤港澳大湾区规划纲要》确定为粤港澳大湾区的"重要节点城市",是"珠江西岸先进装备制造产业带"的"龙头"。科技创新产业是佛山市的经济支柱产业,知识产权是科技创新的重要法律基础。2011年4月,佛山市人民政府发布了《佛山市知识产权战略纲要(2011~2020年)》。2013年1月,佛山市人民政府发布了《佛山市建设国家创新型城市总体规划(2013~2020年)》,正式启动建设国家创新型城市。2017~2018年,佛山市各项知识产权工作均取得了一定的成绩,对佛山市经济发展起到了巨大的推动作用。

一、佛山市知识产权制度和政策

由于佛山市仅属于地级市,没有《立法法》所规定的最基本的立法权,佛山市人民政府无权制定地方政府规章,仅有权制定规范性文件。因此,严格来说,佛山市并不存在所谓的"知识产权制度"。因此,本章根据佛山市及其各区相关知识产权的规范性文件的内容将佛山市的知识产权"制度"和政策分为以下几个部分。

(一) 综合性的知识产权制度与政策

佛山市综合性的知识产权制度和政策主要包括《关于加强知识产权工作提升我市综合竞争力的意见》《佛山市知识产权战略纲要(2011~2020年)》《佛山市建设国家创新型城市总体规划(2013~2020年)》。

2005年10月，佛山市发布了《关于加强知识产权工作提升我市综合竞争力的意见》，该意见强调了加强知识产权工作对于建设产业强市的重要意义，在以下方面对知识产权工作提出要求：强化知识产权政策导向，提升企业知识产权创造和运用水平；优化知识产权保护环境，依法保护企业的知识产权；加强专利信息化建设，完善知识产权服务体系；加强知识产权宣传教育，大力培养和积蓄知识产权人才；健全知识产权管理机构，加大财政投入，确保知识产权工作的顺利开展。可以说，该意见对佛山市知识产权工作进行了全面规划与安排，为佛山市知识产权工作奠定了初步基础。

2011年11月，佛山市发布了《佛山市知识产权战略纲要（2011～2020年)》，纲要全面规定了知识产权战略的重要意义和现实基础、指导思想和发展目标、战略重点和主要任务、保障措施等内容。尽管时隔6年之久，但在一定程度上可以说，纲要是意见的进一步发展和具体化，是佛山市知识产权政策的深入发展。

2013年1月，佛山市发布了《佛山市建设国家创新型城市总体规划(2013～2020年)》和《佛山市建设国家创新型城市实施方案（2013～2020年)》，其目标是：实现科学技术、产业发展、社会文化、人文环境等领域的全面创新，创新理念深入人心、创新资源高度集聚、创新队伍激情灵动、创新政策集成配套、创新体系完备合理、创新效率全国领先、创新环境更加优越，建成具有鲜明岭南特色和强大示范引领作用的国家创新型城市。其中"知识产权战略推进工程"是规划的十大工程之一，"着力发挥知识产权引领保障作用"是方案的重点工作之一。可以说，规划和方案是佛山市知识产权政策的升级版，知识产权工作已经深深地植入了创新型城市建设的方方面面。

（二）知识产权管理基础工作支持政策

佛山市的知识产权政策不仅注重直接激励知识产权的产生、运用和保护，而且比较重视知识产权管理基础工作，不管是企业的知识产权管理部门、知识产权战略部门，还是支持企业知识产权工作的基础平台和服务机构。

在企业知识产权工作方面，佛山市设立了"企业专利运用、管理和保护提升项目"和"'佛山市知识产权示范企业'及示范推广项目"，前者支持企业在专利管理、运用和保护方面创新工作，制定明确目标、计划，取得实际成效。立项后每项给予企业不超过 20 万元资助。后者在区域内或行业内知识产权运用、管理和保护水平高，并且具有示范作用的企业，经申报、认定后，授予"佛山市知识产权示范企业"称号，并给予不超过 10 万元资助。佛山市知识产权示范企业联合专利服务平台申报示范推广项目，向区域内企业推广专利示范工作的，经申报、评审立项后，再给予企业不超过 10 万元资助，给予专利服务平台不超过 30 万元资助。佛山市专利服务平台联合市外企业开展专利示范工作的参照上述标准资助。

在企业知识产权战略方面，佛山市设立了专利战略项目，分企业类项目和平台类项目。企业类项目支持企业在专利管理、运用和保护方面的创新工作，每项资助不超过 20 万元。平台类项目分重点项目和一般项目，鼓励各类平台提升专利管理水平，各类服务机构开展专利服务工作，重点支持专利导航产业发展、专利预警分析、知识产权投融资、专利联盟建设和运营、专利布局、专利技术孵化、专利保险、知识产权维权援助公共服务、知识产权保护规范化、战略推进、发展规划、宏观管理政策研究，以及行业协会、园区等专利管理和服务工作。重点平台项目每项资助不超过 100 万元，一般平台项目每项资助不超过 30 万元。

在知识产权平台建设方面，佛山市鼓励各类平台提升专利管理水平、开展专利服务工作，重点支持专利信息化、培训、贯标、诊断辅导、投融资、保险、联盟、孵化、战略预警，以及行业协会、专业市场、园区和会展等专利管理和服务工作。平台项目分重点资助项目和一般资助项目，立项后重点资助项目每项给予不超过 100 万元资助，一般资助项目每项给予不超过 30 万元资助。对上一年度新设立的专利代理机构每家给予 5 万元资助。

在知识产权贯标方面，对于通过《企业知识产权管理规范》（GB/T 29490—2013）认证的佛山市注册企业，一次性资助 5 万元。对经佛山市科学技术局（知识产权局）备案有资质的贯标服务机构，每年度辅导佛山市 10 家企业以上并出具诊断报告的，每辅导 1 家企业给予贯标服务机构 5000 元资助，累计不超过 10 万元。每年度辅导佛山市 5 家以上企业通过标准认证的，每一家企业通过认证给予贯标服务机构 1 万元资助，累计不超过 10 万元。对于获得国家知识产权示范和优势企业的，分别资助不超过 50 万元和 30 万元。

获得广东省知识产权示范和优势企业的，分别资助不超过 30 万元和 20 万元。获得佛山市知识产权示范企业的，资助不超过 10 万元。对于知识产权贯标，佛山市各区也均资助知识产权贯标企业 3 万~5 万元资助。

（三）知识产权资助和奖励政策

根据上述 3 个综合性知识产权政策文件，佛山市及佛山市各区均制定了专利、商标、著作权方面的资助和奖励政策，目前知识产权资助和奖励政策仍在进一步完善过程中，比如，佛山市正在制定《佛山市商标品牌战略资金扶持办法》，政策的执行也随着国家政策的变化而变化，比如根据《国家知识产权局关于进一步提升专利申请质量的若干意见》（国知发管字〔2013〕87号）和《关于规范专利申请行为的若干规定》（第 75 号局令）等文件要求，为强化专利申请扶持政策的质量导向，促进知识产权高质量发展，佛山市于2018 年 12 月决定对专利申请、授权相关政策进行调整，自发文之日起，停止执行《佛山市人民政府办公室关于印发佛山市专利资助办法补充规定的通知》（佛府办〔2014〕44 号）第 2 条、第 3 条、第 5 条、第 6 条、第 7 条，以遏制专利数量的不正常增长，提高专利质量。

1. 专利资助政策

（1）政策依据。

《佛山市专利资助办法》（2013）、《佛山市专利资助办法补充规定》(2014)、《顺德区促进知识产权发展专项资金管理办法》、《佛山市禅城区促进专利工作发展扶持办法（修订）》（2016）、《佛山市三水区专利资助办法》(2014)、《佛山市南海区推进发明专利工作扶持办法申报指南（修订）》(2015)、《佛山市高明区专利资助办法》（2015）。

（2）资助对象。

市级：本市注册的具有法人资格的企业、社会团体、事业和机关单位。本市区域内有经常居所，持有本市身份证的户籍居民。与本市注册的具有法人资格的企业、社会团体、事业和机关单位合作的市外企事业单位。

顺德区：在顺德区依法注册成立，具备法人资格、产权清晰、守法经营的企事业单位、社会团体及户籍或常住地在顺德行政辖区内的自然人。扶持所涉专利，申请地、授权地应在顺德区。

禅城区：在佛山市禅城区内注册的单位或常住人口，其专利申请或授权时地址在禅城区内。一项专利有多个申请人、权利人的，仅适用于专利请求书、专利证书位列第一的申请人、权利人。申请资助的专利必须是电子申请。

三水区：在三水区的机关、社会团体、企事业单位和在该区有常住居所或工作的个人，其专利申请授权地均在我区行政辖区内，且专利是通过电子方式申请的，可依本办法申请资助。

南海区：注册地或经营场所在南海行政辖区内的企事业单位、社会团体等实体机构；户籍或常住地在南海行政辖区内的个人。扶持对象申报扶持所涉专利，申请地、授权地应在佛山市南海区。

高明区：在本区注册的具有法人资格的企业、社会团体和机关事业单位。本区的户籍居民。

（3）国内专利申请资助。

市级：同一单位中国发明专利申请超过30件的，每件资助1000元；超过50件的，每件资助1200元；超过100件，每件资助1500元；超过200件，每件资助2000元。申请量的确认以取得发明专利实审通知书为准。

顺德区：申请中国发明专利的，在向国家提交发明专利实质审查后，按申请人向国家缴纳的申请费和实审费的实际交费额予以资助。获得中国发明专利授权的，每项资助专利权人5000元。

禅城区：申请国内发明专利，缴纳实审费并收到实质审查通知书后，单位资助5000元/件，个人资助3000元/件。一个单位或个人同一年度申请资助超过40件时，超出部分每件给予1000元资助，合计资助金额不超过25万元。

三水区：申请中国发明专利，在获得受理通知书并缴纳申请费、实审费后，按单位每件5000元、个人每件4000元的标准进行资助。国内实用新型专利和国内外观设计专利申请获得受理后，每件资助500元。

南海区：申请中国发明专利过程中办理申请、实审手续时向国家知识产权局缴纳的申请费、实审费，经审查后按照国家知识产权局专利局开具的缴纳费用收据金额给予等额扶持。

高明区：申请国内发明专利的官费部分，按实际发生额资助。

（4）国内专利授权资助。

市级：获得中国发明专利授权后，每件给予专利权人 5000 元资助。同一单位中国发明专利授权超过 20 件的，每件资助 6000 元；超过 50 件的，每件资助 8000 元。

顺德区：获得中国发明专利授权的，每项资助专利权人 5000 元。获得中国实用新型专利授权的，每项资助专利权人 500 元。

禅城区：获得国内授权的发明专利资助 5000 元/件，该专利再获得港澳台地区授权的，再资助 3000 元/件。一个单位或个人同一年度申请资助超过 20 件时，超出部分每件给予 2000 元资助，合计资助金额不超过 25 万元。申请人为企事业单位的，应将不少于 50% 的资助款项奖励给发明人和专利管理人员。获得国内授权的实用新型专利、国内外观设计专利权资助 500 元/件。

三水区：获得中国发明专利授权后，每件给予专利权人 10000 元资助。

南海区：获得中国发明专利授权的，经审查后每件专利给予一次性扶持 1 万元；获得中国实用新型专利授权的，经审查后每件专利给予一次性扶持 1000 元。

高明区：对获得中国发明专利授权的，每件资助 25000 元；对获得中国实用新型专利授权的，每件资助 2000 元。

（5）国内专利年费资助。

市级：中国发明专利授权后的第 4～6 年年费，每件资助当年年费的 50%。

顺德区：中国发明专利授权后第二年、第三年的年费，按当年实际缴纳金额的 50% 资助。

禅城区：对有效发明专利人给予专利年费资助。资助标准按照中国发明专利授权后的第 7～9 年年费，每件资助当年年费的 50%。

三水区：发明专利授权后的第 4～8 年，每年每件资助 1200 元。

南海区：中国发明专利自授权后第二年起至该专利权失效止，已缴纳当年年费的，经审查后按其当年实际缴纳年费的一半予以扶持。

（6）PCT 专利申请授权资助。

市级：按照《专利合作条约》提出的 PCT 专利申请，按每件 5000 元给予资助。获得美国、日本、欧盟国家授权的发明专利，每件资助 5 万元；获得其他国家/地区授权的发明专利，每件资助 3 万元。同一项发明专利被多个国家或地区授予专利权的，最多资助两个国家或地区。

顺德区：提出 PCT 专利申请，每件资助申请人 2500 元。获得美国、日本、欧洲发明专利授权的，每项资助专利权人 25000 元；获得其他国家或地区发明专利授权的，每项资助专利权人 15000 元。同一项发明专利被多个国家或地区授予专利权的，最多资助两个国家或地区。

禅城区：按照《专利合作条约》提出的 PCT 专利申请，资助 2500 元/件。获得美国、日本、欧盟国家授权的发明专利资助 25000 元/件；获得其他国家授权的发明专利资助 15000 元/件。每件专利资助最多不超过 2 个国家或地区。发明专利权人为企事业单位的，应将不少于 10% 的资助款项奖励给发明人和专利管理人员。获得中国发明专利授权后，每件给予专利权人 5000 元资助。同一单位中国发明专利授权超过 20 件的，每件资助 6000 元；超过 50 件的，每件资助 8000 元。

三水区：按照《专利合作条约》提出的 PCT 专利申请，每件给予 5000 元资助。获得美国、日本和欧盟国家授权的发明专利，每件给予 30000 元资助；获得其他国家/地区授权的发明专利，每件给予 20000 元资助。同一项发明被多个国家或地区授予专利权的，最多可申请不超过两个国家或地区的发明专利资助。

南海区：无资助。

高明区：对获得美国、日本、欧盟发明专利授权的，每件资助 25000 元；对获得其他国家/地区发明专利授权的，每件资助 15000 元。

（7）专利代理机构资助。

市级：代理机构代理的中国发明专利获得授权后，每件资助 1000 元。代理的中国发明专利授权超过 20 件的，每件资助 1200 元；超过 50 件的，每件资助 1500 元；超过 100 件的，每件资助 2000 元。代理机构代理的中国发明专利申请超过 50 件的，每件资助 1000 元；超过 100 件的，每件资助 2000 元。代理量的确认以取得发明专利实审通知书为准。上年度新设立专利代理机构，一次性资助 20 万元。新设立专利代理机构的分支机构，一次性资助 10 万元。佛山市常住人口中，上年度通过国家专利代理人考试并在佛山市专利代理机构、服务机构或企事业单位内任职，且任职合同期 3 年以上的，一次性给予专利代理人 1 万元资助。

三水区：按年度完成发明专利申请量分段资助。专利代理机构年代理我区单位或个人发明专利申请量超过 30 件的，每件资助 1000 元；超过 40 件的，每件资助 1200 元；超过 60 件的，每件资助 1500 元。申请量的确认以取得发明专利实审通知书为准。新设立专利代理机构，一次性资助 20 万元；新设立专利代理机构的分支机构，一次性资助 10 万元。

（8）专利维权援助资助。

市级：申请资助的专利维权援助应当是在申请资助时的上一年度发生的。在国外提起专利侵权诉讼，其中，美国、日本和欧盟国家每件给予 10 万元资助，其他国家或地区每件给予 5 万元资助。此项资助总额每年不超过 80 万元，一个单位同一年度申请此项资助不超过 40 万元。在市科学技术局（知识产权局）提起专利侵权诉讼，并在有资质的鉴定机构进行专利侵权鉴定，且鉴定结果支持其主张的，每件给予 1 万元资助。在市科学技术局（知识产权局）或者法院被告专利侵权，向国家知识产权局提出专利无效请求并成功判定专利权无效的，每件给予 2 万元资助。此项资助总额每年不超过 80 万元，一个单位同一年度申请此项资助不超过 10 万元。通过市知识产权维权援助中心实名举报假冒专利行为，经市科学技术局（知识产权局）核实举报信息属实，并立案查处的，每件给予 200 元资助。一个单位或个人同一年度申请此项资助不超过 2000 元。

三水区：在美国、日本和欧盟国家提起专利侵权诉讼的，每件给予 10 万元资助；在其他国家或地区提起专利侵权诉讼的，每件给予 5 万元资助。最终判定专利侵权成立的，每件给予 20 万元资助。同一个单位或个人同一年度申请此项资助不超过 40 万元。在国内提起专利侵权诉讼，并经有资质的鉴定机构进行专利侵权鉴定，且鉴定结果支持其主张的，每件给予 1 万元资助。最终判定专利侵权成立的，每件给予 5 万元资助。被告专利侵权，向国家知识产权局提出专利无效请求并成功判定专利权无效的，每件给予 2 万元资助。同一个单位或个人同一年度申请此项资助不超过 10 万元。实名举报假冒专利行为，经核查属实，并立案查处的，每件给予 1000 元资助。同一个单位或个人同一年度申请此项资助不超过 1 万元。

南海区：为维护自身合法权益而主动开展专利维权保护行动的，经审查后给予专利维权援助扶持资金2万元。

（9）其他专利资助政策。

顺德区设置专利奖励资助。对获得国家专利金奖和优秀奖的专利项目，分别资助最高不超过30万元和15万元。获得广东省专利金奖和优秀奖的，分别资助最高不超过15万元和10万元。

三水区设置发明专利申报大户资助。发明专利申报大户资助，同一单位发明专利年申请量达到20件的，资助5万元；达到30件的，资助8万元；达到40件的，资助12万元；达到50件及以上的，资助15万元。

禅城区设置有新兴产业发明专利申请、授权扶持。企事业单位经专利代理机构申请中国发明专利且该专利符合我区"创新南海"新兴产业培育行动计划的产业领域，经审查后给予5000元申请扶持；该中国发明专利获得授权，经审查后给予5000元授权扶持。

2. 著作权登记资助政策

（1）政策依据。

《佛山市文化广电新闻出版局作品著作权登记资助办法》（2010）、《佛山市文化广电新闻出版局优秀版权作品认定资助办法（试行）》（2016）。

（2）作品著作权登记资助。

资助条件：作品著作权登记资助申请人必须取得作品著作权登记证，并符合以下条件之一：①具有佛山市户籍的公民；②在佛山市有固定居住场所的非本市户籍公民；③在佛山市经商、就业的非本市户籍公民；④佛山市注册登记的法人和其他组织。在佛山市经商的非本市户籍公民是指在佛山市注册登记的企业的法定代表人或个体工商户的经营者。

资助标准：作品著作权登记的政府资助标准为每件250元。同一法人或其他组织每年受资助的作品数量最高为150件；同一公民每年受资助的作品数量最高为50件。

（3）优秀版权作品认定资助。

资助条件：申请佛山市优秀版权作品认定资助的，需符合以下条件：①申请人必须是户籍或注册地在佛山市的自然人、法人或者其他组织，如果是合作作品，合作作者须至少有一个是户籍或注册地在佛山市的自然人、法人或者其他组织；②申请人对所申报的作品拥有著作权，并已进行著作权登记，获得著作权登记证书；③作品体现自主创新精神，创作方式和内容……，原则上不再纳入本办法资助范围。已曾被认定为佛山市优秀著作权作品的，不再重复进行认定资助。

资助标准：每年认定不限定种类的作品 3 件，每件 3 万元。

3. 商标申请资助政策

（1）政策依据。

《佛山市商标国际注册资助办法》（2016）、《佛山市禅城区商标品牌推广资助办法》（2017）、《佛山市三水区人民政府办公室关于修订佛山市三水区实施质量强区和推进商标战略扶持办法的通知》（2017）。

（2）资助对象与范围。

市级：本市注册的具有独立法人资格的企业、事业单位、社会团体及其他组织，或持有佛山纳税证明的企业、事业学校及其他组织，在境外（含港澳台地区）单一注册的商标，以我国为基础注册地通过马德里商标国际注册体系、欧盟、非洲知识产权组织在境外获准注册的商标。正在申请、审查或不核准注册的商标不属于资助范围。续展、变更、转让等申请行为不属于资助范围。

禅城区：中国驰名商标、广东省著名商标、集体或证明商标，其商标持有人为在禅城区注册的企业、事业单位、社会团体及其他组织或住所地为禅城区的自然人。在境外（含港澳台地区）单一注册的商标，以我国为基础注册地通过马德里商标国际注册体系、欧盟、非洲知识产权组织在境外获准注册的商标，其商标持有人为在禅城区注册的具有独立法人资格的企业、事业单位、社会团体及其他组织，或持有禅城区纳税证明的企业、事业学校及其他组织。商标持有人为两人及以上的，其商标证书上载明的第一顺序权利人为收款人。

三水区：住所（住址）位于本区的商标注册人（自然人、法人或者其他组织），自然人需同时在本区从事经营活动。正在申请、审查或不核准注册的商标不属于资助范围。续展、变更、转让等申请行为不属于资助范围。

（3）资助标准。

市级：申请资助使用商标的商品或服务应符合我市产业发展方向，并按照以下标准给予资助：通过马德里体系取得注册的，在获取《商标注册证》并通过各指定国核准注册后一次性申领资助，资助金额为每件商标注册官费的 60%（按成功注册国家计算），但最高不超过 50000 元。在欧盟或非洲知识产权组织取得注册的，每件资助 10000 元。在单一国家取得注册的，每件资助 3000 元。在台湾地区、香港和澳门特区取得注册的，每件资助 2000 元。同一件商标（指同一注册人的由文字、图形、字母、数字、三维标志、声音、颜色、组合相同或相近）资助总额不得超过 10 万元。

禅城区：驰名商标资助。对上一年被国家工商总局商标局或商标评审委员会认定为中国驰名商标的商标所有人，每件商标一次性资助 100 万元人民币。著名商标资助：对上一年被认定为广东省著名商标的商标所有人，每件商标一次性资助 20 万元人民币。集体（证明）商标资助。对上一年注册为集体（证明）商标的商标所有人，每件商标一次性资助 50 万元人民币。商标国际注册资助。①通过马德里体系取得注册的，在获取《商标注册证》并通过各指定国核准注册后一次性申领资助，资助金额为每件商标注册官费的 60%（按成功注册国家计算），但最高不超过 50000 元人民币。②在欧盟或非洲知识产权组织取得注册的，每件一次性资助 10000 元人民币。③在单一国家取得注册的，每件一次性资助 3000 元人民币。④在台湾地区、香港和澳门特区取得注册的，每件一次性资助 2000 元人民币。"一次性资助"是指一件商标只能在本办法中同一个资助种类享受一次资助，但不影响其在不同资助种类同时获得资助，也不影响其同时享受国家、省、市等相关扶持政策。同一件商标（指同一注册人的由文字、图形、字母、数字、三维标志、声音、颜色、组合相同或相近）国际注册资助总额不得超过 10 万元人民币。

三水区：对获得驰名商标认定的商标注册人给予一次性补助 100 万元。对成功注册证明商标的商标注册人给予一次性补助 100 万元。对成功注册集体商标（商品商标）的商标注册人给予一次性补助 100 万元。对成功注册集体商标（服务商标）的商标注册人给予一次性补助 20 万元。对成功注册企业、个人或其他组织首个国内商标的，给予商标注册人一次性补助 1000 元。对成功进行国际商标注册的商标注册人按照以下标准给予资助。①通过马德里体系取得注册的，在获取《商标注册证》并通过各指定国核准注册后一次性申领资助，资助金额为每件商标注册官费的60%（按成功注册国家计算），但最高不超过3万元。②在欧盟或非洲知识产权组织取得注册的，每件资助5000元。③在单一国家取得注册的，每件资助2000元。④在台湾、香港和澳门特区取得注册的，每件资助1000元。每个团体、协会或者其他组织只可以享受一次集体商标的补助。

（四）知识产权转化和促进政策

佛山市的知识产权转化和促进政策主要集中于专利方面。《佛山市专利资助办法补充规定》设专章规定对专利交易及质押融资资助，对于在佛山市行政区域内注册的，并进行了以专利技术交易、质押融资或作价入股为目的的专利价值评估的企事业单位和在佛山市行政区域内注册的，经佛山市科学技术局（知识产权局）备案和认可，为佛山市企事业单位提供专利技术评估、转让、交易和质押融资等相关服务的中介服务机构进行资助。对企事业单位以专利技术交易、质押融资或作价入股为目的进行的专利价值评估和分析，按实际发生服务费用的50%给予资助，且同一项专利价值评估最高资助金额不超过30万元。对开展专利质押融资相关服务的中介服务机构，按其服务佛山市的企业实际获得银行专利质押贷款的1%给予资助，同一机构每年最高资助额不超过50万元。质押物必须含有专利，且专利评估价值应占质押物总评估价值的50%以上。同时，对为佛山市企事业单位提供专利技术转让、实施许可等专利技术交易服务的中介服务机构，按专利实际交易额的1%给予资助，同一机构每年最高资助额不超过50万元。

《顺德区促进知识产权发展专项资金管理办法》规定了对知识产权运用的资助。支持企业开展知识产权质押融资业务，质押融资形式包括各银行开展的贷款、票据、信用证等融资品种。企业首次获得知识产权质押贷款，在贷款存续期间，按实际支付贷款利息总额的35%给予补贴，每家企业每年利息补贴不超过40万元。在知识产权质押融资贷款银行同意的情况下，企业可提前委托银行认可的评估机构进行知识产权价值评估（有效期半年），对企业知识产权质押贷款产生的综合评估费用，以不高于综合评估费用实际发生额为

原则，按以下标准给予补贴：①实际融资金额在 100 万元以上 300 万元以下
（含 300 万元）的，一次性给予 6 万元补贴；②实际融资金额在 300 万元以上
500 万元以下（含 500 万元）的，一次性给予 12 万元补贴；③实际融资金额
在 500 万元以上 1000 万元以下（含 1000 万元）的，一次性给予 18 万元补
贴；④实际融资金额 1000 万元以上的，一次性给予 24 万元补贴。企业知识
产权质押贷款到期后获得续贷的，在贷款存续期间，按企业实际支付贷款
利息总额的 35% 给予补贴，每家企业每年利息补贴不超过 30 万元（第二次
评估费不予补贴）。年度内企业申请的专项资金补贴按财政预算安排，用完
即止，已获区内其他知识产权质押融资补贴的不重复补贴。对被认定为顺
德区企业专利运营试点的企事业单位，经两年培育并通过专家评审的，给
予最高不超过 20 万元的补贴。获得省、市认定的区内行业专利联盟，给予
一次性最高不超过 20 万元的资助。支持专利联盟技术积极参与国家标准、
国际标准的制定，对我区获得国家标准或国际标准的专利联盟实体给予 20
万元的经费扶持。

禅城区则专门制定了《"佛山市禅城区专利技术实施计划"实施办法
（试行）》促进专利技术的实施，对于符合办法规定条件的专利技术实施计划
项目，每年安排 10 项，每项给予 10 万 ~ 20 万元的实施扶持资金（以后视实
际情况增减）。

二、佛山市知识产权发展状况

2017 ~ 2018 年，佛山市的知识产权工作均取得了一定进展，国家和广东
省知识产权示范优势企业数量继续增加，各种知识产权数量继续增长，知识
产权保护继续加强，中介服务机构继续发展，知识产权人才培养和引进工作
取得了显著成绩。

（一）佛山市知识产权示范优势企业发展状况

佛山市知识产权示范优势企业建设取得了不错的成绩，2017 年和 2018 年
的知识产权示范优势企业的建设继续稳步推进。目前为止，佛山市获得"国

家知识产权示范企业"称号的企业共有 27 家，其中，2017 年获得"国家知识产权示范企业"称号的企业有 7 家，2018 年获得"国家知识产权优势企业"称号的企业有 10 家；获得"广东省知识产权示范企业"称号的企业共有 31 家，其中，2017 年获得"广东省知识产权示范企业"称号的企业有 3 家，2018 年获得"广东省知识产权示范企业"称号的企业有 3 家。目前为止，佛山市获得"国家知识产权优势企业"称号的企业共有 50 家，其中，2017 年获得"国家知识产权优势企业"称号的企业共有 7 家，2018 年获得"国家知识产权优势企业"称号的企业共有 17 家；获得"广东省知识产权优势企业"称号的企业共有 100 家，其中，2017 年获得"广东省知识产权优势企业"称号的企业有 9 家，2018 年获得"广东省知识产权优势企业"称号的企业有 9 家。

（二）佛山市知识产权取得状况[❶]

2017～2018 年，佛山市知识产权取得活动仍然比较活跃，专利申请和授权均获得大幅度增长，商标方面也新获 2 件中国驰名商标认定，商标注册增长也较快（见表 7 - 1～表 7 - 7）。

1. 专利方面[❷]

表 7 - 1　2017 年佛山市专利申请情况　　　　　单位：件

各区	发明	实用新型	外观设计	合计	2016 年	同比增长/%
禅城	6398	3234	1402	11034	8059	36.92
南海	4685	10437	5027	20149	13861	45.36
顺德	8888	15198	7267	31353	24236	29.37
高明	1922	2195	453	4570	2947	55.07
三水	4006	2082	754	6842	3909	75.03
合计	25899	33146	14903	73948	53012	39.49

[❶] 由于著作权因作品创作完成而自动产生，仅仅著作权登记并无意义，不能反映著作权取得情况。因此，本章内容不包含著作权方面。

[❷] 佛山市科学技术局［EB/OL］.　［2018 - 11 - 20］. http：//www.fskw.gov.cn/2018/zt/zscq/zltj/.

表 7－2　2017 年佛山市专利授权情况　　　　　　　　　　单位：件

各区	发明	实用新型	外观设计	合计	2016 年	同比增长/%
禅城	520	1717	1293	3530	3477	1.52
南海	1003	5770	3864	10637	7926	34.20
顺德	2622	9940	6190	18752	14432	29.93
高明	370	1231	300	1901	1575	20.70
三水	386	1066	495	1947	1314	48.17
合计	4901	19724	12142	36767	28724	28.00

表 7－3　2017 年佛山市 PCT 专利申请情况　　　　　　　　单位：件

各区	数量	2016 年	同比增长/%
禅城	43	29	48.28
南海	48	67	－28.36
顺德	601	359	67.41
高明	14	9	55.56
三水	20	6	233.33
合计	726	470	54.47

表 7－4　2017 年佛山市有效发明专利情况

各区	数量/件	全市占比/%
禅城	2326	15.46
南海	3341	22.20
顺德	7283	48.39
高明	997	6.62
三水	1103	7.33
合计	15050	

表 7－5　2018 年佛山市专利申请情况　　　　　　　　　　单位：件

各区	发明	实用新型	外观设计	合计	2017 年	同比增长/%
禅城	8856	3201	1352	13409	8436	58.95
南海	5301	11451	5516	22268	15898	40.07
顺德	8893	15727	7911	32531	25543	27.36
高明	2610	1678	279	4567	3520	29.74
三水	4946	332	580	7858	5095	54.23
合计	30606	34389	15638	80633	58492	37.85

注：2018 年数据截至 10 月，仅取 2017 年 1~10 月数据对比，下同。

表 7-6　2018 年佛山市专利授权情况　　　　　　　　　　单位：件

各区	发明	实用新型	外观设计	合计	2017 年	同比增长/%
禅城	443	2289	1005	3737	2845	31.35
南海	855	8101	4364	13320	8436	57.89
顺德	2240	11736	6661	20637	14626	41.10
高明	407	1203	299	1839	1307	40.70
三水	349	1445	471	2265	1511	49.90
合计	4294	24774	12730	41798	28725	45.51

表 7-7　2018 年佛山市有效发明专利情况

各区	数量/件	全市占比/%
禅城	2630	13.94
南海	4138	21.94
顺德	9306	49.33
高明	1361	7.22
三水	1428	7.57
合计	18863	

注：数据统计截至 2018 年 10 月。

2. 商标方面

截至 2018 年底，佛山市新获批创建全国知名品牌示范区 4 个，累计达 13 个，中国驰名商标数量达 160 件，列全省第二位，继续保持全国地级市首位。其中，2017 年新认定中国驰名商标 2 件。2018 年，佛山地区新申请商标共 28349 件，比 2017 年同期增加申请商标 8332 件。截至 2018 年 9 月 30 日，佛山市累计有效注册商标 274798 件，同比增加 61698 件，总数在全国城市中排名第 12 位；中国驰名商标 160 件，继续居全国地级市首位；集体商标 28 件，居全省首位；证明商标 5 件，居全省第三位；马德里体系国际注册商标 614 件，居全国第 12 位。

表7-8 佛山各区累计有效注册商标增长统计❶ 单位：件

各区	截至2017年6月	截至2018年6月	同比增长/%
禅城	40159	49570	23.43
南海	65338	81310	24.45
顺德	84778	103835	22.48
高明	5382	6376	18.47
三水	7826	9629	23.04
合计	203483	250720	23.21

（三）佛山市知识产权保护状况

2017年，佛山法院新收知识产权民事案件4940件（一审4402件、二审538件）、一审知识产权行政案件1件、知识产权刑事案件141件（一审124件、二审17件），合计5082件，收案总数与2016年相比增长了168%，新收的知识产权民事案件与2016年相比增长了195%。其中，佛山市中级人民法院新收知识产权民事案件543件（一审5件、二审538件），二审知识产权刑事案件17件，合计560件，与2016年相比增长了177%。基层法院新收知识产权民事案件4397件，知识产权行政案件1件，知识产权刑事案件124件，合计4522件，与2016年相比增长了176%。

2017年佛山两级法院审结知识产权民事案件4927件（一审4405件、二审522件），一审知识产权行政案件1件，知识产权刑事案件141件（一审122件、二审19件），合计5069件，结案总数与2016年相比增长157%。其中，佛山市中级人民法院审结知识产权民事案件529件（一审7件、二审522件），二审知识产权刑事案件19件，合计548件，与2016年相比大幅增长164%，增幅明显。基层法院审结知识产权民事案件4398件，知识产权行政案件1件，知识产权刑事案件122件，合计4521件，与2016年相比增长了155%。

2017年佛山法院知识产权案件呈现出收案数量翻倍增长、以侵害著作权

---

❶ 佛山市工商行政管理局. 佛山地区商标报告（2018年第2号）[EB/OL]. (2018-7-31)
[2019-03-06]. http://www.fsaic.gov.cn/zwxx/fgwj/201808/P020180806547880952461.pdf.

纠纷为主要类型、知识产权刑事案件数量下降、知识产权合同纠纷增幅明显、审判质效大幅提升、大额诉讼标的案件增多、权利人涉及多个国际知名企业等特点。❶

2017～2018 年，佛山市知识产权局进行了一系列知识产权行政执法活动，不过案件数量不多，据佛山市科学技术局公布的"专利侵权纠纷处理案件信息公开表"，2018 年仅处理案件 4 起，2017 年仅处理案件 5 起，且几乎全部案件为外观设计专利纠纷案，案件处理时间从几个月到两年不等。2012 年以来，佛山市工商管理局开发和运用全国首个地区商标监测与预警系统，服务全市 30 万户企业，为全市企业开展商标抢注、商标初审公告及使用策略、商标续展、商标初审、商标被异议、商标被撤销等商标预警服务。截至 9 月 30 日，全市范围内共发出各类商标预警通知书 77630 份，其中商标初审公告及使用策略提示书 69040 份，占总数的 88%，商标抢注预警通知 1981 份，占总数的 3%，商标续展预报 6023 条，占总数的 8%，其余事项通知书 586 条，占总数的 1%。

（四）佛山市知识产权中介机构发展状况

佛山市的知识产权中介机构比较发达，"国家知识产权服务业集聚发展试验区"已经于 2017 年底获得验收，至 2017 年底，不仅已经引进培育了 61 家专利代理服务机构，聚集了 67 家知识产权服务机构，而且引进培育了 12 家全国知识产权服务品牌（培育）机构，目前，进驻试验区的专利代理机构、其他知识产权服务机构、孵化机构已经达到 185 家。尤其具有佛山市特点的是，佛山市完善知识产权协会服务体系，实现市区知识产权协会全覆盖，已经形成了包括"佛山市知识产权协会""佛山市三水区知识产权协会""顺德区家具行业知识产权保护协会""顺德区专利协会"等研究型咨询服务机构体系，这些研究型咨询服务机构不仅能够提供普通知识产权中介机构提供的代理、诉讼、融资等常规知识产权中介服务，而且聚集了一大批各个方面的知识产权专业人才，能够提供研究性的咨询服务，为企业和政府机构提供更为

---

❶ 佛山中院. 2017 年佛山法院知识产权司法保护状况白皮书［EB/OL］.（2018 - 4 - 27）［2018 - 12 - 18］. http://static. nfapp. southcn. com/content/201804/25/c1128443. html.

全面的知识产权服务。同时，佛山市完善了专利代理机构服务体系，成立市专利代理人协会，编制发布专利代理机构、专利代理人评定准则，引导和规范专利代理机构和专利代理人的发展。

（五）佛山市知识产权人才培养和引进情况

2014 年 11 月，国家知识产权局批准在佛山市设立国家知识产权服务业集聚发展试验区，试验区拟建成"以金融服务为特色的知识产权运营核心区""知识产权服务机构核心区""知识产权人才集聚区"，设定完成"政府知识产权财政投入每年超 1 亿元""建成 1 个平台（知识产权交易平台）和 1 个基地（国家中小微企业知识产权培训（南海）基地）""引进和培育 100 家知识产权机构""引进和培养 1000 名知识产权人才"的目标，至 2017 年底，"国家知识产权服务业集聚发展示范区"通过国家知识产权局的验收。至 2017 年底，佛山市年均知识产权投入达 1.38 亿元，已经建成"华南知识产权交易服务中心""国家中小微企业知识产权培训（南海）基地"，进驻试验区的专利代理机构、其他知识产权服务机构、孵化机构达到 185 家，2014 年 11 月以来，佛山市通过各类培训培养知识产权专业人才达到 2106 名。

除了直接培养和引进知识产权人才之外，佛山市还积极探索知识产权人才培养新模式。2017 年 8 月，佛山科学技术学院、国家中小微企业知识产权培训（南海）基地与深圳市海科创新学院有限公司三方联合成立"广东知识产权创新学院"，三方将共同实施佛山（南海区）知识产权人才培训计划，为佛山科学技术学院第一批知识产权管理专业人才制定人才培养方案，共同开发知识产权知识体系（核心课程和系列教材），创建行业人才培养和知识体系构建的南海范例，共建高层次科研平台，广泛联络学术组织、政府机构、司法机构、高新技术企业，共同组建知识产权发展研究中心等等，旨在培养知识产权人才、推进科研成果转化，服务于佛山乃至广东创新驱动发展战略。

三、展望和建议

总的来说，佛山市知识产权制度和政策已经比较完备，2017～2018 年知识产权工作各方面均取得了较好的成绩，尤其是已经基本形成一套有利于创新型城市建设的知识产权政策体系，已经初步建立了知识产权创造、运用和保护的知识产权基础设施，企业知识产权管理体系比较完备，形成了一套有助于创新型城市建设的知识产权生态系统。

然而，新的形势对佛山市知识产权工作提出了更高的要求，尤其是《粤港澳大湾区规划纲要》对知识产权工作的重视以及对佛山市在粤港澳大湾区中的明确定位和支持更是对佛山市知识产权工作提出了更高的新要求。《粤港澳大湾区规划纲要》要求大湾区强化知识产权保护和运用，将佛山市定位为粤港澳大湾区的"重要节点城市"和"珠江西岸先进装备制造产业带"的"龙头城市"，并"支持佛山深入开展制造业转型升级综合改革试点"，"支持香港与佛山开展离岸贸易合作"，"支持佛山南海推动粤港澳高端服务合作，搭建粤港澳市场互联、人才信息技术等经济要素互通的桥梁。"因此，鉴于佛山市在粤港澳大湾区中的重要地位、我国经济新常态和创新驱动发展战略、佛山市创新型城市建设和《粤港澳大湾区规划纲要》的要求，佛山市知识产权制度、政策和接下来的知识产权工作应该在以下方面进一步完善：

第一，在专利资助政策方面，仅仅对高质量的专利提供资助，重点资助PCT专利申请和发明专利，专利资助逐渐转变"事先资助"为"事中资助"和"事后奖励"，逐步取消对专利申请的资助，对于经一定程序确定的有实施价值但实施有资金困难的专利可以进行实施资助，而对于大部分专利仅仅采取事后奖励的方式，可以直接对专利实施效果较好的专利进行资金奖励和荣誉奖励，还可以通过税收方式减免税收或者返还专利产品的税收。专利年费资助导致市场对专利质量的调控完全失灵，应彻底取消对专利年费的资助。

第二，在商标方面，仅仅对国际商标注册和驰名商标予以资助，取消对普通商标注册的资助。同时，采用评选名牌商标奖的方式鼓励企业使用商标，鼓励企业创名牌，减少商标囤积和商标垃圾。

第三，在著作权方面，完全取消著作权登记资助。我国著作权法采取创作完成著作权自动产生原则，著作权登记仅仅起到证据作用，是否登记以及登记多少完全不能反映著作权产生的实际情况。因此，应该完全取消著作权登记资助。

　　第四，在知识产权中介机构方面，转变普遍资助的方式，而采用重点资助的方式，重点资助业务全面、专业性强、层次高、国际化程度高的中介机构，打造少数几家知识产权服务品牌机构。

　　第五，在知识产权平台方面，重点打造高层次的知识产权数据分析处理平台、知识产权融资平台和知识产权培训平台，对于建立这些平台的机构予以重点资助。

　　鉴于佛山市已经具备的较好的知识产权生态基础、佛山市在粤港澳大湾区中的重要地位以及国家经济发展方式转变的重大机遇，经过调整的佛山市知识产权制度和政策必将促进高质量知识产权的获得和运用，必将对佛山市创新型城市建设提供坚实的制度和政策基础，佛山市的知识产权工作必将成为佛山市创新型城市建设的最重要的推动力量，佛山市的创新型城市建设必将翻开新的一页。

（撰稿人：王太平）

第 8 章　珠海市知识产权报告

　　珠海市位于广东省珠江口的西南部，下辖香洲、金湾、斗门三个行政区，横琴、万山、高新、保税、高栏港五个功能区，东与香港隔海相望，南与澳门相连，是中国最早实行对外开放政策的四个经济特区之一。在邓小平理论、"三个代表"重要思想和习近平新时期中国特色社会主义思想的指引下，在党中央、国务院以及广东省委、省政府的正确领导下，珠海市借鉴国内外城市建设的成功经验，结合海滨城市的特色，坚持发展经济不以牺牲环境为代价的可持续发展的指导思想，坚持经济建设、城市建设与环境建设同步规划、同步实施、同步发展，较好地促进了经济、社会、环境的协调发展。如今，知识产权保护工作在促进珠海市经济、社会、环境协调发展中的重要作用日益突出。

　　加强知识产权保护，是完善产权保护制度最重要的内容，也是提高经济竞争力最大的激励。2017 年与 2018 年是珠海市提高创新能力，加快知识产权引领经济发展进程，推动珠海市建设知识产权强市的关键年份。珠海市委市政府深入学习贯彻党的十九大精神，积极响应广东省委省政府加快建设引领型知识产权强省的号召，加大力度推进知识产权各项工作，通过强化知识产权创造、保护、运用，建立起与经济社会发展相适应的知识产权制度体系，以企业为主体创造出大批优质的专利，通过构建知识产权大保护体系，进一步加大知识产权保护力度，建设知识产权强市和粤港澳大湾区知识产权高地，知识产权保护工作取得长足发展。

一、珠海市知识产权制度和政策

（一）珠海市知识产权制度

2017 年 4 月，珠海市顺利通过创建国家知识产权试点城市的验收工作，进入国家知识产权示范城市培育阶段，迎来知识产权快速发展的新阶段。珠海市抓住机遇，趁势而上，为贯彻落实《广东省建设引领型知识产权强省试点省实施方案》，正式印发《珠海市人民政府关于建设知识产权强市的意见》（以下简称《意见》），作为全市知识产权工作的纲领性文件，并先后制定并实施了 20 多部与知识产权工作相关的规章和规范性文件，部署各领域知识产权战略。

《意见》明确促进知识产权创造运用、严格知识产权保护制度、优化知识产权公共服务、加快建设国家知识产权运营公共服务平台金融创新（横琴）试点平台、推动知识产权管理体制机制改革创新等重点发展任务。根据该《意见》，珠海市知识产权的重点发展任务主要有 5 个方面。❶

第一，促进知识产权创造运用。珠海市政府实施知识产权倍增计划，完善市、区财政专利申请资助和奖励政策，消除规模以上工业企业"零专利、零商标"现象，引导企业通过奖金、分红、入股等形式，调动发明人申请专利积极性，提高发明专利申请质数量并奖励相关人员；实施知识产权强企工程，推广运用《企业知识产权管理规范》，引导高新技术企业、大型骨干企业及国有企业等提升知识产权管理水平，鼓励企业通过自主创新、开放合作、知识产权引进等多种途径，形成具有市场竞争力的知识产权资产组合；培育知识产权密集型产业，围绕战略性新兴产业和高新技术产业，加强专利技术攻关和集成创新，在主要技术领域创造一批具有战略储备价值的核心专利，推动高价值专利在产业链上下游之间的协同运用和价值实现，培育形成一批成长性好、附加值高的专利密集型产业；推进重点产业知识产权联盟建设，

---

❶ 《珠海市人民政府关于建设知识产权强市的意见》（珠府函〔2017〕127 号）。

开展国家、省、市知识产权优势、示范企业培育、推荐和认定工作，促进企业提升知识产权管理水平和运用能力；提升商标附加值和国际影响力，引导企业创新商业模式，丰富商标内涵，提升商标附加值，提高商标知名度，创立知名品牌，在若干个重点产业领域培育一批有优势、有条件、有潜力的龙头企业和知名品牌。

第二，实行严格的知识产权保护。珠海市政府指出，加强知识产权司法保护，推进知识产权保护法治化，发挥司法保护的主导作用，完善司法保护和行政执法两条途径功能互补、有机衔接的知识产权保护模式；加大知识产权行政执法力度，加强专利、商标、著作权知识产权综合行政执法队伍建设，加强对执法人员的培训，加强行政执法装备和条件建设，提高保护水平；加强知识产权海关保护，完善海关知识产权保护执法体系建设，维护公平竞争的进出口贸易秩序；建立知识产权维权援助体系，推进行业组织知识产权自律保护工作，建立自律公约，快速协调会员之间的知识产权纠纷，提升会员企业知识产权保护意识和维权能力；加强新业态新领域知识产权保护，推动"互联网＋知识产权"融合发展，加强互联网、电子商务、大数据、云计算等领域的知识产权保护。

第三，优化知识产权公共服务。珠海市政府发展壮大知识产权服务业，依托国家横琴平台提升高新区"一区五园"知识产权服务能力，支持国家横琴平台高新区办事处开展知识产权代理、分析、评估、质押融资、法律服务、人才培训等服务；强化知识产权协会作用，完善行业自律与行政监管有机结合、运转有效的监督管理机制，加强知识产权协会、服务机构与知识产权密集型企业之间的对接，深化百所千企对接工程；加强重点产业领域专利预警导航和海外布局，围绕战略性新兴产业、重大科技专项、先进装备制造业等，组织开展专利态势分析、预警和导航，积极引导企业优化产业知识产权布局；提升海外知识产权风险防控能力，支持横琴自贸试验片区探索建设专业化跨境知识产权纠纷仲裁和调解机制，支持企业参与国际知识产权案件应诉工作，维护知识产权公平竞争环境，不断提高企业在国际贸易中的竞争力。

第四，加快建设国家知识产权运营公共服务平台金融创新（横琴）试点平台。珠海市政府努力促进知识产权运营交易，以（横琴）试点平台为依托，支持平台开展知识产权运营交易、金融创新和国际运营特色业务，充分发挥知识产权大数据优势提供知识产权公共服务；开展知识产权金融创新和服务，充分发挥珠海市知识产权质押融资风险补偿基金作用，对知识产权质押融资风险损失按照一定比例给予补偿，促进知识产权质押融资扩大规模；发挥珠港澳合作桥头堡作用，积极探索知识产权跨境交易的磋商机制，充分发挥地缘优势，加强珠港澳知识产权交流，完善珠港澳知识产权合作机制，推动在知识产权代理服务、法律服务、评估运营、展示交易、人才培养等领域的对外交流与合作。

第五，推进知识产权管理体制机制改革创新。珠海市政府加快开展知识产权综合改革试点巩固，以横琴自贸试验片区为先行试点，探索建立专利、商标、著作权"三合一"的综合管理体制机制和行政执法改革，通过横琴知识产权巡回法庭和知识产权检察工作站的实践，探索知识产权司法保护新模式；建立重大经济活动知识产权分析评议制度，制定重大经济活动知识产权分析评议办法，在重大产业规划、重大经济和科技项目等活动中开展知识产权分析评议试点，探索建立科技计划知识产权目标评估制度；改革财政资金支持方式，探索建立市与区两级财政互补、无偿与有偿并行、事前与事后结合、稳定支持与竞争择优结合的财政扶持多元化投入机制，加大相关财政支持；探索知识产权人才引进培养模式，加强知识产权相关学科建设，加大人才培育力度，加强知识产权专业学位教育，完善产学研联合培养知识产权人才模式；探索建立知识产权专家智库，建立知识产权专家咨询机构，整合相关资源，研究战略性、全局性和关键性问题，提高知识产权决策科学化水平和对珠海市宏观战略决策的影响力。

在体制机制不断完善的同时，珠海市知识产权工作多措并举、创新发展的路径同样清晰可见。2017年，珠海市设立规模4000万元的知识产权质押融资风险补偿基金，重点为科技型中小企业缓解融资难问题，并发布《珠海市知识产权质押融资风险补偿基金试行管理办法》，提升政府财政资金杠杆和风险保障作用，实现知识产权市场价值，解决轻资产的科技型中小企业融资难问题，做好珠海市知识产权质押融资风险补偿基金的管理工作。❶

---

❶《珠海市知识产权质押融资风险补偿基金试行管理办法》（珠知〔2017〕131号）。

该管理办法规定，基金由4方共同参与，市知识产权局代表市政府作为基金的出资人，引导资金的使用方向；珠海科技创业投资有限公司作为基金管理人，负责基金的日常运作，保障资金的有效使用；横琴国际知识产权交易中心有限公司作为知识产权交易平台，负责为基金提供知识产权评估、质押、处置等服务；商业银行、保险公司及融资性担保机构作为基金的合作机构，负责为中小企业的知识产权提供贷款、保险、担保等服务。同时，基金设基金决策委员会，由市知识产权局、市财政局、市金融局、人民银行珠海市中心支行、珠海银监分局组成，是基金最高决策机构。[1]

2018年3月，珠海市知识产权局发布了《珠海市专利促进专项资金管理办法（征求意见稿）》，进一步发挥知识产权制度激励创新的重要作用。根据该管理办法，珠海市专利促进专项资金拟定资助和奖励项目包括发明专利资助、市级知识产权优势企业奖励、知识产权贯标奖励、中国专利奖配套奖励、知识产权质押贷款利息及费用补贴等9项，并明确提出了更有力度的具体奖励标准。其中，知识产权质押贷款利息及费用补贴则为新增政策项目，预计年度知识产权质押贷款规模1亿元，贷款利息及评估、担保、保险费用成本约10%，将按50%补贴。[2]

珠海市及珠海各区制定各项知识产权促进、保护制度，通过一系列知识产权运用保护"组合拳"，为珠海产业转型升级提供支撑，有效护航全市经济快速健康发展。据介绍，珠海市计划启动《珠海经济特区知识产权保护条例》立法相关工作，从法规制度层面强化知识产权保护，为优化营商环境和创新环境，护航经济高质量发展，提供法制保障和支撑。

（二）珠海市知识产权促进政策

1. 市级知识产权促进政策

珠海市委市政府重视组织领导、宣传引导与督察考核，珠海市各区也紧跟珠海市开展国家知识产权示范城市培育工作的方案部署，进一步持续

---

[1] 《珠海市知识产权质押融资风险补偿基金试行管理办法》（珠知〔2017〕131号）。
[2] 《珠海市专利促进专项资金管理办法（征求意见稿）》（珠知函〔2018〕10号）。

加大知识产权工作力度，规范知识产权管理，营造全区知识产权创造、保护、运用氛围，取得了可喜成效。

《珠海市专利促进专项资金管理办法（征求意见稿）》规定，对满足相关条件的专利权人或专利代理机构进行奖补。具体政策措施有：❶

第一，在发明专利方面，如果是国内发明专利，企事业单位、高校（含校区）和社会团体及其他组织获得授权的国内发明专利每件奖补 1.3 万元；个人获得授权的国内发明专利每件奖补 5000 元；专利代理机构代理本市发明专利申请并取得授权，对该机构每件奖补 1000 元。如果是国外发明专利，则美国、日本、欧洲国家或欧盟的发明专利获得授权的每件奖补 3 万元，其他国家获得授权的每件奖补 2 万元；同一项发明创造在 2 个以上国家授予专利权的，仅奖补 2 个国家的专利申请费用。原则上，每个单位每年度获得的奖补总额最高不超过 500 万元；每个专利代理机构每年度获得的奖补总额最高不超过 10 万元。

第二，在知识产权贯标方面，对上年度获得《企业知识产权管理规范》（GB/T 29490—2013）认证的本市企业，且在认证通过年度内发明专利申请达 3 件及以上的，由各区给予每家最低 5 万元奖励。

第三，对经市知识产权部门新认定的市级知识产权优势企业，给予每家 10 万元奖励。对经省知识产权局新认定的省级知识产权示范、优势企业，给予每家 30 万元、20 万元奖励。

第四，对经国家知识产权局新认定的国家级知识产权示范、优势企业，给予每家 50 万元、30 万元奖励。

第五，对第一完成者为本市的企事业单位，并在本市实施的专利项目，获中国专利金奖或优秀奖，受省政府奖励的，按省政府授予奖金的 60% 给予配套奖励。

第六，对上一年度在珠海市注册并在省知识产权局备案的新设立的专利代理机构（含分支机构），且该机构上一年度完成本市发明专利代理 20 件及以上，专利电子申请率达 100%，给予新设立一次性奖励，本地机构奖励 10 万元，分支机构奖励 5 万元。

---

❶ 《珠海市专利促进专项资金管理办法（征求意见稿）》（珠知函〔2018〕10 号）。

2. 区级知识产权促进政策

（1）各行政区知识产权促进政策。

香洲区委组织部制定《珠海市香洲区创新发展若干措施人才扶持实施细则》，对促进知识产权发展作出具体规定。首先，鼓励企业申报发明专利，对国内发明专利授权每件资助 0.5 万元，获得美国、日本、欧洲国家或欧盟的发明专利授权每件资助 1.5 万元，其他国家 1 万元。其次，探索建立知识产权质押融资登记制度，对银行向创新型中小微企业开展知识产权质押融资产生的实际坏账损失，予以其中的 50%、单笔最高 100 万元的事后风险补偿。最后，鼓励企业提升知识产权优势，对每年新认定的市知识产权优势企业给予一次性资助 5 万元。对获得《企业知识产权管理规范》（GB/T 29490—2013）贯标认证的企业，给予一次性资助 10 万元。对辅导企业通过贯标认定的科技服务机构，给予最高不超过 5 万元的工作补贴。❶

金湾区政府制定《金湾区加快推进科技创新驱动若干政策措施》，规定对发明专利实施以下奖励办法。对企业（单位）和个人获得国内发明专利授权，每件给予一次性资助 1 万元；对获得 1 件以上美国、日本、欧洲国家或欧盟发明专利授权的企业给予资助 3 万元，获得其他国家发明专利授权的企业给予资助 2 万元。同时，对 2017 年度高企入库、认定通过且拥有 2017 年授权发明专利的企业，追加奖励 2 万元。对获得 3 件以上（含 3 件）实用新型（软件著作权等）专利授权的企业以及通过受让方式获得 5 年以上全球独占许可合同的企业给予一次性资助 2 万元。对被认定为中国驰名商标的企业，每一商标奖励 30 万元；对被认定为广东省著名商标的企业或广东省名牌产品的企业，给予一次性奖励 10 万元。对珠海市知识产权优势企业，奖励每家 5 万元。对获得《企业知识产权管理规范》（GB/T 29490—2013）贯标认证的企业，一次性奖励 5 万元。

斗门区政府制定的《珠海市斗门区促进企业科技创新扶持办法》作出以下规定：❷

---

❶ 《金湾区加快推进科技创新驱动若干政策措施》（珠金府办〔2016〕8 号）。
❷ 《珠海市斗门区促进企业科技创新扶持办法》（珠斗府办〔2016〕14 号）。

第一，鼓励企业申请知识产权保护。对企业获得国内发明专利证书，每件资助 1 万元；对企业获得美国、日本、欧盟或其他欧洲国家的发明专利证书，每件资助 3 万元，其他国家每件资助 2 万元，同一项发明专利在两个及以上国家授予专利权的，仅对两个国家专利进行资助；对企业获得实用新型专利或集成电路布图设计证书，每件资助 2000 元。单个企业年度资助最高不超过 50 万元。

第二，奖励知识产权先进企业。对获得国家、省专利奖金奖的企业分别给予每件 100 万元、20 万元奖励，对获得国家、省专利奖优秀奖的企业分别给予每件 50 万元、10 万元奖励；对年度国内发明专利申请量同比实现增长的企业，按申请量排名，对第一至三名、第四至六名、第七至十名的企业分别给予 10 万元、5 万元和 3 万元奖励。

第三，支持企业开展知识产权贯标工作。大力推动企业建立健全知识产权管理制度，对通过《企业知识产权管理规范》（GB/T 29490—2013）认证（简称"贯标认证"）并取得认证证书的企业，每家企业给予一次性资助 10 万元。

第四，加强知识产权优势企业培育工作。对首次被认定的国家、省级知识产权示范企业分别给予 50 万元、20 万元奖励；对首次被认定的国家、省、市级知识产权优势企业分别给予 30 万元、20 万元、10 万元奖励。

（2）各功能区知识产权促进政策。

自 2017 年横琴自贸片区知识产权快速维权援助中心在横琴国际知识产权交易中心揭牌成立以来，横琴新区依靠横琴国际知识产权交易中心开展维权援助中心建设，并制定《横琴新区促进知识产权工作暂行办法》，以集聚知识产权领域专业力量，为区内企业创新驱动发展营造更好的环境。该办法具体规定如下：❶

第一，知识产权资助。对企业获得国内发明专利受理通知书，每件扶持 0.3 万元；对企业获得国内发明专利证书，每件再扶持 1 万元；对企业申请 PCT 专利的每件扶持 1 万元；对企业获得美国、日本、欧盟授权的发明专利，每件扶持 5 万元；获得其他国家或地区授权的发明专利，每件扶持 3 万元；

---

❶ 《横琴新区促进知识产权工作暂行办法》（珠横新办〔2017〕38 号）。

同一项发明专利在 2 个以上国家授予发明专利的，仅资助 2 个国家的专利申请费用；对企业年度内获得集成电路布图设计证 1 件，给予扶持 5000 元；2 件（含）以上，给予扶持 1 万元；对企业年度内获得实用新型专利和软件著作权 6 件（含）以上，给予扶持 1 万元；单个企业每年度获得的资助总额最高不超过 300 万元。

第二，贯标资助。对获得《企业知识产权管理规范》（国家标准 GB/T 2949—2013）认证的企业，且获得认证后 6 个月内发明专利申请达 3 件及以上的，给予扶持 10 万元。对有资质的知识产权贯标服务机构，辅导区内企业通过知识产权贯标认证的，每 1 家企业通过认证（通过认证后 6 个月内发明专利申请达 3 件及以上）给予贯标服务机构 5 万元扶持。

第三，知识产权优势企业资助。加强知识产权优势企业培育工作，对经市知识产权部门新认定的市级知识产权优势企业，给予一次性扶持 10 万元。

第四，中国专利奖奖励资助。对区内企业作为第一完成者获中国专利金奖或中国外观设计金奖的，每项扶持 60 万元；对区内企业作为第一完成者获中国专利优秀奖或中国外观设计优秀奖的，每项扶持 30 万元。

第五，新授权商标资助。对企业在国内注册商标的，经认定后，每个商标注册号给予 800 元扶持，一个申请人拥有多个商标注册号的，可按件分别扶持，单个企业可获扶持金额不超过 5 万元；企业注册商标被认定为"中国驰名商标""广东省著名商标"的，分别对企业一次性给予 100 万元、30 万元扶持；在香港、澳门、台湾地区注册商标的，每个商标号给予 3000 元扶持，不得重复申请；企业商标通过马德里体系取得注册的，在获取《商标注册证》并通过各指定国核准注册后一次性申领扶持资金，扶持金额为每件商标注册官费的 60%，最高不超过 5 万元；在欧盟或拉美地区取得注册的，每件给予 1 万元扶持；在其他单一国家取得注册的，每件给予 3000 元扶持。

对获得国家商标战略实施示范企业，开展制定商标战略规划、商标预警和商标运营等工作的，一次性给予不超过 20 万元扶持，扶持金额原则上不超过开展上述工作实际发生费用的 50%；同一商标扶持总额不超过 10 万元。

第六，其他资助。对购买专利保险的企业，每件给予 1000 元扶持。单个企业每年度获得的扶持总额原则上最高不超过 10 万元。对知识产权被侵权的企业，依企业申请，对其司法鉴定费、公证费、诉讼费、仲裁费等分别给予 50% 的资金扶持；对国内维权扶持不超过 30 万元，对涉外维权扶持不超过 50 万元。

高新区政府出台的《珠海高新区促进知识产权工作暂行规定》对相关资助数额及方式规定如下：❶

第一，知识产权资助方面，对企业获得国内发明专利，每件资助 1 万元，对企业获得美国、日本、欧洲国家或欧盟的发明专利，每件资助 2 万元；其他国家的发明专利，每件资助 1 万元；同一项发明创造在 2 个以上国家授予发明专利的，仅资助 2 个国家的专利申请费用。对企业年度内获得集成电路布图设计专有权 1 件，给予资助 5000 元；2 件（含）以上，给予资助 1 万元。对企业年度内获得实用新型专利和软件著作权 5 件（含）以上，给予资助 1 万元。单个企业年度享受本条规定的资助总额不超过 50 万元。第二，加强知识产权贯标工作，对获得《企业知识产权管理规范》（国家标准 GB/T 29490—2013）贯标认证的企业，给予一次性奖励资金 10 万元。第三，加强知识产权优势企业培育工作，对新认定的市知识产权优势企业，给予一次性奖励资金 5 万元。第四，对区内企业作为第一完成者获中国专利金奖或中国外观设计金奖的，每项给予奖励资金 60 万元；对区内企业作为第一完成者获中国专利优秀奖或中国外观设计优秀奖的，每项给予奖励资金 30 万元。

同时，高新区制定的《珠海高新区科技保险费补贴实施办法（试行）》规定，科技保险费补贴资金采取先缴后补、分类补贴和总额限制方式。申请的险种给予不超过 30% 的科技保险费补贴。每个企业当年度科技保险费补贴总额最高不超过 15 万元。

高新区科技保险保费补贴比例如表 8－1 所示。❷

---

❶ 《珠海高新区促进知识产权工作暂行规定》（珠横新办〔2017〕38 号）。
❷ 《珠海高新区科技保险费补贴实施办法》（珠高办〔2016〕16 号）。

表8-1 高新区科技保险保费补贴比例

序号	险种	补贴比例
1	科技企业专利保险	30%
2	科技企业小额贷款保证保险	30%
3	科技企业关键研发设备保险	30%
4	科技企业产品研发责任保险	15%
5	科技企业产品责任保险	15%
6	科技企业产品质量保证保险	15%

此外，保税区、高栏港经济区及万山海洋开发试验区也制定了符合本区实际情况的相关政策，具体如表8-2所示。

表8-2 保税区、高栏港经济区及万山海洋开发试验区的知识产权资助政策

各区	国内发明专利授权	国外发明专利授权		专利资助上限/对象	申报高新技术产品	贯标	文件
		美、日、欧	其他国家				
高栏港	申请0.5万元/件、授权1万元/件	申请0.8万元/件、授权1万元/件	—	100万元/年，只资助企业	—	10万元	《高栏港经济区创新驱动暂行措施》（有效期至2017年12月31日）
保税区	2万元/件	—	—	只资助企业	0.3万元/件	10万元	《珠海保税区促进科技创新实施意见》
万山区	1万元/件	—	—	100万元/年，只资助企业	0.5万元/件，上限可达5万元	—	《珠海万山海洋开发试验区鼓励企业创新驱动暂行制度（修订）》

注：数据来自珠海市科技和工业信息化局。

珠海市各行政区知识产权政策汇总如表8-3所示。

表8-3 珠海市各行政区知识产权政策汇总

各区	国内发明专利授权	国外发明专利授权		实用新型、软件著作权、集成电路布图设计	PCT申请	专利资助上限/对象	知识产权优势示范企业	贯标	服务机构	中国专利奖配套奖励	其他	文件
		美日欧	其他国家									
香洲	0.5万元/件	1.5万元/件	1万元/件	—	1万元/件	100万元/年，只资助企业	市级5万元	10万元	辅导通过贯标，每家不超过3万元	按省政府奖金60%配套奖励	知识产权质押贷款费用每年补贴25万元；风险补偿50%，单笔最高不超过100万元	香洲区创新发展若干措施（2017）6号；香洲区科技创新专项资金使
金湾	1万元/件	3万元/件	2万元/件	3件（含）以上实用新型授权或软件著权，当年一次性给予2万元/企业	—	单位或个人均可资助（入库）；商企1件以上发明专利授权一次性资助2万元企业	—		—	—	—	金湾区加快推进科技创新驱动科技政策措施〔2016〕8号
斗门	1万元/件	3万元/件	2万元/件	实用新型布图2000元/件	—	50万元/年，只资助企业	示范国家级50万元，省级20万元；优势国家级30万元，省级20万元，市级10万元	10万元	辅导拿到各级认证的给予资助，国家级3000元，省级2000元，市级1000元，最高不超过5万元	国家金奖100万元/件，优秀奖50万元；省级金奖20万元/件，优秀奖10万元/件	区内企业发明申请第1~3名各补10万元，第4~6各补5万元，第7~10各补3万元，须同比实现增长	珠海市斗门区促进企业科技创新扶持办法（2016）14号

续表

各区	国内发明专利授权	国外发明专利授权		实用新型、软件著作权、集成电路布图设计	PCT申请	专利资助上限对象	知识产权优势示范企业	贯标	服务机构	中国专利奖配套奖励	其他	文件
		美日欧	其他国家									
横琴	发明授权 1 万元/件；发明受理 0.3 万元/件	5 万元/件	3 万元/件 同一项发明专利在 2 个以上国家授权，仅资助 2 个国家专利申请费用	实用新型、软件著作权 6 件或以上，其他 1 万元/件；国家或地区授权的给予 5000 元/件；集成电路布图设计：5000 元/件，2 件及以上给予 1 万元	1 万元/件	300 万元/年，只资助企业	市级新认定的优势企业 10 万元/家	10 万元（认证后 6 个月内发明专利申请达 3 件以上）	辅导贯标每家 1 万元，通过贯标每家 5 万元（认证后 6 个月内发明专利申请达 3 件以上）	中国专利金奖 60 万元/件，优秀奖 30 万元/件（区内企业必须是第一完成者）	①专利保险 1000 元/件，最高不超过 10 万元/年；②知识产权维权费用资助 50%，最高不超过 30 万元；③专利交易额按交易额 2% 补贴，高校科研院所转化专利 5 件以上 20 万元，对高校科研院所和机构按转让合同金额 2% 补贴，不超过 50 万元	《横琴新区促进知识产权工作暂行办法》（珠横新 [2017] 38 号）
高新	1 万元/件	2 万元/件	1 万元/件	①集成电路布图设计：1 件，给予 0.5 万元，2（含）件以上，给予 1 万元；②实用新型或软件著作权：5 件（含）以上，给予 1 万元		100 万元/年，只资助企业	5 万元	10 万元	—	国家金奖 60 万元/件，优秀奖 30 万元/件	专利保险：科技型企业不超过 30% 的补贴，每个企业当年度最高不超过 15 万元	《珠海高新区促进科技创新规定》（珠高 [2016] 66 号）《珠海高新区科技保险费补贴实施办法（试行）》

续表

各区	国内发明专利授权	国外发明专利授权		实用新型、软件著作权、集成电路布图设计	PCT申请	专利资助上限/对象	知识产权优势示范企业	贯标	服务机构	中国专利奖配套奖励	其他	文件
		美日欧	其他国家									
高栏	申请0.5万元/件、授权1万元	申请0.8万元、授权1万元	—	—	—	100万元/年，只资助企业	—	10万元	—	—	—	《高栏港经济区创新驱动暂行措施》（珠港办〔2016〕96号）
保税	2万元/件	—	—	—	—	只资助企业	—	—	—	—	—	珠海保税区促进科技创新实施意见（珠保〔2016〕35号）
万山	1万元/件	—	—	—	—	100万元/年，只资助企业	—	—	—	—	—	《珠海万山海洋开发试验区鼓励创新驱动暂行制度》（珠万办〔2015〕60号）

注：数据来自珠海市科技和工业信息化局。

二、珠海市知识产权发展状况

(一) 知识产权优势企业发展状况

2017 年,珠海市高新技术企业申请专利 11263 件,申请发明专利 5675 件,拥有发明专利申请的高新技术企业占全市高新技术企业的 34.56%。这一串亮眼的数据,不仅是珠海知识产权事业快速发展的缩影,也诠释着珠海创新引领前行的铿锵足音。❶

2017 年珠海市各类专利权人授权量和 2018 年 1~9 月各类专利申请人申请量统计如表 8-4 和表 8-5 所示。

表 8-4 2017 年 1~12 月珠海市各类专利权人授权量❷   单位: 件

专利权人类型	发明	占比/%	实用新型	占比/%	外观设计	占比/%	小计
职务发明	2420	97.62	7768	96.85	1745	85.37	11933
其中:企业	2400	96.81	7661	95.51	1736	84.93	11797
大专院校	15	0.61	82	1.02	7	0.34	104
科研单位	4	0.16	10	0.12	0	0.00	14
机关团体	1	0.04	15	0.19	2	0.10	18
非职务发明 (个人)	59	2.38	253	3.15	299	14.63	611
合计	2479	100.00	8021	100.00	2044	100.00	12544

表 8-5 2018 年 1~9 月珠海市各类专利权人授权量❸   单位: 件

专利权人类型	发明	占比/%	实用新型	占比/%	外观设计	占比/%	小计
职务发明	2320	98.01	8136	97.67	1427	87.87	11883
其中:企业	2295	96.96	8001	96.05	1417	87.25	11713

---

❶ 珠海特区报. 全力开创珠海知识产权工作新局面为建设粤港澳大湾区创新高地提供重要 [EB/OL]. [2018-11-15]. http://www.zhxz.gov.cn/zwgk/xxgk_xzgz/xztt/201804/t20180426_315482.html.

❷ 珠海市科技和工业信息化局. 2017 年珠海市专利申请授权情况 [R]. 专报信息, 2018 (2).

❸ 珠海市科技和工业信息化局. 2018 年 1~9 月珠海市专利申请授权情况 [R]. 专报信息, 2018 (13).

专利权人类型	发明	占比/%	实用新型	占比/%	外观设计	占比/%	小计
大专院校	17	0.72	100	1.20	6	0.37	123
科研单位	6	0.25	18	0.22	1	0.06	25
机关团体	2	0.08	17	0.20	3	0.18	22
非职务发明（个人）	47	1.99	194	2.33	197	12.13	438
合计	2367	100.00	8330	100.00	1624	100.00	12321

珠海企业专利创造数量连年攀升，毫无疑问，企业占据创新创造的绝对主导地位。珠海市企业专利申请量和授权量占全市比重分别为93.66%和94.04%。截至2017年12月底，珠海市共有1263家企业拥有有效发明专利8029件。其中，有408家高新技术企业拥有有效发明专利6225件，占全市有效发明专利总量的74.10%，拥有有效发明专利的高新技术企业占全市高新技术企业的51.84%。❶ 同时，珠海市颁布了《关于建立重点企业知识产权保护直通车制度实施方案》，该方案提出建立知识产权保护重点企业库，为入库的重点企业提供更强而有力的知识产权保护，同时进一步完善知识产权保护服务体系，增强珠海市重点企业的市场竞争力和国际竞争力，助力珠海市实施创新驱动发展战略。

2017年，珠海市新增10家企业被认定为知识产权优势企业，32家企业通过考核。❷ 2018年，珠海市新增10家企业被认定为知识产权优势企业，21家企业通过考核。❸ 同时，在107家企业上榜的广东省知识产权保护重点企业名单中，以珠海格力电器股份有限公司为首的8家珠海企业榜上有名（见表8-6）。

---

❶ 全力开创珠海知识产权工作新局面为建设粤港澳大湾区创新高地提供重要 ［EB/OL］. ［2018 - 11 - 15］. http：//www.zhxz.gov.cn/zwgk/xxgk_xzgz/xztt/201804/t20180426_315482.html.

❷ 珠海市知识产权保护协会. 2017年珠海市知识产权优势企业认定和考核结果公告 ［EB/OL］. ［2018 - 11 - 15］. http：//www.zhippa.org/Ch/NewsView.asp？ID=414.

❸ 《关于公布2018年珠海市知识产权优势企业认定和考核结果的通知》（珠知〔2018〕133号）.

表 8 – 6   2017～2018 年珠海市新增认定知识产权优势企业名单❶

序号	2017 年	2018 年
1	珠海市魅族科技有限公司	珠海市一微半导体有限公司
2	珠海市运泰利自动化设备有限公司	建荣集成电路科技（珠海）有限公司
3	珠海英搏尔电气股份有限公司	珠海凯邦电机制造有限公司
4	珠海美固电子有限公司	珠海优特物联科技有限公司
5	珠海市敏夫光学仪器有限公司	珠海罗西尼表业有限公司
6	珠海阳光儿童用品有限公司	珠海理想科技有限公司
7	乐健科技（珠海）有限公司	珠海市英格尔特种钻探设备有限公司
8	珠海科斯特电源有限公司	珠海光库科技股份有限公司
9	希格玛电气（珠海）有限公司	中丰田光电科技（珠海）有限公司
10	广东建星建造集团有限公司	珠海格力智能装备有限公司

作为珠海龙头企业，格力电器 2017 年发明专利授权 1273 件，占全市发明专利授权总量的 51.35%，居全省第三位；全球通用耗材行业领军企业——天威耗材现已拥有自主专利逾 2700 件，居行业申请专利总数第一位，并成功获得"国家知识产权示范企业"荣誉称号。同时，云洲智能、纳睿达、飞马传动等一批拥有自主知识产权、掌握核心技术的创新型企业也在加快崛起。❷

珠海格力电器自成立以来，以"一个没有创新的企业是一个没有灵魂的企业"为座右铭，致力于技术创新，把掌握空调的核心技术作为企业立足之本。格力电器投入大量人力、物力、财力，建成了行业内独一无二的技术研发体系，组建了一支拥有外国专家在内的 5000 多名专业人员的研发队伍，成立了制冷技术研究院、机电技术研究院和家电技术研究院 3 个基础性研究机构，拥有 300 多个国家实验室。

在国家知识产权局公布的 2017 年中国发明专利授权量排行榜上，格力电器凭借 1273 件发明专利授权量成为唯一一家进入全国前十位的家电企业，也是我国第一家"年度发明专利授权量"超千件的家电企业。近日，第 70 届德

---

❶ 2017 年珠海市知识产权优势企业认定和考核结果公告 [EB/OL]. [2018 – 11 – 15]. http://www.zhippa.org/Ch/NewsView.asp? ID = 414.

❷ 珠海特区报. 全力开创珠海知识产权工作新局面为建设粤港澳大湾区创新高地提供重要 [EB/OL]. [2018 – 11 – 15]. http://www.zhxz.gov.cn/zwgk/xxgk _ xzgz/xztt/201804/t20180426 _ 315482. html.

国纽伦堡国际发明展在德国举行，格力电器凭借自主研发的创新产品一举斩获 3 项发明金奖，充分展示了其发明创造能力和国际领先的科技实力。❶

作为珠海实体经济的"名片"，格力电器 3 次获得国家科技进步奖，19 项技术被鉴定为"国际领先"，正是凭借坚持不懈地深耕核心技术，推动科技创新。近年来，公司每年的研发投入超过 40 亿元，专利发明层出不穷。2018 年 3 月 8 日，格力电器在上海发布家庭中央空调变频变容技术，这项技术为国际首创，标志着中国企业在节能环保方面再一次走到了世界前列。

除了空调领域，近年来格力电器持续深耕智能装备制造，其拥有自主知识产权的五轴联动数控机床，是解决叶轮、叶片、船用螺旋桨、重型发电机转子、汽轮机转子、大型柴油机曲轴等加工的核心手段，对国家航空、航天、军事、科研、精密器械、高精医疗设备等行业具有举足轻重的影响力。

在技术研发上，格力从来不设门槛，需要多少投入多少的做法，让其成为中国空调业技术投入费用最高的企业。据统计，仅 2011 年，格力电器在技术研发上的投入就超过 30 亿元。格力电器在国内外累计拥有专利超过 6000 项，其中发明专利 1300 多项，是中国空调行业中拥有专利技术最多的企业，也是唯一不受制于外国技术的企业。2018 年上半年，发明专利授权量 787 件，全国排名第七位。2018 年 10 月 11 日，福布斯发布了 2018 年全球最佳雇主榜单，格力电器位列第 88 名。❷

作为中国耗材行业的拓荒者和领军企业，天威耗材以珠海为基地，在上海、杭州等地拥有十几家工厂。天威耗材以自主创新为核心竞争力，目前已登记申请国内外专利共 2000 余件，数量和质量均列全球兼容/再生耗材领域第一位。公司自主研发项目"86T 墨盒装置"荣获中国第九届国家专利金奖，这一奖项获世界知识产权组织（WIPO）认可。

知识产权与企业的创新能力密不可分，近年来，天威耗材的创新实力一直备受政府肯定，也得到行业和消费者的信赖。作为全球通用耗材的领导者，

---

❶ 格力官方网站［EB/OL］.［2018 – 11 – 15］. http：//www. gree. com. cn/pczwb/xwzx/cms_category_1261/20181119/detail – 18484. shtml.

❷ 格力电器［EB/OL］.［2018 – 11 – 16］. https：//baike. baidu. com/item/珠海格力电器股份有限公司/10969853？fromtitle = % E6% A0% BC% E5% 8A% 9B% E7% 94% B5% E5% 99% A8&fromid = 1024385&fr = aladdin.

天威耗材拥有 3D 打印机、芯片、数字打印、激光硒鼓、复印机粉盒、墨盒、色带、碳粉、墨水等 9 大类过万款产品，拥有自主专利 2662 件，位居行业申请专利总数第一。❶

天威耗材作为中国代表团团长、中国通用耗材行业唯一参加 ISO 标准制修订的企业成员，自 2005 年起，连续 13 年参与 ISO/IEC JTC1 SC28 标准系列年会及 43 项 ISO 标准的研讨，是 5 项 ISO 国际标准的副主编单位。

除自身加强自主创新能力外，天威耗材通过开展产学研合作的研发活动，提升企业竞争力。分别与华南理工大学、北京理工大学、华中科技大学、装备再制造技术国防科技重点实验室、超分子结构与材料国家重点实验室等科研机构和高校进行技术合作和交流，不断研发新技术、改进新工艺。

为了推动行业整体创新能力的提升，天威耗材设立"天威杯"打印耗材创新设计与专利大赛自 2007 年创办至今已有 11 届，因其多年来建立的权威性和公信力，被誉为打印耗材业创新的"奥斯卡"奖。权威数据显示，大赛举办至今 11 年来，中国通用耗材行业专利整体数量增长了十几倍，大赛成为以创新推动行业转型升级的助推器。

天威耗材成立至今 38 年来，正是尊重知识产权、积极自主创新、注重专利布局的态度，让天威耗材不断发展壮大，在实现打造 2D 耗材与 3D 打印领域最强品牌的道路上不断前行。

（二）知识产权取得状况

1. 2017 年珠海市知识产权取得状况❷

2017 年，珠海市专利考核指标包括珠三角国家自主创新示范区考核 3 项和珠三角规划纲要考核 1 项，分别为发明专利申请量目标 8406 件、发明专利授权量目标 1976 件、PCT 申请量目标 263 件以及每万人发明专利拥有量目标 40.80 件。

2017 年 1～12 月，珠海市发明专利申请 7769 件，完成考核指标的

---

❶ 天威耗材官方网站 [EB/OL]. [2018-11-16]. http：//www. printrite. com. cn. html。
❷ 珠海市科技和工业信息化局. 2017 年珠海市专利申请授权情况 [R]. 专报信息，2018（2）.

92.42%，比考核指标少完成 637 件；发明专利授权量 2479 件，完成考核指标的 125.46%，超额 503 件完成指标；PCT 申请量 435 件，完成考核指标的 165.40%，超额 172 件完成指标；每万人发明专利拥有量为 50.15 件，完成考核指标的 122.91%，超额 9.35 件完成指标（见表 8 - 7）。

表 8 - 7　2017 年 1 ~ 12 月珠海市知识产权各项指标完成情况

指标名称	目标值/件	完成量/件	完成比例	指标来源
发明专利申请量	8406	7769	92.42%	珠三角国家自主创新示范区考核
发明专利授权量	1976	2479	125.46%	
PCT 专利申请量	263	435	165.40%	
发明专利拥有量	6835	8041	122.91%	珠三角规划纲要考核

表 8 - 8 列出了珠海市各区发明专利申请与授权情况。

（1）专利申请量。

2017 年 1 ~ 12 月，珠海市专利申请量 20737 件，同比增长 17.48%。其中，发明专利申请量 7769 件，同比增长 2.28%；实用新型专利申请量 10765 件，同比增长 35.44%；外观设计专利申请量 2203 件，同比增长 4.56%。3 种专利申请的比例为 37：52：11，广东省 3 种专利申请的比例为 29：45：26。全市历年累计专利申请量 98556 件，其中，历年累计发明专利申请量 33043 件。

珠海市有 1721 家企业申请专利 19422 件，占全市专利申请总量的 93.66%。其中，有 833 家企业申请发明专利 7430 件，占全市发明专利申请总量的 95.64%。其中，有 429 家规模以上工业企业申请专利 11310 件，241 家规模以上工业企业申请发明专利 5188 件，有发明专利申请的规模以上工业企业占全市规模以上工业企业的 22.80%。有 396 家高新技术企业申请专利 11263 件，272 家高新技术企业申请发明专利 5675 件；有发明专利申请的高新技术企业占全市高新技术企业的 34.56%。

在此期间，全市有 5 所大专院校申请发明专利 77 件，有 3 家科研单位申请发明专利 15 件，8 个机关团体申请发明专利 59 件。有 344 人申请非职务专利 943 件，其中，118 人拥有发明专利申请 188 件，183 人拥有实用新型专利

单位：件

表8-8 2017年1~12月珠海市各区发明专利申请授权情况

各区	发明专利申请					发明专利授权					PCT申请					有效发明专利				
	2017年	2016年	同比增长	2017年度考核目标值	完成指标百分比	2017年	2016年	同比增长	2017年度考核目标值	完成指标百分比	2017年	2016年	同比增长	2017年度考核目标值	完成指标百分比	2017年	2016年	同比增长	2017年度考核目标值	完成指标百分比
香洲	4316	4802	-10%	6401	*67%	1738	1326	31%	1591	109%	349	191	83%	248	141%	5034	3551	42%	4261	118%
金湾	439	378	16%	694	*63%	113	101	12%	131	*86%	13	9	44%	12	108%	711	422	68%	549	130%
斗门	148	118	25%	206	*72%	48	29	66%	43	112%	2	0	—	2	100%	227	122	86%	145	157%
富山工业园	161	224	-28%	206	*78%	68	43	58%	43	158%	0	0	—	2	*0%	199	119	67%	144	138%
高新	1962	1741	13%	2654	*74%	388	204	90%	265	146%	46	32	44%	42	110%	1424	785	81%	1021	139%
高栏	324	146	122%	195	166%	46	52	-12%	68	*68%	7	1	600%	3	233%	304	202	50%	263	116%
保税	35	26	35%	26	135%	20	27	-26%	32	*63%	0	1	-100%	3	*0%	125	113	11%	136	*92%
横琴	352	154	129%	328	107%	58	13	346%	20	290%	18	3	500%	5	360%	374	156	140%	250	150%
万山	32	2	1500%	3	1067%	0	0	—	1	*0%	0	0	—	2	*0%	3	0	—	1	300%
合计	7769	7596	2%	10713	*73%	2479	1795	38%	2194	113%	435	237	84%	319	136%	8401	5470	54%	6770	124%

注：标*表示未达到本年度考核指标值。根据珠三角国家自主创新示范区考核要求，珠海市工业和信息化局按高于省考核指标的标准，将全市各专利考核指标分解至各区进行考核，其中，发明专利申请目标为10713件，发明专利授权量指标为2194件，PCT申请量指标为319件，发明专利拥有量指标为6770件。

申请 375 件，132 人拥有外观设计专利申请 380 件。企业、大专院校、科研单位、机关团体和个人专利申请量的占比分别为 93.66%、1.06%、0.12%、0.62% 和 4.54%；5 种申请人发明专利申请量的占比分别为 95.64%、0.99%、0.19%、0.76% 和 2.42%。

图 8－1 列出了 2017 年 1～12 月珠海市发明专利申请。

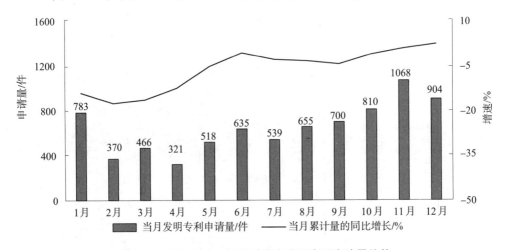

图 8－1　2017 年 1～12 月珠海市发明专利申请量趋势

（2）专利授权量。

2017 年 1～12 月，珠海市专利授权量 12544 件，同比增长 35.07%。其中，发明专利授权量 2479 件，同比增长 38.03%；实用新型专利授权量 8021 件，同比增长 34.74%；外观设计专利授权量 2044 件，同比增长 32.90%。全市历年累计专利授权量 61682 件，其中，历年累计发明专利授权量 8226 件。

珠海市有 1435 家企业获得专利授权 11797 件，占全市专利授权总量的 94.04%。其中，有 394 家企业获得发明专利授权 2400 件，占全市发明专利授权总量的 96.81%。其中，有 418 家规模以上工业企业获得专利授权 7032 件，164 家规模以上工业企业获得发明专利授权 1774 件，有发明专利授权的规模以上工业企业占全市规模以上工业企业的 15.52%；有 391 家高新技术企业获得专利授权 6938 件，185 家高新技术企业获得发明专利授权 2067 件，有发明专利授权的高新技术企业占全市高新技术企业的 23.51%。

全市有 5 所大专院校获得发明专利授权 15 件，3 个科研单位获得发明专利授权 4 件，1 个机关团体获得发明专利授权 1 件。全省共有 316 人获得非职务专利授权 611 件，其中 51 人获得发明专利授权 59 件，163 人获得实用新型专利授权 253 件，126 人获得外观设计专利授权 299 件。

图 8－2 列出了 2017 年 1～12 月珠海市发明专利授权分布。

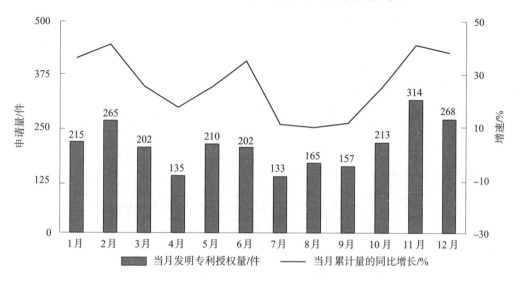

图 8－2　2017 年 1～12 月珠海市发明专利授权量趋势

（3）PCT 专利申请量。

2017 年 1～12 月，珠海市 PCT 专利申请量为 435 件，同比增长 83.54%，全省排名第六，占全省总量的 1.62%。全市历年累计 PCT 专利申请量 1508 件。

（4）有效发明专利量。

截至 2017 年 12 月底，珠海市有效发明专利量 8401 件，同比增长 53.58%。全市每万人口发明专利拥有量为 50.15 件，比 2016 年同期增加 16.68 件。全市有效发明专利 5 年以上维持率为 66.73%。

同期，珠海市共有 1263 家企业拥有有效发明专利 8029 件。其中，有 394 家规模以上工业企业拥有有效发明专利 5432 件，占全市有效发明专利总量的 64.66%，拥有有效发明专利的规模以上工业企业占全市规模以上工业企业的 37.28%。其中，有 408 家高新技术企业拥有有效发明专利 6225 件，占全市有效发明专利总量的 74.10%，拥有有效发明专利的高新技术企业占全市高新技术企业的 51.84%。

同期，全市共有 6 所大专院校拥有有效发明专利 42 件，5 个科研单位拥有有效发明专利 24 件，5 个机关团体拥有有效发明专利 13 件，200 位个人拥有有效发明专利 293 件。

（5）专利电子申请率。

2017 年 1 ~ 12 月，珠海市平均专利电子申请率为 98.38%，居全省第六位，比同期全省平均电子申请率高 0.45 个百分点。

（6）发明专利申请授权前十名企业。

2017 年 1 ~ 12 月，珠海市发明专利申请前十名企业共申请发明专利 4773件，占全市发明专利申请总量的 61.44%，其中，珠海格力电器发明专利申请2969 件，占全市发明专利申请总量的 38.22%（见表 8 - 9）。

表 8 - 9　2017 年珠海市发明专利申请前十家企业专利申请量对比

排名	申请人名称	2017 年发明专利申请量/件	2016 年发明专利申请量/件	同比增长/%	同比增加/件
1	珠海格力电器股份有限公司	2969	3409	- 13	- 440
2	珠海市魅族科技有限公司	1088	1007	8	81
3	珠海格力节能环保制冷技术研究中心有限公司	220	450	- 51	- 230
4	珠海市领创智能物联网研究院有限公司	111	0	—	111
5	珠海格力智能装备有限公司	81	75	8	6
6	珠海金山网络游戏科技有限公司	70	44	59	26
7	珠海金山办公软件有限公司	61	60	2	1
8	珠海格力智能装备技术研究院有限公司	60	0	—	60
9	珠海凌达压缩机有限公司	57	138	- 59	- 81
10	珠海全志科技股份有限公司	56	52	8	4
前十名发明专利申请量合计		4773	—		
其他申请人发明专利申请量合计		2996	—		
全市发明专利申请量合计		7769	7596	2	173

2017 年 1～12 月，珠海市获得发明专利授权前十名企业共获得发明专利授权 1618 件，占全市发明专利授权总量的 65.27%，其中珠海格力电器股份有限公司发明专利授权 1273 件，占全市发明专利授权总量的 51.35%，居全省第三位，仅次于华为、中兴（见表 8－10）。

表 8－10　2017 年珠海市发明专利授权前十家企业专利授权量对比

排名	专利权人名称	2017 年发明专利授权量/件	2016 年发明专利授权量/件	同比增长/%	同比增加/件
1	珠海格力电器股份有限公司	1273	871	46	402
2	珠海格力节能环保制冷技术研究中心有限公司	105	63	67	42
3	珠海市君天电子科技有限公司	61	25	144	36
4	珠海天威飞马打印耗材有限公司	41	37	11	4
5	珠海全志科技股份有限公司	34	15	127	19
6	珠海凌达压缩机有限公司	28	13	115	15
7	珠海市魅族科技有限公司	28	19	47	9
8	珠海凯邦电机制造有限公司	16	2	700	14
9	远光软件股份有限公司	16	3	433	13
10	珠海优特物联科技有限公司	16	0	—	16
前十名发明专利授权量合计		1618	—	—	—
其他专利权人发明专利授权量合计		861	—	—	—
全市发明专利授权量合计		2479	1796	38	683

截至 2017 年 12 月底，珠海市有效发明专利前十名企业拥有有效发明专利 4226 件，占年末全市有效发明专利总量的 50.30%（见表 8－11）。

表 8－11　2017 年珠海市有效发明专利拥有量前十家企业对比

排名	专利权人名称	有效发明专利量/件
1	珠海格力电器股份有限公司	3086
2	珠海格力节能环保制冷技术研究中心有限公司	238
3	珠海天威飞马打印耗材有限公司	204
4	炬芯（珠海）科技有限公司	129
5	珠海市君天电子科技有限公司	120
6	珠海艾派克微电子有限公司	99

续表

排名	专利权人名称	有效发明专利量/件
7	广东中星电子有限公司	98
8	珠海全志科技股份有限公司	95
9	珠海天威技术开发有限公司	82
10	丽珠医药集团股份有限公司	75
前十名有效发明专利量合计		4226

总体来说，珠海市 2017 年知识产权专利申请授权情况呈现出以下特点。第一，人均发明专利指标居全省第二位，珠海市每万人发明专利申请量为 46.38 件，每万人发明专利授权量为 14.80 件，每万人发明专利拥有量为 50.15 件，3 项指标连续 7 年在全省排名第二，仅次于深圳。第二，年度专利申请量突破 2 万件，居全省第七位。第三，年度专利授权量突破万件，达 12544 件，居全省第六位。第四，企业占据技术创新主导地位，中小微专利活跃企业大量增长，但企业之间的专利实力差距明显，结构不均衡。第五，2017 年发明专利申请量 7769 件，同比增长 2.28%，2016 年和 2015 年的同比增长率分别为 72% 和 39%，全市发明专利申请量增长速度明显放缓。

2. 2018 年 1~9 月珠海市知识产权取得状况❶

2018 年，珠海市专利考核指标包括珠三角国家自主创新示范区考核 3 项和珠三角规划纲要考核 1 项，分别为发明专利申请量目标 8157 件、发明专利授权量目标 2603 件、PCT 申请量目标 457 件；发明专利拥有量目标未下达，按 8821 件预设（比 2017 年增长 5%）。

2018 年 1~9 月，珠海市发明专利申请量 8304 件，完成考核指标的 101.79%；发明专利授权量 2367 件，完成考核指标的 90.93%；截至 2018 年 9 月底，珠海市发明专利拥有量 10649 件，完成考核指标的 120.72%；PCT 申请量 205 件，完成考核指标的 44.86%，考核指标进度（75%）缺口 138 件（见表 8-12）。

---

❶ 珠海市科技和工业信息化局. 2018 年 1~9 月珠海市专利申请授权情况［R］. 专利信息，2018（13）.

单位：件

表8-12 2018年1~9月珠海市各区发明专利考核指标情况

各区	发明专利申请			发明专利授权			有效发明专利			PCT		
	2018年1~9月	2018年度考核目标值	完成指标进度	2018年1~9月	2018年度考核目标值	完成指标进度	截至2018年9月	2018年度考核目标值	完成指标进度	2018年1~9月	2018年度考核目标值	完成指标进度
香洲	4835	4428	109.19%	1617	1825	88.60%	6546	5286	123.84%	131	367	*35.69%
金湾	513	474	108.23%	122	119	102.52%	840	747	112.45%	24	14	171.43%
斗门	186	160	116.25%	43	51	84.31%	252	238	105.88%	2	2	100.00%
富山工业园	248	174	142.53%	76	71	107.04%	291	209	139.23%	13	0	—
高新	1208	2119	*57.01%	408	407	100.25%	1772	1495	118.53%	19	48	*39.58%
高栏港	304	350	86.86%	40	48	83.33%	344	319	107.84%	2	7	*28.57%
保税	36	38	94.74%	3	21	*14.29%	110	131	83.97%	0	0	—
横琴	971	380	255.53%	57	61	93.44%	490	393	124.68%	14	19	*73.68%
万山	3	35	*8.57%	1	0	—	4	3	133.33%	0	0	—
合计	8304	8157	101.79%	2367	2603	90.93%	10649	8821	120.72%	205	457	*44.86%

注：标*表示未达到相应年度目标相应进度（75%）。

（1）专利申请量。

2018 年 1~9 月，珠海市专利申请量 20860 件，同比增长 43.73%，全市历年累计专利申请量 119416 件。其中，发明专利申请量 8304 件，同比增长 66.51%；实用新型专利申请量 10395 件，同比增长 31.68%；外观设计专利申请量 2161 件，同比增长 32.41%。3 种类型专利申请的比例为 39.81：49.83：10.36，全省 3 种类型专利申请的比例为 27.79：46.20：26.01。

在此期间，珠海市有 1854 家企业申请专利 19724 件，占全市专利申请总量的 94.55%。其中，有 932 家企业申请发明专利 7975 件，占全市发明专利申请总量的 96.04%。全市有 403 家规模以上工业企业申请专利 11148 件，有专利申请的规模以上工业企业数量占全市规模以上工业企业总数的 38.13%；其中，有 248 家规模以上工业企业申请发明专利 5087 件，有发明专利申请的规模以上工业企业数量占全市规模以上工业企业总数的 23.46%。珠海市有 671 家高新技术企业申请专利 13187 件，占全市企业专利申请总量的 66.86%；有专利申请的高新技术企业占全市有专利申请企业总数的 36.19%。其中，全市有 405 家高新技术企业申请发明专利 6151 件，占全市企业发明专利申请总量的 77.13%；有发明专利申请的高新技术企业数量占全市有发明专利申请企业总数的 43.45%，占全市高新技术企业总数的 27.40%。全市有 8 所大专院校申请发明专利 92 件，6 个科研单位申请发明专利 17 件，10 个机关团体申请发明专利 45 件。全市有 340 人申请非职务专利 765 件，其中 110 人有发明专利申请 175 件，205 人有实用新型专利申请 353 件，111 人有外观设计专利申请 237 件。企业、大专院校、科研单位、机关团体和个人专利申请量的占比分别为 94.55%、1.06%、0.14%、0.53% 和 3.67%；5 种申请人发明专利申请量的占比分别为 96.04%、1.11%、0.20%、0.54% 和 2.11%。

（2）专利授权量。

2018 年 1~9 月，珠海市专利授权量 12321 件，同比增长 39.47%，全市历年累计专利授权量 74003 件。其中，发明专利授权量 2367 件，同比增长 40.56%；实用新型专利授权量 8330 件，同比增长 47.43%；外观设计专利授权量 1624 件，同比增长 8.27%。

在此期间，珠海市有 1708 家企业获得专利授权 11713 件，占全市专利授权总量的 95.07%。其中，有 406 家企业获得发明专利授权 2295 件，占全市发明专利授权总量的 96.96%。全市有 422 家规模以上工业企业获得专利授权 6576 件，获得专利授权的规模以上工业企业数量占全市规模以上工业企业总数的 39.92%；有 149 家规模以上工业企业获得发明专利授权 1653 件，获得发明专利授权的规模以上工业企业数量占全市规模以上工业企业总数的 14.10%。全市有 656 家高新技术企业获得专利授权 7897 件，占全市企业专利授权总量的 67.42%；有专利授权的高新技术企业占全市有专利授权企业总数的 38.41%，占全市高新技术企业总数的 44.38%。其中，全市有 225 家高新技术企业获得发明专利授权 2042 件，占全市企业发明专利授权总量的 88.98%，有发明专利授权的高新技术企业数量占全市有发明专利授权企业总数的 55.42%，占全市高新技术企业总数的 15.22%。全市有 6 所大专院校获得发明专利授权 17 件，3 个科研单位获得发明专利授权 6 件，2 个机关团体获得发明专利授权 2 件。全市有 257 人获得非职务专利授权 438 件，其中 45 人获得发明专利授权 47 件，139 人获得实用新型专利授权 194 件，94 人获得外观设计专利授权 197 件。

（3）有效发明专利量。

截至 2018 年 9 月底，珠海市有效发明专利量 10649 件，同比增长 40.73%，比全省平均水平高 18.51 个百分点。全市每万人口发明专利拥有量为 60.32 件，比 2017 年同期增加 15.15 件。珠海市每万人口发明专利拥有量全省排名第二位，仅次于深圳市。

同期，全市有效发明专利 5 年以上维持率为 66.54%，居全省第九位。截至 2018 年 9 月底，珠海市有 1447 家企业拥有发明专利 10250 件，占全市有效发明专利总量的 96.25%。

同期，珠海市有 415 家规模以上工业企业拥有发明专利 7012 件，占全市有效发明专利总量的 65.85%，拥有有效发明专利的规模以上工业企业数量占全市规模以上工业企业总数的 39.26%。

同期，珠海市有 722 家高新技术企业拥有发明专利 8710 件，占全市有效发明专利总量的 81.79%，拥有有效发明专利的高新技术企业数量占全市高新技术企业总数的 48.85%。

同期，珠海市有 8 所大专院校拥有发明专利 55 件，6 个科研单位拥有发明专利 26 件，4 个机关团体拥有发明专利 15 件，216 人拥有发明专利 303 件。

（4）PCT 国际专利申请量。

2018 年 1～9 月，珠海市 PCT 国际专利申请量 205 件，同比下降 34.29%，在全省排名第六位。

（5）专利电子申请率。

2018 年 1～9 月，珠海市专利电子申请率为 99.27%，居全省第三位，比同期全省专利电子申请率高 0.69 个百分点。

（6）发明专利申请授权前十名企业。

2018 年 1～9 月，珠海市发明专利申请量前十名企业共申请发明专利 4609 件，占全市发明专利申请总量的 55.50%，其中珠海格力电器股份有限公司发明专利申请量 3325 件，占全市发明专利申请量的 40.04%（见表 8-13）。

表 8-13　2018 年 1～9 月珠海市发明专利申请量前十家企业对比

排名	企业名称	2018 年 1～9 月发明专利申请量/件	2017 年 1～9 月发明专利申请量/件	同比增加/件	同比增长/%
1	珠海格力电器股份有限公司	3325	1915	1410	74%
2	珠海格力智能装备有限公司	295	78	217	278%
3	珠海格力节能环保制冷技术研究中心有限公司	226	124	102	82%
4	珠海市魅族科技有限公司	217	658	-441	-67%
5	珠海横琴盛达兆业科技投资有限公司	151	0	151	—
6	珠海金山网络游戏科技有限公司	82	51	31	61%
7	银隆新能源股份有限公司	79	3	76	2533%
8	珠海市君天电子科技有限公司	79	14	65	464%
9	珠海凌达压缩机有限公司	78	32	46	144%
10	珠海市一微半导体有限公司	77	27	50	185%
	合计	4609	2890	1719	59%

2018 年 1～9 月，珠海市发明专利授权量前十名企业共获得发明专利授权 1556 件，占全市发明专利授权总量的 65.74%；其中，珠海格力电器股份有

限公司发明专利授权量1153件，占全市发明专利授权总量的48.71%，在全省排名第五位（见表8-14）。

表8-14 2018年1~9月珠海市发明专利授权量前十家企业对比

排名	企业名称	2018年1~9月发明专利授权量/件	2017年1~9月发明专利授权量/件	同比增加/件	同比增长/%
1	珠海格力电器股份有限公司	1153	847	306	36%
2	珠海格力节能环保制冷技术研究中心有限公司	169	55	114	207%
3	珠海市魅族科技有限公司	90	14	76	543%
4	珠海凌达压缩机有限公司	38	14	24	171%
5	珠海市君天电子科技有限公司	27	47	-20	-43%
6	炬芯（珠海）科技有限公司	19	8	11	138%
7	珠海全志科技股份有限公司	17	31	-14	-45%
8	珠海金山网络游戏科技有限公司	15	8	7	88%
9	中铁十九局集团第七工程有限公司	15	4	11	275%
10	珠海优特物联科技有限公司	13	9	4	44%
	合计	1556	1037	519	50%

截至2018年9月底，珠海市有效发明专利量前十名企业拥有有效发明专利5626件，占全市有效发明专利总量的52.83%（见表8-15）。

表8-15 2018年1~9月珠海市有效发明专利拥有量前十家企业对比

排名	专利权人名称	有效发明专利量/件
1	珠海格力电器股份有限公司	4162
2	珠海格力节能环保制冷技术研究中心有限公司	396
3	珠海天威飞马打印耗材有限公司	214
4	珠海市魅族科技有限公司	161
5	炬芯（珠海）科技有限公司	147

续表

排名	专利权人名称	有效发明专利量/件
6	珠海市君天电子科技有限公司	145
7	珠海艾派克微电子有限公司	112
8	珠海全志科技股份有限公司	108
9	广东中星电子有限公司	95
10	丽珠医药集团股份有限公司	86
	合计	5626

（三）珠海市知识产权保护状况

"保护知识产权就是保护创新"这一基本理念日益获得全社会的广泛认同，近年来，广东大力构建知识产权保护体系，知识产权保护发展指数连续 5 年保持全国第一，专利保护实力连续多年居全国前列，珠海市近年来知识产权保护程度也大大提高。

1. 知识产权行政保护

（1）2017 年珠海市专利行政执法状况。

珠海市知识产权局受理案件 33 件，占全省受理案件总数的 0.5%，其中侵权纠纷 31 件，查处假冒专利行为立案 2 件。2017 年广东省知识产权执法受理案件 5866 件，其中侵权纠纷 3586 件，其他纠纷 101 件，查处假冒专利行为立案 2179 件。

珠海市知识产权局结案 33 件，占全省结案总数的 0.5%，其中侵权纠纷 31 件，查处假冒专利行为结案 2 件。2017 年广东省知识产权执法案件结案 5817 件，其中侵权纠纷 3505 件，其他纠纷 133 件，查处假冒专利行为结案 2179 件。从表 8 - 16 中可以看出，2017 年珠海市知识产权执法案件数量较少，仅占全省的 0.5%。做到了有案必结，受理的 33 个案件均已结案（见表 8 - 16）。

表 8 - 16　2017 年珠海市专利行政执法状况

执法部门	案件受理统计/件				案件结案统计/件			
	合计	纠纷种类		查处假冒专利行为	合计	结案方式		查处假冒专利行为
		侵权	其他	假冒立案		侵权	其他	假冒结案
珠海市知识产权局	33	31	—	2	33	31	—	2
全省❶	5866	3586	101	2179	5817	3505	133	2179

2018 年 1~7 月，金湾区发明专利、实用新型专利、外观设计专利合计申请量 1593 件，同比增长 40.23%；合计授权量 478 件，同比增长 86.39%；增长率仅次于横琴区。发明专利拥有量 800 件，同比增长 21.58%，完成全年目标任务的 107%；发明专利申请量 408 件，完成全年目标任务的 86%，完成率仅次于横琴区、富山工业区；发明专利授权 87 件，完成全年目标任务的 73.1%，完成率仅次于横琴区。PCT 申请量 20 件，已完成年度目标值的 143%，完成率全市第一。❷

根据珠海市政府网站于 2018 年 10 月 15 日发布的"金湾区多措并举推进知识产权工作"，金湾区持续关注知识产权创造增质提效，走访全区重点企业，调研企业需求，革新并落实知识产权扶持政策。大力支持企业各类研发机构和工程、技术中心建设，并给予政策扶持。2017 年 12 月，金湾区委派优质专利机构对目标企业进行精准上门服务，展开地毯式无偿点对点培训，并对在此期间申报的发明专利给予 1000 元的费用补贴。该举措配合 2016 年出台的《金湾区加快推进科技创新驱动若干政策措施》，推动"知识产权引领智能制造"的理念深入街角深巷，使金湾区企业对知识产权的重视程度达高涨状态。

金湾区设立"金湾区优质产品目录"，激励企业打造自身优势产品，提高

---

❶　广东省知识产权局. 2017 年广东省各地级以上市专利行政执法状况［EB/OL］.（2018 - 06 - 05）［2018 - 11 - 20］. http：//home. gdipo. gov. cn/gdipo/zlbh/201806/82c836c5e9e0416684dd0d5aabe0fe38. shtml.

❷　金湾区科技和工业信息化局. 金湾区多措并举推进知识产权工作［EB/OL］.（2018 - 10 - 15）［2018 - 11 - 20］. http：//zwgk. jinwan. gov. cn/WebSite/Index/NewsDetail? ID = 602c43339ac640e58ac11e621469e85e.

竞争力。2017年，金湾区19个产品获省名牌产品称号；丽珠集团、润都制药、亿邦制药3家企业荣获国家专利优秀奖；继丽珠集团后，汤臣倍健获选国家级知识产权优势企业；丽珠集团蝉联国家级、省级知识产权示范企业称号；迪尔生物继丽珠集团、联邦制药、庭佑化妆配件、汤臣倍健后，获选广东省知识产权优势企业。❶

金湾区按需开展知识产权培训，对通过《知识产权管理规范》认证并取得实际知识产权产出的企业给予财政奖补，极大鼓舞了企业规范知识产权管理体制的热情，提升创新效率。截至目前，金湾区丽珠集团、润都制药、迈科智能、迪尔生物、柯凌机械、环球净化等企业通过国家《企业知识产权管理规范》认证。

作为改革开放试验田，挂牌3年来，横琴新区（自贸区）始终把改革开放作为发展之魂，以制度创新为核心，对接国际高标准投资贸易规则，大胆试、大胆闯、自主改，实际落地320项制度创新措施。其中7项措施在全国复制推广，51项措施在全省复制推广，23项措施在珠海市复制推广。改革创新的推进，也显著增强了横琴的发展动力。目前，横琴商事主体已突破5.7万家，其中45家世界500强企业、73家中国500强企业落户，落地项目总投资超5000亿元。

2017年1月3日，横琴自贸片区知识产权快速维权援助中心（简称"维权援助中心"）在横琴国际知识产权交易中心揭牌成立。今后，维权援助中心将以规范、高效地协调和帮助区内企事业单位及个人解决知识产权纠纷、提升企业知识产权能力为目标，围绕横琴自贸片区知识产权相关事项，全面开展知识产权快速确权、快速维权、政策咨询、公益培训、快速服务等工作。据介绍，维权援助中心工作受横琴新区商务局监督指导、由横琴国际知识产权交易中心负责承办运营。横琴国际知识产权交易中心总经理季节介绍，按照维权援助中心的功能定位，中心将以配合政府提供公共服务能力为出发点、以专业知识为基础、以服务企业为导向，全面推进横琴新区的知识产权快速维

---

❶ 金湾区科技和工业信息化局. 金湾区多措并举推进知识产权工作［EB/OL］.（2018 – 10 – 15）［2018 – 11 – 20］. http：//zwgk. jinwan. gov. cn/WebSite/Index/NewsDetail? ID = 602c43339ac640e58ac11e621469e85e.

权援助工作。横琴新区管委会副主任阎武表示，依靠横琴国际知识产权交易中心开展维权援助中心建设，将集聚知识产权领域专业力量，为区内企业创新驱动发展营造更好的环境，横琴新区将全力支持维权援助中心和横琴国际知识产权交易中心的建设发展。

2017 年 12 月，横琴新区管委会发布《横琴新区促进知识产权工作暂行办法》❶，为切实提高企业知识产权创造与运用的能力，扩大知识产权总量，优化知识产权结构，培育企业基于自主知识产权的核心竞争力，根据国家、省、市有关文件精神，结合横琴新区实际，制定本办法。该办法适用于在横琴新区进行工商注册、税务登记，且符合横琴新区产业发展规划的企业。对知识产权资助标准如下：

对企业获得国内发明专利受理通知书，每件扶持 0.3 万元；对企业获得国内发明专利证书，每件再扶持 1 万元；对企业申请 PCT 专利的每件扶持 1 万元；对企业获得美国、日本、欧盟授权的发明专利，每件扶持 5 万元；获得其他国家或地区授权的发明专利，每件扶持 3 万元；同一项发明专利在 2 个以上国家授予发明专利的，仅资助 2 个国家的专利申请费用；对企业年度内获得集成电路布图设计证 1 件，给予扶持 5000 元；2 件（含）以上，给予扶持 1 万元；对企业年度内获得实用新型专利和软件著作权 6 件（含）以上，给予扶持 1 万元；单个企业每年度获得的资助总额最高不超过 300 万元。❷

2018 年 9 月，广东自贸区横琴片区知识产权侵权惩罚机制合作备忘录签署仪式在横琴创意谷举行，横琴新区工商局与横琴新区人民法院正式签署《关于共建中国（广东）自由贸易试验区珠海横琴新区片区知识产权侵权惩罚机制合作备忘录》。此举通过建立知识产权侵权行政处罚与民事赔偿相衔接机制，促进行政机关与司法机关更加紧密合作，显著提升知识产权侵权违法成本，开拓了横琴新区知识产权保护协作新领域。这也是横琴新区率先在全国

---

❶ 该暂行办法有效期至 2019 年 2 月 15 日。

❷ 横琴新区商务局. 横琴新区促进知识产权工作暂行办法［EB/OL］.（2017 - 12 - 28）［2018 - 11 - 20］. http://www.hengqin.gov.cn/hengqin/xxgk/201801/597b8ce1da214ce6b0298cb78f345d22.shtml.

范围内探索知识产权侵权惩罚机制改革的创新举措之一。❶ 近年来，横琴新区发展不断提速，建设日新月异，一大批创新型产业、科技型企业相继落户，一大批前沿技术、自主品牌不断涌现，目前横琴新区已有超过 6400 家科技型企业，知识产权保护需求也逐年增长。探索知识产权侵权惩罚机制改革，开拓知识产权保护协作新领域，是推动横琴新区经济高质量发展和高水平对外开放的迫切需要。此次备忘录的签署，将有利于推动实现对知识产权侵权行为从"单一的行政处罚"向"行政处罚与惩罚性赔偿"转变，从"单一部门惩处"向"多部门联合惩戒相结合"转变，建设知识产权保护统一体系；有利于破解知识产权维权难题，降低维权成本、提升违法成本，充分发挥法律威慑作用，让知识产权侵权人"一处违法，处处受限"；有利于在横琴新区营造全社会尊重、保护知识产权的良好氛围，减少知识产权引发的国际摩擦，构建横琴新区国际化、法治化营商环境，提高对外开放水平。

（2）典型案例：科星汽车设备（珠海）有限公司与广东省知识产权局不服行政处理决定纠纷案❷。

科星汽车设备（珠海）有限公司与广东省知识产权局不服行政处理决定纠纷案是广州知识产权法院公布的 2017 年知识产权十大案例之一。该案的原告是科星汽车设备（珠海）有限公司，被告是广东省知识产权局，第三人是古丽亚诺集团股份有限公司。古丽亚诺集团股份有限公司（以下简称"古丽亚诺公司"）是涉案发明专利的专利权人。广东省知识产权局接到古丽亚诺公司投诉后，依法到科星汽车设备（珠海）有限公司（以下简称"科星公司"）住所取样被诉侵权产品。经审查，广东省知识产权局认为科星公司侵犯了涉案专利权，并作出行政处理决定。科星公司不服行政处理决定，提起行政诉讼。在案件审理过程中，涉案专利权被宣告全部无效。

一审法院认为，虽然广东省知识产权局在涉案专利有效时，作出的涉案

---

❶ 珠海特区报. 横琴新区探索建立知识产权侵权惩罚机制开拓知识产权保护协作新领域［EB/OL］.（2018 – 09 – 08）［2018 – 11 – 26］. http：//www. hengqin. gov. cn/office/business/201809/f755 4253b46f49da81383a432adc0baf. shtml.

❷ 广东省知识产权局. 广东省知识产权局专利纠纷案件处理决定书粤知执处字〔2016〕第 5 号［EB/OL］.（2016 – 07 – 11）［2018 – 12 – 15］. http：//zwgk. gd. cn/006940335/201607/t20160715_663561. html.

处理决定并未违反法律规定。但是，涉案专利权已被宣告全部无效，广东省知识产权局作出涉案处理决定已经失去事实依据，为保护专利纠纷当事人的合法权益，涉案处理决定应予撤销。广东省高级人民法院二审维持了原判。

随着我国知识产权保护意识的发展，当事人知识产权诉讼能力也在不断提高，申请无效权利人的专利权作为一项对抗手段也越来越多地被使用。这虽然促进了专利制度的发展，但也造成不少专利维权诉讼审理周期长的问题。对此，《最高人民法院关于审理侵犯专利权纠纷案件应用法律若干问题的解释（二）》第2条规定，权利人在专利侵权诉讼中主张的权利要求被专利复审委员会宣告无效的，审理侵犯专利权纠纷案件的人民法院可以裁定驳回权利人基于该无效权利要求的起诉。即，在民事侵权诉讼中，据以保护的专利权被宣告无效后，法院无须等待行政诉讼的最终结果，对民事侵权诉讼可以直接不再审理。若相关专利权被维持有效，当事人可通过另行起诉的方式予以救济。但是在行政诉讼中应如何处理，尚无相关的规定。这就可能造成行政处理程序与民事司法程序在处理结果上相脱节。该案指出在行政诉讼程序中，据以主张保护的专利权被专利复审委员会宣告无效后，行政机关作出的行政处理决定已失去事实依据，基于稳定市场秩序的需要、行政效率原则以及专利保护的行政执法程序与民事司法程序相衔接的考虑，应当撤销行政处理决定。

该案的审理体现有关立法空白需要填补，彰显了司法主导理念，强化对行政执法行为的规范和监督，有力地保护了当事人的正常经营，对相关行政案件的处理有着重要的指导意义。

2. 知识产权会展保护

珠海是中国会展业起步最早的城市之一，拥有多年会展文化积淀。1987年珠海国际贸易展览中心开业后，珠海经济特区首届国际玩具博览会、珠海经济技术合作暨贸易洽谈会、珠海88国际旅游展销会等全国和国际性的会展项目纷纷落户珠海。多年来，珠海会展业在探索中不断壮大，如今，连续举办十届的中国国际航空航天博览会，已跃居世界第五大航展，成为珠海对外开放的一张城市名片，也是珠海会展经济不可或缺的宝贵资源；全球最大的打印耗材展——中国（珠海）国际打印耗材展览会也已成为业界著名的国际品牌展会。❶ 根据珠海市会议展览局发布编制的《2017 年珠海市会展业发展报告》，根据中山大学旅游学院的统计分析，2017 年珠海共举办展览会 23 场，举办会议 3554 场。会展业对珠海产生直接和间接的经济效益 126.57 亿元，占全年珠海市 GDP 的 4.94%。

2017 年 5 月，珠海市会展局、珠海市财政局共同发布《珠海市会展业扶持资金使用管理暂行办法》，该办法的最大亮点是鼓励举办会议，对在珠海市举办的会期达 1 天、住宿达 2 晚及以上的国际会议、行业会议、商务会议和超大型会议共 4 类会议，按类别最高可获得 50 万元的资金支持：①对在珠海市举办的参会代表来自 3 个及以上国家/地区（含港澳台地区），参会人数 200 人以上，境外参会人数达 30% 以上的国际会议，根据参会人数规模，给予最高 50 万元的资金支持；②对由省级、国家级乃至国际性行业协会、学会学术机构等在珠海市举办的，参会人数达 200 人及以上，外来参会人数达 80% 以上的行业会议，根据酒店住宿房间数及天数，给予最高 30 万元的资金支持；③世界 500 强或全国 500 强企业，在珠海市举办的参会人数达 300 人及以上，其中，外来参会人员达 85% 以上的商务会议，给予最高 25 万元的资金支持；④对于参会人数达 10000 人及以上的，其中外来参会人数达 85% 的超大型会议，给予最高 50 万元的资金支持。❷

该办法提高了首次来珠海举办的初创展会补助标准，其场租补贴比例提高 5%，新增宣传推广费用补贴，最高封顶补助金额从过去的 12 万元大幅提高至 35 万元，大大增强了外地企业来珠海办展的吸引力，并引导和鼓励新展会项目通过加强宣传推广力度提高办展成效。同时，为利用珠海市高等学校、行业协会、会展企业在人才、网络和管理等方面的优势，加强对珠海市会展从业人员培养，该办法对人才培训项目的扶持范围和具体标准进行细化，每年最高投入 60 万元支持公益性人才培训项目，具体按照项目实际参训人数按每人每天 150 元的标准予以补助。此次会展行业新扶持政策出台，将更有力

❶ 珠海市会议展览局. 会展概况 [EB/OL]. （2015 - 08 - 11）[2018 - 11 - 20]. http://www.zhhzj.gov.cn/? smid = 8.
❷ 珠海市政府. 珠海市出台会展业扶持资金使用管理暂行办法加大会展业扶持力度 [EB/OL]. （2017 - 06 - 06）[2018 - 11 - 20]. http://www.zhuhai.gov.cn/xw/xwzx_44483/zhyw/201706/t20170606_21798217.html.

地促进珠海会议和展览项目的引进及落地，加速珠海市会展业科学布局，为珠海打造珠江口西岸国际会展中心城市提供保障。

2018 年 10 月 24 日，举世瞩目的港珠澳大桥正式通车。唯一与港澳陆路相连的城市珠海，迎来了港澳会展业外溢的发展新机遇。在港珠澳大桥正式通车和粤港澳大湾区建设加速的大背景下，珠海国际会展中心将迎来发展飞跃期。按照计划，珠海国际会展中心将持续联动港澳资源，努力建设成为中国知名的"粤港澳大湾区高端会展综合体"。同时，加速向全产业链迈进，力争用 3 年时间，向会展一流梯队加速快跑，推动特区"二次创业"，建设新珠海、新经济、新生活。

2018 年 11 月，珠海市会展局印发《关于提升珠海国际航展中心贸易功能的工作方案》，进一步提升航展中心利用效率，引进培育更多品牌展会和活动。从市场的角度看，更多的会展企业把眼光瞄准了粤港澳大湾区。通车的港珠澳大桥成为促进珠海会展业发展的"关键之匙"。港珠澳大桥的通车，将使珠海无缝衔接港澳资源，共享大桥红利，吸引更多诸如中以科技创新投资大会的国际性大会项目落地珠海。❶

珠海市展会知识产权纠纷及保护的问题总体处于初级阶段，其主要呈现如下特点：①展会知识产权纠纷较少。从展会的阶段来看，展中的知识产权纠纷较少；从展会知识产权的种类来看，相较于专利侵权纠纷，展会自身、著作权、商标权等其他类知识产权纠纷较少。②展会知识产权保护的任务和压力相对较轻，无须特别对待。实践中，几乎没有且暂时也无需采取特别的展会知识产权保护措施，更谈不上保护模式。③比较而言，展会知识产权保护主要通过民间自律、私力救济的方式实现，其具体措施主要由展会主办方和行业协会通过宣传、教育、提示、建议、合同约定等方法来实施；行政执法保护的措施比较简单，主要表现为展会期间的执法巡查，一般不设固定的执法站点。尽管如此，民间私力保护的作用也发挥的并不充分。④展会知识产权纠纷的处理一般在展后进行，且权利人主要通过司法保护寻求权利救济。临时禁令和诉前证据保全措施极少被采用，但权利人在必要之时在会展中自

---

❶ 南方日报. 逐鹿大湾区舞台，珠海会展业如何突围？［EB/OL］.（2018 - 10 - 18）［2018 - 11 - 20］. http：//zh. southcn. com/content/2018 - 10/18/content_183701374. htm.

行取证，而司法机关极少也无须主动介入权利保护。⑤在立法上，针对珠海市展会的知识产权保护，总体上缺少相应的规范性文件，尤其是较高层级的法律文件，也缺少相对规范、科学、统一、完整的国家机关政策文件、指导性文件或范本。❶

3. 知识产权司法保护

司法是公平正义的最后一道防线。具体到知识产权保护，从微观角度看，司法是知识产权保护的最后一道屏障，是知识产权所有者维护自身权益的最后手段；从宏观角度看，司法能够提高科学研究成果的潜在收益，是鼓励企业和研究人员在创新上加大投入，构建创新型社会的重要举措。随着珠海市高新区知识产权法庭和横琴片区知识产权巡回法庭相继成立，珠海的知识产权司法保护迈入了专业化、职业化的新时代。

（1）珠海市知识产权案件的基本情况。

2017 年 1 月 1 日至 2018 年 10 月 31 日，珠海市中级人民法院共审结知识产权案件 256 件，其中知识产权合同纠纷 14 件，知识产权权属、侵权纠纷 236 件，不正当竞争纠纷 3 件，其他知识产权与竞争纠纷 6 件。广东省珠海市香洲区人民法院共审结知识产权案件 162 件，其中知识产权合同纠纷 8 件，知识产权权属、侵权纠纷 153 件，不正当竞争纠纷 1 件。珠海横琴新区人民法院共审结知识产权案件 21 件，其中知识产权合同纠纷 3 件，知识产权权属、侵权纠纷 16 件，不正当竞争纠纷 1 件，其他知识产权与竞争纠纷 1 件。

2018 年 1 月 17 日在珠海市第九届人民代表大会第五次会议上，根据珠海市中级人民法院院长黄炯猛所作的 2018 年珠海市中级人民法院工作报告，珠海市中级人民法院在 2017 年发挥知识产权保护作用，审结"U 雅"商标侵权案等侵犯知识产权案件 494 件，服务粤港澳大湾区创新高地建设。发挥香洲高新人民法庭及横琴自贸区知识产权巡回法庭作用，推动知识产权刑事、民事、行政案件"三审合一"，加大对核心技术、战略性新兴产业和驰名商标的

---

❶ 刘毕贝，赵莉. 珠海市展会知识产权保护策略研究［J］. 法制与经济，2015（12）：10 - 14.

保护力度。提高知识产权审判信息化应用水平，网上审理异地当事人案件。❶

近年来，珠海市知识产权案件受理量持续增长，新类型案件日益增多，涉及工业产权和技术知识产权的案件在全部案件中的比重不断增大，案件审理的社会影响不断扩大。为了贯彻落实《国家知识产权战略纲要》，进一步推进珠海市知识产权司法保护力度，为珠海市自主创新环境建设提供更有力的司法保障，珠海市在全国率先设立了知识产权法庭。2017 年以来，香洲区高新巡回法庭进一步加大对知识产权的司法保护力度，1～10 月共审结知识产权民事案件 340 件、知识产权刑事案件 4 件，诉讼标的总金额达 4700 多万元。其中审结著作权权属、侵权纠纷 189 件，著作权权属纠纷 50 件，商标权权属、侵权纠纷 33 件，侵害商标权纠纷 35 件，侵害作品信息网络传播权纠纷 28 件，有效保障了辖区企业的合法利益。在知识产权审判工作中，高新巡回法庭不断创新改革审判工作机制，注重兼顾各方合法利益，努力提升企业、群众的获得感。❷

2018 年 9 月 4 日，广东自贸区横琴片区知识产权侵权惩罚机制合作备忘录签署仪式在横琴新区创意谷举行，横琴工商局与横琴法院签署了《关于共建中国（广东）自由贸易试验区珠海横琴新区片区知识产权侵权惩罚机制合作备忘录》（以下简称《备忘录》）。横琴工商局、法院将以该备忘录为行动指南，开拓知识产权保护协作新领域，在全国范围内率先探索知识产权侵权惩罚机制改革。根据备忘录，横琴工商局与横琴法院双方重点在完善知识产权行政和司法保护衔接机制、构建知识产权行政和司法保护相互支撑的办案机制、构建知识产权侵权惩罚机制、完善知识产权领域失信企业联合惩戒机制、拓展多元化的知识产权纠纷解决机制 5 个方面加强战略合作。横琴法院院长蔡美鸿介绍说，横琴工商局和法院建立《备忘录》，合力共推知识产权侵权惩罚机制改革，有利于破解知识产权维权难题，降低维权成本、提升违法成本，充分发挥法律威慑作用，让知识产权侵权人"一处违法，处处受限"；

❶ 珠海市中级人民法院. 2018 年法院工作报告［EB/OL］.（2018 - 01 - 17）［2018 - 11 - 20］. http：//www. zhcourt. gov. cn/courtweb/web/content/881 - ? lmdm = 1037.

❷ 珠海市香洲区人民法院. 香洲法院高新法庭集中审理全市知识产权案件三年来取得显着效果 ［EB/OL］.（2017 - 12 - 07）［2018 - 11 - 20］. http：//www. zhxz. gov. cn/zwgk/xxgk_xzgz/xxgk_xzxx/201712/t20171207_308553. html.

同时，还有利于营造全社会尊重、保护知识产权的良好氛围，减少知识产权引发的国际摩擦，构建横琴新区国际化、法治化营商环境。横琴工商局局长吴创伟表示，《备忘录》的签订，使得横琴工商局与法院健全知识产权案件衔接机制，从而实现知识产权侵权行为在行政处罚和民事赔偿两个领域均依法得到处理，保障"罚赔"并举，充分追究知识产权侵权行为人责任。

近年来，一大批创新型产业、科技型企业相继落户横琴，一大批前沿技术、自主品牌不断涌现，成为横琴经济的重要支撑，目前已超过 6400 家科技型企业落户横琴。2017 年以来，横琴全区共办理商标新申请业务 2851 件，办理商标质押融资金额高达 1 亿多元；办理企业专利申请 154 件，申请著作权登记 38 件、软件著作权 215 件。与 2016 年同期相比，商标行政案件增长 30%。知识产权诉讼案件增长 546%。❶

（2）典型案例：珠海贾某、刘某琦销售假冒注册商标的商品案。

珠海贾某、刘某琦销售假冒注册商标的商品案为广东省检察院发布的 2017 年知识产权保护十大典型案例之一。自 2015 年起，被告人贾某、刘某琦为了牟取非法利益，共同商议由贾某负责进货、联系买家，刘某琦负责发货，向北京、上海等地的不特定客户销售假冒 SIEMENS® （西门子）注册商标的电缆线、导轨等设备。2016 年 1 月 15 日，珠海市公安局高新分局金鼎派出所办案民警在贾某和刘某琦共同租赁的仓库中抓获刘某琦，现场查获了用于销售的假冒 SIEMENS® （西门子）注册商标型号为 6XV1840 - 2AH10、6XV1830 - 0EH10、6ES73901AE800AA0 等的电缆线、导轨设备一批。经鉴定，上述尚未销售的假冒 SIEMENS® （西门子）注册商标的物品货值金额达 381862.7 元。

该案由珠海市公安局高新分局于 2016 年 1 月 15 日立案侦查。珠海市香洲区人民检察院以涉嫌销售假冒注册商标的商品罪于 2016 年 2 月 5 日对刘某琦作出批准逮捕决定，同年 4 月 1 日对其提起公诉。2016 年 6 月 17 日，珠海市香洲区人民法院以销售假冒注册商标的商品罪，判处被告人刘某琦有期徒刑 3 年，缓刑 4 年，并处罚金人民币 20 万元。目前该判决已生效。因 2016 年 12

---

❶ 中国新闻网. 横琴工商和法院共建知识产权侵权惩罚机制［EB/OL］.（2018 - 09 - 05）
［2018 - 11 - 20］. http：//www. hqcourt. gov. cn/list/info/794. html.

月 7 日珠海市香洲区人民检察院以涉嫌销售假冒注册商标的商品罪对贾某批准逮捕，同年 12 月 26 日提起公诉。2017 年 3 月 13 日，珠海市香洲区人民法院以销售假冒注册商标的商品罪，判处被告人贾某有期徒刑 3 年，缓刑 5 年，并处罚金人民币 20 万元。目前该判决已生效。❶

SIEMENS ® （西门子）是国际著名注册商标。该案两名被告为牟取非法利益，选择偏僻场所、采取隐蔽手段、实行匿名方式，销售假冒 SIEMENS ® （西门子）注册商标的线缆和导轨，引起了权利人、消费者和民众的高度关注。检察机关在办理该案过程中，自觉树立以审判为中心的裁判证据规则意识，运用"打击、监督、教育、预防"等手段，严格审查证据、积极回应律师质疑、及时追捕漏犯、促使被告人认罪悔过，实现了法律效果与社会效果的有机统一。

（四）知识产权中介机构发展状况

知识产权代理服务是自主创新成果知识产权化的桥梁和纽带，它促进创新成果知识产权化的转化实施，帮助市场主体维护自身合法权益、制定营销策略谋求更好发展，知识产权代理服务业主要包括专利代理和商标代理，此外还有著作权、软件登记、集成电路、条码申请、域名申请以及海关备案等代理申请授权服务。

在专利代理方面，根据广东省知识产权公共信息综合服务平台，从 2017 年 1 月 1 日至 2018 年 10 月 31 日，珠海市专利代理机构发明专利授权总量为 41385 件，同比增加 10157 件，同比增长 24.54%；发明授权为 5114 件，同比增加 1497 件，同比增长 29.27%；外观设计为 3838 件，同比增加 637 件，同比增长 16.59%；发明专利为 15158 件，同比增加 2877 件，同比增长 18.98%；实用新型为 17275 件，同比增加 5146 件，同比增长 29.78%。3 种类型专利申请的占比分别为发明专利 42%，实用新型 48%，外观设计 10%（见图 8 - 3 和图 8 - 4）。

---

❶ 南方新闻网. 广东省检察院发布十大知识产权保护典型案例［EB/OL］.（2018 - 04 - 20）［2018 - 11 - 20］. http://www.sohu.com/a/228882040_222493.

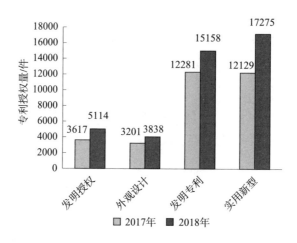

图 8-3　2017 年和 2018 年珠海代理机构专利授权量对比

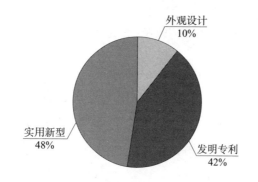

图 8-4　2017 年和 2018 年 1~10 月专利授权占比

　　截至 2018 年 5 月底，全省有专利代理机构 301 家、分支机构 321 家，执业专利代理人 2025 人，代理行业从业人员达 7000 多人，专利代理机构数量和执业专利代理人数量均居全国第二位。有 22 家专利代理机构列入全国知识产权服务品牌机构培育单位，其中 9 家通过国家知识产权局评鉴；22 家专利代理机构获评星级专利代理机构，53 名专利代理人获评星级专利代理人。

　　根据珠海市知识产权局 2018 年 7 月 25 日发布的数据，截至 2018 年 7 月，珠海市专利代理机构共有 12 家，相比 2015 年珠海市仅有 5 家代理机构，增加了 7 家（见表 8-17）。但各代理机构分公司的专利授权量为零，所以可以查询发明专利授权数量的代理机构仅有 3 家，根据广东省知识产权公共信息综合服务平台查询，从 2017 年 1 月 1 日至 2018 年 10 月 31 日，珠海智专专利商标代理有限公司发明专利授权总量为 2472 件，位列第一，其中发明专利授权 304 件，外观设计专利 281 件，发明专利 712 件，实用新型专利 1175 件。北京汇智英财专利代理事务所珠海分所发明专利授权总量为 2073 件，其中，发明专利授权 307 件，外观设计专利 177 件，发明专利 731 件，实用新型专利 858 件。广东朗乾律师事务所发明专利授权总量为 965 件，其中，发明专利授权 174 件，外观设计专利 152 件，发明专利 258 件，实用新型专利 381 件（见表 8 - 18）。

表 8 - 17　珠海市专利代理机构名单●

序号	机构名称
1	广东朗乾律师事务所
2	珠海智专专利商标代理有限公司
3	广州嘉权专利商标事务所有限公司珠海分公司
4	广州华进联合专利商标代理有限公司珠海分公司
5	广州三环专利代理有限公司珠海分公司
6	广州红荔专利代理有限公司珠海分公司
7	重庆强大凯创专利代理事务所（普通合伙）珠海分所
8	北京中济纬天专利代理有限公司珠海分公司
9	北京汇智英财专利代理事务所
10	珠海市威派特专利事务所
11	上海精晟知识产权代理有限公司珠海分公司
12	北京中济纬天专利代理有限公司珠海分公司

表 8 - 18　2017～2018 年珠海市代理机构发明授权情况❷　　　　单位：件

排名	代理机构名称	发明授权	外观设计	发明专利	实用新型	共计
1	珠海智专专利商标代理有限公司	304	281	712	1175	2472
2	北京汇智英财专利代理事务所	307	177	731	858	2073
3	广东朗乾律师事务所	174	152	258	381	965

---

❶ 珠海市知识产权局. 珠海市专利代理机构［EB/OL］.（2018 - 07 - 25）［2018 - 11 - 20］. http：//www. zhkgmx. gov. cn/wsbs/zxfw/zscq/bszn/201807/t20180725_47146349. html.

❷ 广东省知识产权公共信息综合服务平台. 专利检索［EB/OL］.（2018 - 07 - 31）［2018 - 12 - 15］. http：//search. guangdongip. gov. cn/page/indexnew.

在商标代理方面，IPRdaily 与国方商标软件联合发布"2018 上半年珠海代理机构商标申请量排行榜（前 20 名）"，数据提取时间范围为 2018 年 1 月 1 日至 2018 年 6 月 30 日，该统计数据不包含已提交申请但未在商标局官网公布的商标数据。

据初步统计，2018 年上半年珠海代理机构商标申请量排名前十的依次为：广东俊马知识产权代理有限公司（2845 件）、珠海腾龙商标代理有限公司（1308 件）、广东知九九知识产权代理有限公司（681 件）、珠海明商时代商标事务所有限公司（488 件）、珠海市力勤知识产权代理有限公司（344 件）、横琴七弦琴知识产权服务有限公司（246 件）、珠海市恒益商标事务所（普通合伙）（231 件）、珠海市恒益知识产权代理有限公司（206 件）、珠海龙涛知识产权服务有限公司（137 件）、珠海智专专利商标代理有限公司（128 件）（见表 8 - 19）。

表 8 - 19   2018 年 1 ~ 6 月珠海代理机构商标申请量排行榜❶

排名	代理机构名称	申请量/件
1	广东俊马知识产权代理有限公司	2845
2	珠海腾龙商标代理有限公司	1308
3	广东知九九知识产权代理有限公司	681
4	珠海明商时代商标事务所有限公司	488
5	珠海市力勤知识产权代理有限公司	344
6	横琴七弦琴知识产权服务有限公司	246
7	珠海市恒益商标事务所（普通合伙）	231
8	珠海市恒益知识产权代理有限公司	206
9	珠海龙涛知识产权服务有限公司	137
10	珠海智专专利商标代理有限公司	128
11	珠海市新联合商标事务所有限公司	85
12	广东朗乾律师事务所	82
13	珠海市律斯特知识产权服务有限公司	74
14	珠海市跨赢知识产权服务有限公司	56

❶ IPRdaily 中文网与国方商标软件联合发布. 2018 年上半年珠海代理机构商标申请量排行榜（前 20 名）［EB/OL］.（2018 - 09 - 11）［2018 - 11 - 20］. http：// www. iprdaily. cn/article_19846. html.

排名	代理机构名称	申请量/件
15	珠海市嘉图商标事务所有限公司	55
16	广东品颂律师事务所	46
17	珠海玉鹏商标事务所有限公司	45
18	广东德赛律师事务所	30
19	珠海聚思致远知识产权咨询有限公司	28
20	广东常成律师事务所	24

注：以上数据来源于国方商标软件，在软件中可查看/导出商标明细信息。

大力发展知识产权服务业，扩大服务规模、完善服务标准、提高服务质量，推动服务业向高端发展。培育知识产权服务市场，形成一批知识产权服务业集聚区。建立健全知识产权服务标准规范，加强对服务机构和从业人员的监管。发挥行业协会作用，加强知识产权服务行业自律。支持银行、证券、保险、信托等机构广泛参与知识产权金融服务，鼓励商业银行开发知识产权融资服务产品。完善知识产权投融资服务平台，引导企业拓展知识产权质押融资范围。引导和鼓励地方人民政府建立小微企业信贷风险补偿基金，对知识产权质押贷款提供重点支持。通过国家科技成果转化引导基金对科技成果转化贷款给予风险补偿。增加知识产权保险品种，扩大知识产权保险试点范围，加快培育并规范知识产权保险市场。

（五）知识产权人才培养和引进情况

放开户籍制度、加码人才奖励、升级基础设施、改善教育医疗资源，珠海多方发力聚才引才。一系列强有力的政策接连出台，为珠海人才环境打下良好的基础。

1.2017 年 1～10 月人才引进情况

2017 年 1～10 月，引进培养院士 1 名，院士培养对象 2 名，引进国家"千人计划"专家 40 名，招收培养博士后 15 名，新增高科技人才 6983 人。发放市高层次人才、青年优秀人才待遇 3516.45 万元，成功办结人才引进手续 6410 名（见表 8 – 20 和表 8 – 22）。

表 8 – 20　2017 年 1 ~ 10 月引进创新人才情况

指标名称	单位	10 月	1 ~ 10 月	历史累计
博士	名	12	99	1358
硕士	名	203	1742	16113
省引进创新创业团队	个	—	—	5
省领军人才	名			12
新增博士后科研工作站 （含分站、创新实践基地）	个	—	6	52
招收培养博士后	名	3	15	85
引进培养院士/院士培养对象	名	—	1/2	18/2
引进国家"千人计划"专家	名	5	40	90

表 8 – 21 列出了 2017 年 1 ~ 10 月珠海市高层次人才、青年优秀人才待遇情况。

表 8 – 21　2017 年 1 ~ 10 月珠海市高层次人才、青年优秀人才待遇情况

指标名称	单位	10 月	1 ~ 10 月	历史累计
高层次人才工作津贴	万元	183.89	1959.61	7015
高层次人才住房保障	万元	8.28	79.93	909.62
高层次人才补充养老保险	万元	112.16	438.38	1081.10
新引进人才租房补贴	万元	1038.53	1038.53	2239.96
高层次人才子女入学	名	2	18	32

表 8 – 22　2017 年 1 ~ 10 月《珠海市人才引进核准办法》实施情况

指标名称	单位	10 月	1 ~ 10 月	历史累计
成功提交申请人数	名	713	10223	10223
预审通过人数	名	687	7615	7615
成功办结人才引进手续人数	名	660	6410	6410
纳入全国统一招生计划的普通高等教育全日制专科（高职）以上学历的应届毕业生	名	298	8968	8968
留学人员	名	26	182	约 7000
引进企业业务骨干	名	0	23	964

2. 2018 年 1～10 月人才引进情况 ❶

2018 年 1～10 月，引进培养院士 4 名，招收培养博士后 22 名，引进培养高技能人才 6790 人，同比下降 2.76%。发放市高层次人才、青年优秀人才待遇 1819.40 万元，同比下降 48.26%，成功办结人才引进手续 11248 名，同比增长 75.48%。可见，2018 年人才引进情况并不乐观，相较于 2017 年人才引进，2018 年各项指数均出现下滑，相关人力资源管理部门应加大人才引进刺激政策的实施，从而吸引高端人才入驻珠海，为珠海的知识产权建设提供人才动力（见表 8-23～表 8-26）。

表 8-23　2018 年 1～10 月引进或入选省级以上顶尖人才情况

指标名称	单位	10 月	1～10 月	历史累计
引进培养院士/院士培养对象	名	0	4/0	24/2
入选广东珠江人才计划	名	0	0	12
入选广东特支计划	名	—	—	—

表 8-24　2018 年 1～10 月"市科技创新促进高质量发展的行动计划指标"完成情况

指标名称	单位	10 月	1～10 月	历史累计
新增博士	名	73	189	1596
新建博士工作站	个	0	0	0
新增博士后	名	4	35	125
新增博士后科研工作站（含分站、创新实践基地）	个	6	6	58
支持产业青年优秀人才	名	0	0	1044
新增硕士	名	217	2136	18536
新引进本科毕业生	名	1200	10000	44500

---

❶ 珠海市人力资源和社会保障局. 珠海市人力资源和社会保障 2017 年 10 月统计月报［EB/OL］.（2017 - 11 - 29）［2018 - 12 - 01］. http：//www. zhrsj. gov. cn/zhengwu/tjsj/201711/t20171129_25060305. html.

表 8 - 25　2018 年 1～10 月珠海市高层次人才、青年优秀人才待遇情况

指标名称	单位	10 月	1～10 月	历史累计
高层次人才工作津贴	万元	133.32	1428.73	8745.42
高层次人才住房保障	万元	10.2	130.21	1223.43
高层次人才补充养老保险	万元	22.94	260.46	1373.22
新引进人才租房补贴	万元	—	—	2239.96
高层次人才子女入学	名	0	26	58

表 8 - 26　2018 年 1～10 月《珠海市人才引进核准办法》实施情况

指标名称	单位	10 月	1～10 月	历史累计
预审通过人数	名	952	11357	19589
成功办结人才引进手续人数	名	995	11248	18874
纳入全国统一招生计划的普通高等教育全日制专科（高职）以上学历的应届毕业生	名	230	9366	19174
留学人员	名	25	305	7404
引进企业业务骨干	名	27	173	1137

3.《关于实施"珠海英才计划"加快集聚新时代创新创业人才的若干措施（试行)》❶

2018 年 4 月 24 日下午，珠海市举行的人才新政新闻发布大会上正式发布了《关于实施"珠海英才计划"加快集聚新时代创新创业人才的若干措施（试行)》，该新政被誉为"珠三角地区最优人才政策"。它从住房补贴、人才公寓、共有产权住房、公积金贷款等多种模式，为不同层次的人才规划了 16 条举措。意味着珠海正以前所未有的力度、创新性的做法，广聚天下英才。该措施出台后，珠海市级财政年度人才经费比新政前增长超过 5 倍。未来 5 年，市财政平均每年在人才方面投入超过 10 亿元。加上各区叠加的人才经费支持，珠海市区两级财政每年为人才花钱将突破 25 亿元，人才经费占财政支

❶ 珠海市人力资源和社会保障局. 珠海市人力资源和社会保障 2017 年 10 月统计月报［EB/OL］.（2018 - 12 - 07）［2018 - 12 - 15］. http：//www.zhrsj.gov.cn/zhengwu/tjsj/.

出比例较高。

"珠海英才计划"对人才的引进、培育、重用、支持力度非常大，尤其是对顶尖人才的引育计划的支持力度更为突出。其中，颇为突出的是人才安居的保障力度。一是人才住房保障形式灵活多样。比如，诺贝尔奖获得者、中国或发达国家院士等顶尖人才，可享受 200 万元奖励、申请 600 万元住房补贴或选择免租入住 200 平方米左右人才住房，工作满 8 年且贡献突出，可获赠所住住房。一、二、三类人才则可分别申请 200 万元、140 万元、100 万元住房补贴，或选择与政府按各占 50% 的比例，购买 60 平方米、120 平方米、100 平方米的共有产权房，连续工作 10 年后可获赠政府产权份额。二是共有产权房制度全国领先。一、二、三类高层次人才连续工作 10 年后可无偿获赠政府所持 50% 产权，赠予的产权份额折算成现金比选择拿住房补贴要高 80 万元左右。此外，四类人才和五类人才也可根据类别、层次申请共有产权房、人才公寓或政府公共租赁住房。三是人才公积金优惠额度空前。高层次人才在珠海购买首套自住房申请公积金贷款，额度可放宽至市最高上限的 5 倍，按贷款 100 万元计 30 年期限可节省利息 30 万元左右。总体来看，珠海人才安居综合保障力度和覆盖面全国领先。❶

三、展望和建议

（一）知识产权保护展望

习近平总书记在 2018 年博鳌亚洲论坛开幕式上发表主旨演讲，强调将加强知识产权保护作为中国扩大开放的新的四个重大举措之一，再一次向世界传递了中国依法严格保护知识产权的坚定立场和鲜明态度。

作为改革开放前沿阵地的广东，始终坚持贯彻落实中央决策部署，始终坚持实施知识产权战略，以建设知识产权强省为目标，围绕中心、服务大局，

---

❶ 中国日报网. 关于实施"珠海英才计划"加快集聚新时代创新创业人才的若干措施（试行）[EB/OL].（2018 – 04 – 25）[2018 – 11 – 23]. http：//www. chinadaily. com. cn/interface/toutiaonew/1020961/2018 – 04 – 25/cd_36089939. html.

大力推进知识产权创造、运用、保护、管理和服务，知识产权事业蓬勃发展，实现了由知识产权大省向知识产权强省跨越的良好开局，在全省供给侧结构性改革、实施创新驱动发展战略和构建开放型经济新体制中发挥了重要支撑作用。

随着珠海建设创新型城市发展目标和创新驱动发展核心战略深入推进，知识产权事业蓬勃发展，面临难得发展机遇，承载重大历史使命，必须因势而谋、顺势而为、乘势而上，走出一条知识产权支撑创新驱动发展的新路径，把珠海建设成为国际化知识产权创造运用中心和知识产权保护高地。根据珠海市人民政府发布的《珠海市人民政府关于建设知识产权强市的意见》（珠府函〔2017〕127 号），珠海市到 2020 年知识产权发展状况要实现以下目标。

到 2020 年，全市知识产权创造、运用、保护、管理和服务能力大幅提升。知识产权管理体系和保护机制进一步完善，创新环境进一步优化，形成一批具有国际竞争力的知识产权密集型产业，聚集一批具有核心竞争力和国际影响力的知识产权优势示范企业，知识产权对经济发展、文化繁荣和社会建设的作用更加凸显。

知识产权创造活力增强。知识产权产出重要指标继续居于全省领先地位。全市每百万人发明专利申请量超过 6800 件，每万人发明专利拥有量 50 件，PCT 专利申请量比 2016 年翻一番，拥有发明专利或商标的规模以上工业企业比例达到 100%，其中拥有发明专利的规模以上工业企业比例达到 50%。作品著作权和计算机软件著作权拥有量年均增速达 15%，国内有效注册商标总量超过 5.5 万件，拥有中国驰名商标达到 16 件，商标国际注册量有较大幅度增长，高品质、高市场占有率、高知名度的品牌数量不断增加，全国最具价值著作权产品数量有较大幅度增长。❶

知识产权运用成效更加显著。知识产权运营交易机制进一步完善，具有国际影响力的知识产权资产集散地初步形成，知识产权对经济增长的贡献率大幅提高，年度运营交易专利数达到 2000 项，年度知识产权质押融资额达 4 亿元。

---

❶ 珠海市知识产权局. 珠海市人民政府关于建设知识产权强市的意见 [EB/OL]. （2017－12－21）[2018－11－23]. http：//www. zhkgmx. gov. cn/wsbs/zxfw/zscq/bszn/201712/t20171221_25263949. html.

知识产权保护状况显著改善。知识产权政策法规体系进一步完善。知识产权保护、维权援助体系得到健全，假冒侵权行为大幅度降低。建立 2 家省级以上（含省级）知识产权保护（维权援助）中心。

知识产权管理体制机制更加有效。知识产权管理体系更加合理，行政管理水平明显提高，高等院校和科研院所普遍建立知识产权管理制度，企业知识产权管理水平大幅提升，全市通过《企业知识产权管理规范》认证的企业达到 50 家，知识产权优势企业 100 家，著作权兴业示范基地达到 18 家。

知识产权服务能力稳步提升。知识产权服务业充分发展，知识产权人才队伍日益壮大，数据信息共享便捷。全市知识产权咨询代理机构及其分支机构达到 35 家。

（二）知识产权保护建议

综合本章提供的数据，可以发现珠海市目前主要存在以下问题：一是城市规模偏小，无法发挥出城市核心的拉动作用，主要经济活动和公共配套资源还是集中在香洲区，对全市的辐射带动作用有限；二是经济总量偏小，除了空调和打印耗材之外，没有形成集聚性强的其他产业带，上下游产业配套难以有效延展和扩充；三是落户门槛太高，长期沉醉于人均 GDP 位于全省前列所带来的优越感，没有壮大经济总量的紧迫感；四是对知识产权资金投入不足，低于广州、深圳等城市；五是专利申请授权结构不均衡，企业申请授权量一家独大，高校、个人等申请量严重不足。针对以上问题，为了实现珠海市知识产权的快速发展，笔者提出以下建议供有关部门参考。

1. 完善相关知识产权制度，加快知识产权政策创新

制度功能在于规范和约束行为，由于行为主体存在人性弱点、行为能力差异以及行为环境不断变化，制度规范性和约束的功能往往侧重于消解人性弱点、增强行为能力和克服客观环境不利影响。发挥相关法律法规的规范带头作用，在全市范围内构建起知识产权带动经济发展的创新发展理念，有利于推动创新型城市的发展。

在法治框架下，主动的制度调整是地方政府形成竞争力的重要手段。在

基础设施建设、税收优惠政策等技术手段的边际效应递减的情况下，以公共政策和公共服务为主要内涵的制度竞争是成为提升地方竞争力的主要路径。而制度竞争中最有可能起引领作用的就是制度创新。当改革进入攻坚期和深水区，鼓励地方政府在公共政策领域大胆探索和创新，是保持地方竞争力的持续动力。各个地方通过制度竞争，从而发展出不少极具地方特色并最终上升为国家战略的发展策略，已经成为一条成就中国经济增长的快车道。

同时，珠海市各区也制定了符合本区实际情况的知识产权促进政策，这些政策贴近现实，切实可行，有些虽然在征求意见阶段，但是已经发挥了作用，并一起为加强知识产权保护，提高珠海市整体创新水平提供了有力支持。

学习其他城市经验。与珠海同为经济特区的深圳，在城市综合竞争力排名中，位列第一，并3次位居福布斯中国大陆创新城市榜首。总结30多年来深圳发展经验，简单一句话就是"敢闯、敢试、敢改"。其他城市相对于深圳，表面上看是差钱、差政策，其实深层次上是差平台、差氛围、差理念、差服务。深圳与珠海一江之隔，交通便利，珠海可以深耕近邻这座创新的金矿，深度学习深圳改革创新理念，高度对接深圳创新资源和高端要素，充分发挥珠海生态环境、交通区位、发展空间等后发优势，走出一条具有珠海特色的创新发展路径。

2. 实施知识产权强企工程，用优良制度调动人才创新积极性

截至 2018 年 9 月底，珠海市有效发明专利量 10649 件，同比增长 40.73%，比全省平均水平高 18.51 个百分点。全市每万人口发明专利拥有量为 60.32 件，比 2017 年同期增加 15.15 件。珠海市每万人口发明专利拥有量全省排名第二位，仅次于深圳市。同期，发明专利申请量 8304 件，同比增长 67%，2017 年和 2016 年的同比增长率分别为 2% 和 72%。全市发明专利申请量增长速度在经历放缓后又呈现增长趋势，主要是因为发明申请结构不均衡，过度依赖格力电器等企业。

通过以上数据可以看出，珠海市企业专利创造数量连年攀升，企业占据创新创造的绝对主导地位，但是企业之间的专利实力差距显著，结构不均衡。在专利申请、授权数量排名前十位的企业中，格力电器在专利申请数量与授权数量均居首位，以绝对优势占据珠海市知识产权企业发展领军地位。但是

同居前十的天威、魅族等其他企业虽然发展迅速，但是综合实力远远不及格力电器。

针对珠海实体经济的龙头骨干企业数量不够多，带动力不够强的瓶颈，珠海市可以加快相关政策的出台，力争形成大中小企业梯度发展的企业群，为实体经济发展夯实基础。其中，可以以发挥格力电器等龙头企业的带动作用作为重要发力点，吸引集聚上下游配套产业链企业，力争形成数个产值超千亿元、一批产值超百亿元的世界级产业集群。

据了解，目前，为落实"一对一"工作扶持方案，珠海市知识产权局深入调研企业发展状况和诉求，分别为格力电器、伟创力、魅族等10家百亿级企业制定了"一对一"扶持方案，明确具体工作目标和支持措施，列明工作落实部门与责任单位，抓好政策落地的"最后一公里"。为提升百亿级龙头企业储备，珠海市将华润包装、光宇电池、健帆生物、摩天宇等具有潜力的企业纳入龙头企业培育目标，在充分了解企业诉求后为新增企业量身制定了"一对一"扶持方案。

另外，通过对比珠海市专利申请量与专利授权量，我们不难发现，有效专利数量较低，专利质量有待提高。人才引进是解决这一问题的重中之重。珠海市可以把专家纳入公务员编制，同时享受企业奖励政策，并建立进入和退出制度。推动在珠海企业、科研院所和高校进行深层次合作，在人员使用、经费支持、科研场所等提供服务，还应深入企业，了解企业需求，协助企业成立研发部，推荐专家参与产品研发和专利申报。由于我国职务发明制度还存在一些譬如现有法律规定原则性较强且缺乏可操作性、实践中单位侵害发明人权益的现象时有发生，挫伤了发明人的积极性等问题。为此，亟需进一步细化职务发明制度，明确创新成果的权属和利益分配规则，确保发明人的合法权益落到实处，充分激发研发人员的创新活力，营造创新人才安于创新、乐于创新的环境。

3. 加大知识产权行政执法力度，推广发扬金湾区先进执法经验

2017年珠海市知识产权执法案件数量较少，仅占全省的0.5%。一方面反映了珠海市知识产权违反政策的情况较少，另一方面反映了珠海市知识产权局打击力度较弱。相较于广州、深圳一线城市，珠海在行政保护方面仍需

加强。虽然案件数量较少，但做到了有案必结，受理的 33 个案件，均已结案，这反映了珠海市知识产权局认真负责的工作态度，在接下来的工作中应当坚持这种工作态度。根据金湾区知识产权局发布的报告来看，金湾区在珠海市的三大行政区中知识产权保护工作做得最为细致，将知识产权分别按照发明、实用新型、外观设计进行分类统计，将完成年度目标的差距列明。同时金湾区政府推行多项促进知识产权申请的政策，大力支持企业各类研发机构和工程建设，按需开展知识产权培训，均表现了金湾区知识产权局的行政保护力度要大大高于斗门区和香洲区。鉴于此，建议金湾区继续保持行政执法力度，其他两个行政区可以在以下几个方面加强：

加强专利、商标、著作权知识产权综合行政执法队伍建设，加强对执法人员的培训，提高行政执法水平。加强行政执法装备和条件建设，依法严厉打击侵犯知识产权行为，特别是打击窃取商业秘密行为。健全知识产权保护行政执法机关与公安、海关的协作机制，提高行政执法效率。大力推进政府和企业使用正版软件，保障民族软件行业健康发展。进一步推进侵犯知识产权行政处罚案件信息公开，将故意侵犯知识产权行为纳入企业和个人信用记录。建立重点企业知识产权保护快速通道，加快知识产权行政执法案件处理，加强定期走访调研，帮助企业协调解决知识产权保护问题。高新技术企业以及专利、商标申请量或拥有量在 30 件以上的知识产权成长型企业，可申请为市知识产权保护重点企业。

完善知识产权执法维权机制，建立高效的市、区知识产权行政执法体系，探索开展知识产权综合行政执法；完善跨区域、跨部门知识产权执法协作机制；发挥最高人民法院知识产权司法保护与市场价值（广东）基地的作用，健全审判权运行机制和技术专家咨询机制，设立越秀诉讼服务处，为创新主体尤其是中小微企业提供便利化服务；加强知识产权仲裁院与相关知识产权管理部门、行业协会的联系与合作，探索知识产权领域网络仲裁快速维权机制；加强海外知识产权维权援助，支持企业开展知识产权海外布局和维权，引导行业协会、中介组织等第三方机构参与解决海外知识产权纠纷，建立涉外知识产权争端联合应对机制；进一步完善以"两书五制"为核心的商标监管长效机制；建立集防范、监控、预警与打击惩处为一体的商标监管长效机制，加强工商行政执法与刑事司法的衔接配合，构建运转畅通的商标保护联动协作机制。

4. 加强知识产权司法保护，打造提升横琴知识产权保护平台

2017年珠海市专利案件结案数相较于2016年有较小增长，其中珠海市中级人民法院结案数占全市的58%，珠海知识产权案件受理量持续增长，新类型案件日益增多，涉及工业产权和技术知识产权的案件在全部案件中的比重不断增大，案件审理的社会影响不断扩大。作为全国首个知识产权法庭，2017年高新区巡回法庭工作成绩卓著，1~10月共审结知识产权民事案件340件、知识产权刑事案件4件，诉讼标的总金额达4700多万元。高新区巡回法庭不断创新改革审判工作机制，为珠海市的司法保护添砖加瓦。2018年横琴片区签署知识产权侵权惩罚机制合作备忘录，完善了司法保护和行政执法两条途径功能互补、有机衔接的知识产权保护模式。目前珠海市知识产权司法保护取得了可喜的成绩，还可以在以下方面加强：

完善知识产权案件审判机制，加大知识产权侵权赔偿力度。推进知识产权审判体制和工作机制创新，夯实审判基础，推行知识产权审判"三合一"改革试点，加强知识产权司法保护对外合作，构建更有国际竞争力的开放创新环境。

提升知识产权保护能力，加强重点产业和重点市场知识产权保护；加强知识产权保护规范化市场培育，提升市场主办方的知识产权保护能力；查处假冒专利案件结案率、办案量年均增长率达到建设目标；加大知识产权边境保护力度，加强缴扣侵权货物管理，严厉打击进出口环节的知识产权侵权行为。

拓宽知识产权纠纷多元解决渠道，建立相互衔接、相互支撑的知识产权保护网络；加强珠海知识产权法庭建设，健全行政执法和刑事司法相衔接及跨部门、跨地区知识产权保护协作机制，完善案情通报、信息共享、案件移送制度，发挥知识产权司法保护、行政保护的主渠道作用；加强知识产权纠纷行政调解、人民调解，畅通行政调解、人民调解获得司法确认的渠道；倡导运用仲裁方式保护知识产权，在横琴自贸区内开展知识产权调解与仲裁服务。

建立知识产权保护社会监督网络，推进知识产权公共信用体系建设，公

开企事业单位侵权假冒违法信息，依法将行政处罚案件相关信息以及不配合调查取证行为、不执行行政决定行为等纳入诚信体系，推动建立知识产权失信主体联合惩戒机制；建设知识产权大数据监管网络平台，实现网络巡查、线上举报和投诉办案一体化；建立珠海市网络经营主体数据库和网络交易商品定向监测常态化机制；加强对全市电商平台、跨境电商以及电子商务领域大数据等新业态知识产权保护的研究，探索破解管辖、取证、侵权认定等保护难题，建立健全保护机制。

5. 发展壮大知识产权服务业，提升专利代理申请效率

从 2017 年 1 月 1 日至 2018 年 10 月 31 日，珠海市专利代理机构发明专利授权总量为 41385 件，同比增长 10157 件，同比增长 24.54%。发明授权、外观设计、发明专利、实用新型 4 项指数均较之去年同期增长。截至 2018 年 7 月，珠海市专利代理机构共有 12 家，而全省共有专利代理机构 301 家，珠海市占比不足 4%，由此可以看出珠海市代理机构虽有增长，但与全省其他城市相比，发展的程度仍然不够，珠海市政府应发布奖励政策大力扶持珠海市知识产权代理机构的发展壮大。同时，根据发布的珠海市代理机构名单，12 家代理机构中可查询到发明专利授权数量的代理机构仅有 3 家，知识产权代理机构市场亟待加强监管和规范发展，激励各个机构提升专利代理申请的效率。

可研究制定珠海市加快知识产权服务业发展的政策措施，率先实现"双自联动"发展，依托国家横琴平台提升高新区"一区五园"知识产权服务能力，支持国家横琴平台高新区办事处，开展知识产权代理、分析、评估、质押融资、法律服务、人才培训等服务。市、区财政每年安排相应的工作经费，用于促进和培育本地知识产权服务机构扩大规模，开展专利战略规划与咨询、专利分析与评估、专利信息推送、市场预警等知识产权高端服务，积极引进国内外高端知识产权服务机构落户珠海市。通过政府购买服务，把专业性、技术性较强的社会公共事务和技术服务工作，委托给符合条件的知识产权服务机构办理。建立知识产权对接各种交易、展览、大赛等活动的服务机制；打造知识产权特色集聚区域，加强专利导航、专利挖掘、专利投融资等实务培训，推广利用专利信息分析成果；支持依法依规开展互联网知识产权众创、

众筹项目；支持科技园区、孵化器、众创空间建立知识产权服务平台，打造专利创业孵化链，支持科技中介服务机构发展和科技创新平台建设，完善科技金融服务体系，促进知识产权运营服务新业态发展。

知识产权服务作为现代服务业的新兴业态，正处于培育市场的关键时期，需要大力扶持。而且知识产权服务与产业经济发展相辅相成、相互促进，企业创新和产业升级的需求催生和造就了知识产权服务业，高水平的知识产权服务反过来促进产业转型和战略性新兴产业成长。建议珠海市财政部门加大对知识产权服务业培育的经费支持，用于政府向社会购买知识产权服务，支持服务机构发展壮大；设立由国家资金引导、民间资本参与的专利运营基金，支持珠海市知识产权服务机构从事专利技术引进、储备和开发，盘活无形资产；支持知识产权服务高端实务人才培训。

6. 探索知识产权人才引进培养模式，为知识产权强市提供人才支撑

2018 年 1~10 月，珠海市引进培养院士 4 名，招收培养博士后 22 名，引进培养高技能人才 6790 人，同比下降 2.76%。发放市高层次人才、青年优秀人才待遇 1819.40 万元，同比下降 48.26%，成功办结人才引进手续 11248 名，同比增长 75.48%。可见，2018 年人才引进情况并不乐观，相较于 2017 年人才引进，2018 年各项指数均出现下滑，相关人力资源管理部门应加大人才引进刺激政策的实施，从而吸引高端人才入驻珠海，为珠海的知识产权建设提供人才动力。珠海市近年来接连出台一系列强有力的吸引人才的政策，我们期待这些政策可以发挥作用，为珠海市的知识产权未来带来更多优质的人才。

加强知识产权相关学科建设，引导高等院校开设知识产权课程和专业，加大人才培育力度。加强知识产权专业学位教育，完善产学研联合培养知识产权人才模式。鼓励高等院校联合协会、服务机构等设立知识产权人才培训基地。加强对各类创新人才、特别是"千人计划"引进人才团队的知识产权培训力度。加强知识产权领军人才和骨干人才的引进培养，重点引进一批熟悉国际事务与规则、具有国际视野和思维的高层次人才。健全知识产权人才支撑体系，开展知识产权专业技术资格评审，实施专利实务人才培训计划，培养知识产权运营型、管理型人才；加强党政领导干部知识产权培训，把知

识产权法律法规和基础知识纳入党政领导干部培训内容，全面提升党政领导干部的知识产权意识；成立知识产权研究教育培训基地，打造知识产权智库；支持企业、科技园区积极引进高层次复合型知识产权专业人才。

（撰稿人：叶昌富）

第9章 中山市知识产权报告

一、中山市知识产权制度和政策

为深入实施创新驱动发展战略，全面提升知识产权保护的效率与水平，中山市政府于 2017 年 10 月 19 日出台了《中山市加强知识产权保护工作方案》（以下简称"方案"）。该方案是中山市第一个以市政府名义出台的知识产权保护工作方案。方案以改善知识产权的行政执法为抓手，来支撑知识产权事业的发展。方案主要从行政执法的重点领域、行政执法与司法保护的有效衔接、行政执法与司法保护的监督、执法措施与执法保障等方面来提升知识产权行政执法的效能。具体来说，第一，方案规定对侵犯技术秘密、知识产权侵权行为易发、高发行业和市场区域、文化市场、制售假冒伪劣商品、侵权假冒伪劣农资产品、侵犯重点产业和市场的集体商标、地理标志与驰名商标、展会等作为行政执法的重点领域。第二，从信息共享、线索通报、证据移交、案件协查等方面完善行政执法与刑事司法的衔接。第三，对行政执法与司法保护的违法行为进行监督，保护市场主体的合法权益；在行政诉讼的应诉方面强化司法机关对行政执法机关的监督。第四，在执法措施方面，建立对该市知识产权重点保护企业的保护直通车制度、利用专利执法协作机制开展跨区域专利执法合作、开展"龙腾""清风"专项行动保障知识产权出口优势企业的权益、开展"质检利剑"等行动确保产品质量与商标权益的维护、构建知识产权保护信用体系、以案件信息公开加大侵犯知识产权违法行为的曝光力度、建立电子商务领域专利侵权行为维权机制、提升快速维权中心的服务能力、完善侵犯知识产权举报投诉渠道。第五，从提高知识产权保护工作重要性、加强行政执法力量建设、信息化水平、争取社会对执法的支持等方面保障行政执法。

中山市通过设立版权专项资金和版权基层工作站，助推版权产业的发展。中山市于 2017 年在全广东省第一个设立版权专项资金制度，对该市版权作品登记、版权基层服务点建设、版权公共服务平台建设、版权优势单位、版权竞赛活动、版权获奖项目等方面进行资助。截至 2018 年，该市建立了 13 家左右的版权基层工作站，向社会提供版权登记、版权咨询、专项资金扶持和维权调解等版权公共服务，并积极运用市场规律，通过社会中介组织向公众提供版权公共服务。

中山市文化广电新闻出版局编制的《中山市文化事业与文化产业发展"十三五"规划》对文化类知识产权事业促进工作作了部署：构建完善的版权公共服务体系；健全版权维权援助机制，构建高效快捷的版权保护体系；加快建设文化类知识产权成果转化运用机制；实施"版权兴业"工程，建设版权基层服务点、设立版权专项扶持资金和建设版权兴业示范基地。

二、中山市知识产权发展状况

（一）知识产权取得状况

2018 年 1～8 月，中山市共提出 33341 件专利申请，同比增长 28.63%。其中，5767 件发明专利申请，14198 件实用新型专利申请，13376 件外观设计专利申请，分别同比增长 67.40%、24.52%、20.79%。2018 年 1～8 月，中山市共获得 22742 件专利，同比增长 36.94%。其中，1301 件发明专利，9923 件实用新型专利，11518 件外观设计专利，分别同比增长 39.14%、49.94%、27.21%。在 PCT 专利申请方面，中山市于 2017 年共提交 172 件申请，占广东全省 0.64%，每万人 PCT 专利申请量为 0.53 件。2017 年，中山市与粤港澳大湾区其他城市的发明专利联合申请为 52 件。

（二）知识产权保护状况

2017 年，中山市知识产权局共受理案件 821 件，其中，专利纠纷案件 790

件（693 件侵权纠纷，97 件其他纠纷），假冒专利立案 31 件。共结案 832 件，其中，704 件侵权纠纷，97 件其他纠纷，假冒专利结案 31 件。

中山市为适应该市灯饰产业的需求，于 2011 年 6 月在古镇镇设立灯饰快速维权中心。为向社会提供及时高效的保护，中山市将古镇镇灯饰行业版权行政执法权下放当地基层政府，委托当地基层政府行使版权行政执法权。2017 年，快维中心办理专利行政执法案件 728 件，其中，假冒专利案件 11 件，专利侵权纠纷案件 538 件，展会案件 51 件，网络维权 128 件。已办结 722 件，结案率为 99.18%。

2013 年至 2018 年第一季度，中山市法院新收知识产权民事、行政、刑事案件共计 8684 件，审结 8275 件。坚持调判结合，自 2013 年以来，知识产权民事调撤案件 2841 件，一审案件调撤率为 43.4%，二审调撤率为 55.1%。中山市率先在广东全省推出简案快审机制。2013 年起，中山市内两个基层法院经上级法院批准，适用简易程序审理诉讼标的额在 10 万元以下的知识产权民事案件。中山法院在古镇镇设立"中山法院知识产权巡回审判庭"，履行巡回审理、诉调对接、集中宣判、当庭宣判、庭后释法等职能，并为知识产权快速维权中心的调解工作提供支持。广州知识产权法院于 2015 年在中山市古镇镇设立广东省首家远程诉讼服务处，提供包括立案咨询、指导调解、案件查询、远程答疑、远程接访、法治宣传等一系列诉讼服务功能。原中山市法院与维权中心之间的诉调对接、双向调解工作职能由该远程诉讼服务处接替。

（三）知识产权中介机构发展状况

截至 2018 年 8 月，中山市成功备案的科技创新服务机构已达 113 家。

截至 2017 年底，中山市共有 10 家专利代理机构，12 家专利代理机构的分支机构。有 17 人于 2017 年通过专利代理人考试。2017 年，中山市专利代理机构代理专利授权情况如表 9-1 所示。

表 9-1　2017 年中山市专利代理机构代理专利授权情况　单位：件

代理机构名称	发明	实用新型	外观设计	总计
中山市科创专利代有限公司	198	832	852	1882
中山市汉通知识产权代理事务所（普通合伙）	64	208	244	516

续表

代理机构名称	发明	实用新型	外观设计	总计
广东中亿律师事务所	34	281	927	1242
中山市铭洋专利商标事务所（普通合伙）	134	794	978	1906
中山捷凯专利商标代理事务所（特殊普通合伙）	58	353	217	628
中山市科企联知识产权代理事务所（普通合伙）	9	304	569	882
中山市兴华粤专利代理有限公司	63	148	228	439
中山市高端专利代理事务所（特殊普通合伙）	21	842	57	920
广东凯行律师事务所	0	1	119	120
中山尚鼎知识产权代理事务所（普通合伙）	0	7	19	26

来源：广东省知识产权局。

三、展望和建议

2017～2018 年，中山市在知识产权事业上已取得了显著的成绩。中山市需要紧紧抓住建设粤港澳大湾区的重大机遇，在建设粤港澳大湾区的过程中，立足自身的比较优势，利用好政策释放的红利，推动知识产权事业更上一层楼，以此实现向创新型经济的转型、升级。《粤港澳大湾区发展规划纲要》将中山市的发展目标定位为"充分发挥自身优势，深化改革创新，增强城市综合实力，形成特色鲜明、功能互补、具有竞争力的重要节点城市。"在知识产权的保护方面，纲要指出要"强化知识产权行政执法和司法保护"。本章将就中山市在粤港澳大湾区的建设过程中，如何落实纲要对强化知识产权行政执法的要求，给出三方面的建议，以期推动中山市知识产权事业的进一步发展：一是完善中山快速维权中心与行政执法相关的职能，二是推动知识产权行政执法与司法保护的有效衔接，三是提升执法人员的执法能力。

（一）完善中山快速维权中心与行政执法相关的职能

中国中山（灯饰）知识产权快速维权中心是广东省 7 个行业知识产权国家级快速维权中心之一。自成立以来，中山快速维权中心成绩斐然。2018 年 9 月 4 日，"工业品外观设计保护古镇模式"在世界知识产权组织（WIPO）

的各成员国中得到宣传推广，成为我国专利保护领域在世界知识产权组织的第一个优秀案例。目前，中山快速维权中心与行政执法相关的职能仅包括快速调解；专利侵权纠纷行政处理案件请求的接收、受理审查；协助、配合专利执法。下一步，中山快速维权中心应借鉴其他快速维权中心的经验，丰富与行政执法相关的职能，比如调处专利纠纷；知识产权案件的调查取证、调解、查处及移送；受理知识产权侵权举报投诉、及时向有关知识产权行政执法机关移交违法线索并向举报人或投诉人反馈案件处理情况和结果；受委托进行行政执法等。

（二）推动知识产权行政执法与司法保护的有效衔接

《国务院关于新形势下加快知识产权强国建设的若干意见》指出，"推动知识产权保护法治化，发挥司法保护的主导作用，完善行政执法和司法保护两条途径的优势互补、有机衔接的知识产权保护模式"。该意见在重申我国的知识产权保护模式为"行政执法＋司法保护"，并且司法保护居主导地位的基础上，进一步明确行政执法要与司法保护有机衔接，而有机衔接的内涵是优势互补。由是观之，实现行政执法与司法保护的有机衔接成为进一步提升我国知识产权保护水平的一个重要突破口。这当然也是进一步提升中山市知识产权保护水平的一个重要课题。

实现行政执法与司法保护的有机衔接，关键在于对"优势互补"的精准把握。"优势互补"的表述意味着行政执法并非对司法保护的完全替代，其仅是补充。换言之，实现行政执法与司法保护的有机衔接，关键在于明确司法保护机制存在哪些缺陷，以至仅凭其自身无法供给最优的保护；而司法保护所存在的这些缺陷，恰恰是行政执法的比较优势所在。根据前文对现行行政执法制度的体系化梳理，知识产权行政执法分为知识产权民事纠纷的处理（在处理过程中可适用调解）和违法行为的查处。因此，司法保护的缺陷与行政执法的比较优势也需要区分处理与查处的情形予以说明，在此基础上进行制度完善。

先说知识产权民事纠纷的处理。知识产权民事纠纷的行政执法适用于绝大多数的知识产权类型，除了著作权与地理标志。知识产权民事纠纷（除专利外，指知识产权侵权纠纷）的处理，实质是行政机构为私权提供的救济。由于知识产权民事纠纷处理制度的存在，我国的私权救济公共服务市场上有两个供给者：法院和有关的行政执法部门。这是我国的特色所在。在其他国家或地区，私权救济公共服务市场是一个垄断市场，法院是唯一的供给者。我国行政机构对知识产权的救济机制是路径依赖的产物，具有深远的历史渊源。但我们在当下进行有关知识产权救济的制度决策时，却不能考虑这些沉没成本。是否保留知识产权民事纠纷处理制度，以及知识产权民事纠纷处理制度该如何改造，根本上取决于法院垄断知识产权救济公共服务市场有没有缺陷，或者在有缺陷的情况下，这些缺陷能否在法院内部得到修补。其中，"有没有缺陷"的判断标准是，当改变知识产权救济公共服务的供给侧时，是否会产生激励效果上的增进；"法院能否在内部修补缺陷"的判断标准是比较优势。

关于法院垄断知识产权救济公共服务市场的缺陷，可能有两个来源：一是法院认定侵权的能力，尤其是面对专利等涉及复杂技术问题的案件时；二是程序漫长、复杂。第一个可能的缺陷来源是站不住脚的。因此，缺陷可能来源于第二个。高昂的法院诉讼程序运作费用对激励造成了损害。现行的知识产权民事纠纷处理制度"司法化"趋向明显，程序机制也非常完备。因此导致行政处理机制携带有与司法诉讼机制一样的缺陷，从而一方面使知识产权保护的"双轨制"变成"单轨"重复，造成程序性的"重复"和"浪费"；另一方面使得行政执法的效率性无从体现。❶ 因此，有学者主张行政处理应卸下程序的"重铠"，简化程序，恢复行政行为主动性、单方性的本性。❷ 但实际上，程序不仅是表面上的手续、步骤，它是机制化的商谈，是知识的生成机制。侵权与否的裁决的正确性很大程度上是建立在程序之上的。行政执法的高效、低成本不是无代价的。这个代价就是决定的妥当性。依据《最高人民法院关于审理专利纠纷案件适用法律问题的若干规定》第25条，"人民法院受理的侵权专利权纠纷案件，已经过管理专利工作的部门作出侵权或者不侵权认定的，人民法院仍应当就当事人的诉讼请求进行全面审查。"为什么法

---

❶ 汪旭东，等. 专利侵权纠纷行政处理机制的发展和完善 [J]. 知识产权，2017（8）：38.
❷ 汪旭东，等. 专利侵权纠纷行政处理机制的发展和完善 [J]. 知识产权，2017（8）：40.

院明知会导致在先行政执法的空转、浪费，还要作出这样的规定？理由就在于人民法院"担心"行政执法部门作出的侵权或不侵权决定的"质量"。在这种情形下如果还要简化程序，那么行政执法部门"生产"出来的决定更难以获得法院的承认、接受。从这里可以看出，行政处理面临一个"鱼与熊掌"的问题：决定的质量，还是决定的高效率、低成本。为实现行政处理与司法保护的有机衔接，要么把行政处理定位为一个诉讼分流机制，将简单的纠纷交由行政处理负责，在此基础上做出的决定就能获得法院的承认；要么建立一些机制，使行政执法部门能够在不依赖程序的情况下掌握为侵权判断所必需的知识。比如国家知识产权局于2019年发布了《关于知识产权行政执法案例指导工作的规定（试行）》，从而建立起行政执法案例指导制度。中山市可以此为突破口，提升广东省行政处理的效能与水平。行政处理也涉及调解的问题，尤其是侵权损害赔偿的调解。根据现行法，当事人在行政执法部门主持下达成的调解协议并非执行依据。因此当事人不履行协议的，另一方当事人只得起诉。鉴于在赔偿数额的确定方面，当事人比第三方更有优势。因此，如果在行政执法部门主持下达成的调解协议合乎调解生效的条件，应赋予其强制执行效力，❶改进行政处理与司法保护的互动。

再说行政查处。行政查处包括对侵害知识产权行为的查处与对假冒或冒充行为的查处。此处仅讨论侵权行为的查处与司法保护的衔接。侵权行为的查处与司法保护，共同取向于侵权行为的预防。因此，在预防上的分工配合，构成了侵权行为的行政查处与司法保护有机衔接的关键。从经济学的视角来看，侵权行为的预防要求，使侵权人从侵权这个行动选项中获得的净收益不大于其机会成本，即从不侵权这个行动选项中获得的净收益。在一些情况下，侵权人从侵权中获得的净收益在扣除其所承担的民事责任后，仍大于机会成本。侵权人仍有激励实施侵权行为。这就要求在补偿性、填平性的赔偿之外，施加额外的成本。这个额外的成本，要让在扣除民事责任后的侵权净收益不高于机会成本，其数值等于查处、发现侵权的概率乘以施予侵权人的惩罚，如罚没、剥夺自由等。行政查处要履行的，就是施加这个额外成本，以实现

❶ 邓建志. 专利行政保护制度存在的正当性研究［J］. 湖南师范大学社会科学学报，2017（4）：90.

预防。不过，行政查处所能施加的成本，是司法保护提供的预防机能的函数。侵害知识产权的刑事责任的预防性自不待言。近来，民事责任的惩罚性、威慑性、预防性的色彩渐浓。有关行政执法部门在查处时必须与司法保护进行协调，否则会使可能成为侵权人的潜在创新者采取过度预防，从而阻遏后续的创新。

行政查处所能实现的预防，取决于查处侵权的概率与处罚力度这两个因素。给定查处侵权的概率或者处罚力度，处罚力度或者查处侵权的概率越大或高，则预防效果越好。鉴于在个案中，处罚力度因素要受法律文本、与刑事责任协调❶以及个案具体情况的制约，通过调整处罚力度来提升预防效果空间并不太大。因此，欲改善行政查处的效能，关键在于，提高查处侵权的概率。查处侵权，一方面要掌握侵害知识产权嫌疑的行为的信息，另一方面识别嫌疑行为是否构成侵害知识产权的知识。实践中，通常采用有奖举报制度、专项行动来提高查处侵权的概率。但是，这些获取信息的机制各有缺陷。侵害知识产权判断非常复杂，行政机关是否具备判断侵权的知识，大有疑问。❷为增强行政查处的效能，中山市必须进行制度上的创新，切实提升查处侵权的概率，尤其是使执法人员具备识别侵权的能力。

（三）通过知识产权行政执法案例指导制度提升执法人员的执法能力

随着国家机构改革，知识产权的行政执法职能不再由原先的知识产权行政管理、服务机构承担，而是由专门的行政执法队伍负责。就中山市而言，著作权的行政执法将改由中山市文化广电旅游局的文化市场综合执法支队，工业产权则由中山市市场监管综合执法队伍承担。这一制度上的转变，长远来看，必定是有效率的。鉴于有限的人员编制以及繁重的行政管理、服务职能，知识产权行政管理机构很可能无法有效地履行行政执法职能。由专门的

---

❶ 有学者注意到，就严厉程度而言，行政查处基础上给予的行政处罚不亚于刑事责任。参见曹博. 知识产权行政保护的制度逻辑与改革路径［J］. 知识产权，2016（5）：60；因此，为避免以罚代刑，执法部门必须考虑与刑事责任的协调。

❷ 谢晓尧. 著作权的行政救济之道——反思与批判［J］. 知识产权，2015（11）：7 - 8.

行政执法队伍来负责执法的制度安排，则打破了原有制度面临的约束条件，使行政执法的开展具备了人员数量与时间上的保障。但执法主体的变化，也引发了一个亟待解决的问题，即专门执法队伍识别侵害知识产权行为的能力、知识的培育。新设或重组的专门行政执法队伍并无相应的知识，而侵害知识产权行为的认定又十分复杂。在广东省内，包括中山市，"下沉"知识产权行政执法权力的趋势，进一步加剧了执法能力引发的担忧。为了兑现行政执法所允诺的高效，必须寻找到程序之外的另一种学习机制。这就是案例。

国家知识产权局于 2019 年推行的知识产权行政执法案例指导制度，其旨趣正在于激活案例中"沉睡"的知识，以提升行政执法人员法律适用水平以及统一法律适用尺度。在我国的司法系统内，案例指导制度已行之有年。就知识产权司法领域而言，案例指导制度其实包括了两个迥然有别的运行模式：一是权威模式，奉行"自上而下"的筛选、评选；二是市场模式，遵循思想市场中的优胜劣汰法则。权威模式即最高人民法院（及检察院）主导的案例指导制度，而北京知识产权法院的案例指导制度与东莞市第一人民法院率先在知识产权裁判中铺开的案例引证制度则是市场模式的代表。自推行以来，司法系统的案例指导制度已累积了正反两面的经验教训。但从《关于知识产权行政执法案例指导工作的规定（试行）》的内容来看，国家知识产权局并没有吸取这些经验教训，其几乎"照搬"了最高人民法院的案例指导制度，因此也承继了该制度的缺陷。

相较于权威模式，市场模式的案例指导制度更能推进法律适用尺度统一的预设目标。统一法律适用尺度以及学习的必要性来源于在法律适用上存在疑难的案件，而新型案件构成这些疑难案件的主要渊薮。但是，最高人民法院是司法系统内部对裁判经验进行总结的最高机构与最终环节，决定了其无法快速地通过指导性案例的遴选和发布来为疑难案件提供裁判规则。新型案件引发的法律适用疑难，需要较长时间的司法试错，才能得出稳妥、有效率的裁判规则。最高人民法院的法官并非"超人"，对于疑难案件也会吃不准。如果最高人民法院仓促将某个疑难案件的裁判遴选并发布为指导性案例，固然可解统一法律适用与法官学习的燃眉之急，但终结了事实上远未完成的试错过程，因为发布指导性案例就意味着最高人民法院对该指导性案例所涉法律适用问题的拍板、定调。然而，如果等到试错完成，最高人民法院再发布某一案型的指导性案例，统一法律适用的目标已经落空了。简言之，试错与统一法律适用，对于身处试错链条终点的最高人民法院而言，是不可兼得的。此外，在原本就数量有限的指导性案例之中，最高人民法院还发布了为数不少的常规案件裁判。这些常规案件由于不存在法律适用上的疑难，将之作为指导性案例无助于法律适用尺度统一的目标，仅仅是法制宣传的素材。

对于作为市场模式代表的北京知识产权法院与东莞市第一人民法院而言，它们在个案裁判中援引的案例是所有与待决案件构成法律意义上的"同案"的在先生效裁判，并不限于最高人民法院或者各地高级人民法院评选出的有限案例。北京知识产权法院和东莞市第一人民法院对某个在先生效裁判的援引，并不意味着对该被援引裁判所涉法律适用问题的拍板、定调，因为它们不具备这项权力，只意味着该被援引的裁判对待决案件具有拘束力或者审理待决案件的法官对该被援引裁判的法律适用结论及其论据的赞同、信服。因此，市场模式不会终结试错，反而推进了试错：在先生效裁判是否得到援引、援引程度表征思想市场的选择与淘汰。在市场模式下，案例指导制度预设的统一裁判尺度和促进法官学习的功能得到更大程度地实现。当然，市场模式也会埋下一定的同案不同判的隐患，因为在市场模式下，被援引的在先生效裁判中隐藏的裁判规则（裁判要旨）的提炼不是集中统一的，而是分散的；不是由统一的权威机构提炼，而是由各个审理待决案件的法官提炼。审理法律上"同案"的不同法官，极可能提炼出抽象度不一的裁判规则。这是市场模式不可避免的代价。相比于市场模式所能增进裁判尺度统一、法官学习和试错，这些代价是值得付出的。在北京知识产权法院和东莞市第一人民法院，先例的援引既可因当事人而起，也可因审理法官而起。而且，北京知识产权法院还建立起"上下前后左右"的参考次序体系。

中山市在实施知识产权行政执法案例指导制度时，应当在权威模式之外，采用市场模式，允许案件当事人和执法人员援引任何构成同案的在先生效裁判，包括法院做出的裁判，不画地为牢地限于行政执法系统内部生成的文书，从而推动知识产权行政执法领域的案例指导制度真正发挥其"潜力"。

（撰稿人：曾凤辰）

第 10 章 惠州市知识产权报告

一、惠州市知识产权制度和政策

惠州市出台了《惠州市高标准建设国家知识产权示范城市工作方案（2016—2019）》。该工作方案从完善知识产权宏观管理体制、促进知识产权获取和运用、强化知识产权保护、促进知识产权服务业发展、提升公众知识产权意识等方面助推惠州国家知识产权示范城市的建设。具体而言，在完善知识产权宏观管理体制方面，健全知识产权工作的领导机构、工作机制、明确工作职责，统筹科技、人才、知识产权、鼓励创业及科技金融政策，对知识产权获取、运用、保护和管理进行政策上的激励，打造知识产权人才队伍。在促进知识产权获取方面，强调企业的创新主体地位，着力提升专利申请质量，强化品牌意识、实施著作权兴业工程。在促进知识产权运用方面，提升专利信息分析利用能力、推进专利导航工程项目建设，推动知识产权运营平台建设，完善知识产权金融服务。在强化知识产权保护方面，加强各行政执法部门的协作配合，针对重点地区、重点领域、重点环节开展执法；完善知识产权维权援助与举报投诉平台的建设，建立知识产权应急预警机制，协调行政执法与司法保护。在促进知识产权服务服务业发展方面，初步建立"5 + 10"服务体系，对服务业加大政策支持力度。

二、惠州市知识产权发展状况

（一）知识产权取得状况

2018 年 1 ~ 8 月，惠州市共提出 14045 件专利申请，同比增长 - 10.73%。

其中，3555 件发明专利申请，7566 件实用新型专利申请，2924 件外观设计专利申请，分别同比增长 7.83%、12.34%、-48.72%。2018 年 1~8 月，惠州市共获得 10281 件专利，同比增长 31.76%。其中，发明专利 1007 件，实用新型专利 6586 件，外观设计专利 2688 件，同比分别增长 13.66%、55.77%、-0.04%。在 PCT 专利申请方面，惠州市于 2017 年共提交 452 件申请，占广东全省 1.68%，每万人 PCT 专利申请量为 0.95 件。2017 年，惠州市与粤港澳大湾区其他城市的发明专利联合申请为 176 件。

（二）知识产权保护状况

2017 年，惠州市知识产权局共受理案件 247 件，其中，46 件侵权纠纷，201 件假冒专利立案；共结案 245 件，其中，侵权纠纷 44 件，假冒专利结案 201 件。

惠州市中级人民法院于 2015 年入选试点法院，探索完善司法证据制度，以破解知识产权侵权损害赔偿难问题。2014 年，经最高人民法院批复同意，惠州市惠城区基层法院对所在市的第一审一般知识产权民事案件进行集中管辖。

2016 年 1 月 1 日至 2017 年 4 月 19 日，惠州市两级人民法院共受理一审知识产权民事案件 1776 件，审结 924 件，结案率为 52.03%；调撤 170 件，调撤率为 18.40%。在这 1776 件一审民事案件中，涉及著作权权属、侵害放映权的案件达 1538 件，侵害商标权案件 219 件，其他案件 19 件。惠州市两级法院共受理一审知识产权刑事案件 167 宗，审结 156 宗，结案率为 93.41%。惠州市中级人民法院新收知识产权案件 279 宗，其中一审民事案件 143 宗，二审民事案件 111 宗，再审刑事案件 2 宗。这些案件中，著作权和商标权案件占知识产权民事案件的比例达 95% 以上，超八成的民事案件为商业维权；侵犯商标专用权案件占侵犯知识产权犯罪案件的比例达 68.8%。

（三）知识产权中介机构发展状况

截至 2017 年底，惠州市共有专利代理机构 3 家，专利代理机构的分支机构 18 家。有 7 人于 2017 年通过专利代理人考试。2017 年，惠州市专利代理机构代理专利授权情况如表 10 - 1 所示。

表 10 - 1　2017 年惠州市专利代理机构代理专利授权情况　　单位：件

代理机构名称	发明	实用新型	外观设计	总计
惠州市超越知识产权代理事务所（普通合伙）	19	887	321	1227
惠州创联专利代理事务所（普通合伙）	0	485	251	736
惠州华茂联合知识产权代理事务所（普通合伙）	0	10	39	49

来源：广东省知识产权局。

三、展望和建议

2017～2018 年，惠州市在知识产权事业上已取得了显著的成绩。惠州市需要紧紧抓住建设粤港澳大湾区的重大机遇，在建设粤港澳大湾区的过程中，立足自身的比较优势，利用好政策释放的红利，推动知识产权事业更上一层楼，以此实现向创新型经济的转型、升级。《粤港澳大湾区发展规划纲要》将惠州市的发展目标定位为"充分发挥自身优势，深化改革创新，增强城市综合实力，形成特色鲜明、功能互补、具有竞争力的重要节点城市。"在知识产权的保护方面，纲要指出要"强化知识产权行政执法和司法保护"。本节将就惠州市在粤港澳大湾区的建设过程中，如何落实纲要对强化知识产权司法保护的要求，给出两方面的建议，以期推动中山市知识产权事业的进一步发展：一是完善并充分运用证据制度，破解侵害知识产权损害赔偿难题，二是充分利用现有制度，在诉讼程序中缓解循环诉讼问题。

（一）完善并充分运用证据制度，破解侵害知识产权损害赔偿难题

知识产权保护水平的一个直观体现，便是权利人遭侵权后所获得的赔偿额。如果法院的判赔额无法填平权利人因侵权遭受的损害，权利人维权的激励将受削弱，进而影响创新的激励；侵权人则有了侵权的激励。法院判赔数额偏低恰是我国当下知识产权司法保护实践的现实。如上文所述，惠州市中级人民法院于 2015 年入选试点法院，探索完善司法证据制度，以破解知识产

权侵权损害赔偿难问题。因此，本章将首先针对损害赔偿额的计算问题，给出相应的建议。

在实际获得的判赔额与权利人因侵权实际遭受的损害存在较大落差这个事实，确实会严重影响到潜在创新者从事创新活动的激励。不过，低判赔额的问题，主要不是因为法律文本许诺的赔偿额不够，而是现行法许诺的赔偿额没有得到充分的实施。因此，低判赔额问题的解决之道，不在于进一步拔高法定赔偿额上限，甚至引入惩罚性赔偿。法定赔偿额上限的提高与惩罚性赔偿的引入并非治本之策，而且可能会产生一些反效果，如遏阻后续的创新者、机会主义诉讼的激增等；而在于探究现行法未获充分实施的原因。

从实践看，有问题的低判赔额大多来源于法定赔偿的适用。由于法定赔偿在当下的知识产权司法实践中适用泛滥，判赔额偏低的现象也就大面积存在。依据我国《著作权法》《商标法》《专利法》的相关规定，法定赔偿是一种裁量性的判赔方式，是在"难以确定"权利人的实际损失、侵权获利、合理许可费的情况下才予以适用的方式，在适用上劣后于实际计算权利人因侵权所失利益的判赔方式。在难以确定权利人因侵权所失的利益的情况下，适用法定赔偿的法官在判赔上比较保守❶，便是可以理解了。

既然低判赔额的问题归因于法定赔偿的运用，而法定赔偿适用的前提是难以计算权利人因侵权所失的利益，那么，判赔额偏低，现行法未获充分实施的根源就在于侵害知识产权造成的损害，尤其是所失利益的计算困难。低判赔额、法定赔偿适用泛滥只是计算困难这个"病灶"引发的"症候"。❷ 精确地说，这里说的"计算困难"，主要不在计算方法上，而在实践计算方法所需要的证据上。有关损害的证据、信息、知识的缺乏才是侵害知识产权损害赔偿难题的症结所在。

为了处理计算损害的证据、信息缺乏的问题，先处理计算赔偿额需要哪些证据、信息。根据民法原理，侵害财产权利引发的财产上的损害，分为所受损失与所失利益。对于知识产权，"所受损失"指的就是《著作权法》第49条第1款、《专利法》第65条第1款和《商标法》第63条第1款中的

---

❶ 司法实务中发展出另一种裁量性判赔方式，适用于超出法定赔偿额上限的情形。

❷ 实践中，不排除有些法官轻易向法定赔偿这种赔偿额的计算方式"逃逸"。

"制止侵权行为所支付的合理开支"。相比于"所受损失","所失利益"的计算更为复杂。所失利益的计算,首要的方法是确定实际损失。法条中所说的"实际损失",指的是权利人因侵权行为实际丧失的利润。知识产权人因侵权实际丧失的利润=假设知识产权人在侵权不发生的情况下能够获得的市场利润-知识产权人在遭受侵权的情况下获得的市场利润,而市场利润=(含有知识产权客体的产品数量×价格)-成本。在运用这个公式计算实际损失时,首先,要确保假设侵权不发生的情况下的市场条件与在遭受侵权情况下的市场条件,除了侵权行为这一变量之外,其余条件保持不变。之所以有此要求,是为了确保"知识产权人在遭受侵权的情况下获得的市场利润"这项数额完全是由侵权行为所致,而没有掺杂其他市场条件的变化,以保证减少的利润额与侵权行为之间的因果关系。因此第一项证据是关于多少减少的利润额可以归因于侵权行为。其次,关于"假设知识产权人在侵权不发生的情况下能够获得的市场利润"这项数额的计算,必需的证据有:第一,假设侵权不发生的情况下,消费者对该含有知识产权客体的产品的需求。这就要求能够画出假设侵权不发生的情况下该产品的社会需求曲线。第二,假设侵权不发生的情况下权利人生产该产品的边际成本曲线。第三,假设侵权不发生的情况下权利人就该产品的边际收益曲线。之所以需要这三项证据,是因为权利人作为市场主体,遵循利润最大化法则。为了计算假设侵权不发生的情况下权利人可获得的最大化利润,就需要这三项证据。边际成本与边际收益曲线的交点对应的横轴上的点,是能使权利人获得最大化利润的产品数量。这个能使权利人获得最大化利润的产品数量,在该产品的社会需求曲线上,对应的纵轴上的点,即为能使权利人获得最大化利润的价格。第四,有关成本的证据。再次,关于"知识产权人在遭受侵权的情况下获得的市场利润"这项数额的计算。侵权行为的发生,会导致知识产权人含有知识产权客体的产品的销售量下降、价格下降,甚至可能导致知识产权人向市场提供该产品的成本上升,比如广告费、享受不到规模经济带来的成本下降的好处等。因此,这项数额的计算所需的证据就包括:在侵权情况下权利人的实际的销量、价格和成本。

根据规定,如果实际损失难以计算的,以侵权人的违法所得作为权利人的"所失利益"。这是符合经验法则的,因为一方所得即为一方所失。但是,该经验法则并不是在所有场合都成立。侵权人的违法所得作为权利人的所失利益这项命题的成立，需要额外具备两个要件。第一项要件是，权利人具有满足侵权人实现的市场需求量的能力。在实际情况中，不排除侵权人具备特殊条件，能够开辟出比权利人所能开辟的更大市场。对于这些超出的市场需求量，权利人在未侵权的情况下也无法获得这部分利润，因此并非权利人的所失利益，必须要排除。第二项要件是，不发生需要进行利润分摊的情形。换句话说，未经许可而被侵权人利用的作品、发明、设计或商标构成了被诉侵权产品的全部价值的来源。如果被侵权人擅自利用的知识不构成被诉侵权产品价值的唯一来源，那么，就必须要计算出侵权人将知识产权的客体纳入侵权产品所能获得的增量利润，也就是要进行利润分摊。利润分摊的计算公式是：被诉侵权产品的利润×合理的分摊比例。确定合理分摊比例的主要方法是联合分析法与综合要素分析法。❶ 在需要进行利润分摊的情况下，仅仅知识产权客体在侵权产品中贡献的增量利润才是权利人的所失利益。

在专利法与商标法中，还有"许可费的倍数"这种计算权利人所失利益的方式，在适用上劣后于实际损失与侵权人违法所得。这种计算方式的关键在于确定合理的许可费。为了确定合理的许可费，首先要寻找具有可比性的许可费，对相关的合同进行审查，以确认其可比性。欠缺具有可比性的许可费的情况下，法官要运用"虚拟谈判模型"，来确定合理许可费。在虚拟谈判模型下确定合理许可费，有两个步骤：第一个是确定可能的许可费的上限与下限，第二个是在这个上限与下限的区间内，在考虑一些因素的基础上，具体确定合理的许可费。权利人所能获得的许可费的上限由侵权人使用作品、发明、设计或商标所能获得的增量利润决定；而权利人所能获得的许可费下限由权利人若不进行许可所能获得的净收益决定。关于合理许可费的具体确定所要考虑的因素，美国 Georgia–Pacific 案提出的 15 项因素值得参考。

通过上面的阐述可知，侵害知识产权的损害赔偿额的计算非常复杂，所需要的证据、信息非常多。法官本身并不掌握这些为计算赔偿额所必需的信息，而是需要从其他地方去获得这些信息。上面指出，有关损害的证据的缺乏是计算困难的症结。那么，为什么会缺少有关损害的证据？一个原因是当

---

❶ 关于联合分析法与综合要素分析法的具体阐述，可参见朱理. 专利侵权损害赔偿计算分摊原则的经济分析［J］. 现代法学，2017（9）：59–61.

事人没有向法院提供这些信息，另一个原因是法官有意或无意地"拒绝"这些信息的进入。这里说的法官"拒绝"信息进入，包括法官对当事人提出的定损证据拒绝采信、没有通过释明权的运用积极引导当事人举证等。之所以法官拒绝信息进入，是因为巨大的信息处理成本的存在。损害赔偿额的计算非常复杂，考虑到知识产权法官庞大的工作量和严格的审限，拒绝信息进入很难责怪法官。对于当事人没有向法院提供定损证据这个原因，既可能是当事人不能提供，也有可能是当事人不愿提供。之所以当事人不愿意，是因为提供定损证据有泄露商业秘密的可能。为了改善赔偿难的现状，一方面，要充分地运用现有的证据制度，比如证据保全和证明妨碍制度，来确保证据的来源；另一方面，要革新制度，使法官有激励去处理信息，打消当事人担心商业秘密泄露的顾虑。

（二）充分利用现有制度，在诉讼程序中缓解循环诉讼问题

知识产权与市场紧密相关，而市场瞬息万变、商机稍纵即逝，因此对知识产权的保护不仅要求充分，也要求及时。正所谓"迟来的正义非正义"。知识产权的保护如不及时，将会使权利人丧失进入特定市场的有利时机，置权利人于赢了"官司"，输了市场的不利境地，最终折损潜在创新者的创新激励，有悖知识产权法的立法目标。因"法院管辖侵权纠纷、有关行政主管机关管辖确权纠纷"的双轨制引发的循环诉讼问题便是一个突出的体现。

在我国，专利或注册商标有效与否的判断只能由有关的行政机关——专利复审委员会或商标评审委员会——做出，法院没有专利或注册商标效力问题的"管辖权"。双轨制引发的循环诉讼问题在专利领域最为突出。侵害专利权诉讼的被告有权提出涉案专利权无效的诉讼抗辩，来对抗原告的停止侵害、损害赔偿的请求。这就在侵权纠纷过程中引入确权纠纷。当被告提出专利无效的抗辩时，由于受诉法院无权对涉案专利的效力作出裁判，而涉案专利尚未被专利复审委宣告无效，因此，如果涉诉行为满足侵害专利权的构成要件，受诉法院只能支持原告的请求。假如涉案专利在裁判作出后被专利复审委宣告无效，那么就会出现冲突的问题。考虑到这点，受诉法院会选择中止进行中的侵权诉讼，待专利复审委就涉案专利的效力作出裁决后，法院再作出相

应的判决。由于专利复审委作出的有关专利效力的裁决是行政行为，而根据现代法治国家的要求，行政行为要接受司法审查；因此，相关当事人可就专利复审委的裁决向北京知识产权法院提起诉讼，若不服，还可向北京市高级人民法院上诉。根据行政诉讼的原理，法院即便不同意行政机关的决定，也不能径自改判，只能判决撤销并要求重作。专利复审委重新作出的有关专利效力的裁决，相关当事人还可以提出诉讼。循环诉讼便这样产生了。赋予专利复审委以专利效力的专属管辖权的理由有两个：一个是保证专利效力的决定的集中统一，以免害及专利权的稳定性；另一个是专利复审委在技术方面的比较优势。

在双轨制未受根本动摇、立法者尚未建立专利无效抗辩制度的情况下，为了缓解循环诉讼问题、恢复潜在的创新者对专利制度的信心，惠州市法院大有可为。通过充分利用现有制度，在循环诉讼方面强化司法保护。

可资利用的现有制度有三个。第一个是不中止侵权诉讼的裁量权。法官享有的这个裁量权规定在《最高人民法院关于审理专利纠纷案件适用法律问题的若干规定》的第 9～11 条。这三个条文都是一般条款。惠州市法院可以充分运用这些一般条款，在个案情形基础上进行利益衡量，进而对这些一般条款进行类型化。第二个是现有技术（设计）抗辩。现有技术（设计）抗辩是司法实践中演化出来的，对涉案专利的有效性进行审查的替代性策略。现有技术（设计）抗辩实质上使法官能够对涉案专利的新颖性与创造性进行审查。但目前现有技术（设计）抗辩对创造性要件的审查并不彻底，因为现在的司法实践仍固守单独对比原则。在这点上，惠州市法院可以做出突破，在对多份现有技术文献进行组合的基础上，判断涉案专利是否具备创造性。第三个是在涉案专利权利要求不明确、无法确定专利权的保护范围的情况下直接驳回诉讼请求。这一制度来源于第 55 号指导性案例"柏万清诉成都难寻物品营销服务中心等侵害实用新型专利权纠纷案"。惠州市法院也可予以援引此案例。为防止不同法院对同一专利的效力作出相反的判断，进而危及专利权的安定性，可以使在先生效判决对专利效力的认定具备争议点排除效力；或者建立在先生效判决对涉案专利效力的推定，辅以较高的推翻推定的证明标准。

（撰稿人：曾凤辰）

第 11 章　肇庆市知识产权报告

肇庆市虽然地处广东中西部地区，但受惠于改革开放的春风沐浴，近几年的经济发展形势稳步上升，成为广东地区 GDP 增速排名比较靠前的城市之一。据《2018 年广东省肇庆市政府工作报告》显示，2017 年肇庆市生产总值达到 2190 亿元，比 2016 年增长 5%。此外，在各类投资建设项目中，高技术产业投资增长 38.7%。肇庆市之所以在经济发展中取得较大的成就，其中知识产权发展的贡献功不可没。肇庆市在知识产权方面的政策支持、知识产权的申请、注册、保护以及人才的培养等方面做了一定努力，本章试图就 2017～2018 年肇庆市知识产权方面的发展进行介绍与分析，并就肇庆市知识产权发展方面存在的一些不足以及未来可以考虑的发展方向与思路提出了一些意见与建议。

一、肇庆市知识产权制度和政策

2015 年 9 月 24 日，广东省人民政府发布了《广东省人民政府关于印发广东省深入实施知识产权战略推动创新驱动发展行动计划的通知》（粤府函〔2015〕266 号）。该文件中，强调要以知识产权保护和运用为重点，深入实施知识产权战略，实行严格的知识产权保护、促进发明创造增量提质以及提升企业掌握核心专利能力，着力打造一批具有知识产权核心竞争力的企业，形成一批具有国际影响力的知识产权密集型产业，探索出一条知识产权推动创新驱动发展的新路径，把广东建设成为国际化知识产权创造运用中心和知识产权保护高地，成为知识产权强国建设先行省。2016 年 12 月 13 日，广东省人民政府印发了《广东省知识产权事业发展"十三五"规划》的通知（粤府知办〔2016〕21 号），要求深入实施国家和省知识产权战略，加快建设引领型知识产权强省，并提出了稳步提高知识产权创造能力、明显增强知识产权运用效益、显著改善知识产权保护环境、大幅提升知识产权管理水平、明显提高知识产权服务能力 5 大发展目标和推进知识产权综合改革、严格知识产权保护、促进知识产权创造、推进知识产权转化运用、加强区域知识产权协调发展和交流合作、强化知识产权服务能力、加强知识产权基础建设 7 大任务。可以说，《广东省人民政府关于印发广东省深入实施知识产权战略推动创新驱动发展行动计划的通知》以及《广东省知识产权事业发展"十三五"规划》为广东的知识产权发展提供了制度保障和指导，同时也为肇庆市的知识产权发展指明了方向和提供了政策支持。因此，为了更好地贯穿落实省政府关于知识产权方面的要求，肇庆市在 2017～2018 年先后出台了一些促进肇庆市知识产权发展的相关规章制度。

（一）发布《肇庆国家自主创新示范区建设实施方案（2016～2020 年)》

为深入贯彻落实省政府关于加快科技创新成果向现实生产力转化，努力打造珠三角科技成果产业化拓展基地、国家自主创新示范区的要求，2017 年 3 月 16 日，肇庆市政府发布了《肇庆国家自主创新示范区建设实施方案 (2016～2020 年)》，其中涉及知识产权方面的内容主要有：

1. 进一步提升创新体系整体效能

加快知识产权方面的体制机制改革，大幅提高重大科技成果的转化率，增强知识产权对经济的贡献率。尤其是要提高自主创新能力，力争全市研发机构覆盖 30% 以上规模工业企业，高新技术企业数量、研发经费占 GDP 比重、发明专利申请量和授权量均比 2015 年翻一番，高技术制造业增加值占规模以上工业增加值比重达 12%，高技术产品产值占规模以上工业总产值比重达 39%，基本形成具有国际竞争力的创新型产业集群，自主创新能力达到中等发达国家水平。

2. 创新知识产权保护机制

探索组建知识产权巡回法庭，探索知识产权司法保护新模式。探索跨地区知识产权案件异地审理机制,打破对侵权行为的地方保护。推动专利维权执法常态化,健全知识产权维权援助体系,建立知识产权违法侵权企业档案,加强对违法失信行为的社会信用监管。

3. 促进知识产权转化和运用

探索设立知识产权质押融资风险补偿基金,支持金融机构扩大质押物范围。争取开展"全国专利保险试点",支持银行与保险机构开发更多面向科技型中小微企业的信贷融资保险产品。建立专利导航产业发展工作机制和知识产权运营工作机制,促进知识产权产业化和商业化运用。

4. 提升知识产权服务水平

开展"百所千企"知识产权服务对接,培育和引进优质知识产权服务机构,加强市级知识产权培训基地建设,加大专利人才培养和引进力度,推动建立肇庆高新区知识产权综合服务平台。

《肇庆国家自主创新示范区建设实施方案(2016~2020年)》的发布,不仅有利于加快科技创新成果向现实生产力转化,打造珠三角科技成果产业化拓展基地、国家自主创新示范区,而且对于肇庆市未来知识产权的发展提供政策指引,有利于肇庆市在建设知识产权强市方面取得更大的进步和突破。

(二)颁布《肇庆市知识产权专项资金管理办法》

为加强和规范肇庆市知识产权专项资金管理,提高知识产权相关资金使用效益,推动创新成果专利化,促进肇庆市知识产权事业和产业协调发展,2017年12月20日,肇庆市出台了《肇庆市知识产权专项资金管理办法》。该规范性文件有利于加强对高质量专利资助力度,鼓励专利申请数量的快速增长,进一步促进肇庆市知识产权事业的繁荣发展。该文件中涉及知识产权的相关内容如下。

1. 鼓励知识产权创造,推动知识产权运用

具体包括资助肇庆市企事业单位或个人的专利创造、商标、著作权登记,

并对获得专利奖的单位或个人给予奖励等。另外，扶持开展知识产权交易、融资、运营及高端运用，知识产权产业化及专利导航预警等工作。

2. 促进知识产权保护

包括知识产权保护统筹协调、行政执法及执法协作，专业市场、会展和行业知识产权保护，知识产权维权援助与涉外应对等。

3. 加强知识产权管理

开展知识产权宣传教育和人才培养，推动企业建立知识产权管理规范体系，知识产权政策法规、依法行政及软科学研究，知识产权审查评议和统计考核，知识产权战略实施等。

4. 提升知识产权服务

包括加快知识产权公共服务体系建设，推进知识产权服务业发展，进一步促进肇庆市知识产权事业全面、协调、可持续发展。

《肇庆市知识产权专项资金管理办法》的出台，为规范肇庆市知识产权专项资金利用，提高知识产权资金使用效益，加强对高质量专利资助力度，促进肇庆市知识产权事业和产业协调发展具有重要意义。

（三）出台《肇庆市新型研发机构认定和扶持暂行办法》

为大力实施创新驱动发展战略，推动肇庆市创新发展和新型研发机构建设，2017 年 12 月 29 日，肇庆市政府出台了《肇庆市新型研发机构认定和扶持暂行办法》，其中对新型研发机构的认定要求在科技研发与成果转化、创新创业与孵化育成、人才培养与团队引进等方面具有鲜明特色，其主要内容包括如下几方面：

1. 开展科技研发和科技成果转化

围绕肇庆市重点发展领域的前沿技术、战略性新兴产业关键共性技术、地方支柱产业核心技术等开展研发，解决产业发展中的技术瓶颈，为全市乃至全省创新驱动发展提供支撑。同时，积极贯彻落实国家、省和市关于科技成果转化政策，完善成果转化体制机制，构建专业化技术转移体系，加快推动科技成果向市场转化，并结合肇庆市产业发展需求，积极开展各类科技技术服务。

2. 科技企业孵化育成

以技术成果为纽带，联合多方资金和团队，积极开展科技型企业的孵化与育成，为地方经济和科技创新发展提供支撑。

3. 高端人才集聚和培养

吸引重点发展领域高端人才及团队落户肇庆，培养和造就具有高水平的科学家、科技领军人才和创新创业人才服务地方经济发展。

4. 知识产权创造运用

聚焦关键技术和核心领域，提升知识产权创造能力和储备，开展市场化的知识产权协调运用。

《肇庆市新型研发机构认定和扶持暂行办法》中关于新型研发机构的认定和扶持政策有利于激发知识产权的创造和科技成果的现实转化，对于肇庆市知识产权事业的建设将是一大推助力。

（四）制定《肇庆市高新技术企业扶持暂行办法》

为加快推进实施肇庆市创新驱动发展战略，充分发挥高新技术企业在科技创新中主力军的引领作用，加强肇庆市高新技术企业的培育发展，2018 年 1 月 16 日，肇庆市制定了《肇庆市高新技术企业扶持暂行办法》（肇府规〔2018〕2 号）。该规定有利于明确肇庆市高新技术企业的认定以及研究开发与技术成果的转化，形成企业核心自主知识产权。同时，也为肇庆市指导、管理高新技术企业提供法规依据。以下笔者将简析该办法中有关知识产权方面的内容。

1. 实施政策扶持

对市级高新技术企业在工业园区准入、创新人才引进、企业投融资、通用厂房租赁、科技研发、工业技术改造、市级财政扶持项目申报等方面给予政策支持。由于高新技术企业往往掌握一定的自主研发的知识产权，对其实行各种优惠扶持政策有利于鼓励高新技术企业落户肇庆，为肇庆市的知识产权事业提供新的源泉。

2. 设立专项资金和财政补助

市财政设立市级高新技术企业扶持专项资金，用于市级高新技术企业的扶持奖补。被认定为市级高新技术企业的，一次性奖励 15 万元。此外，有效期内的市级高新技术企业，每年按照企业上年度缴纳入库企业所得税额的10% 由地方财政给予补助。该规定能最大限度地激励企业的自主研发能力，鼓励技术创新，从而为肇庆市的知识产权事业发展添砖加瓦。

3. 加强对高新技术企业的管理、监督

建立市县联动的高新技术企业服务管理队伍，全面推行高新技术企业培育发展台账，建立挂钩帮扶机制。此外，肇庆市还构建高新技术企业信息平台，建立企业运行情况监测数据库，加强对高新技术企业的动态监测、引导和服务，及时掌握高新技术企业的培育发展情况并根据实际情况采取定期检查、不定期抽查或委托机构测评等方式，对全市高新技术企业发展情况进行监督检查。该规定一方面便于加强对高新技术企业的管理、监督，另一方面也更好地服务于肇庆市的高新技术企业，为肇庆市的知识产权事业发展保驾护航。

《肇庆市高新技术企业扶持暂行办法》的制定，对于肇庆市加快推进实施创新驱动发展战略，加强高新技术企业的培育发展，充分发挥高新技术企业在科技创新中的主力军作用具有重大意义。同时，也有助于促使肇庆市形成一批拥有核心自主知识产权的企业，为该市的知识产权建设提供强大支撑。

（五）发布《关于组织申报 2018 年度市级知识产权试点企业的通知》

为进一步提升肇庆市企业创新主体地位，壮大肇庆市知识产权强企规模以及培育一批国家级、省级知识产权示范优势企业，加快国家知识产权示范城市建设步伐，2018 年 4 月 18 日，肇庆市发布了《关于组织申报 2018 年度市级知识产权试点企业的通知》，其中涉及知识产权方面的内容如下：

1. 鼓励拥有知识产权的企业入驻肇庆

只要注册地在肇庆，主要办公和科研场所设在肇庆，具有一定的资产规模和相对稳定的资金来源的企业即可申报肇庆市市级知识产权试点企业，从而获得相应的补贴优惠。该规定有利于鼓励外地科研企业入驻肇庆市，为该市知识产权事业的发展添砖加瓦。

2. 激发本市企业对知识产权的重视

申报企业需建立较为健全的知识产权管理制度和激励机制并且拥有 10 件以上有效专利，其中发明专利不少于 2 件。同时，试点期内企业每年申请专利 5 件（包括 5 件）以上，其中至少 1 件发明专利。该规定有利于提高本市企业对知识产权的高度重视，从而提高本土企业的市场竞争力，促进肇庆市企业知识产权的研发。

3. 促使知识产权成果的转化

该文件中规定，申报企业需专利产品销售额占企业总销售额的比例达到 20% 以上。这有利于进一步提高知识产权成果的现实转化率，促使知识产权成果被运用到现实生产中，从而为本市经济的发展注入强大动力。

4. 加强企业的知识产权保护意识和自律意识

根据该文件，申报知识产权试点企业需要具备较强的知识产权保护意识且近两年无制造和销售假冒产品，无侵犯知识产权行为。该规定有利于加强企业对于知识产权的保护意识和自律意识，从而营造良好的知识产权保护氛围，有利于加强对知识产权的保护。

《关于组织申报2018年度市级知识产权试点企业的通知》的发布，为进一步提升肇庆市企业创新能力，壮大肇庆市知识产权强企规模具有重要作用，同时也有利于培育一批省级甚至国家级知识产权示范优势企业，加快国家知识产权示范城市建设步伐。

（六）发布《肇庆市实施创新驱动发展"1133"工程五年 (2017~2021年) 行动方案》

为深入实施创新驱动发展战略，大力推进科技创新载体建设，聚集创新资源，构建创新体系，把肇庆打造成为国家自主创新示范区、国家科技成果转移转化示范区、粤港澳大湾区科技产业创新重要承载地，从而为全市经济社会发展提供科技支撑，2018年6月21日，肇庆市政府发布了《肇庆市实施创新驱动发展"1133"工程五年（2017~2021年）行动方案》，其中提出了发展目标：到2021年末，全市力争实现高新技术企业总量突破1000家，确保建成10所左右本科以上高等教育机构、30家新型研发机构、30家高水平的科技企业孵化器及众创空间，加快建设国家知识产权示范城市和国家创新型城市。为了实现这一目标，肇庆市政府实施了一系列扶持政策，其中有关知识产权发展的内容具体如下：

1. 扶持高新技术企业发展

通过"引进一批、培育一批、孵化一批"，努力壮大高新技术企业集群，夯实高新技术产业基础。一是强化高新技术企业精准招商。抢抓珠三角产业转移战略机遇，研究制定面向高新技术企业的招商引资和招才引智优惠政策，吸引北京、广州、深圳等地的高新技术企业整体转移到本市，引进创新型企业并加快培育成为高新技术企业。二是抓好高新技术企业培育。以科技型中小企业为重点培育对象，建立高新技术企业动态培育库，支持企业加大研发投入和规范管理，尽快成长为国家高新技术企业，构建起"市高新技术企业—省高新技术入库企业—国家高新技术企业"的梯次培育机制。三是加强高新技术企业孵化。按照"政府引导、政策扶持、市场运作、专业运营"原则，加大对科技企业孵化器、众创空间、新型研发机构等创新载体扶持力度，着力提高其高新技术企业孵化育成能力，使之成为全市高新技术企业的培育摇篮和集聚高地。

2. 扩大高等教育规模，推动产学研用相结合

进一步扩大全市高等教育规模，不断强化高校的人才、智力和技术支撑作用，打造成为广东省重要的应用型高等教育基地。一是大力推进与高校合作。加强与国内外尤其是理工类高等院校、大型教育投资机构合作，争取引进高校总部或知名高校分校落户肇庆。二是推动高校产学研用相结合。充分利用高校的人才优势、设备优势、信息优势和理论优势，鼓励本市高校建设孵化器、新型研发机构、工程中心等创新载体，支持开展与市场需求相联系的应用性研究，大力推动高等院校科技成果转移转化，努力提升全市创新发展的源动力。

3. 建设新型研发机构

围绕科研体制机制改革，推动新型研发机构的技术创新、管理创新、模式创新和机制创新，努力把新型研发机构建设成为创新创业、孵化育成的平台和创新人才聚集高地。一是加快培育一批重点新型研发机构。对新型研发机构给予分级分档支持，重点抓好一批以本市主导产业和特色产业为研发及科技成果转化方向的新型研发机构建设，加快形成"应用研究—技术开发—产业化应用—企业孵化"融合于一体的创新链条。二是引进一批高端新型研发机构。大力引进创新型人才和研发机构，特别是加大对高层次创新团队及领军人才的引进，并逐步引导建设成为新型研发机构。三是依托龙头企业、科研院校建立一批新型研发机构。通过已有的工程技术中心、实验室等创新平台组建新型研发机构；支持国内外高校、科研机构与大型企业研发机构以产学研合作或创新联盟形式在本市组建新型研发机构，推动科技成果转化和产业化。四是转型一批新型研发机构。加强管理体制和运行机制创新，推动本市应用技术型研发机构向"新型研发机构"转型，提高科技资源利用效率，支撑产业转型增效。

4. 鼓励发明创造

对高新技术企业、新型研发机构等企事业单位、科研机构以及高等院校的国内发明专利申请，每件给予5000元资助。按照《专利合作条约》提出的PCT专利申请，每件资助5000元，其中获得美国、日本或欧盟授权的发明专利，每件再资助3万元；获得其他国家或地区授权的发明专利，每件再资助2万元。

《肇庆市实施创新驱动发展"1133"工程五年（2017~2021年）行动方案》的制定，有利于肇庆市加快形成一批高新技术产业和创新研发基地，有利于科技创新和知识产权成果的转化，对于建设国家知识产权示范城市和国家创新型城市具有重要的指导意义。

综上所述，通过肇庆市政府出台的一系列知识产权政策，肇庆市在知识产权建设的土壤环境和保护力度、监督管理方面得到有效改善和优化。这不仅能提高自主创新专利技术的数量和质量，而且增强了知识产权成果的现实转化能力，这对于肇庆市知识产权的创新、发展水平的提高具有重要的推动作用。

二、肇庆市知识产权发展状况

为贯彻落实广东省的知识产权推动创新驱动发展战略，着力打造一批具有知识产权核心竞争力的企业，形成一批具有国际影响力的知识产权密集型产业，提升肇庆知识产权保护水平，肇庆市先后出台了一系列推动本市知识产权建设的制度和政策。在这些制度和政策的支持下，2017~2018年，肇庆市的知识产权事业得到了明显的发展，在知识产权企业、专利的申请和授权、商标的申请和注册、知识产权的保护、人才培养等方面均取得了一定的成绩。

（一）知识产权企业发展状况

1. 肇庆市高新技术企业数量不断增长

（1）获得广东省高新技术企业认定数量增加。

根据广东省科学技术厅公布的《广东省2018年第一批、第二批拟认定高新技术企业名单》，2018 年广东省（不含深圳市）共有 11528 家企业被认定为广东省高新技术企业，其中肇庆市共有 105 家企业被认定为广东省高新技术企业。由于企业数量较多，下面仅列举 2017 年、2018 年部分地区的情况作对比，具体详见表 11 – 1❶和表 11 – 2❷。

表 11 – 1   2018 年广东省部分城市获省高新技术企业数量   单位：家

城市	数量	城市	数量	城市	数量
广州	5152	中山	800	惠州	345
东莞	1887	珠海	669	汕头	148
佛山	1296	江门	374	肇庆	105

表 11 – 2   2017 年广东省部分城市获省高新技术企业数量   单位：家

城市	数量	城市	数量	城市	数量
广州	4263	中山	840	惠州	340
东莞	2054	珠海	799	汕头	185
佛山	1049	江门	248	肇庆	75

从表中可以看出，与广东珠三角其他城市相比，肇庆市拥有的省级高新技术企业的数量排名比较靠后，但是从肇庆市 2017～2018 年被评为省级高新技术企业的数量来看，增长了 40%。由此也可以看出，虽然相比广东其他城市高新技术企业的发展滞后，但是肇庆市仍在稳定发展中，未来有很大的上升空间。

（2）获得市级高新技术企业认定情况。

根据《广东省 2018 年第一、第二批肇庆市级高新技术企业名单》显示，2018 年度被认定为市级高新技术企业的有 182 家，其中，排名前四的区（县/市）分别是：端州区 54 家、高要区 38 家、高新区 28 家、四会市 25 家，占比分别为 29.67%、20.88%、15.38%、13.74%。表 11 – 3 列出了 2018 年肇庆

---

❶ 广东省科学技术厅［EB/OL］.［2019 – 01 – 24］. http://www.gdstc.gov.cn/HTML/zwgk/tzgg/1543392015035165525930876465865 0.html；http://www.gdstc.gov.cn/HTML/zwgk/tzgg/1543392015005 – 5751786391340861000.html.

❷ 国家高新技术企业认定管理办法［EB/OL］.［2019 – 01 – 24］. http://www.innocom.gov.cn/gxjsqyrdw/c100228/201711/55eec3807d2d4b0bbe8ed3b9854a3701.shtml；http://www.innocom.gov.cn/gxjsqyrdw/c100228/201712/ee2838a2609a44b9a67792ffc6af6f4c.shtml.

市各区（市/县）市级高新技术企业分布的具体情况。❶

表11-3　2018年肇庆市各行政区获市级高新技术企业数量　单位：家

区域	数量	区域	数量	区域	数量
端州区	54	四会市	25	怀集县	8
高要区	38	鼎湖区	13	德庆县	8
高新区	28	广宁县	10	—	—

从以上数据可以看出，肇庆市各区县的市级高新技术企业的分布是比较不均匀的。同时反映肇庆市的高新技术企业数量比较匮乏，说明其知识产权事业的发展仍然任重而道远。

2. 肇庆市知识产权优势企业和示范企业发展势头较好

2017年肇庆市被确定为国家级知识产权优势企业有4家，国家级知识产权示范企业0家；广东省知识产权优势企业2家、示范企业2家。2018年肇庆市共有国家级知识产权优势企业6家，国家知识产权示范企业1家；广东省知识产权优势企业9家、示范企业2家。同时，为了进行客观比较，我们还查找了广东珠三角地区部分城市的相关情况，以期对比分析。具体如表11-4所示。❷

表11-4　2017~2018年广东部分城市知识产权企业发展状况　单位：家

城市	2017年				2018年			
	国家优势企业	国家示范企业	省级优势企业	省级示范企业	国家优势企业	国家示范企业	省级优势企业	省级示范企业
肇庆	4	0	2	2	6	1	9	2
广州	8	4	11	6	7	7	11	4
深圳	6	2	7	3	3	3	11	4
佛山	7	7	9	6	8	8	9	3

---

❶ 肇庆市科学技术局［EB/OL］.［2019-02-10］. http://kjj.zhaoqing.gov.cn/kjxx/tzgg/201812/t20181228_853931.html.

❷ 国家知识产权局［EB/OL］.［2019-02-15］. http://www.cnipa.gov.cn/gztz/1107752.htm；广东省知识产权局［EB/OL］.［2019-02-15］. http://home.gdipo.gov.cn/gdipo/tzgg/201710/4c4342d63e524bd08f42e1787a73c34d.shtml.

续表

城市	2017 年				2018 年			
	国家优势企业	国家示范企业	省级优势企业	省级示范企业	国家优势企业	国家示范企业	省级优势企业	省级示范企业
东莞	8	3	6	0	1	1	10	3
珠海	2	1	2	2	4	4	5	2
中山	6	6	2	2	0	0	2	0
惠州	1	0	2	1	4	1	1	1

从表 11 - 4 可以看出，2017 ~ 2018 年，肇庆市国家知识产权优势企业的数量从 4 家上升到 6 家，国家知识产权示范企业增至 1 家；省级知识产权优势企业增加明显，从 2 家增加到 9 家。

从上述数据来看，2017 年肇庆市国家知识产权优势企业的数量在上述珠三角城市中超过了珠海和惠州，省级知识产权优势企业的数量仅落后于广州、深圳、佛山、东莞，而省级知识产权示范企业的数量超过了东莞，仅位于广州、深圳、佛山之后。

2018 年，肇庆市国家知识产权优势企业的数量仅处于广州、佛山之后，超过了深圳、东莞、珠海等城市，但国家知识产权示范企业的数量落后于广州、深圳、佛山、珠海。在省级知识产权优势企业的数量方面，肇庆市位于广州、深圳、东莞之后，超过了珠海、中山等城市；但省级知识产权示范企业的数量在以上几个城市中仅超过了中山、惠州，少于其他城市。

从总体上而言，肇庆市无论是在国家知识产权优势及示范企业还是省级知识产权优势及示范企业数量上来说，相比较其他发达城市而言偏少，尤其是国家知识产权示范企业和省知识产权示范企业的数量较少，这说明肇庆市的知识产权发展仍然不够充分。但也应该看到，肇庆市的知识产权优势企业或示范企业在慢慢增长，未来还有一定发展空间。

3. 贯标认证企业数量有所增长

截至 2018 年 7 月 31 日，广东省共有 5537 家贯标认证企业，其中包含 11 个子母证，中规认证的 2961 家，中知认证的 2576 家。相比 2017 年的贯标认证企业 2896 家，增长了近一倍。其中，2018 年肇庆市的贯标认证企业数量为

19 家，相比 2017 年的 15 家，增长了 26.67%。具体情况如表 11 - 5 所示。❶

表 11 - 5　2017 ~ 2018 年广东部分城市知识产权贯标认证企业数量　　单位：家

城市	2017 年	2018 年
肇庆	15	19
广州	1188	2614
深圳	671	1025
珠海	222	304
中山	115	157
东莞	367	917
佛山	144	270
惠州	48	66

　　从以上数据可以看出，肇庆市的知识产权贯标认证企业数量在逐年上升，但是相比广东其他城市的增长速度，仍旧比较缓慢，而且数量比较少。由于知识产权贯标认证企业不仅可以获得政府补贴等优惠，而且可以激发企业的创新活力，推动企业全面提升知识产权创造数量、有效提高知识产权创造质量。因为，一个城市的知识产权贯标认证企业数量越多，越能反映该市知识产权事业的活跃和发展程度，对于衡量该市的知识产权发展状况具有重要的参考意义。

（二）肇庆市知识产权取得状况

1. 专利申请数量快速上升

　　根据广东省知识产权局官网显示，2016 年肇庆市全年专利申请数量是 3579 件，其中发明专利 931 件，实用新型专利 1848 件，外观设计专利 800 件。而 2017 年肇庆市专利申请数量是 5341 件，比上年增长 62.24%，其中发明专利 1848 件，增长 122.12%，实用新型专利 2535 件，外观设计专利 958

---

❶ 广东省知识产权局［EB/OL］.［2019 - 01 - 26］. http：//home. gdipo. gov. cn/gdipo/qygb/201808/b5a8b49a955845b6a66863f594504a83. shtml.

件。此外，据广东省知识产权局数据显示，肇庆市 2018 年 1~8 月的专利申请数量是 5442 件，同比增长 58.75%，其中发明专利 1578 件，同比增长48.87%，实用新型专利 2575 件，同比增长 51.03%，外观设计专利 1289件，同比增长 94.42%。为了跟广东其他城市作整体对比，笔者还摘录了其他城市的相关数据，详情见表 11-6。❶

表 11-6　2017 年和 2018 年 1~8 月广东省部分城市专利申请情况　单位：件

城市	2017 年						2018 年（1~8 月）					
	发明	发明增长率/%	实用新型	外观设计	合计	同比增长率/%	发明	发明增长率/%	实用新型	外观设计	合计	同比增长率/%
肇庆	1848	122.12	2535	958	5341	62.24	1578	48.87	2575	1289	5442	58.75
深圳	60258	22.60	75545	41299	177102	34.81	44921	15.15	64566	38418	147905	32.37
广州	36941	29.47	53399	27994	118334	33.26	33857	46.17	55562	29253	118672	53.91
东莞	20402	30.92	48255	12618	81275	56.92	17761	47.86	41866	10625	70252	29.59
佛山	25899	50.56	33146	14903	73948	39.36	26278	89.02	27636	12337	66251	49.44
中山	7808	21.49	17096	17264	42168	32.11	5767	67.40	14198	13376	33341	28.63
惠州	8184	33.03	12198	10066	30448	20.12	3555	7.83	7566	2924	14045	-10.73
珠海	7769	2.28	10765	2203	20737	17.48	6896	60.86	9154	1925	17975	40.25

从以上数据可以看出，肇庆市从 2017 年至 2018 年的专利申请情况整体持上升趋势，尤其是 2017 年发明的申请数量增长率超过了广州、深圳等城市，专利申请数量同比增长率居广东第一位。截至 2018 年 8 月，肇庆市的专利申请数量增长率依然居广东第一位。然而，肇庆市在专利的申请数量方面整体低于广东其他城市，跟其他城市之间仍然存在较大的差距。

2. 专利授权数量上升明显

2016 年肇庆市专利授权数量 1945 件，其中发明专利 210 件，实用新型专

---

❶　广东省知识产权局［EB/OL］．［2019-02-24］．http：//home. gdipo. gov. cn/gdipo/sqsqtj/201712/15e14f76bdcd4f0abf4814b66109e065. shtml；http：//home. gdipo. gov. cn/gdipo/sqsqtj/201809/87fecbd4bdf6446cb787032ad7a980ec. shtml.

利 1180 件，外观设计专利 555 件。2017 年肇庆市专利授权数量总共 2332 件，同比增长 19.90%，其中发明专利 188 件，实用新型专利 1392 件，外观设计专利 752 件。截至 2018 年 8 月底，肇庆市专利授权总数达 2517 件，同比增长 77.13%，其中发明专利 186 件，实用新型专利 1589 件，外观设计专利 742 件。虽然 2018 年的同比增长率超过广州、深圳等其他城市，但从数量而言，远远不及广州、深圳等珠三角的其他城市。详情见表 11 –7。❶

表 11 –7　2017 年和 2018 年 1～8 月广东省部分城市专利授权情况　　单位：件

城市	2017 年						2018 年（1～8 月）				
	发明	发明增长率/%	实用新型	外观设计	合计	同比增长/%	发明	发明增长率/%	实用新型	外观设计	合计
肇庆	188	–10.48	1392	752	2332	19.90	186	57.63	1589	742	2517
深圳	18928	7.14	44455	30869	94252	25.60	14259	19.94	51020	28039	93318
广州	9345	21.87	32179	18677	60201	24.61	7264	20.56	31489	17540	56293
东莞	4969	34.95	30102	10133	45204	58.28	4675	58.64	30272	8404	43351
佛山	4901	46.39	19724	12142	36767	28.02	3496	16.18	20171	10485	34152
中山	1493	23.70	11084	14867	27444	24.02	1301	39.14	9923	11518	22742
惠州	1469	18.28	6394	3843	11706	18.35	1007	13.66	6586	2688	10281
珠海	2479	38.03	8021	2044	12544	35.07	2015	31.96	7288	1484	10787

从以上数据可以看出，肇庆市专利授权数量整体持上涨趋势，尤其是发明专利和实用新型专利的授权数量增长较为明显。然而，跟广州、深圳等珠三角城市相比，肇庆市的专利授权数量仍远远不足，反映了肇庆市的知识产权发展状况还不够充分。

3. PCT 专利申请绝对数较少

2016 年肇庆市 PCT 申请量是 16 件，占当年广东省 PCT 专利总申请量的

---

❶ 广东省知识产权局［EB/OL］.［2019 – 02 – 16］. http://home.gdipo.gov.cn/gdipo/sqsqtj/201712/15e14f76bdcd4f0abf4814b66109e065.shtml.

7%。2017 年肇庆市的 PCT 专利申请量是 36 件，比上年增长了 125%，占广东省 PCT 专利总申请量的 13%，在广东省排名第十位。具体情况如表 11 - 8 所示。●

表 11 - 8　2017 年广东省部分城市 PCT 申请状况

城市	数量/件	占比/%
深圳	20457	76.25
广州	2441	9.10
东莞	1829	6.82
佛山	726	2.71
惠州	452	1.68
珠海	435	1.62
中山	172	0.64
江门	133	0.50
汕头	49	0.18
肇庆	36	0.13

从以上数据可以看出，虽然 2017 年肇庆市的 PCT 专利申请数量较 2016 年增长了 2 倍多，但是跟广东省其他城市相比，依然差距悬殊。

4. 有效发明专利占比较低

截至 2017 年 12 月 31 日，广东省有效发明专利总量为 208502 件，其中，肇庆市的有效发明专利是 996 件，相比 2016 年的 792 件，增长了 25.76%。详情见表 11 - 9。❷

● 广东省知识产权局 ［EB/OL］. ［2019 - 01 - 18］. http：//home. gdipo. gov. cn/gdipo/ndtj/
201805/99e60066bfbe4c089844fbe4fd293c35. shtml.

❷ 广东省知识产权局 ［EB/OL］. ［2019 - 01 - 13］. http：//home. gdipo. gov. cn/gdipo/ndtj/
201805/99e60066bfbe4c089844fbe4fd293c35. shtml. 由于查不到 2018 年官方公布的有效发明专利数据，
故此未列明。

表 11 - 9　2017 年广东省部分城市有效发明专利情况

城市	数量/件	占比/%
深圳	106917	51. 28
广州	39464	19. 93
东莞	17087	8. 2
佛山	15050	7. 21
珠海	5586	2. 68
中山	5112	2. 45
惠州	5112	2. 45
江门	2796	1. 34
汕头	2141	1. 03
肇庆	996	0. 48

从表 11 - 9 数据可以看到，肇庆市的有效发明专利依然在广东省排名比较靠后，在广东省有效发明专利中的占比较低，尤其跟珠三角的其他城市相比，更是差距较大。

5. 商标申请量和注册量呈增长趋势

2017 年，广东全省的商标申请量、注册量和有效注册量分别为 1095053 件、514024 件和 2525055 件，其中肇庆市的商标申请量、注册量和有效注册量分别为 7879 件、4835 件、20416 件。截至 2018 年第四季度，肇庆市的商标申请量、注册量和有效注册量分别是 9437 件、7490 件、26904 件，分别增长了 20%、55%、32%。肇庆市各地申请和注册情况详见表 11 - 10。❶ 此外，笔者还摘录了广东其他城市的数据，以期较客观地反映肇庆市在广东知识产权的发展情况，具体见表 11 - 11。❷

---

❶❷ 国家知识产权局商标局 [EB/OL]. [2019 - 02 - 24]. http://sbj. saic. gov. cn/sbtj/201901/t20190118_280445. html；http://sbj. saic. gov. cn/sbtj/201801/t20180115_271794. html.

表 11 – 10   2017 ~ 2018 年肇庆市各区县商标申请、注册状况   单位：件

地区	2017 年			2018 年		
	申请件数	注册件数	有效注册量	申请件数	注册件数	有效注册量
端州区	1639	1396	3477	1831	1585	5042
鼎湖区	352	213	1199	590	269	1452
广宁县	605	312	1674	617	515	2101
怀集县	949	313	1268	1076	840	2119
封开县	304	112	531	501	264	778
德庆县	237	114	830	251	232	1019
高新区	271	109	810	228	202	1002
高要市	988	639	4516	1155	1124	5847
四会市	1797	1275	3581	1989	1925	5041

表 11 – 11   2017 ~ 2018 年广东部分城市商标申请、注册情况   单位：件

城市	2017 年			2018 年		
	申请件数	注册件数	有效注册量	申请件数	注册件数	有效注册量
肇庆	7879	4835	20416	9437	7490	26904
广州	317135	148999	688394	438228	274861	947444
深圳	392978	182748	708114	481816	326915	1026193
珠海	21263	8951	48307	54846	18610	65412
惠州	16633	8350	49206	24203	13981	61591
中山	33048	16589	110960	42351	27762	135580
佛山	74920	34319	213745	98197	65575	273857
东莞	68513	32430	180138	94439	58151	234896

从上述表 11 – 10 的数据可以看到，肇庆市 2017 ~ 2018 年的商标申请量、注册量、有效注册量总体呈增长趋势，且申请数、注册数、有效注册量基本集中在端州区、高要市、四会市这三个地方。虽然相较 2017 年，2018 年肇庆市的商标申请量、注册数以及有效注册数有所增长，但是从表 11 – 11 的数据中也可以反映出，就广东范围而言，肇庆市的商标申请量、注册数以及有效注册数仍比较靠后，跟广州、深圳、珠海等城市相比，差距是非常明显的。

（三）肇庆市知识产权保护状况

对知识产权的保护力度强弱，不仅关系到知识产权事业的进一步发展，而且涉及整个社会的创新发展。知识产权保护到位、完善，不仅能激发创新，推动整个肇庆市创新产业继续向前迈进，带动整个社会的不断发展，而且是肇庆市打造国家知识产权强市战略的有力保障。知识产权的保护一般可以分为司法保护和行政保护，由于无法查阅到肇庆市官方公布历年知识产权司法保护的相关数据，因此在此忽略对司法保护情况的分析，转而试图通过对肇庆市历年知识产权行政保护的数据进行分析，以期尽可能了解肇庆市 2017～2018 年的知识产权保护状况。

1. 行政保护

行政执法保护是知识产权保护的重要组成部分，较之司法救济而言，行政执法能够快捷、及时地制止知识产权的侵权行为。面对知识产权侵权的专业化、技术化以及知识产权纠纷类型多样化、复杂化的趋势，依靠法院处理知识产权纠纷的传统体系已不能满足社会发展的需求，因此需要行政执法来强化知识产权保护。

在肇庆市知识产权局的统筹指导下，各级知识产权行政执法部门加大了知识产权的执法、普法工作，深入实施知识产权战略，扎实推进国家知识产权试点城市建设，认真落实知识产权事业发展推进计划，稳步推进知识产权创造、运用、保护和管理各项工作，努力提高肇庆市的自主创新能力，为肇庆市实施创新驱动发展战略提供了有力的保障和支撑。

一方面，肇庆市知识产权局依法严厉打击专利侵权假冒行为，同时统筹协调全市打击侵权假冒工作领导小组成员单位，开展各专项行动，处理和调解专利纠纷案件；另一方面，不断完善知识产权信用体系建设，明确知识产权守信和失信行为的激励和惩戒标准以及方法。

此外，肇庆市还积极推进知识产权维权援助体系建设，将产权保护和援助服务有机结合，推动企业的创新创造，保障知识产权行政执法的效益，推动肇庆市知识产权保护体系的建设。

（1）2016～2017 年肇庆市知识产权部门专利纠纷案件收结情况。

近两年来，肇庆市知识产权行政执法部门在行政执法案件的收结数量上有着较快增长。在收案方面，2017 年肇庆市知识产权局专利纠纷案件共收案 47 件，相比 2016 年同期的 2 件增加了 45 件；广东省全省各地市知识产权局 2017 年全年专利纠纷案件共收案 3687 件，较 2016 年的 2808 件增加了 879 件。在结案方面，2017 年肇庆市知识产权局专利纠纷案件共结案 48 件，相比 2016 年同期增加了 47 件；广东省各地市知识产权局 2017 年全年专利纠纷案件共结案 3638 件，较 2016 年的 2649 件增加了 989 件。肇庆市及广东省其他部分城市 2016～2017 年专利纠纷执法数据详情见表 11 - 12。❶

表 11 - 12　2016～2017 年广东省部分城市专利纠纷案件受结情况

城市	2016 年		2017 年		受结增长率	
	受理/件	结案/件	受理/件	结案/件	受理增长率/%	结案增长率/%
广东全省	2808	2649	3687	3638	31	37
肇庆	2	1	47	48	2250	47
广州	384	344	1058	1103	176	221
深圳	87	88	203	121	133	38
佛山	26	25	174	170	569	580
珠海	9	7	31	31	244	343
惠州	2	7	46	44	2200	529
中山	580	559	790	801	36	43
东莞	96	103	192	186	100	81

从以上数据可以看出，2017 年肇庆市受理案件的数量比 2016 年快速增长，结案数量也相比上年迅速增长，均远远超过当年广东全省的增长率，其增长水平在广东其他几个珠三角城市中排前列。案件收结数量的同步提高，反映出近年来肇庆市知识产权局的知识产权保护工作开展得较好。当然，对比广东其他珠三角城市的专利纠纷案件受结案件数量，肇庆市在知识产权保护方面与这些城市还存在一定的差距。

---

❶　广东省知识产权局［EB/OL］. http：//home. gdipo. gov. cn/gdipo/zlbh/list. shtml.

通过梳理广东省知识产权局官方公布的数据对知识产权行政执法部门受理的纠纷案件进行归类，可以将纠纷案件具体分为侵权、权属、其他以及查处假冒专利行为几大类，详情见表 11 – 13 和表 11 – 14。●

表 11 – 13　2016 年广东省部分城市专利行政执法详细状况　　单位：件

执法部门	纠纷案件受理				纠纷案件结案	查处假冒专利行为	
	专利数量	纠纷种类				假冒立案	假冒结案
		侵权	权属	其他			
肇庆市知识产权局	2	2	—	—	1	2	2
东莞市知识产权局	96	96	—	—	103	19	19
广州市知识产权局	384	313	—	71	344	770	770
深圳市知识产权局	87	86	—	1	88	28	28
中山市知识产权局	580	579	—	1	559	15	15
佛山市知识产权局	26	26	—	—	25	57	57
珠海市知识产权局	9	9	—	—	7	1	1
惠州市知识产权局	2	2	—	—	7	162	162
合计	2808	2734		74	2649	1230	1230

表 11 – 14　2017 年广东省部分城市专利行政执法详细状况　　单位：件

执法部门	纠纷案件受理				纠纷案件结案	查处假冒专利行为	
	专利数量	纠纷种类				假冒立案	假冒结案
		侵权	权属	其他			
肇庆市知识产权局	47	47	—	—	48	39	39
东莞市知识产权局	192	192	—	—	186	30	30
广州市知识产权局	1058	1058	—	—	1103	1422	1422
深圳市知识产权局	203	200	—	3	121	116	116
中山市知识产权局	790	693	—	97	801	31	31
佛山市知识产权局	174	174	—	—	170	27	27
珠海市知识产权局	31	31	—	—	31	2	2
惠州市知识产权局	46	46	—	—	44	201	201
合计	3687	3586	—	101	3638	2179	2179

● 广东省知识产权局［EB/OL］.［2019 – 01 – 26］. http：//home. gdipo. gov. cn/gdipo/zlbh/list. shtml. 由于查不到官方公布的 2018 年专利执法数据，故此未列明。

从以上统计数据可以看出，跟 2016 年相比，2017 年广东省的专利纠纷案件收结数量大大增长。2016 年全省专利行政执法部门共收案 2808 件，2017 年全省共收案 3687 件，同比增长 37.3%，这也反映了广东省在知识产权方面的保护力度在加强。同时，从结案数量来看，2017 年的收结案差额要低于 2016 年的收结案差额，这也反映了广东省在知识产权纠纷处理方面的效率在提高。在以上几个城市中，肇庆市的侵权案件收案数量、查处假冒专利行为的收案数量均较 2016 年有所增长，而且结案数量较之 2016 年大为提高，这都反映了肇庆市在知识产权保护方面的处理效率在提升。

（2）2016～2017 年肇庆市专利行政执法状况。

在专利行政执法案件的收案数量方面，根据广东省知识产权局公布的各地级以上市专利行政执法统计数据，2017 年，全省各级知识产权局各类专利案件共收案 5866 件，远超 2016 年同期的 4038 件，同比增长 45.3%。2017 年肇庆市知识产权局全年共收案 86 件，2016 年同期为 4 件，大大高于广东省同期平均增长率。详情见图 11-1。❶

从图 11-1 可以看出，在收案情况方面，2017 年肇庆市的受理案件数量超过了珠海市，相比 2016 年同期，增加了 82 件，增长水平在所列的几个城市中处于前列。这也反映了肇庆市近两年对知识产权的保护力度在不断增强，维护良好的市场环境。

在专利行政执法案件的结案数量方面，2017 年，全省结案数量为 5817 件，2016 年同期共结案 3879 件，同比增长了近一半，达 49.96%。肇庆市 2016 年共结案 3 件，2017 年这个数字上升至 87 件，增加了 84 件，高于广东省平均增长水平。详情见图 11-2。❷

从结案情况来看，2017 年肇庆市专利行政执法案件结案数量超过了珠海市，但低于广州、深圳等其他珠三角城市。这也说明了肇庆市在知识产权纠纷处理方面的办案效率相比上年大为提高，反映了该市对知识产权的保护力度有所增强。

---

❶ 广东省知识产权局［EB/OL］.［2019-02-24］. http：//home. gdipo. gov. cn/gdipo/zlbh/list. shtml.

❷ 广东省知识产权局［EB/OL］.［2019-02-18］. http：//home. gdipo. gov. cn/gdipo/zlbh/list. shtml. 由于查不到官方公布的 2018 年专利执法数据，故此未列明。

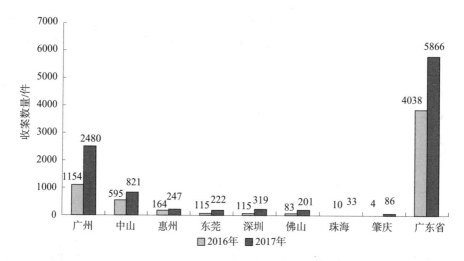

图 11－1　2016～2017 年广东省及部分城市专利行政执法案件收案数据

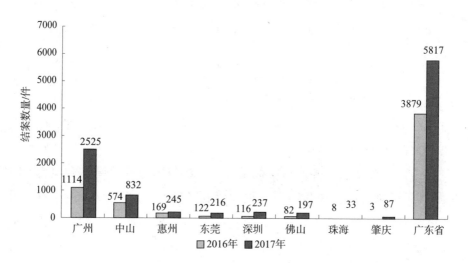

图 11－2　2016～2017 年广东省及部分城市专利行政执法案件结案数据

　　根据 2016 年广东省各地级以上市专利行政执法情况，可以将所有受理案件进一步分类：主要分为侵权案件、查处假冒专利行为两类。其中，2016 年肇庆市各类专利案件共收案 4 件，其中侵权案件共 2 件，查处假冒专利行为 2 件。在结案数量方面，2016 年肇庆市的结案数共 3 件，其中侵权结案数量只有 1 件，查处假冒专利行为的结案数 2 件。就广东珠三角城市而言，无论是在收案数量还是结案数量方面，肇庆市在以下几个城市中均处于最后。详情

见表 11 – 15。❶

表 11 – 15　2016 年广东省部分地级以上市专利行政执法状况　　单位：件

执法部门	案件受理统计				案件结案统计			
	合计	纠纷种类		查处假冒专利行为	合计	结案方式		查处假冒专利行为
		侵权	其他	假冒立案		侵权	其他	假冒结案
广州市知识产权局	1154	313	71	770	1114	306	38	770
中山市知识产权局	595	579	1	15	574	558	1	15
惠州市知识产权局	164	2		162	169	7		162
东莞市知识产权局	115	96	0	19	122	103	—	19
深圳市知识产权局	115	86	1	28	116	87	1	28
佛山市知识产权局	83	26	—	57	82	25	—	57
珠海市知识产权局	10	9	—	1	8	7	—	1
肇庆市知识产权局	4	2	—	2	3	1	—	2
合计	4038	2734	74	1230	3879	2608	41	1230

根据 2017 年广东省各地级以上市专利行政执法情况，2017 年肇庆市各类专利案件共收案 86 件，其中侵权案件 47 件，查处假冒专利行为 39 件。在结案数量方面，2017 年肇庆市的结案数共 87 件，其中侵权结案 48 件，查处假冒专利行为结案 39 件。从表 11 – 16 数据可以看到，2017 年肇庆市无论是在收案数量还是结案数量方面均超过了珠海市，但依然落后于广州、深圳等其他城市。详情见表 11 – 16。❷

❶　广东省知识产权局［EB/OL］.［2019 – 02 – 18］. http：//home. gdipo. gov. cn/gdipo/zlbh/ list. shtml. 由于查不到官方公布的 2018 年专利执法数据，故此未列明。
❷　广东省知识产权局［EB/OL］.［2019 – 02 – 24］. http：//home. gdipo. gov. cn/gdipo/zlbh/ list. shtml. 由于查不到官方公布的 2018 年专利执法数据，故此未列明。

表 11 -16　2017 年广东省部分地级以上市专利行政执法状况　　单位：件

执法部门	案件受理统计				案件结案统计			
	合计	纠纷种类		查处假冒专利行为	合计	结案方式		查处假冒专利行为
		侵权	其他	假冒立案		侵权	其他	假冒结案
广州市知识产权局	2480	1058	—	1422	2525	1070	33	1422
中山市知识产权局	821	693	97	31	832	704	97	31
深圳市知识产权局	319	200	3	116	237	118	3	116
惠州市知识产权局	247	46	—	201	245	44	—	201
东莞市知识产权局	222	192	—	30	216	186	—	30
佛山市知识产权局	201	174	—	27	197	170	—	27
肇庆市知识产权局	86	47	—	39	87	48	—	39
珠海市知识产权局	33	31	—	2	33	31	—	2
合计	5866	3586	101	2179	5817	3505	133	2179

2. 维权援助服务数量与质量均有所提升

近两年来，肇庆市积极开展各种知识产权维权援助服务工作，完善维权援助体制机制建设，落实有关知识产权保护的相关政策，不仅帮助企业提高知识产权方面的维权意识，而且引导企业加强技术创新和专利运用，努力为经济发展作贡献。

（1）知识产权维权援助服务工作站落户肇庆。

一直以来，受本土观念、产业结构、企业规模等诸多因素的制约，肇庆市各县（市、区）间专利分布不平衡的态势客观存在。然而，随着各区县经济的转型升级，企业自主创新的意识日趋增强，开展知识产权保护服务已成为必然要求。2013 年经广东省知识产权维权援助中心授予，"知识产权维权援助服务工作站"在肇庆市高要区挂牌成立，这也成为肇庆市首家知识产权维权援助服务工作站。

近几年来，该站通过解决企业提出的维权援助申请、向企业宣传和培训知识产权保护知识、组织企业参加相关活动，知识产权服务进一步深入镇（街）企业，助推企业创新成果向市场变现。同时，通过该站点的援助服务，肇庆市的知识产权结构也不断得到优化，为知识产权的发展提供一个良好的维权环境。

（2）广东省知识产权维权援助中心肇庆分中心揭牌。

2017 年 12 月，肇庆市成立了广东省知识产权维权援助中心肇庆分中心，这是广东省知识产权维权援助中心第 10 个分中心。广东省知识产权维权援助中心作为公益服务机构，是政府提供公共服务的重要平台，成立分中心是广东知识产权维权援助中心完善公共服务体系，提高知识产权维权援助工作层次，增强知识产权维权援助工作能力的重要手段。同时，分中心的成立有利于提升地市区域知识产权权利人的维权意识和社会公众的知识产权保护意识。

肇庆分中心的设立是知识产权维权援助服务深入地市区域，实现维权援助社会化的有效措施。这对于肇庆市知识产权的保护和发展具有重要推动作用，也必将对建设知识产权强省作出更大贡献。

（四）人才培养和引进状况

1. 肇庆市举办 2018 年知识产权培训班

2018 年 8 月 16 日，由肇庆市知识产权局主办，广州奥凯信息咨询有限公司、肇庆学院知识产权培训基地承办的 2018 年肇庆知识产权管理体系内审员培训班正式开课，共有 80 多家企事业单位的 100 余名学员参加。参加此次培训的学员皆为企业核心岗位员工，亦是企业知识产权管理关键岗位，其专业的知识产权水平直接关系到企业未来知识产权管理水平的高低。

培训期间，专家分别解读了《企业知识产权管理规范》标准和认证审核基本实务，详细阐述了企业知识产权管理诊断与体系策划、体系文件编写、内审、管理评审以及认证审核等内容。学员与专家还交流了企业内部知识产权管理情况，现场答疑解惑。

此次培训针对企业的切实需求为目标，帮助企业熟悉《企业知识产权管理规范》国家标准要求和培训贯标工作的知识产权管理骨干，推进企业构建和完善知识产权管理体系，帮助企业提升知识产权管理能力、科技创新能力

和综合实力。❶

2. 成立肇庆市创新创业中心和知识产权培训基地

2017 年 5 月 16 日，肇庆市挂牌成立"肇庆市创新创业中心"，并注册"肇庆市创新创业中心有限公司"，负责承担创新创业园区的具体运作，实现双创中心与孵化中心相结合的形式，推动园区建设，以肇庆市大学生创新创业实训基地建设和科技企业孵化相结合，建设产学研为一体，培训、实训、孵化一条龙的综合性创新创业孵化基地。目前双创中心运营管理工作进展顺利，已入住企业 63 家，其中科技型企业 45 家，第三方服务型机构 4 家，入住个人工作室 70 个，当年培育高新技术企业 1 家。❷

知识产权事业发展离不开知识产权文化建设，肇庆市积极开展教育培训，提高人们的知识产权意识。2017 年 5 月，肇庆学院知识产权学院挂牌成立，成为肇庆市继广东风华高新科技股份有限公司、肇庆市委党校之后的第 3 个知识产权培训基地。3 个培训基地深入开展知识产权教育培训，累计为在校师生、企业人员、党政干部开展多场知识产权培训，年培训人员超过 2000人次。

3. 加快科技孵化育成体系建设和研发机构建设

近年来，肇庆市通过出台系列扶持政策，加大财政投入，完善服务体系，科技孵化育成载体建设成效显著。截至 2017 年底，全市建成科技企业孵化器20 家，同比增长 12 家，孵化面积达 27.29 万平方米，在孵企业数 533 家，实现全部县（市、区）全覆盖，拥有国家级孵化器 2 家、省级 2 家、市级 8 家。其中，肇庆学院大学科技园、肇庆高新区创新创业服务中心被科技部评为国家级科技企业孵化器，实现本市国家级科技企业孵化器"零"的突破；建成众创空间 11 家，其中国家级众创空间 3 家、省级试点单位 2 家，基本建成"众创空间－孵化器－加速器"全链条的孵化育成体系。❸

---

❶ 新浪新闻 ［EB/OL］. http：//news. sina. com. cn/c/2018 - 08 - 23/doc - ihhzsnec4619603. shtml.

❷❸ 肇庆市科学技术局 2017 年年鉴 ［EB/OL］. ［2019 - 01 - 10］. http：//kjj. zhaoqing. gov. cn/sjcx/kjtjsjk/201805/t20180529_665683. html.

此外，肇庆市还加快产学研规模以上企业研发机构建设。2017 年，肇庆市出台《肇庆市推进规模以上工业企业研发机构建设实施方案》，协助有条件的企业建立创新平台，扩大研发机构覆盖面，确保大型工业企业研发机构全覆盖。规模以上工业企业研发机构覆盖率已达 38.6%，超额完成省 30% 的目标任务；主营业务收入 5 亿元以上的工业企业研发机构覆盖率达 100%。截至 2017 年底共有省级以上创新平台 163 家，高新区培育和建成新型研发机构 5 家，建立各级重点实验室、工程技术研究中心共 86 个，其中，省级实验室 2 个、工程中心 34 个；市级工程中心 50 个。❶

4. 引进高新技术企业和加强高校合作

2017 年肇庆市共引进高新技术企业 3 家，截至 2017 年底，高新技术企业存量净增 101 家，总数为 289 家，比上年增长 54%。列入省高新技术企业培育计划企业 59 家，全市高新技术产品产值预计完成 1213.48 亿元。此外，2017 年肇庆市共引进北京理工大学、哈尔滨工业大学、电子科技大学、中山大学、华南理工大学、华南师范大学、暨南大学等国内 30 所高校科技特派员及助理共 320 名，服务本市 163 家企业。❷

三、展望和建议

肇庆市在近几年尤其是 2017～2018 年出台了一系列关于知识产权方面的政策，也取得了较显著的效果，有力地促进了肇庆市社会经济的发展。但是，由于底子较为薄弱，肇庆市知识产权事业仍然存在一些不足。

首先，企业创新能力不强。截至 2018 年，肇庆市全市高新技术企业数量偏少，知识产权优势企业和示范企业尤其是国家优势企业和示范企业更是寥寥无几，全市高新技术产业和战略性新兴产业相对薄弱，而这在一定程度上反映了肇庆市企业创新能力的不足。因此，必须高度重视并大力增强肇庆市企业尤其是科技型企业的创新能力，加大对企业科研投入的支持力度，探索

---

❶❷ 肇庆市科学技术局 2017 年年鉴［EB/OL］．［2019 - 01 - 10］．http：//kjj. zhaoqing. gov. cn/sjcx/kjtjsjk/201805/t20180529_665683. html.

建立科研企业培育库，培育更多、更富创造力的高新技术企业，促进肇庆市企业的知识产权创新、转化和应用能力的提升，进一步优化肇庆市企业的结构。

其次，知识产权获取，尤其是专利申请和授权状况不佳。从目前的情况看，无论在专利申请的数量还是质量，肇庆市都远远落后于广州、深圳等其他珠三角城市，尤其是PCT申请量仅占广东PCT申请总量的13%。此外，在专利构成中，实用新型和外观设计专利居多，发明专利则相对较少，特别是发明专利的授权量，远低于前两者。总体而言，肇庆市的专利申请和授权数量跟广东珠三角其他城市相比差距悬殊。因此，肇庆市应该有针对性地采取以专利为核心的知识产权促进措施。一方面，政府要进一步加大对专利尤其是发明专利的申请资助力度，另一方面，要进一步完善优惠与扶持政策，激发企业的科研积极性，鼓励它们加大自有资金投入力度。通过政府、社会与企业的多方合力，努力提升肇庆市以专利为核心的知识产权的成果数量和质量，尤其是提高发明专利的数量和质量。

最后，知识产权人才匮乏。虽然近两年肇庆市出台了引进、培养高层次人才等支持政策，但知识产权人才在数量和质量方面都严重不足。根据广东省知识产权局官网数据显示，2017年肇庆市依然无知识产权代理服务机构，且全市通过专利代理人考试的人数仅有1人。在知识产权培训基地建设方面，全市仅有3个基地，而且成立时间较短。可以说，无论是高层次知识产权人才、实务型知识产权人才还是知识产权研发基地建设方面，肇庆市知识产权人才缺口都相对较大，严重制约着该市知识产权事业的快速发展。其次，肇庆市由于缺乏较有科研实力的高校，不利于综合型知识产权人才的培养和知识产权基地的建设。因此，肇庆市需要进一步加大才培养力度，引进高层次知识产权人才，同时加强与其他高校的合作，依托科研院校建立研发机构，实现产学研相结合，推动科技成果转化；同时完善知识产权人才培养体系，建设知识产权人才培养基地，以支撑肇庆市知识产权事业的进一步发展，实现知识产权强市建设的目标。

（撰稿人：龙著华）

第12章　江门市知识产权报告

近年来，江门市一直秉承高质量、绿色发展的理念，稳步推进江门市知识产权建设与保护工作，营造良好的法治营商环境。《2018年江门市政府工作报告》回顾了2017年的江门市政府工作，指出全市地区生产总值2690.25亿元，增长8.1%；一般公共预算收入222.35亿元，增长10.98%；居民人均可支配收入26600元，增长9%；不断优化升级传统产业，完成工业技改投资269.6亿元，增幅居全省前列；引进超亿元产业项目109个、投资额835亿元，珠江西岸先进装备制造产业带建设指标完成进度位居全省前列，装备制造业投资和增加值分别占全市工业投资和规模以上工业增加值39.6%和29.5%；高新技术企业数量达741家，省级工程技术研究中心达238家，均比上年翻了一番；规模以上和主营业务收入5亿元以上工业企业研发机构覆盖率分别达到43%和100%，达到和超过省定目标，科技企业孵化器达21家，众创空间达24家，均实现倍增，等等。下面将围绕江门市2017～2018年知识产权建设与保护工作进行介绍与分析。

一、江门市知识产权制度和政策

为贯彻落实《国务院关于新形势下加快知识产权强国建设的若干意见》和《国家"十三五"知识产权保护和运用规划》，2017年1月，广东省发布了《广东省知识产权事业发展"十三五"规划》，为广东省未来知识产权事业的发展指明了方向。2017年7月，在国家知识产权局与广东省人民政府年度知识产权合作会暨广东建设知识产权强省推进大会，国家知识产权局局长申长雨指出，要落实好党中央、国务院关于知识产权工作的重要决策部署，以双方合作会商为抓手，携手前行，砥砺奋进，加快推动广东引领型知识产权强省建设，为广东"四个走在全国前列"和国家知识产权强国建设提供更加有力的支撑。对此，江门市为全面贯彻落实国家和广东省知识产权局的精神，在2017～2018年期间相继出台了一系列知识产权建设与保护方面的政策，主要包括以下几项：

（一）出台《江门市科技扶持政策》

通货膨胀和物价的上涨导致企业创业创新成本的增加，尤其是对于中小企业来说，更是起步和发展中所面临的一道难题。为了帮扶科技型中小企业的发展，江门市于2017年出台了《江门市科技帮扶政策》，推动科技和金融的融合，支持企业创新和科研成果的转化。

其中，对开展技术研发、成果转化和产业化等活动且被列入《江门市科技型小微企业名录》的科技型中小企业，对发生在科技支行或科技小额贷款公司的贷款，按项目发生额的3%进行贴息；对以专利权质押形成的科技贷款，按项目当年发生贷款额的4%进行贴息；对实现专利质押融资的企业，按项目当年发生贷款额的1%对其专利评估费用进行资助。通过为科技型中小企业提供资金支持，激发企业创新的活力，推动科技创新和发展。

（二）出台《江门市工业转型升级"十三五"规划》

江门市为贯彻落实广东省委"珠西战略"计划，推动江门市从制造业大市向制造业强市发展，制定了《江门市工业转型升级"十三五"规划》，其中关于知识产权的内容主要有：

1. 全力推进小微双创

江门市计划实施"雏鹰计划"，打造"江门特色、广东标杆、全国示范、国际平台"的全国小微企业创业创新之都。江门市努力为创业创新建设公共平台，构筑"创业苗圃－孵化器－加速器－专业园区"孵化链条，为创业项目（团队、企业）提供众创、众包、众扶、众筹空间，努力推动江门市"大众创业，万众创新"的态势，激发中小微企业的创造力，以创新推动江门市的经济发展。

2. 实施人才优先发展战略

人才驱动创新，创新推动发展。人才作为发展的驱动力，江门市努力建设人才驱动型创新城市。构建人才培养体系，建设江门智库、侨智库、全国博士后创新（江门）示范中心、院士工作站等。努力探索创新高层次人才引进机制，并实施人才柔性流动政策等。

3. 科学考评严格问责

对人才队伍的建设实施考核评价机制，对科技创新项目进行综合评价考核，通过考核评价，了解项目的具体情况，对存在的问题及时分析和解决。并且实施考核评价奖惩机制，有利于调动积极性，也能够对不达标的起到警告作用。

（三）出台《江门市重点产业园区发展"十三五"规划》

江门市作为国家小微企业创业创新基地示范城市，并且广东（江门）大广海湾经济区已成为广东和澳门共建的国家重大合作平台，江门市在科技创新方面取得了一定的成绩。为进一步推动江门市的产业创新和转型，为小微企业创新创业打造更好的平台，2017 年 10 月，江门市出台《江门市重点产业园发展"十三五"规划》，其中关于知识产权的内容主要有：

1. 发展文化创意产业

江门市实施文化科技工程和"互联网＋"融合创新工程，打造江门特色的文化创意，不仅顺应了互联网时代的需求，也将文化同科技、金融等其他产业融合，不仅发展了新兴文化产业，也引领文化推动科技、经济的发展。

2. 推进"小微双创"

江门市着力为创新型企业打造创新创业平台，构建开放性区域创新体系。主要建立了"一企一策"的创新企业政策扶持机制，培育一批拥有核心自主知识产权和具有持续创新能力的企业；建设创新载体，推进江门国家自主创新示范区的建设；构建低成本、全要素、便利化、开放式的众创空间；完善创新创业投融机制，通过一系列措施，为小微企业创新创业提供良好的环境和资金保障。

3. 推进人产城融合

江门市拓宽人才引进渠道，加大人才引进力度，创新人才培养模式，全面提升人才的综合素质，建设江门市高素质的人才队伍。并且，为了吸引高层次人才到江门发展，江门市注重为引进的人才提供服务保障，包括配偶就业、子女入学等都开通了"绿色服务通道"，解决他们的后顾之忧。

（四）出台《江门制造2025》

在国家实施"一带一路"倡议、《中国制造2025》、创新驱动发展战略和广东省提出的制造业转型升级和优化发展战略、智能智造和制造发展规划、"珠西战略"计划、《珠江西岸六市一区创建"中国制造2025"试点示范城市群实施方案》的大背景下，江门市为了贯彻国家和省政府的战略规划，结合本市的地理位置和传统产业的特点和优势，出台了《江门制造2025》，勾勒出江门制造业发展的"蓝图"。其中有两大主要任务涉及知识产权：

1. 提升制造业创新能力

江门市努力创新制造业体系，鼓励企业利用资源进行技术创新，加强核心技术的研发，为企业的创新发展提供发挥的平台和服务，激发"小微双创"活力，创造属于本市的核心关键技术和知识产权，实现"江门制造""江门创造"。江门市力求成为珠西新的创新中心，目标是到2025年，全市国家高新技术企业达到1200家；新型研发机构15家；省级及以上研发中心达到300家。

2. 提升品牌质量与知识产权保护

江门市大力弘扬"工匠"精神，强调在推动发展的过程中，不能只关注"量"，更要注重"质"。大力推进国家知识产权试点城市的建设，实施知识产权战略，加强知识产权行政保护、司法保护和维权援助，大力打击侵权假冒行为，营造良好的创新驱动发展环境。江门市在这项重点工程定下的目标是通过质量管理体系认证的江门制造企业达到 3000 家以上，国家级品牌 30 个以上，省级品牌 250 个以上，省级知识产权示范企业和优势企业分别达到 10 家和 50 家。

《江门制造 2025》也对 2020 年和 2025 年江门制造主要指标订立了发展目标，其中创新能力和质量效益两大指标具体详见表 12 - 1。

表 12 - 1   2020 年和 2025 年江门制造部分主要指标

类别	指标项	2015 年	2020 年	2025 年
创造能力	制造业的发明专利授权量（件）	508	900	1500
	规模以上工业研发投入占 GDP 比重（%）	1.78	2.8	3.2
质量效益	工业企业员工劳动生产率增速（%）	14.74	7.5	6.5
	高新技术产品产值占规模以上总产值比重（%）	30.48	40	50

（五）出台《企业重大科技创新平台建设资助实施办法》

江门市在为企业、人才、项目搭建创新平台方面不断努力，通过建设科技创新平台，营造良好的创业创新环境。2017 年 3 月，出台了《企业重大科技创新平台建设资助实施办法》，吸引高层次人才到江门市创业，提升本市的自主创新能力。

《企业重大科技创新平台建设资助实施办法》对国家科学技术部认定的和广东省科学技术厅认定的企业重大科技创新平台，以及江门市科学技术局认定的院士工作站按等级给予建设经费资助，并签订《企业重大科技平台建设项目合同》，要求资助资金主要用于研发、科技培训与交流、人才引进、成果孵化和知识产权保护等方面。对资助的平台建设进行年度考核，保证科技创新平台的质量，有助于将资金落到实处和保障资金使用的效率。❶

---

❶ 该办法的有效期至 2018 年 12 月 31 日，目前已失效。

（六）出台《江门市留学归国人员创新创业项目资助暂行办法》

人才是第一资源，创新是第一动力。江门市为鼓励和扶持留学归国人员到江门市创新创业，2016年11月9日，江门市出台了《江门市留学归国人员创新创业项目资助暂行办法》，主要内容有：

1. 开展项目资助

江门市对留学归国人员的创业项目分为重点项目、优秀项目、启动项目、特别优秀项目，并提供项目资金，鼓励他们自主创新，研制、开发、生产和服务、转化，为他们提供坚实的资金基础。

2. 实行项目评审

江门市对留学归国人员的创业项目实行年审，以专家组的评审结果确定受资助的项目名单和受资助金额，保证资助的项目的质量。

3. 实行绩效考核

留学归国人员的创业项目受到资助后，应当设定绩效目标以及在项目完成后提交绩效自评报告，对违反规定者进行处罚，保证项目资金用到实处以及提高创新创业项目资助的效率。

（七）出台《关于创新科研团队引进和资助暂行办法》

江门市加强产学研结合，加强人才队伍的建设，出台《关于创新科研团队引进和资助暂行办法》并于2017年4月20日开始实施，对自主组建或者与本市的企事业单位以及科研平台合作的科研团队提供资助。该办法将所资助的创新科研团队分为4类并按等次分4档标准进行资助，国际先进团队资助1000万元，国内先进资助600万元，省内先进资助300万元，市内领先水平团队资助100万元；对国家级创新科研团队按国家首次资助额1∶1的比例提供配套资助，省级创新科研团队按1∶0.5提供资助。该办法通过为创新科研团队的资助，吸引有潜力的企业或者项目团队、高层次人才到江门市做科研谋发展，提升本市的自主创新能力和经济的发展。

综上所述，江门市深刻贯彻落实了创新驱动发展战略和人才战略，出台了一系列的政策和制度，不仅发挥本市的地理优势和产业优势，而且注重人才的引进、培养和激励等措施的实施，构建创业创新的平台，为企业尤其是小微型企业和高层次人才创业创新提供服务与保障，推动江门市知识产权的建设和发展。并且，江门市对资助、帮扶的项目等实行年度考核，在提高"量"的同时，保证"质"。通过这一系列的措施，强化本市知识产权的创造、管理、保护、运用和服务水平，提高江门市的自主创新能力和打造属于本市的核心技术，全面提升江门市整体的知识产权的创新，实现从"江门制造"到"江门创造"。

二、江门市知识产权发展状况

在上述一系列政策和制度的引导和支持下，2017~2018 年江门市的知识产权事业取得了明显进步。根据广东省知识产权研究与发展中心发布的《2017 年广东省专利实力状况报告》显示，江门市专利实力综合指数排名跻身前十，说明江门市在知识产权的创造、管理、保护、运用等方面均取得了不错的成绩。

（一）知识产权企业发展状况

1. 江门市高新技术企业增速惊人

在国家高新技术企业认定管理工作办公室公布的《广东省 2017 年第一批、第二批拟认定高新技术企业名单》以及补充名单中显示，2017 年，广东省（不含深圳市）共有 12223 家企业被认定为广东省高新技术企业，其中，江门市被认定为广东省高新技术企业的共有 434 家。根据 2017 年中国城市排行榜显示，江门市属于三线城市，相较于广东省同水平的其他市（汕头市、肇庆市、揭阳市等），2017 年江门市被认定为高新技术企业的量遥遥领先，甚至赶超了二线城市惠州。根据《广东省 2016 年第一批、第二批拟认定高新技术企业名单》显示，江门市 2016 年被认定为高新技术企业的共有 104 家。可见，2017 年被认定为高新技术企业的数量相较于 2016 年翻了两番，增长速度名列前茅。

2. 江门市知识产权优势企业和示范企业发展状况不佳

2016 年和 2017 年，江门市被认定为国家知识产权优势企业分别有 0 家和 1 家（嘉宝莉化工集团股份有限公司），❶ 无企业被认定为国家知识产权示范企业。2018 年，江门市获得国家知识产权优势企业和示范企业仍未取得"零"的突破。❷

2016 年，江门市无企业被认定为广东省知识产权示范企业，被认定为广东省知识产权优势企业的有 2 家，❸ 分别是天地壹号饮料股份有限公司和广东瑞荣泵业有限公司。2017 年，江门市被认定为广东省知识产权示范企业只有恩平市海天电子科技有限公司 1 家、❹ 被认定为广东省知识产权优势企业的有广东富华重工制造有限公司、广明源光科技股份有限公司 2 家。❺ 广东富华重工制造有限公司被认定为 2018 年度广东省知识产权示范企业，江门崇达电路技术有限公司被认定为 2018 年度广东省知识产权优势企业。❻

截至 2018 年底，江门市被认定的国家知识产权优势企业 1 家、省知识产权示范企业 3 家、省知识产权优势企业 27 家、市知识产权示范企业 147 家。❼ 但总体上，相较于潮州、汕头、肇庆、揭阳等城市，在知识产权优势企业和示范企业的数量上，江门市显然处于劣势，有待进一步推动企业自主创新能力以及知识产权的保护和运用，在落后的情况下，付出更多的努力。

❶ 广东省人民政府网 ［EB/OL］．［2019 – 01 – 20］．http：//www. gddata. gov. cn/index. php/data/datasetdetail/id/984. html.

❷ 国家知识产权局 ［EB/OL］．［2019 – 02 – 12］．http：//www. sipo. gov. cn/gztz/1126272. htm.

❸ 江门市科学技术局 ［EB/OL］．［2019 – 01 – 12］．http：//kjj. jiangmen. gov. cn/government/tzgg/tzgg_5891/201707/t20170711_174632. html.

❹❺ 广东省知识产权局 ［EB/OL］．［2019 – 01 – 10］．http：//www. zscqj. gd. cn/shared/news_content. aspx? news_id = 14008.

❻❼ 江门市科学技术局 ［EB/OL］．［2019 – 02 – 12］．http：//kjj. jiangmen. gov. cn/government/xwdt/zwdt/201809/t20180920_1676706. html.

3. 贯标认证企业稳中有升

截至 2018 年 7 月 31 日，广东省贯标认证企业共有 5537 家，包含 11 个子母证，中规认证 2961 家，中知认证 2576 家。其中，江门市的贯标认证企业数量为 29 家，相较于 2018 年 5 月底的统计数据，新增了 3 家。详情见表 12 - 2。[1]

表 12 - 2　截至 2018 年 7 月 31 日广东省部分城市贯标认证企业数量　单位：家

城市	数量	城市	数量	城市	数量	城市	数量
广州	2614	深圳	1025	佛山	270	惠州	66
珠海	304	东莞	917	中山	157	江门	29
汕头	17	肇庆	19	韶关	7	潮州	9

（二）知识产权取得状况

1. 专利申请量连年增长

（1）2017 年专利申请量大幅增长。

2016 年，广东省共申请专利 505667 件，其中，发明专利 155581 件，实用新型专利 203609 件，外观设计专利 146477 件。其中，江门市共申请专利 13366 件，排名第八位，其中，发明专利 3244 件，实用新型专利 5195 件，外观设计专利 4927 件。2017 年，广东省共申请专利 627819 件，同比增长 36.01%，其中，发明专利 182639 件，实用新型专利 283560 件，外观设计专利 161620 件。其中，江门市共申请专利 17966 件，排名第八位，申请量同比增长 52.45%，超过了广东省的总体水平，其中发明专利 5687 件，实用新型专利 7738 件，外观设计专利 4541 件。根据数据显示，江门市专利申请的总数量、发明的数量和实用新型的数量均增长，外观设计的数量略有下降。详见表 12 - 3。[2]

---

[1]　广东省知识产权局［EB/OL］．［2019 - 02 - 16］．http：//home. gdipo. gov. cn/gdipo/qygb/201808/b5a8b49a955845b6a66863f594504a83. shtml.

[2]　广东省知识产权局［EB/OL］．［2019 - 02 - 20］．http：//home. gdipo. gov. cn/gdipo/sqsqtj/201712/15e14f76bdcd4f0abf4814b66109e065. shtml.

表 12 – 3 2017 年广东省部分城市专利申请情况

城市	发明/件	发明增长率/%	实用新型/件	外观设计/件	合计/件	同比增长率/%
广州	36941	29.47	53399	27994	118334	33.26
深圳	60258	22.60	75545	41299	177102	34.81
珠海	7769	2.28	10765	2203	20737	17.48
汕头	1427	15.45	3100	9936	14463	24.92
韶关	836	45.14	1517	1198	3551	7.35
惠州	8184	33.03	12198	10066	30448	20.12
东莞	20402	30.92	48255	12618	81257	56.92
江门	5687	96.58	7738	4541	17966	52.45
佛山	25899	50.56	33146	14903	73948	39.36
肇庆	1848	122.12	2535	958	5341	62.24
潮州	372	6.90	1011	4305	5688	5.55
中山	7808	21.49	17096	17264	42168	32.11

（2）2018 年专利申请量小幅增长。

根据广东省知识产权局最新数据显示，2018 年，广东省共申请专利793819 件，同比增长 26.44 件，其中，发明专利 216469 件，实用新型专利367938 件，外观设计专利 209412 件。江门市申请专利 19748 件，总体比上年同期增长 9.92%，低于广东省的总体水平。其中，发明专利 4089 件，同比增长 – 28.10%，实用新型专利 9648 件，同比增长 24.68%，外观设计专利 6011件，同比增长 32.37%。总体上，江门市发明申请量有所下降，外观设计申请量有大幅度的回升。详见表 12 – 4❶。

表 12 – 4 2018 年广东省部分城市专利申请情况

城市	发明/件	发明增长率/%	实用新型/件	实用新型增长率/%	外观设计/件	外观设计增长率/%	合计/件	同比增长率/%
广州	50169	35.81	70598	49.06	43357	54.88	173124	46.30
深圳	69970	16.12	100992	33.68	57647	39.58	228609	29.08

---

❶ 广东省知识产权局 [EB/OL]. [2019 – 02 – 12]. http：//home. gdipo. gov. cn/gdipo/sqsqtj/201901/36c6036c177845ec968a1618ab337c59. shtml.

续表

城市	发明/件	发明增长率/%	实用新型/件	实用新型增长率/%	外观设计/件	外观设计增长率/%	合计/件	同比增长率/%
珠海	13139	69.12	15133	40.58	2895	31.41	31167	50.30
汕头	1341	−6.03	4102	32.32	12506	25.87	17949	24.10
韶关	916	9.57	3567	135.14	2857	138.48	7340	106.70
惠州	5222	−36.19	11755	−3.63	4666	−53.65	21643	−28.92
东莞	24674	20.94	56089	16.23	16267	28.92	97030	19.38
江门	4089	−28.10	9648	24.68	6011	32.37	19748	9.92
佛山	29709	14.71	40723	22.86	18963	27.24	89395	20.89
肇庆	2146	16.13	4106	61.97	1654	72.65	7906	48.02
潮州	517	38.98	1058	4.65	5917	37.44	7492	31.72
中山	8165	4.57	20914	22.33	19962	15.63	49041	16.30

2. 专利授权量增长速度较快

2016 年，广东省共获得授权的专利 259032 件，江门市共获得授权的专利 6763 件，排名第九位，其中，发明专利 544 件，实用新型专利 2714 件，外观设计专利 3505 件。2017 年，广东省共获得授权的专利 332648 件，同比增长 28.42%。江门市共获得授权的专利 8577 件，同比增长 26.82%，略微低于广东省的总体水平。其中，发明专利 589 件，实用新型专利 4370 件，外观设计专利 3618 件。实用新型获授权的数量增长幅度超过 60%，发明和外观设计获授权的数量均有小幅度上涨。详见表 12−5。❶

表 12−5　2017 年广东省部分城市专利授权情况

地区	发明/件	发明增长率/%	实用新型/件	外观设计/件	合计/件	同比增长率/%
广州	9345	21.87	32179	18677	60201	24.61
深圳	18928	7.14	44455	30869	94252	25.60
珠海	2479	38.03	8021	2044	12544	35.07
汕头	384	8.17	2010	7199	9593	21.06

❶ 广东省知识产权局 ［EB/OL］. ［2019−01−06］. http：//home. gdipo. gov. cn/gdipo/sqsqtj/
201712/15e14f76bdcd4f0abf4814b66109e065. shtml.

续表

地区	发明/件	发明增长率/%	实用新型/件	外观设计/件	合计/件	同比增长率/%
韶关	141	20.51	685	660	1486	−28.80
惠州	1469	18.28	6394	3843	11706	18.35
东莞	4969	34.95	30102	10133	45204	58.28
江门	589	8.27	4370	3618	8577	26.82
佛山	4901	46.39	19724	12142	36767	28.02
肇庆	188	−10.48	1392	752	2332	19.90
潮州	94	−1.05	540	3593	4227	11.35
中山	1493	23.70	11084	14867	27444	24.02

2018 年，广东省共获得授权的专利 478082 件，同比增长 43.72%。江门市共获得授权的专利 12273 件，同比增长 43.09%，基本上与广东省的总体水平持平。其中，发明专利 712 件，同比增长 20.88%，实用新型专利 7219 件，同比增长 65.19%，外观设计专利 4342 件，同比增长 20.01%。根据数据显示，江门市获得授权的专利数量在 2018 年快速增长，发明专利、实用新型专利、外观设计专利均有涨幅，尤其是实用新型依旧保持快速增长的态势。详见表 12－6。❶

表 12－6 2018 年广东省部分城市专利授权情况

城市	发明/件	发明增长率/%	实用新型/件	实用新型增长率/%	外观设计/件	外观设计增长率/%	合计/件	同比增长率/%
广州	10797	15.54	51307	59.44	27722	48.43	89826	49.21
深圳	21310	12.58	75543	69.93	43353	40.44	140206	48.76
珠海	3452	39.25	11174	39.31	2464	20.55	17090	36.24
汕头	408	6.25	2863	42.44	9380	30.30	12651	31.88
韶关	166	17.73	1832	167.45	1810	174.24	3808	156.26
惠州	1445	−1.63	9661	51.09	3599	−6.35	14705	25.62
东莞	6716	35.16	46519	54.54	12750	25.83	65985	45.97

❶ 广东省知识产权局［EB/OL］.［2019－01－02］. http：//home. gdipo. gov. cn/gdipo/sqsqtj/201901/bf91f06bb5ef4df2a07ec32364dcfc72. shtml.

续表

城市	发明/件	发明增长率/%	实用新型/件	实用新型增长率/%	外观设计/件	外观设计增长率/%	合计/件	同比增长率/%
江门	712	20.88	7219	65.19	4342	20.01	12273	43.09
佛山	5058	3.20	30139	52.80	15816	30.26	51013	38.75
肇庆	294	56.38	2572	84.77	1035	37.63	3901	67.28
潮州	78	-17.02	704	30.37	4495	25.10	5277	24.84
中山	1875	25.59	15474	39.61	16765	12.77	34114	24.30

3. PCT 专利申请量和发明专利总量双增加

2016 年，广东省 PCT 专利申请总量为 23574 件，其中，江门市 PCT 专利申请量为 76 件，占比 0.32%，排名第八位。2017 年，广东省 PCT 专利申请总量 26830 件，其中，江门市 PCT 专利申请量为 133 件，同比增长 75%，占比 0.50%，排名第八位，相较于 2016 年有所增加。详情见表 12 - 7。❶

表 12 - 7   2017 年广东省 PCT 专利申请情况

地区	数量/件	占比/%	地区	数量/件	占比/%
深圳	20457	76.25	潮州	12	0.04
广州	2441	9.10	茂名	10	0.04
东莞	1829	6.82	清远	10	0.04
佛山	726	2.71	梅州	7	0.03
惠州	452	1.68	汕尾	7	0.03
珠海	435	1.62	河源	4	0.01
中山	172	0.64	阳江	4	0.01
江门	133	0.50	湛江	4	0.01
汕头	49	0.18	云浮	2	0.01
肇庆	36	0.13	珠三角	26681	99.44
韶关	22	0.08	全省	26830	100.00
揭阳	18	0.07			

❶ 广东省知识产权局 [EB/OL]. [2019 - 01 - 02]. http://192.168.127.151/cache/8/03/home.gdipo.gov.cn/b8615f04f0e58c3fa864782ea5710a9d/85659bcfca5b406b854b0523a0b3bc37.pdf.

截至 2017 年底，广东省有效发明总量 208502 件，比 2016 年增加 40022 件。江门市有效发明总量 2796 件，占全省总量的 1.34%，比 2016 年增加 659 件，同比增长 30.84%。详情见表 12 - 8。❶

表 12 - 8　截至 2017 年底广东省各市有效发明专利情况

地区	数量/件	占比/%	地区	数量/件	占比/%
深圳	106917	51.28	潮州	588	0.28
广州	39464	19.93	清远	569	0.27
东莞	17087	8.20	揭阳	500	0.24
佛山	15050	7.21	茂名	487	0.23
珠海	8401	2.68	梅州	455	0.22
中山	5586	2.45	河源	278	0.13
惠州	5112	2.45	汕尾	224	0.11
江门	2796	1.34	云浮	215	0.10
汕头	2141	1.03	阳江	162	0.07
肇庆	996	0.48	珠三角	201409	96.60
湛江	862	0.41	修正	13	—
韶关	599	0.29	全省	208502	100.00

4. 江门市商标申请量和注册量均呈增长态势

2017 年截至第四季度末，广东省商标申请总量 109505 件，注册总量 514024 件，有效注册量 2525055 件。其中，江门市的商标申请量、注册量和有效注册量分别为 12983 件、7214 件和 48252 件，同比增长率分别为 32.79%、18.26% 和 15.01%。详情见表 12 - 9。❷

---

❶　数据来源：广东省知识产权局［EB/OL］.［2019 - 01 - 02］. http：//192.168.127.151/cache/
8/03/home. gdipo. gov. cn/b8615f04f0e58c3fa864782ea5710a9d/85659bcfca5b406b854b0523a0b3bc37. pdf.
❷　数据来源：国家知识产权局商标局［EB/OL］.［2019 - 02 - 10］. http：//sbj. saic. gov. cn/
sbtj/201801/W020180115580889966844. pdf.

表 12 - 9　2017 年江门市商标申请与注册情况　　　　单位：件

地区	申请件数	注册件数	有效注册量	地区	申请件数	注册件数	有效注册量
江门市	12983	7214	48252	台山市	924	505	2947
蓬江区	2992	1646	8818	开平市	1646	882	7078
江海区	1178	1081	4112	鹤山市	1236	858	6298
新会区	3197	1365	8740	恩平市	899	426	3306

2018 年四季度，广东省商标申请总量 1462435 件，注册总量 940624 件，有效注册量 3410021 件。其中，江门市的商标申请量、注册量和有效注册量分别为 17401 件、11317 件和 57857 件，同比增长分别为 34.03%、56.88% 和 19.91%。详见表 12 - 10。❶

表 12 - 10　2018 年四季度江门市商标申请和与注册情况　　　单位：件

地区	申请件数	注册件数	有效注册量	地区	申请件数	注册件数	有效注册量
江门市	17401	11317	57857	台山市	1109	803	3657
蓬江区	5483	2629	11335	开平市	1581	1489	8298
江海区	2054	1099	5160	鹤山市	937	1101	7112
新会区	3896	2656	11053	恩平市	1342	702	3887

（三）江门市知识产权保护情况

1. 司法保护亮点纷呈

司法保护是知识产权保护的最后一道防线，保护知识产权就是保护创新。因此，通过司法保护知识产权激发创新活力，保障知识产权战略和创新驱动发展战略的实施。江门市的企业、个人和两级法院在 2017～2018 年都为保护知识产权作出了努力。2018 年，江门市中级人民法院被广东省委政法委指定为"在营造共建共治共享社会治理格局上走在全国前列广东首批实践创新项目"知识产权司法保护试点单位，成为除广州知识产权法院、深圳市中级人

❶ 国家知识产权局商标局［EB/OL］.［2019 - 02 - 10.］http：//sbj. saic. gov. cn/sbtj/201901/W020190118488560972465. pdf.

民法院之外的三家试点法院之一。●

（1）江门市法院知识产权案件情况。

江门市大力加强知识产权司法保护力度。根据 2018 年江门市中级人民法院工作报告显示，2018 年江门市全市法院受理知识产权、商事案件共计 27509 件，审结 25295 件，解决标的金额 132.1 亿元，市中院受理 2501 件，同比上升 6.4%。审结 2405 件，解决标的金额 41.5 亿元，同比上升 4.8%。●如图 12-1 所示。

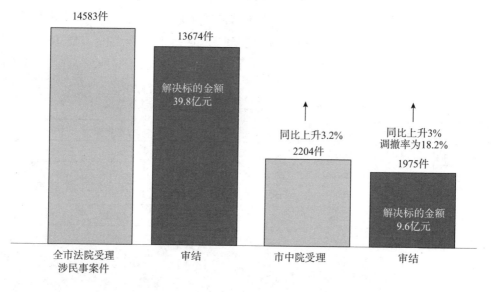

图 12 -1　江门市法院受理知识产权、商事案件情况

2016～2018 年，江门市两级法院累计审理各类知识产权案件共计 4365 件，案件数量逐年攀升。2018 年上半年，新会法院知识产权纠纷案件新收案高达 330 件；蓬江法院 2018 年全年新收知识产权民事案件 605 件。近两年，江门法院审理的著作权侵权纠纷案件量急剧上升，江门出现音著协等音像作品集体管理组织或公司针对 KTV、网吧等经营者使用音乐、影视作品提起新一轮大规模维权诉讼。同时，江门法院受理的商标权侵权、不正当竞争纠纷

● 李文轩. 江门法院三年审理知识产权案 4365 件［EB/OL］.［2019 - 02 - 12］. http：//www. gdcourts. gov. cn/web/content/42884 - ? lmdm = 10769.

● 江门市中级人民法院公众号，访问时间：2019. 2. 14。

案件及新类型案件量也有明显增长。❶

其中，2018 年 1~3 月，江门市法院受理一审知识产权民事案件 286 件，同比下降 63.98%；审结一审知识产权民事案件 81 件，同比增长 52.83%；结案率 28.32%，同比上升 21.64 个百分点。全市法院新收二审知识产权民事案件 227 件，同比增长 16.46%；审结二审知识产权民事案件 152 件，同比增长 18%；结案率 66.96%，同比上升 5.42 个百分点。受理一审知识产权刑事案件 7 件，同比增长 40%；审结一审知识产权刑事案件 2 件，同比持平；结案率 28.57%，同比下降 11.43 个百分点；涉及刑事犯罪人员 12 人。全市法院受理二审知识产权刑事案件 1 件，审结二审知识产权案件 1 件，结案率 100%。❷

（2）江门市法院知识产权案件审理模式❸。

自 2017 年起，江门法院针对知识产权案件全面实行"三合一"审判模式，即对涉及知识产权民事、刑事和行政案件统一由专业审判业务庭审理，既节约了司法资源，也对案件审判的法律适用标准、裁判尺度进一步统一。

目前，江门市不仅有市中级人民法院具有知识产权案件的管辖权，蓬江法院、新会法院、江海法院也具有了知产案件的管辖权，形成了知识产权案件的相对集中管辖格局。蓬江区和鹤山市的知识产权案件由蓬江法院管辖；新会、台山、开平和恩平的知识产权案件由新会法院管辖；江海法院则管辖江海区及江门高新区的知识产权案件。而且，江门市在台山市、开平市、恩平市三地设立了知识产权巡回审判站，在恩平市设立江门市首个知识产权巡回审判站引起了热烈的反响。

针对众多著作权纠纷案件，蓬江法院采取集中送达、调节前置等工作方式加强调解力度。2018 年，蓬江法院受理知识产权案件 677 件，审结知识产

---

❶ 李文轩. 江门法院三年审理知识产权案 4365 件 ［EB/OL］. ［2019-02-12］. http：//www. gdcourts. gov. cn/web/content/42884-？ lmdm=10769.

❷ 知识产权保护日｜江门法院有啥典型案例？ ［EB/OL］. ［2019-02-12］. http：// jm. southcn. com/content/2018-04/26/content_181650045. htm.

❸ 李文轩. 江门法院三年审理知识产权案 4365 件 ［EB/OL］. ［2019-02-12］. http：// www. gdcourts. gov. cn/web/content/42884-？ lmdm=10769.

权案件 673 件❶，其中，调解、撤诉 460 件，调撤率达 59.28%。

（3）江门市知识产权典型案例。

① 江门熊某某侵犯商业秘密案❷。

江门熊某某侵犯商业秘密案入选 2017 年广东十大知识产权保护案例中的广东省检察机关知识产权保护十大典型案例。

该案中，江门市蓬江区人民检察院指控××信息科技有限公司于 2004 年 8 月 26 日成立，经营原创文学网站"起点中文网"，拥有网站内文学作品的著作权，并于 2015 年 11 月 11 日向中国电信股份有限公司江门蓬江分公司租用云主机，用于存放数据以及优化网站用户的浏览速度。

2015 年 12 月开始，被告人熊某某受委托，负责管理和维护"顶点小说网"；2016 年 2 月开始，受委托负责管理和维护"猪猪岛小说网""喜看看小说网"等 5 个网站。被告人熊某某明知上述网站存在大量的侵权文学作品，仍然通过计算机远程控制国外计算机服务器，对上述 6 个网站进行管理、维护和数据库的更新，并利用"关关采集器"软件，设置指定的采集小说路径，自动从其他盗版小说网站上采集新增的小说文学作品，并在上述网站上发布供用户点击阅读，并在网站中植入商业广告从中牟利。其中"顶点小说网"未经××信息科技有限公司的著作权授权许可，在其网站上发布的 548 部电子文字作品中，有 521 部与××信息科技有限公司原创同名的作品相似度大于 70%。2016 年 2 月至 9 月被告人熊某某获得广告收益 271840.64 元人民币。

检察院认为，被告人熊某某以营利为目的，未经著作权人许可，通过网络向公众传播他人文学作品，违法所得数额巨大，其行为触犯了《刑法》第 217 条第 1 款规定，应当以侵犯著作权罪追究其刑事责任。

法院认为，熊某某构成侵犯著作权罪，但考虑到其在该案中起辅助作用以及案后如实供述自己的罪行以及积极赔偿被害公司的损失，判处熊某某有期徒刑 1 年，缓刑 2 年，并处罚金人民币 4 万元。

该案中，被侵权方"起点中文网"是中国最大的原创文学网站，侵权网

---

❶ 朱仑. 蓬江法院 2018 年结案同比上升 17.3% ［EB/OL］. ［2019 - 01 - 16］. http：//www. gdcourts. gov. cn/web/content/42964 - ? lmdm = 10769.

❷ 南海科技公众号，访问时间：2019.2.12，详参熊某某侵犯著作权一审刑事判决书：（2017）粤 0703 刑初 620 号。

站中的"顶点小说网"案发前是国内最大的侵犯著作权的网站之一,犯罪影响大。该案件打击了目前盗版书籍、盗版网站等侵犯版权的泛滥现象,对整治盗版行为,维护著作权人的利益,规范市场秩序产生了重大的影响。

② 胡某某假冒注册商标案❶。

自 2015 年 4 月起,胡某某伙同被告人罗某辉在江门市蓬江区荷塘镇白藤霞村大街祠堂路 15 号内一工厂内生产假冒美的牌子的电热水器,同年 10 月初胡某某雇佣被告人罗某平负责该工厂的日常管理,雇用 3 名越南工人王某、陶某、李某负责电热水器安装、贴标。2015 年 12 月 15 日,公安机关在该厂内查获未销售的假冒××牌的密闭型储水式电热水器 1071 台、印有××电器制造有限公司字样纸皮 1603 张、××电热水器使用说明书 5862 本。经鉴定,上述查获的假冒××牌子的密闭型储水式电热水器 1071 台、纸皮及说明书总价值为人民币 1107907 元。一审法院判决被告人胡某某、罗某辉、罗某平犯假冒注册商标罪,分别判处有期徒刑 4 年、3 年、2 年,并分别判处罚金人民币 100000 元、50000 元、30000 元,没收犯罪工具,由扣押单位依法上缴国库或予以销毁。三被告不服上诉至二审法院,并与受害方广东××电器制造有限公司达成行使谅解书,一次性向被害人赔付 300000 万元,取得被害人谅解,并受到相应的法律制裁。

该案是《江门市中级人民法院关于推进知识产权民事、行政和刑事案件审判"三合一"工作的实施细则》于 2017 年 1 月 1 日起正式实施以后,该院知识产权庭首次受理并公开开庭审理的知识产权刑事案件。法院对该案中涉及民事、刑事统一审理,运用"三合一"的审判模式审结案件,提高了案件审理的效率,加强了对知识产权的司法保护,对知识产权的保护实现了全方位的救济和司法公正。

③ 梁某某、叶某某侵害××(中国)有限公司商标权纠纷案❷。

该案中,被告梁某某于 2008 年 8 月 4 日进入原告公司担任技术部工程师一职,于 2014 年初开始,利用试产"萃雅"系列产品的职务之便,先后将价

---

❶ 江门市中级人民法院,详见广东××电器制造有限公司、胡某某假冒注册商标二审刑事判决书:(2016)粤 07 刑终 382 号。

❷ 江门市中级人民法院,详见××(中国)有限公司与梁某某、叶某某侵害商标权纠纷一审民事判决书:(2016)粤 0705 民初 2935 号、(2015)江新法刑初字第 680 号。

值 818401. 37 元人民币的试产品偷运出公司，再将产品包装后向他人销售；于 2014 年 4 月开始，未经原告的许可，利用其掌握的"萃雅"系列产品的生产配方私下联系加工厂生产"萃雅"系列的产品，委托加工生产萃雅产品，通过向他人销售，收取货款约 160 多万元人民币。其间，被告叶某某明知被告梁基志假冒"萃雅"注册商标生产、销售产品，而予以协助。案发后，梁某某犯职务侵权罪和假冒注册商标罪被判处有期徒刑 8 年，并处罚金 9 万元人民币。叶某某犯假冒注册商标罪，判处有期徒刑 2 年 6 个月，缓刑 2 年 6 个月，并处罚金 6 万元人民币。梁某某职务侵占违法所得人民币 818401. 37 元予以追缴后返还被害单位××（中国）有限公司。××（中国）有限公司后向新会法院提起民事诉讼。

该案中，争议的焦点是被告梁某某、叶某某赔偿数额是多少。新会法院认为，被告明知××（中国）有限公司享有"萃雅"商标专用权，仍故意擅自加工生产销售被控侵权产品长达 1 年多，并以远低于市场价格销售侵权产品，金额较大，造成该公司市场价混乱，严重影响该公司的经营秩序，梁某某、叶某某主观过错严重且侵权性质恶劣，法院综合考虑上述各种因素，根据相关的法律规定，判决梁某某、叶某某赔偿 300 万元。

该案中，最终判决被告赔偿数额为 300 万元，这是江门法院首次商标侵权判赔最高数额，也是首例使用商标法法定赔偿最高限额的案件。江门市法院对恶意商标侵权人的严厉惩处体现了江门市法院对知识产权的严格保护，为江门市经济的发展和核心知识产权提供了强有力的司法保护，获得了社会各界的好评。

2. 行政保护任重道远

江门市实行知识产权"司法保护"与"行政保护"双轨制，司法保护作为最后一道防线，也是一种被动的保护方式。目前，我们对知识产权的保护意识还相对薄弱，因此，江门市负责知识产权保护的行政部门积极主动充分发挥其职责，加强对本地知识产权的管理，规范市场经济秩序。

（1）2016~2017 年专利纠纷案件收结情况。

广东省 2016 年行政执法部门受理专利纠纷案件共计 2808 件，其中，江门市受理 18 件，占比 0. 64%。2017 年，广东省行政执法部门受理专利纠纷案件共计 3687 件，同比上升 31.30%。其中江门市受理 36 件，相比 2016 年同期翻了一番，占全省的 0.98%，占比较 2016 年有所增长。

在结案数量方面，2016 年广东省专利纠纷案件结案共计 2649 件，其中，江门市仅结案 6 件，占比 0.23%。2017 年，全省专利纠纷案件结案共计 3638 件，同比下降 1.33%。其中，江门市结案 47 件，相比 2016 年大约翻了三番，增长幅度巨大（详见图 12 - 2）。❶

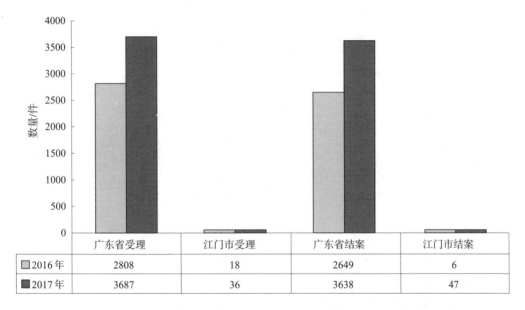

	广东省受理	江门市受理	广东省结案	江门市结案
2016年	2808	18	2649	6
2017年	3687	36	3638	47

图 12 - 2　江门市和广东省 2016～2017 年专利纠纷案件收结情况

根据上述数据显示，江门市在 2017 年专利纠纷案件收结数量都有提高，并且大幅增长，反映出江门市行政执法部门在 2017 年对知识产权保护方面的重视并其落到实处，对受理的案件及时办理，处理专利纠纷案件的效率显著提高了。

行政执法的知识产权案件可分为专利纠纷案件和查处假冒专利行为，其中专利纠纷案件又可分为侵权、权属和其他。根据广东省知识产权局的统计

❶ 广东省知识产权局［EB/OL］．［2019 - 02 - 12］．http：//home. gdipo. gov. cn/gdipo/ndtj/
201705/01e7ecc7767747f1b638e387ae844c53/files/053c61a1daaa4c218723e239ecba2bb6. pdf 和 http：//
192. 168. 127. 151/cache/8/03/home. gdipo. gov. cn/b8615f04f0e58c3fa864782ea5710a9d/85659bcfca5b406b854
b0523a0b3bc37. pdf.

数据，全省的专利行政执法的收结案件数均有上升，其中，2017 年江门市行政执法部门在查处假冒专利行为的执法案件数与 2016 年基本持平，但在专利纠纷案件的收结情况表现较为突出，相比其他城市的同期增长率，江门市受理案件的增长率处于中等水平，结案数量的增长率则超越了大部分城市。详见表 12 –11 和表 12 –12。❶

表 12 –11　2016 年广东省部分市专利行政执法状况　　　　单位：件

执法部门	纠纷案件受理				纠纷案件结案	查处假冒专利行为	
	专利数量	纠纷种类				假冒立案	假冒结案
		侵权	权属	其他			
广东省知识产权局	1420	1420	—	—	1291	0	0
江门市知识产权局	18	18	—	—	6	2	2
广州市知识产权局	384	313	—	71	344	770	770
深圳市知识产权局	87	86	—	1	88	28	28
东莞市知识产权局	96	96	—	—	103	19	19
惠州市知识产权局	2	2	—	—	7	162	162
中山市知识产权局	580	579	—	1	559	15	15
佛山市知识产权局	26	26	—	—	25	57	57
珠海市知识产权局	9	9	—	—	7	1	1
韶关市知识产权局	0	—	—	—	0	1	1
汕头市知识产权局	39	38	—	1	41	94	94
肇庆市知识产权局	2	2	—	—	1	2	2
潮州市知识产权局	27	27	—	—	40	4	4
全省合计	2808	2734	0	74	2649	1230	1230

❶ 广东省知识产权局 [EB/OL]. [2019 – 02 – 12]. http://home.gdipo.gov.cn/gdipo/zlbh/201706/bbda3e066cd24d0d939dc27048e363be.shtml.

表 12 - 12　2017 年广东省部分市专利行政执法状况　　单位：件

执法部门	纠纷案件受理				纠纷案件结案	查处假冒专利行为	
	专利数量	纠纷种类				假冒立案	假冒结案
		侵权	权属	其他			
广东省知识产权局	704	704	—	—	679	0	
江门市知识产权局	36	36	—	—	47	1	1
广州市知识产权局	1058	1058	—	—	1103	1422	1422
深圳市知识产权局	203	200	—	3	121	116	116
东莞市知识产权局	192	192	—	—	186	30	30
惠州市知识产权局	46	46	—	—	44	201	201
中山市知识产权局	790	693	—	97	801	31	31
佛山市知识产权局	174	174	—	—	170	27	27
珠海市知识产权局	31	31	—	—	31	2	2
韶关市知识产权局	0	0	—	—	0	9	9
汕头市知识产权局	172	172	—	—	183	140	140
肇庆市知识产权局	47	47	—	—	48	39	39
潮州市知识产权局	28	28	—	—	26	4	4
全省合计	3687	3586	0	101	3638	2179	2179

（2）2016～2017 年专利行政执法情况。

根据广东省知识产权局公布的广东省各地级以上市专利行政执法状况的统计数据，2017 年广东省全省受理各类专利案件共计 5866 件，相较于 2016 年的 4038 件，同比增长了 45.3%。江门市 2017 年受理各类专利案件共计 37 件，同比增长 85%，高于全省的平均增长率。在各类专利案件结案方面，广东省 2017 年结案 5817 件，同期增长了 49.96%；江门市 2017 年结案 48 件，同期增长了 500%，远远超过了广东省全省的平均增长率。详见图 12 - 3 和图 12 - 4。❶

---

❶　广东省知识产权局 [EB/OL].［2019 - 02 - 12］. http：//home. gdipo. gov. cn/gdipo/zlbh/201706/bbda3e066cd24d0d939dc27048e363be. shtml.

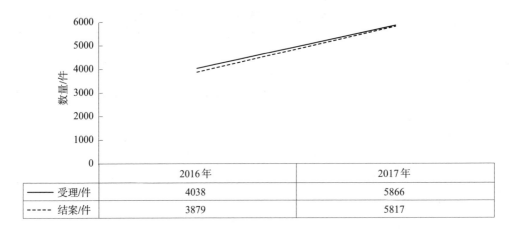

	2016 年	2017 年
—— 受理/件	4038	5866
---- 结案/件	3879	5817

图 12 – 3　广东省 2016～2017 年专利行政执法收结案对比情况

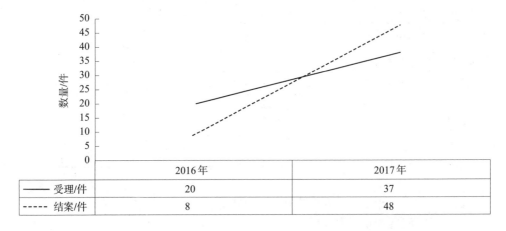

	2016 年	2017 年
—— 受理/件	20	37
---- 结案/件	8	48

图 12 – 4　江门市 2016～2017 年专利行政执法收结案对比情况

　　2016 年，江门市受理的 20 件案件中，有 18 件属于专利纠纷案件，2 件属于查处假冒专利行为；结案的 8 件案件中，有 6 件属于专利纠纷案件，2 件属于查处假冒专利行为。2017 年，受理的 37 件案件中，仅有 1 件属于查处假冒专利行为，36 件属于专利纠纷案件；结案的 48 件案件中，有 47 件属于专利纠纷案件，1 件属于查处假冒专利行为。从数据中显示，江门市知识产权行政执法部门查处假冒专利行为后，在本年度内会及时结案。而专利纠纷案件在 2016 年的结案比率仅占当年受理专利纠纷案数量的三分之一，处理效率低下，但 2017 年专利纠纷案件的处理效率显著提高了，反映了行政执法部门对专利纠纷案件重视并加强行政执法部门对该方面的学习，大大加强了知识产权的行政保护力度。

（3）稳步推进专利保险试点工作。

2017 年 9 月 26 日，江门市举行江门市专利保险试点启动会，这标志着江门市开展专利保险试点工作正式开始。

为了推动试点工作的顺利实施，江门市相关部门与中国人民财产保险股份有限公司江门分公司、中国平安财产保险股份有限公司江门中心支公司签订了战略合作协议，通过"政府财政补贴 + 企业自付保费 + 保险公司赔付"的三方合作模式，降低企业专利申请的成本和风险。

专利保险的保险种类包括发明专利费用补偿保险、境外参展专利侵权责任险、专利无效宣告费用补偿保险等，不同等级的保费对应不同的保额，其中，发明专利费用补偿保险保额为 4000～8000 元；境外参展专利侵权责任险每次事故责任保额为 10 万～100 万元；专利无效宣告费用补偿保险的保费为 500 元，保额为 5 万元。❶

江门市通过开展专利保险试点工作，加强了本市知识产权的保护水平，有利于推动企业创新和发展，为企业的创新和研发核心知识产权技术提供切实的保障。

（四）知识产权中介机构发展状况

《国家知识产权战略纲要》明确了到 2020 年，我国建设成为知识产权创造、保护和运用将发展到较高的水平并把"知识产权中介服务"作为发展战略之一。在该政策的助力之下，知识产权服务行业不断地发展壮大。

2017 年，专利代理行业的规模、服务能力、服务范围都呈现出向好的态势。截至 2017 年底，全国获得专利代理人资格证人数达到 3.72 万人，执业专利代理人超过 1.6 万人，专利代理机构达到 1824 家。❷ 近 10 年，我国的专利代理机构数量每年都在上涨，尤其是 2016 年开始，上涨幅度大幅度提升

---

❶ 我市加快培育国家知识产权示范城市，倡导创新文化，尊重知识产权 ［EB/OL］. ［2019 - 02 - 15］. http://www.jiangmen.gov.cn/zwgk/zwdt/201804/t20180427_1328858.html.

❷ 国家知识产权局 ［EB/OL］. ［2019 - 02 - 12］. http://www.sipo.gov.cn/mtsd/1123783.htm.

（详见图 12 – 5）。❶ 2017 年全国 1824 家专利代理机构中，广东省有 341 家，位列全国第二，仅次于北京，其中有 64 家是 2017 年新增的。❷

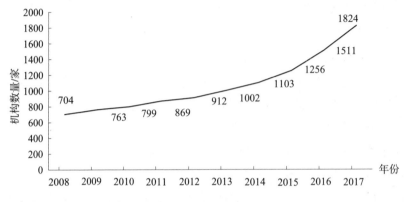

图 12 – 5 2008～2017 年我国专利代理机构的发展状况

1. 专利代理机构状况

根据广东省知识产权局的统计数据显示，江门市共有江门创颖专利事务所（普通合伙）1 家❸专利代理机构，以及广州科粤专利商标代理有限公司（江门分公司）、广州新诺专利商标事务所有限公司（江门分公司）、广州三环专利代理有限公司（江门分公司）、广州嘉权专利商标事务所有限公司（江门分公司）、广州市华学知识产权代理有限公司（江门分公司）和北京远大卓悦知识产权代理事务所（普通合伙）（江门办事处）等 8 家❹专利代理分支机构。

2. 专利代理机构专利代理授权数量

截至 2018 年 5 月 7 日，江门市专利代理机构代理专利授权情况公布，江门创颖专利事务所（普通合伙）2017 年共获得专利授权 124 件，同比下降

❶❷ 国家知识产权局 ［EB/OL］. ［2019 – 02 – 12］. http：//www. sipo. gov. cn/mtsd/1123783. htm.

❸ 广东省知识产权局 ［EB/OL］. ［2019 – 02 – 12］. http：//192. 168. 127. 151/cache/8/03/home. gdipo. cn/b8615f04f0e58c3fa864782ea5710a9d/85659bcfca5b406b854b0523a0b3bc37. pdf.

❹ 广东省知识产权局 ［EB/OL］. ［2019 – 02 – 12］. http：//www. zscqj. gd. cn/shared/news_content. aspx? news_id = 13016.

3.23%。其中，发明专利授权 4 件，相比 2016 年翻了 2 倍；实用新型专利授权 67 件，同比增长 39.58%；外观设计专利授权 53 件，同比下降 49.06%（详见表 12 - 13）。❶

表 12 - 13　江门市专利代理机构获得专利授权情况

年份	代理机构名称	授权量/件			
		发明	实用新型	外观设计	总计
2016 年	江门创颖专利事务所（普通合伙）	1	48	79	128
2017 年	江门创颖专利事务所（普通合伙）	4	67	53	124

（五）知识产权人才培养和引进情况

1. 打造"珠西技谷"，大规模开展职业技能培训

围绕广东省委、省政府"珠西战略"定位，江门市职业训练指导中心依托江门市省级高技能人才公共实训基地为主要载体，成功申请注册"珠西技谷"，建立职业培训联盟，以"创新、共享、共赢"为发展理念，探索基地资源开放运营，编制《广东省（江门市）高技能人才公共实训基地——公共实训资源使用手册》向 245 家企业推广，服务 102 班次的培训班、70 批次技能鉴定考试，共 4437 人参加，强化培训机构、职业院校、企业和行业之间联动合作；"珠西技谷"还承办省级创业培训师资班，师资培养辐射粤西地区；实施全民技能提升计划，2017 年全市开展技能人才培训鉴定 4.5 万人，获证 3.2 万人次；举办工匠讲堂，解决企业发展"痛点"问题，为 66 家大中型企业 120 多名业务骨干提供应用技术培训服务。❷

2. 举办知识产权保护培训班

江门市对知识产权的保护不仅采取事后保护的方式，也注重事前保护，

---

❶ 广东省知识产权局［EB/OL］.［2019 - 02 - 12］. http：//home. gdipo. gov. cn/gdipo/zldl/201805/59b132f56b8f4f06801d4807297fafa0. shtml.

❷ 2017 年度江门市技能人才培养十大新闻［EB/OL］.［2019 - 02 - 12］. http：//ldj. jiangmen. gov. cn/xwzx/tpxw/201801/t20180123_771483. html.

开展知识产权保护培训班，强化本市企业和个人的知识产权保护能力以及提高知识产权的维权意识。

江门市通过举办知识产权保护培训班，宣传知识产权保护的相关知识，不仅牢固了知识产权保护的意识，也使企业了解了知识产权在受到侵权时的维权途径；通过事前保护的方式，提醒企业执法守法，降低知识产权案件的发生率，营造良好的创新市场环境。

3. 建立"工匠协会"

全国首个部分行业、部分工种的"江门市工匠协会"正式成立，搭建了一座联结企业和技能人才的桥梁，通过对接企业实际需求，完善技能人才培养体系，提升技能人才素质技能，实现自身价值，为企业解决生产中遇到的技术问题，营造尊重劳动、崇尚技能的社会氛围，助力江门发展成为"工匠专家的集聚基地、工匠技艺的传承基地、工匠精神的辐射基地、工匠文化的教育基地"。2017 年，江门市工匠协会还在江门市新会区成立了首个工匠文化园、首个工匠街和首个工匠大厦。❶

4. 创建中欧高技能人才培训合作示范学院

2017 年，以中欧（江门）中小企业国际合作区项目建设为契机，江门市技师学院全面启动实施职业教育国际化发展战略，通过国际合作办学育人、德国职业教育模式本土化的方式，提升高技能人才培养办学层次，推动高技能人才评价与国际标准对接，成功创建"中欧高技能人才培训合作示范学院"，正式开启国际教学模式，成为五邑地区首个引进德国双元制国际合作班的职业院校。招收首届中德班学员 70 人，采用小班教学，学生毕业时颁发技师学院毕业证书、技能证书、德国职业资格证书，并且优先推荐在欧资品牌汽车 4S 店或相关企业就业。❷

5. 校企深度融合，培养先进装备制造业技能人才

2017 年，江门市技师学院与江门轨道交通产业园启动产业共建培养技能

---

❶❷ 2017 年度江门市技能人才培养十大新闻［EB/OL］.［2019 - 02 - 12］. http：//ldj. jiangmen. gov. cn/xwzx/tpxw/201801/t20180123_771483. html.

人才，江门市技师学院、新会高级技工学校分别与中车广东轨道交通车辆有限公司、海信电子有限公司开展"订单式人才培养专项班"，校企合作成效显著。台山市技工学校与台山市工业新城成立"人力资源服务中心"，与 20 余家企业共建实训基地，与精诚达电路制版公司共建了电子实训中心，与富华重工的数控加工专业共建双零班。2017 年，全市技工院校毕业生就业率近100%，共向近 900 家企业输出技能人才 2000 多名。❶

6. 开创"菜单式"企业技能人才培养模式

2017 年，江门市职业训练指导中心为 245 家大中型企业提供"一企一案"技能人才培训"菜单"，指导 67 家企业开展了"菜单式"技能人才培训1098 人；组织设计了 28 个技能提升课程三期"菜单"，引进省远程职业培训资源开发 O2O（线上线下）培训模式，提供 37 个项目 1134 个培训课程的个性化网上学习服务，向社会业全面推广，提升技能人才培养效率和质量。❷

三、展望和建议

（一）进一步优化与完善完善知识产权制度

1. 进一步完善知识产权法规、政策与措施

及时修订与知识产权取得、运用、管理与保护有关的地方法规及有关配套政策、措施，并适时做好知识产权法规、政策与措施的宣讲、教育工作。

2. 健全知识产权执法和管理体制

加强司法保护和行政执法体系建设，发挥司法保护知识产权的主导作用，提高执法效率和水平。深化知识产权行政管理体制改革，形成权责一致、分工合理、监督有力的知识产权行政管理体制。

---

❶❷ 2017 年度江门市技能人才培养十大新闻［EB/OL］．［2019－02－12］．http：//ldj. jiangmen. gov. cn/xwzx/tpxw/201801/t20180123_771483. html.

3. 强化知识产权在经济、文化和社会政策中的导向作用

加强产业政策、区域政策、科技政策与知识产权政策之间的衔接与协调。制定适合相关产业发展的知识产权政策，促进产业结构的调整与优化；针对不同地区发展特点，完善知识产权扶持政策，培育地区特色经济，促进区域经济协调发展；建立重大科技项目的知识产权工作机制，以知识产权的获取和保护为重点开展全程跟踪服务。

（二）加强知识产权取得和转化

如上所述，在各项政策和措施的推动下，江门市 2017～2018 年的知识产权建设与保护状况虽然较 2016 年有所进步，但是对比省内其他兄弟城市，江门市作为制造业大市，在知识产权的取得、应用、管理与保护等方面仍有较大的发展空间。

1. 加强科技与金融的创新与融合

目前，江门市主要通过资金扶持和建设创新创业平台等措施推动企业的创新发展。但是，中小企业自身的资金实力普遍不足，加上政府的扶持力度有限，导致中小企业的创新和研发动力不足，发展的可持续性不足。虽然江门市于 2017 年出台了江门市科技扶持政策以推动科技和金融的融合，但政策刚出台，仅是对部分科技型中小企业发生在科技支行或科技小额贷款公司的贷款按项目发生额进行贴息以及专利评估费用进行资助，投入的资助资金远远不能满足中小科技企业创新研发和成果转化的需要，因此，科技和金融二者的融合力度和创新力度均不足。

因此，政府和金融机构可以进一步优化科技与金融创新融合模式与机制。一方面，政府应当加大力度为企业知识产权成果的创造和转化提供风险资金支持；另一方面，企业自身也应充分挖掘国家、地方政策红利，进一步加强企业自身创新能力建设。通过政府、企业和金融机构的共同努力，助力江门市知识产权事业的创新与发展。

2. 努力提升专利的申请与授权量

2017～2018 年，广东省的专利申请量和授权量分别为 1421638 件和 810730 件，江门市的专利申请量和授权量分别为 37714 件和 20850 件，分别占全省 2.65% 和 2.57%。而且，广东省专利授权量占总申请量的 57.03%，江门市专利授权量占本市申请量的 55.28%，江门市的专利授权量与申请量之比尚未达到全省的平均水平。PCT 专利申请量和有效发明专利数量分别为 133 件和 2796 件，分别占全省 0.50% 和 1.34%，为本省所贡献成果极少。以上数据充分说明，江门市目前的专利申请、授权数量和质量都不尽人意。

因此，江门市在未来的知识产权工作中要做好以下几方面的工作。第一，要坚持企业与高校合作、加强企业之间的交流和合作，强化和完善企业的知识体系，为企业专利的创造和研发打下坚实基础。第二，加大宣传和支持以专利为核心的知识产权成果的创造，激发江门市全体市民和企业的创新创造能力，营造一个大众创新创造的环境，而不仅仅是依靠企业推动以专利为知识产权的发展。第三，加强专利代理人考试培训和发展专利代理服务行业。根据广东省知识产权局的数据显示，2017 年江门市通过专利代理人考试的仅有 6 人，本地的专利代理机构仅有 1 家，以及 8 家分支机构。江门市目前在专利代理服务方面的发展还较为落后。江门市可以加强发展专利代理服务，由申请人委托专利代理机构申请专利，提升专利申请的成功率等。通过做好以上工作来提高江门市的自主创新能力，提高以专利为核心的知识产权成果的数量和质量。

(三) 加强知识产权保护力度

1. 加大知识产权保护的宣传、教育力度

2017～2018 年，一方面，江门市加大了知识产权司法保护和行政保护的力度，收结案数量都有明显增长，成绩显著。另一方面，江门市积极推进了专利保险试点工作，以及知识产权保护培训工作，以防患于未然。但是，在知识产权保护的宣传、教育方面存在明显不足。就目前的情况看，江门市的

知识产权保护培训和知识产权保护的宣传工作基本上是针对企业的，面向知识产权权利人以及一般市民的相关工作几乎付诸阙如。

在加大知识产权保护力度的同时，应积极拓宽宣传渠道，进行普法教育，可采取行政执法机关、司法机关联合召开新闻发布会等方式，彰显打击知识产权侵权、犯罪行为的合力，形成震慑。同时，利用新媒体传播快捷、覆盖面广等优势，通过微博、微信等媒介，制作知识产权保护微博专栏和手机报，普及知识产权取得、运用、保护等方面的知识。通过线上线下各种宣传教育方式的联动，一方面可提高各市场主体的知识产权保护意识，增强行政执法机关、司法机关做好知识产权保护工作的责任心和自觉性；另一方面，可实现政府加大知识产权保护力度与社会各界的期望和诉求之间的良性互动。同时，鼓励和支持市场主体健全商业秘密管理制度，建立知识产权价值评估、统计和财务核算制度，制订知识产权信息检索和重大事项预警等制度，完善对外合作知识产权管理制度。鼓励市场主体依法应对涉及知识产权的侵权行为和法律诉讼，提高应对知识产权纠纷的能力。

2. 建立知识产权保护协会

作为民事权利的一种特殊形态，知识产权具有较强的专业性，这种专业性对知识产权保护工作提出了很高的要求，无论是知识产权司法保护还是知识产权行政保护，均要求执法人员具有较高的专业素质。在过去几年里，广东省知识产权保护协会以及东莞市知识产权保护协会、汕头市专利保护协会等地方性知识产权保护协会，都在知识产权的保护中起到了重要的作用。

但是，江门市迄今仍未成立地方性知识产权保护协会。根据《国家知识产权战略纲要》的部署，成立知识产权协会是贯彻《国家知识产权战略纲要》的重要举措之一，其目的是发挥协会在知识产权保护、运用、管理、保护的能力，协助各行业及企事业单位提高知识产权保护和发展水平；建立自我教育、自我保护、自我约束、自我发展的机制，引导、协助协会成员单位在行业组织组织与协调下开展知识产权的宣传、培训、调解企业间知识产权纠纷、法律咨询和法律救助等活动，提高成员单位的保护知识产权水平，健全知识产权保护的社会化服务体系。

（四）加强知识产权人才的引进与培养

知识产权人才是实施知识产权战略的重要组成部分之一。在经济、贸易、科技全球化背景下，全面提升各市场主体尤其是规模以上工业企业的自主创新能力，是推进经济结构调整、转变经济增长方式的中心环节，是城市经济社会发展的有力支撑。努力创造自主创新的体制和环境，不断深化体制改革，建立公平、有序的竞争秩序，全面有效地实施知识产权制度，需要大量高素质的知识产权人才。

2017~2018年，江门市通过建立"工匠协会"、创建中欧高技能人才培训合作示范学院、开创"菜单式"企业技能人才培养模式等措施，有效推进了江门市人才培养工作的开展。但在人才引进方面，江门市采取的主要措施是对引进本市创业的人才的项目提供资助，提供人才引进补贴等方式，与其他城市的措施大同小异。但是，江门市属于三线城市，相比较于深圳、东莞等地的人才引进的资助和补贴等缺乏优势，很难达到效果。因此，要想吸引高层次人才到江门创业发展，留住本市的高层次人才，就必须花大力气打造富有江门特色的引人、留人政策。

首先，加大对已有人才的培养力度。把知识产权人才教育培养工作列入各级人才培养规划，加强组织领导，落实责任。各级人民政府要提供必要的工作条件，发挥好统筹协调作用。建立健全统一领导、部门分工负责的保护知识产权人才教育培养工作机制。充分调动和发挥各方面积极性，有效利用社会培训资源，实施知识产权培训工程，进一步完善知识产权教育培训体系建设，继续深入广泛地开展知识产权教育培训，以全面提升知识产权行政执法、司法人员以及知识产权中介服务人员、企业相关专业技术人员的知识产权业务能力和开拓创新能力。

其次，加大对高层次知识产权领军人才的引进力度。合理安排知识产权人才培养经费，确保形成合力，发挥政府资源效用最大化。对拥有自主知识产权且其科技成果具有市场潜力、实施成果转化的创新型人才在创业启动资金、科研经费、安家费以及住房保障和子女安置、教育等方面给予资助、补贴和帮助。

最后，加强知识产权人才的对外交流合作。加强知识产权国内、国际两个层面的交流与合作，探索不断拓展与优化知识产权人才工作与国内外接轨的有效途径。积极运用知识产权制度，培育、提高重点企业、行业参与国际市场竞争的能力。

（撰稿人：龙著华）